QING SHAO NIAN

FA ZHI JIAO YU YAN JIU

# 青少年
# 法治教育研究

张晓冰　主编

法律出版社
LAW PRESS·CHINA
北京

**图书在版编目(CIP)数据**

青少年法治教育研究 / 张晓冰主编. -- 北京 : 法律出版社, 2023

ISBN 978-7-5197-7786-9

Ⅰ. ①青… Ⅱ. ①张… Ⅲ. ①社会主义法制-法制教育-青少年教育-研究-中国 Ⅳ. ①D920.4

中国国家版本馆 CIP 数据核字(2023)第 059850 号

**青少年法治教育研究**
**QINGSHAONIAN FAZHI JIAOYU YANJIU**

张晓冰 主编

策划编辑 刘秀丽
责任编辑 刘秀丽
装帧设计 汪奇峰

**出版发行** 法律出版社
**编辑统筹** 法商出版分社
**责任校对** 晁明慧
**责任印制** 胡晓雅
**经　　销** 新华书店

**开本** 710 毫米×1000 毫米 1/16
**印张** 21.5 **字数** 337 千
**版本** 2023 年 5 月第 1 版
**印次** 2023 年 5 月第 1 次印刷
**印刷** 唐山玺诚印务有限公司

地址:北京市丰台区莲花池西里 7 号(100073)
网址:www.lawpress.com.cn
投稿邮箱:info@lawpress.com.cn
举报盗版邮箱:jbwq@lawpress.com.cn
销售电话:010-83938349
客服电话:010-83938350
咨询电话:010-63939796



**书号**:ISBN 978-7-5197-7786-9　　**定价**:68.00 元

# 目　录

Contents

## 第一编　从法治到教育:调查与实证分析



## 第二编　从法制到法治:理论与实践探索



## 第三编　从国内到国外:经验考察与借鉴

## 附　录

# 第一编

# 从法治到教育:调查与实证分析

# 青少年法治教育总报告:基本状况、影响因素及实现路径

张晓冰　刘宗珍　李雅健*

**摘　要**:青少年法治教育是我国依法治国建设进程中的重要一环,通过对全国6532名青少年的实证调查发现,青少年主要依赖学校接受法治教育,守法意识、自我保护意识较平等意识、权利意识、权益维护意识突出,对法律的知晓程度尚可,对生命权、隐私权、健康权、受教育权的认知整体优于对劳动就业权、婚姻自主权、财产权等权利的认知,普遍具有隐私权意识,对暴力持有基本认知,但对家庭暴力、校园欺凌、网络不良信息、网络欺凌等方面的应对处置能力仍待提升。学校教学内容、师资力量、家长法治意识水平、社会法治环境等因素均会影响青少年法治教育水平。应当树立科学的法治观,落实学校主体责任,设置专门课程,实现法治教育学科独立,加强家庭教育指导,强化共青团联动职能,助力青少年法治教育。

**关键词**:青少年;法治教育;法治意识;权利意识

## 一、研究背景、样本情况

青少年是祖国的未来、民族的希望。为贯彻党的十八届四中全会关于“将法治教育纳入国民教育体系”的战略要求,教育部、司法部和全国普法办于2016

---

* 张晓冰,中国青少年研究中心青年发展研究所副所长、副研究员,法学博士。
刘宗珍,中国青少年研究中心青年组织研究所助理研究员,法学博士。
李雅健,中国政法大学法学博士。

年6月28日联合发布了《青少年法治教育大纲》，并将其确定为“全面依法治国、加快建设社会主义法治国家的基础工程”。2021年1月中共中央印发的《法治中国建设规划（2020—2025年）》中也指出要加强青少年宪法法律教育，增强青少年的规则意识、法治观念。由此可见，青少年法治教育非常重要，加强青少年法治教育，可以使广大青少年从小树立法治观念，养成自觉守法、遇事找法、解决问题靠法的思维习惯和行为方式。这是在青少年群体中深入开展社会主义核心价值观教育的重要途径，也是全面贯彻党的教育方针，促进青少年健康成长、全面发展，培养社会主义合格公民的客观要求。

在我国青少年法治教育的起步时期，法治教育是青少年思想品德教育的组成部分，目标是对青少年进行“法治观念的启蒙”以适应社会主义现代化的现实需要，彼时对青少年实施的教育还停留在法制教育的层面。1997年党的十五大以后，我国确立了依法治国基本方略，法制建设转变为“法治建设”，一字之变意味着法治理念的重大进步，青少年法治教育理应由此进入新的时期。然而，在现实层面，人们在教育理念上仍未摆脱传统思想观念的影响，法治教育仍然只是重视法律知识的普及，缺乏对其法治思维的塑造和法治能力的培养。此外，全国各省市的青少年法治教育状况参差不齐，区域差异明显。因此，调查青少年法治教育的现实状况实属必要。

2020—2022年，中国青少年研究中心“青少年法治教育研究”课题组在全国开展青少年法治教育调查研究。考虑到小学低年级学生的知识水平及初三、高三学生的升学压力，课题组将调查对象设定为小学五、六年级学生，初一、初二及高一、高二学生，大学生以及中小学的法治教育教师，并设置了专门学校学生及未成年犯作为对照组。在地区方面，课题组根据我国东、中、西部青少年人口整体分布情况进行严格抽样，克服疫情困难，在北京、河北、山东、广东、陕西、山西、四川等省市开展了调研，对各地各类群体发放了纸质问卷。课题组还在北京开展了一次县级团干部关于青少年法治教育的焦点访谈，了解共青团推进法治教育的基本路径及存在问题、对策建议；在北京、广东、山东、重庆进行了若干名教师访谈及学生个案访谈，了解教师及不同学生对法治教育的基本认知及学习/授课体会。本次调研回收有效问卷6532份，其中小学生863份，初高中生3108份，大学生1806份，专门学校学生394份，未成年犯361份。参与调研的青少年平均年龄为15.36岁，男生占比为48.2%，女生占比为51.8%；居住在城市的占比为66.0%，居住在农村的占比为34.0%；独生子女占比为37.7%，非独生子女占比为62.3%。大部分受访青少年与生父(84.3%)和生母(91.1%)生活在一起,其他一起生活的主要家庭成员还包括兄弟姐妹(43.1%)、祖父母/外祖父母(27.4%),继父、继母、亲戚、邻居、朋友占比均在3%以下。

## 二、青少年法治教育状况的主要特点

### (一)青少年法治意识、法律知识掌握状况

1. 我国青少年法治意识整体较强,守法意识、自我保护意识较平等意识、权利意识、权益维护意识突出

法治意识包括平等意识、权利意识、守法意识、自我保护意识、权益维护意识,五个群体法治意识的相关情况统计分析结果如表1所示,不同类型的青少年群体的法治意识在自我评价上存在显著性差异。从表1来看,我国青少年自我评价的法治意识整体较强,其中守法意识和自我保护意识最为突出。具体而言,守法意识的均值为8.88分,其中大学生最高(9.31分),比未成年犯(5.53分)高出3.78分,比专门学校学生(8.25分)高出1.06分,可见群体之间的差异性较大。自我保护意识均值为8.83分,最高的小学生(8.99分)比最低的未成年犯(8.23分)高出0.76分。平等意识均值为8.53分,大学生(8.89分)比未成年犯(7.01分)高出了1.88分。权益维护意识均值为7.98分,最高的为初高中生(8.23分),小学生(7.95分)、大学生(7.92分)次之。权利意识均值为7.92分,最高的为大学生(8.18分),其次为初高中生(8.11分),小学生(7.53分)比专门学校学生(7.23分)高出0.3分,未成年犯仅有6.64分。

**表1 各类群体法治意识自我评价的均值比较**

(单位:分)

| 法治意识 | 小学生 | 初高中生 | 大学生 | 专门学校学生 | 未成年犯 | 整体 |
|---|---|---|---|---|---|---|
| 平等意识 | 8.21 | 8.67 | 8.89 | 7.82 | 7.01 | 8.53 |
| 权利意识 | 7.53 | 8.11 | 8.18 | 7.23 | 6.64 | 7.92 |
| 守法意识 | 8.86 | 9.11 | 9.31 | 8.25 | 5.53 | 8.88 |
| 自我保护意识 | 8.99 | 8.91 | 8.79 | 8.59 | 8.23 | 8.83 |
| 权益维护意识 | 7.95 | 8.23 | 7.92 | 7.45 | 6.66 | 7.98 |

2. 青少年对法律的知晓程度尚可

从表2可知,我国青少年对各类法律持有一定的知晓度。具体来说,青少年对《未成年人保护法》的知晓度占比最高(97.0%),其次是《义务教育法》(96.6%)、《刑法》(96.2%)。分群体来看,初高中生、大学生的法律知晓率普遍较高,小学生亟待知晓的法律为《民法典》《宪法》,专门学校学生亟待知晓的法律为《民法典》《劳动法》,未成年犯亟待知晓的法律包括《预防未成年人犯罪法》《劳动法》《网络安全法》《民法典》《反家庭暴力法》。整体来看,青少年对《民法典》《反家庭暴力法》的知晓率仍需进一步提高,前者为89.4%,后者为92.1%。在我国最高效力法律方面,77.5%的青少年认为是《宪法》,但有22.2%的未成年犯认为是《刑法》,27.8%的小学生认为是《未成年人保护法》,这反映了青少年对我国最高效力法律的了解仍有待加强。对法律的了解能够帮助青少年进一步树立规则意识、规范行为边界。以《禁毒法》为例,我国青少年通过对《禁毒法》相关知识的学习,逐步形成了远离毒品的意识和行为,93.9%的青少年面对毒品会果断拒绝并远离,八成以上青少年认同开展毒品知识和危害教育有助于预防青少年吸毒,七成以上青少年知道不以好奇心为由尝试吸毒、不结交有吸毒行为的朋友。

**表2 各类群体不知晓典型法律的情况比较**

(单位:%)

| 法律名称 | 小学生 | 初高中生 | 大学生 | 专门学校学生 | 未成年犯 | 整体 |
|---|---|---|---|---|---|---|
| 《未成年人保护法》 | 3.8 | 1.9 | 0.6 | 2.1 | 24.0 | 3.0 |
| 《预防未成年人犯罪法》 | 8.2 | 2.7 | 3.9 | 2.4 | 49.3 | 6.4 |
| 《宪法》 | 19.4 | 2.3 | 0.4 | 6.8 | 22.5 | 5.4 |
| 《刑法》 | 11.3 | 2.4 | 0.5 | 4.5 | 13.7 | 3.8 |
| 《义务教育法》 | 6.5 | 1.6 | 1.3 | 4.7 | 20.4 | 3.4 |
| 《民法典》 | 25.4 | 7.4 | 2.4 | 18.6 | 36.5 | 10.6 |
| 《劳动法》 | 11.2 | 4.2 | 1.1 | 13.1 | 40.6 | 6.8 |
| 《网络安全法》 | 5.6 | 2.9 | 2.0 | 6.0 | 40.8 | 5.3 |
| 《反家庭暴力法》 | 11.6 | 5.8 | 4.1 | 8.9 | 35.5 | 7.9 |

3. 近半数青少年认为我国刑事责任年龄为 14 周岁

本调查开展之际,刑事责任年龄尚未降低至 12 周岁。数据统计显示,49.1%的青少年认为我国刑事责任年龄为 14 周岁。分群体来看,79.7%的未成年犯持此认知,比大学生(52.6%)、专门学校学生(52.5%)、初高中生(50.9%)高出近 30 个百分点,比小学生(36.3%)高出一倍以上。值得注意的是,32.7%的青少年认为是 16 周岁才需要负法律责任,其中小学生中有 43.7%持此观点,初高中生中有 33.0%、大学生中有 32.6%、专门学校学生中有 33.5%,均比未成年犯(7.9%)高出 24 个百分点以上。由此来看,未成年犯对我国刑事责任年龄的认知较其他群体准确,这可能与切身犯罪经历相关,对 14 周岁这一分水岭持有清楚认知。在设想合理的刑事责任年龄方面,青少年的选择以偶数为主,其中 10 周岁占比 11.9%,12 周岁(23.7%)、14 周岁(26.3%)、16 周岁(23.8%)的占比相差不明显。由此来看,青少年对 12 周岁、14 周岁、16 周岁承担刑事责任并不存在认知上的偏好。

## (二)青少年权利意识、权利认知状况

1. 青少年对生命权、隐私权、健康权、受教育权的认知整体优于对劳动就业权、婚姻自主权、财产权等权利的认知,对《未成年人保护法》规定的四项权利认知局限于受保护权

《民法典》第 990 条规定,人格权是民事主体享有的生命权、身体权、健康权、姓名权、名称权、肖像权、名誉权、荣誉权、隐私权等权利。调查发现,青少年对这些权利的认知存在差异。表 3 数据显示,青少年认知度较高的人格权包括:生命权(92.7%)、隐私权(91.0%)、健康权(89.5%)、身体权(84.5%)、肖像权(82.8%)、姓名权(82.0%),但对名誉权(77.0%)、荣誉权(70.8%)的认知情况则有待改善,仅有四成左右的小学生知晓。受教育权(88.7%)也是青少年较为熟悉的权利,而财产权(68.2%)、婚姻自主权(59.6%)、劳动就业权(56.4%)则需要进一步普及。分性别来看,女生对财产权、婚姻自主权、劳动就业权的认知度均较男生低,这可能受到传统性别分工的影响;分年级来看,仅五成左右的初高中生及三成左右的小学生认为自己享有上述权利,可见权利意识一定程度上随着年级的升高而增强。

表3 各类群体权利认知的情况比较

（单位:%）

| 具体权利 | 小学生 | 初高中生 | 大学生 | 专门学校学生 | 未成年犯 | 整体 |
|---|---|---|---|---|---|---|
| 生命权 | 88.9 | 91.2 | 96.6 | 93.6 | 95.0 | 92.7 |
| 身体权 | 81.3 | 83.6 | 87.8 | 86.0 | 81.4 | 84.5 |
| 健康权 | 84.9 | 89.3 | 93.1 | 88.3 | 86.1 | 89.5 |
| 姓名权 | 64.6 | 83.7 | 89.4 | 76.6 | 77.5 | 82.0 |
| 肖像权 | 53.3 | 86.1 | 95.0 | 77.6 | 70.0 | 82.8 |
| 名誉权 | 41.5 | 80.3 | 92.7 | 69.2 | 63.1 | 77.0 |
| 荣誉权 | 42.3 | 73.2 | 84.6 | 64.9 | 54.4 | 70.8 |
| 受教育权 | 71.7 | 91.5 | 96.0 | 82.7 | 75.3 | 88.7 |
| 劳动就业权 | 30.5 | 48.8 | 85.5 | 39.7 | 56.4 | 56.4 |
| 婚姻自主权 | 32.7 | 51.7 | 87.2 | 47.3 | 66.7 | 59.6 |
| 隐私权 | 84.6 | 91.2 | 95.4 | 89.6 | 83.6 | 91.0 |
| 财产权 | 44.5 | 63.4 | 88.7 | 59.5 | 72.2 | 68.2 |

我国《未成年人保护法》明确规定未成年人享有生存权、发展权、参与权及受保护权,但实践中青少年对此的认知各有不同。调查显示,青少年对受保护权的认知度最高(95.1%),但对生存权(64.4%)、发展权(52.4%)、参与权(41.3%)的认知度则有待提高。此外,三成青少年认为《未成年人保护法》还规定了福利权。结合前述青少年的权利意识自我评价情况,未来我国应当加强权利方面的教育引导。

2. 青少年普遍具有隐私权意识,对日记、手机的敏感度较高

超九成的青少年认为自己享有隐私权,在具体的隐私内容上,青少年表现出了较为敏感的态度。青少年的自我归属意识非常强烈,认为包括父母、老师在内的任何人都不能随便翻阅自己的东西,其中认同不能翻阅日记的占比为91.0%,手机占比为81.6%。83%的青少年赞同任何人(包括父母)进自己房间都必须敲门,75.0%的青少年认为“父母动用我的个人物品都需要经过我的同意”。从表4的数据来看,青少年对照片、成绩、家庭情况的敏感性较弱,认为父母可以随便在朋友圈发自己照片的青少年占比达61.8%,认为老师可以在班群

晒自己成绩的青少年占比达 66.4%,认为老师可以跟其他人说自己的家庭情况的青少年占比达 84.6%。

**表 4 青少年对父母、老师的隐私态度**

(单位:%)

| 青少年隐私认知 | 非常赞同 | 比较赞同 | 不太赞同 | 很不赞同 | 说不清 |
|---|---|---|---|---|---|
| 任何人(包括父母)进我房间都必须敲门 | 44.7 | 38.3 | 12.1 | 2.2 | 2.7 |
| 任何人(包括父母、老师)不能随便看我的日记 | 63.7 | 27.3 | 5.5 | 1.8 | 1.8 |
| 父母动用我的个人物品都需要经过我的同意 | 40.8 | 34.2 | 18.6 | 3.8 | 2.6 |
| 父母可以随便在朋友圈发我的照片 | 10.5 | 24.7 | 38.9 | 22.9 | 3.0 |
| 老师可以在班群晒我的成绩 | 9.1 | 20.7 | 37.1 | 29.3 | 3.8 |
| 父母可以翻看我的手机 | 5.5 | 10.2 | 33.2 | 48.4 | 2.7 |
| 老师可以跟其他人说我的家庭情况 | 4.3 | 7.6 | 28.7 | 55.9 | 3.5 |

根据表 5 的数据,针对陌生网友,青少年具有较强的隐私警惕性,2/3 认为不能将个人信息提供给陌生网友,认为可以提供的青少年也对个人信息、敏感信息作出了区别对待。例如,73.4% 的青少年认为可以将年龄提供给陌生网友,46.5% 的青少年认为可以提供姓名,其他占比较高的信息还包括学校(21.6%)、班级(20.3%)、照片(18.3%)、手机号码(11.4%),家庭住址(4.6%)、父母姓名(3.7%)、身份证(3.2%)、父母单位(3.0%)的占比则相对较低。值得警惕的是,未成年犯的隐私保护意识明显弱于其他群体,专门学校学生的也亟待提升。整体而言,青少年存在一定的隐私泄露风险,在个人隐私保护方面存在隐忧。

**表 5 各类群体个人信息保护的认知情况比较**

(单位:%)

| 个人信息 | 小学生 | 初高中生 | 大学生 | 专门学校学生 | 未成年犯 | 整体 |
|---|---|---|---|---|---|---|
| 姓名 | 7.7 | 39.3 | 51.9 | 48.8 | 58.4 | 46.5 |
| 学校 | 6.2 | 22.7 | 20.5 | 20.7 | 14.4 | 21.6 |
| 班级 | 10.2 | 23.0 | 9.0 | 21.3 | 12.7 | 20.3 |

续表

| 个人信息 | 小学生 | 初高中生 | 大学生 | 专门学校学生 | 未成年犯 | 整体 |
|---|---|---|---|---|---|---|
| 家庭住址 | 1.6 | 5.0 | 1.4 | 6.7 | 4.7 | 4.6 |
| 父母姓名 | 1.4 | 5.0 | 1.0 | 4.9 | 1.4 | 3.7 |
| 身份证 | 1.9 | 3.7 | 0.4 | 5.5 | 1.4 | 3.2 |
| 照片 | 5.5 | 14.3 | 10.7 | 32.9 | 28.3 | 18.3 |
| 父母单位 | 1.6 | 3.7 | 0.8 | 4.3 | 0.8 | 3.0 |
| 手机号码 | 2.6 | 9.9 | 6.4 | 14.6 | 19.7 | 11.4 |
| 年龄 | 19.4 | 76.4 | 67.6 | 76.8 | 55.7 | 73.4 |
| 以上均不能提供 | 75.0 | 66.7 | 71.5 | 58.4 | 22.4 | 66.0 |

### (三)青少年法治思维、权益维护状况

#### 1.青少年对暴力持有基本认知,但对家暴问题的态度仍有待纠偏

青少年对暴力整体持负面态度,90.3%的青少年不赞同“威胁、恐吓、谩骂、羞辱都不算暴力”,87.5%的青少年不赞同“为了解决问题或达到目的,可以采取暴力手段”,73.8%的青少年赞同“不论什么理由,使用暴力都是不对的”。表6数据显示,在家暴问题上,77.9%的青少年不赞同“家暴是家丑,不要让外人知道”(赞同16.6%,说不清5.5%);71.4%的青少年将家暴视为违法行为,分群体来看,75.0%的大学生、72.4%的初高中生、69.9%的小学生、67.7%的专门学校学生持此观点,占比均远高于未成年犯(52.8%);46.0%的青少年认为家暴是犯罪行为,但还有27.3%的认为是性格问题、6.8%的认为是家务事、3.8%的认为是正常现象。如果合法权益在家庭中遭受侵害,青少年的首要处理方式是报警(49.2%),具体有53.7%的初高中生、49.1%的大学生、38.5%的专门学校学生会选择报警。而在未成年犯中,首要处理方式是反抗(34.6%),其次是离家出走(31.5%),仅22.5%会报警。青少年应对家暴的处理方式还包括找维护权益类社会组织(40.3%)、反抗(29.0%)、找亲友(32.8%)、找同学或朋友(24.1%)、找民政部门(26.4%)、找老师(30.5%)、找共青团(20.5%)、找妇联(14.1%)、找新闻媒体(9.9%)、离家出走(7.4%)、默默忍受(9.5%)。整体来看,在青少年的意识中,警察是青少年生命权、身体权、健康权及各类家庭权益

的最佳保护主体。

**表 6 各类群体对家暴的态度情况比较**

（单位：%）

| 家暴性质 | 小学生 | 初高中生 | 大学生 | 专门学校学生 | 未成年犯 | 整体 |
|---|---|---|---|---|---|---|
| 家暴是家丑，不要让外人知道 | 24. 6 | 16. 0 | 8. 4 | 24. 5 | 35. 6 | 16. 6 |
| 性格问题 | 26. 4 | 23. 2 | 27. 8 | 30. 8 | 57. 8 | 27. 3 |
| 家务事 | 7. 7 | 5. 5 | 6. 1 | 8. 7 | 18. 3 | 6. 8 |
| 正常现象 | 5. 0 | 3. 4 | 1. 6 | 5. 6 | 12. 8 | 3. 8 |
| 违法行为 | 69. 9 | 72. 4 | 75. 0 | 67. 7 | 52. 8 | 71. 4 |
| 犯罪行为 | 46. 2 | 43. 0 | 56. 3 | 39. 7 | 26. 1 | 46. 0 |
| 报警 | — | 53. 7 | 49. 1 | 38. 5 | 22. 5 | 49. 2 |

2. 一半青少年遭受过校园欺凌，主要包括东西被偷、被辱骂、被取笑或捉弄、遭教师体罚，受欺凌时更倾向于找老师解决

调查显示，53. 5% 的青少年在学校遭遇过校园欺凌。从表 7 数据可以看出，三成以上的青少年遭遇过被取笑或捉弄（35. 2%）、被辱骂（34. 0%）、遭教师体罚（31. 9%）。值得注意的是，51. 0% 的青少年曾经遭遇过东西被偷，其中小学生、专门学校学生、初高中生、大学生的首要受欺凌行为均为东西被偷，而未成年犯的首要受欺凌行为则是教师体罚。其他占比较高的受欺凌行为还包括东西被故意损坏（20. 7%）、被人歧视（19. 2%）、不许上课（16. 7%）、被殴打（12. 7%）等。合法权益在学校中遭受侵害时，青少年更倾向于找老师解决（63. 4%）、找家长解决（50. 8%），此外还有找校领导解决（31. 3%）、自己解决（29. 5%）、想办法发泄（14. 3%）、默默忍着（12. 5%）、诉诸法律（9. 0%）、找共青团（6. 4%）等。总的来看，校园欺凌现象仍是校园治理的重要内容，构建合法有效的预防校园欺凌制度、提升青少年的防欺凌意识及处理欺凌的能力迫在眉睫。

**表7 各类群体遭受校园欺凌及处置情况比较**

（单位:%）

| 受欺凌行为及处置方式 | | 小学生 | 初高中生 | 大学生 | 专门学校学生 | 未成年犯 | 整体 |
|---|---|---|---|---|---|---|---|
| 主要受欺凌行为 | 东西被偷 | 59.3 | 52.8 | 41.8 | 58.8 | 46.5 | 51.0 |
| | 被取笑或捉弄 | 37.2 | 37.2 | 36.7 | 31.4 | 22.3 | 35.2 |
| | 被辱骂 | 35.5 | 33.7 | 26.6 | 47.1 | 41.2 | 34.0 |
| | 遭教师体罚 | 14.4 | 28.3 | 35.0 | 43.1 | 58.5 | 31.9 |
| | 东西被故意损坏 | 27.1 | 20.2 | 15.7 | 28.2 | 20.3 | 20.7 |
| | 被人歧视 | 21.4 | 19.1 | 18.8 | 20.4 | 16.6 | 19.2 |
| | 不许上课 | 1.6 | 15.4 | 18.5 | 21.2 | 36.2 | 16.7 |
| | 被殴打 | 16.0 | 9.3 | 9.5 | 13.3 | 33.2 | 12.7 |
| 主要处置方式 | 找老师解决 | 80.7 | 67.8 | 56.1 | 61.7 | 36.8 | 63.4 |
| | 找家长解决 | 61.6 | 53.4 | 45.9 | 50.6 | 35.5 | 50.8 |
| | 告诉同学或朋友 | 19.5 | 33.9 | 38.4 | 36.0 | 23.4 | 32.3 |
| | 找校领导解决 | 39.1 | 34.2 | 25.0 | 27.7 | 25.1 | 31.3 |
| | 自己解决 | 15.3 | 27.5 | 31.1 | 31.2 | 53.8 | 29.5 |

3. 七成青少年未遭受过网络欺凌，有一定的应对网络欺凌方法，但多数接触过网络不良信息，遭遇诈骗、发现疑似拐卖儿童现象时会选择报警

数据统计结果显示，66.7%的青少年接触过网络不良信息，分群体比较发现，未成年犯中接触过的占比达到95.7%。最普遍的网络不良信息为中奖等诈骗信息，此外还有殴打、砍杀、血腥屠杀、淫乱画面、自杀场景、裸体、性行为等。七成左右青少年表示网络暴力信息、网络色情信息会诱发青少年违法犯罪。看到这些信息时，七成青少年表示会关闭或删除，近五成表示会举报，但未成年犯的首要处理方式是自己看看。对于介绍割腕自杀的信息，超六成青少年表示会举报，近四成表示不关注。71.8%的青少年不曾遭受过网络欺凌。从表8数据可见，在遭受过网络欺凌的青少年中，占比较高的行为包括被人散布谣言（29.1%）、在网上不断遭到他人辱骂（28.9%）、被人恶意P图（28.7%）、有人故意给自己传播色情图片或视频（21.5%）、被人冒用名义或账户发送信息（20.8%）、被其他粉丝围攻（15.7%）等。遭遇网络欺凌时，61.0%的青少年会

选择网络举报，35.0%的会在网上进行回击，26.2%的选择报警，其他处置措施还包括向家人求助（15.3%）、向同学或朋友求助（14.9%）、在现实中找攻击者理论（13.2%）、向老师求助（10.9%），但仍有12.6%的青少年选择什么也不做、置之不理。

**表8　各类群体遭受网络欺凌及处置情况比较**

（单位：%）

| 受网络欺凌行为及处置方式 | | 小学生 | 初高中生 | 大学生 | 专门学校学生 | 未成年犯 | 整体 |
|---|---|---|---|---|---|---|---|
| 主要受欺凌行为 | 在网上不断遭到他人辱骂 | 33.3 | 27.6 | 24.1 | 37.0 | 34.0 | 28.9 |
| | 被人散布谣言 | 23.3 | 31.8 | 25.8 | 33.1 | 26.7 | 29.1 |
| | 被其他粉丝围攻 | 12.0 | 16.8 | 21.0 | 11.7 | 5.8 | 15.7 |
| | 被人恶意P图 | 28.7 | 36.3 | 12.0 | 33.1 | 30.9 | 28.7 |
| | 有人故意给自己传播色情图片或视频 | 8.0 | 19.9 | 17.8 | 27.3 | 41.9 | 21.5 |
| | 被人冒用名义或账户发送信息 | 10.7 | 21.3 | 22.7 | 20.8 | 22.5 | 20.8 |
| 主要处置方式 | 在网上进行回击 | 22.6 | 31.2 | 40.9 | 36.2 | 36.8 | 35.0 |
| | 向同学或朋友求助 | 12.4 | 15.2 | 15.5 | 15.8 | 35.5 | 14.9 |
| | 向家人求助 | 33.6 | 16.8 | 10.4 | 12.5 | 23.4 | 15.3 |
| | 报警 | 28.5 | 28.5 | 26.4 | 24.3 | 25.1 | 26.2 |
| | 网络举报 | 65.0 | 63.9 | 63.2 | 67.1 | 53.8 | 61.0 |

遭遇诈骗时，68.9%的青少年会选择报警，56.9%的找家长解决，38.9%的会找老师解决，此外还有诉诸法律等其他正当途径。从群体比较来看，大学生的处置方式较其他群体成熟理智。在街上遇到疑似被拐卖儿童时，85.3%的青少年选择报警，62.7%的表示会主动观察并提供有效线索，50.4%的会向路人呼救。

### (四)青少年法治教育状况

1. 青少年主要在学校接受法治教育,女生对相关活动的关注度、参与意愿较男生高

调查显示,青少年获取法治知识或信息的主要渠道为学校教育(85.6%),报刊、图书(50.1%),广播、电影、电视(47.3%);学校组织过的法治教育活动主要是主题班会、队会、团会,排演、观看法治文艺节目,收听、收看广播、电视法治节目,警察入校讲座,超八成青少年认为这些活动效果不错,女生的评价稍高于男生。七成青少年关注法治教育相关活动,交叉分析发现,女生的关注度较男生高出4.4个百分点;八成以上青少年愿意参与,交叉分析发现,女生的参与意愿较男生高出7.4个百分点。以上性别比较的卡方检验均显示差异呈现显著性。较受青少年喜欢的法治教育形式包括学校法治课及宣传栏、阅读法律小说故事等读物、电视广播法治节目、模拟真实情景的表演等。分群体来看,大学生最喜欢阅读法律读物,初高中生、小学生、专门学校学生则最喜欢学校法治课及宣传栏,未成年犯喜欢法治节目。超八成青少年认为法治教育的责任主体为学校,超五成认为是家庭,近四成认为是政府,超三成认为是青少年自身。整体而言,尽管不同的青少年群体对法治教育的评价、喜好不一,但其基本倾向于认为学校为主要责任主体。因此,学校是否履行了法治教育主体责任,对青少年法治教育效果影响显著。

2. 青少年对我国少年罪错制度尤其是专门学校的了解有限,但普遍关注心理健康的预防违法犯罪功能

我国少年罪错制度包括《刑法》相关罪名、《治安管理处罚法》处置的相关违法行为以及《预防未成年人犯罪法》规定的专门学校教育相关制度(旧称为"工读学校")。36.1%的青少年听过工读学校,分群体来看,大学生不到三成,初高中生有四成,未成年犯中则有超过五成听过。在听说过的青少年中,49.1%的青少年认为是矫治教育机构,12.8%的认为实际上是少管所,17.9%的认为是专业技术学校,还有18.3%的认为是教育问题少年的机构,1.8%的持其他看法。实践中专门学校的性质较为复杂,48.1%的专门学校学生认为是职业技术学校,47.6%的认为是矫治教育机构,反映了社会实践中各地专门学校定性不一的现状。中国青少年研究中心的调查数据显示,专门学校学生入校原

因呈现多样化趋势，从过去以违法犯罪、社会流浪两类学生群体为主扩展到在原校学习成绩差（66.7%）、在原校和老师关系不好（61.9%）、在原校和同学关系不好（47.6%）、在原校打架骂人（76.2%）、家长管不了（90.5%）等学生群体。[①] 这体现了专门学校从注重半工半读慢慢演变为当今的教育学校，也为《预防未成年人犯罪法》将专门教育明确为国民教育体系的组成部分奠定了实践基础，专门教育乃是对有严重不良行为的未成年人进行教育和矫治的重要保护处分措施。在预防犯罪措施方面，超七成青少年表示应当多关注心理健康，占比较高的还包括多开展预防犯罪的警示教育、禁毒教育、思想政治教育，多关心弱势学生等。多数青少年表示，专门的法治教育课程安排，法官、检察官、警察入校宣讲，专门的法治老师，学校设立专门的法律咨询办公室是有效的推进法治教育方式。

总的来看，我国青少年法治教育水平有较大提升，从法制教育逐步向法治教育迈进，多数青少年掌握了基本的法律知识，具有基本的法治意识、规则意识。分群体来看，未成年犯的法治教育水平堪忧，专门学校学生次之；小学生由于年龄较小，对很多问题的认识仍处于懵懂阶段；初高中生的法治教育水平处于正常阶段；大学生的法治教育水平整体高于其他青少年群体。交叉分析结果显示，青少年女生对法治教育的认可度、参与意愿、评价效果显著高于青少年男生。但青少年法治教育也存在亟须改善的地方，如对家暴的认知存在偏差，面对网络欺凌、校园欺凌仍存在不求助、不维护权益的情况，权利意识相对较弱，法治教育重知识轻实践，等等，分析这些问题的深层次原因，有助于我们更好地提出有益的对策建议。

## 三、青少年法治教育的影响因素

青少年法治教育状况可以从法治意识、法治思维、法治能力等方面展开评估，义务教育的普及使我国大多数青少年在学校中度过他们的少年与青年时代，在学校里接受法治教育是青少年学习法治知识的最主要方式。因此，学校和教师承担着最重要的法治教育职责，教育内容、教学方法、师资力量较大程度

① 数据来源：中国青少年研究中心“新时期专门学校发展研究（2007—2017）”课题组。

影响着青少年的法治教育水平。此外，家庭环境、社会对法治教育的认知等也与之存在关联性。

### （一）学校教育内容、教学方法是否兼具知识性与实践性

法律是调整人与人之间社会关系的社会规范，实践性是法律的基本属性。研习法律应遵从这一属性，法治教育也应具有实践性。随着国家对青少年法治教育重视程度的不断提高，青少年法治教育教材不断推陈出新，教学方式和方法越来越多元化，青少年获取法治教育资源的途径也不断增多。然而，目前青少年法治教育获取途径的聚集效应比较明显，85.6%的青少年法治知识和信息是通过学校教育途径获得的。因此，学校法治教育的内容和方式直接决定了青少年法治教育的质量和层次。在理念层面，目前法治教育作为基础性学科的重要性没有得到体现，学校仍将法治教育视为思政教育课程的组成部分，组织法治教育的主要方式是主题班会、队会、团会（占比86.7%），独立性尚未凸显。在课程设置方面，目前学校法治教育基本是知识导向的，而不是实践导向的。这突出表现在，青少年法治教育课程存在知识灌输情况，教材内容过于抽象化和知识化，[②]课堂讲述偏向知识的罗列和归纳，考核主要是根据学龄不同而进行的不同知识深度的考核。在这种情况下，学生很难培养起法治的认同、法治的观念和法治的信仰。个人访谈验证了这一点，很多受访学生表示，学校上法治课主要是为了考试或应对考核的压力。这可能与学校注重课业成绩，法治教育只是学校教育规划的边缘项目相关，致使一些学校展开教育的方法单一且形式化。知识偏向性的法治教育模式容易忽视人的主体性问题，强化的是理念层面的法治素养，对生活世界[③]的矛盾和纠纷，往往没有通过法律途径解决的能力，出现了前述守法意识高而权益维护意识和自我保护能力低的现象。因此，法治教育内容、教学方法是否知识性与实践性并重，对青少年法治教育的成效影响较明显。调查发现，无论年龄阶段，具有跌宕起伏的情节和故事性和的教育内容对青少年更具吸引力，如超过半数希望可以阅读法律小说、故事等读物，或观

---

② 参见姚建龙、朱奕颖：《大学生法治教育的特殊性：理念、内容与方法》，载《教育发展研究》2021年第6期。

③ 参见张劲：《让宪法回归生活：青少年宪法教育的一个路向》，载《预防青少年犯罪研究》2020年第3期。

看电视、广播的法治节目;同时,青少年更易从丰富的体验性项目中获得参与感,如将近1/3的青少年在选择喜欢的法治教育形式时都选择了模拟真实情景的表演、老师带领讨论案例,以及到法院、检察院等地方参观实践。因此,学校应通过科学安排,主动创新,丰富学生参与的方式,激发学生主动了解法治常识的兴趣,提高对法律问题的自主学习能力,逐渐形成完整系统的法律知识体系。

### (二)法治教育师资是否具备专业性

教师作为学生法治教育的直接授课者,其专业性、理论性较大程度影响法治教育的水平。目前,我国各阶段学校虽然开设了道德与法治、思想道德修养与法律基础等课程,但是法治教师一般是由思政老师或班主任兼任,没有实现法治教育队伍专业化。通过青少年法治教育之教师调查数据统计报告可以看到,被调查的教师所在学校65%没有配备专职的法治教师;在有专职教师的学校中,52.7%的教师毕业于政治专业,只有26.4%的教师毕业于法律专业;在没有专职教师的学校中,38.3%的法治课是由政治老师兼任的,还有36.4%的是由班主任兼任的。在义务教育和高中教育体系中,政治课涵盖的内容比较广泛。以人教版的高中政治教材为例,必修课有经济生活、政治生活、文化生活、生活与哲学四个部分,而选修课有六门之多,其中包括生活中的法律常识与公民道德伦理常识等,因此法治课由政治老师来兼任就不足为奇,实际上是将法治内容作为政治课的一部分附属内容来安排的。但跳出应试教育的视野,从学科分类的角度来看,政治学科和法律学科具有本质上的不同,政治教师能否胜任法治课,传递正确的法治理念,是有待探究的问题。法治教育的专业程度较强,对教师知识水平要求较高,目前由非法学专业教师担任法治教师的现状,不仅缩小了法治教育在德育课程和思政课程中的比重,而且减弱了青少年法治教育的效果。调研发现,青少年对专业法治教师的呼声较高,有30.7%的青少年认为应当配备专业的法治老师。因此,完善法治教育,需要配置专业性师资,即使教师毕业于非法学专业,也需要对法治课进行科学规划,引入"法治班主任""法治副校长"等专业人士的意见,增强师资和课程的专业性。此外,青少年法治教育教师的专业水平也会产生一定的影响。由于目前的法治教师并不是法学专业出身,法治教师在课程设计和法律知识宣讲上缺乏专业性,削弱了法治知识的宣讲能力。在教师队伍无法得到很快更新的现实情况下,有必要对当前的教师队伍进行法律知识技能培训。

### (三)家长是否具备基本的法律意识

家庭是青少年主要生活空间,在青少年教育方面发挥着无可替代的作用,家长的受教育程度、职业、自身的思维和日常行为模式均会直接影响到子女的法治意识与思维。第一,从职业来看,被调查者父亲的职业分布比较平均,如在外打工、在机关事业单位工作、个体经营与在企业工作各占1/5,另有8.7%在家务农,极少数的无职业或是其他职业;母亲的职业分配也大体如此,只是在家务农和无职业的比例稍高,在外打工的比例稍低。第二,从父母的受教育程度来看,表9的数据显示,父/母学历在本科以上的青少年,对法治教育活动的关注程度更高,本科以下的子女关注度较低。父/母学历在大专以上的青少年,自我评价的平等意识、权利意识、守法意识、权益维护意识明显高于父/母学历在大专以下的青少年。第三,家庭对青少年法治教育的影响并不只取决于家长现阶段的受教育程度或者社会职业,更取决于作为成年人的学习意识及持续学习的热情。与青少年一样,父母在职业教育之外,同样需要法治教育,也需要努力学习和提高自己的法治意识,构建自身学法、守法、用法的知识体系,才能通过自己的法律意识和行为教育和引导青少年,让孩子在家庭氛围的熏陶下潜移默化构建自身的法治理念。

**表9 青少年的法治意识及对法治教育的态度与父母受教育程度的比较分析**

| 父母受教育程度 | | 愿意参与(%) | 评价正面(%) | 关注程度(%) | 平等意识(分) | 权利意识(分) | 守法意识(分) | 权益维护意识(分) |
|---|---|---|---|---|---|---|---|---|
| 博士 | 父亲 | 85.9 | 85.1 | 80.8 | 8.98 | 8.36 | 9.16 | 8.53 |
| | 母亲 | 84.1 | 76.2 | 80.9 | 9.02 | 8.21 | 9.17 | 8.38 |
| 硕士 | 父亲 | 94.3 | 81.5 | 85.3 | 8.97 | 8.28 | 9.19 | 8.17 |
| | 母亲 | 90.3 | 84.2 | 80.0 | 8.87 | 8.27 | 8.99 | 8.43 |
| 本科 | 父亲 | 92.2 | 83.1 | 79.6 | 9.05 | 8.48 | 9.35 | 8.46 |
| | 母亲 | 92.9 | 83.4 | 80.3 | 9.12 | 8.51 | 9.40 | 8.50 |
| 大专 | 父亲 | 90.3 | 80.6 | 76.4 | 8.83 | 8.38 | 9.29 | 8.31 |
| | 母亲 | 91.7 | 81.3 | 75.5 | 8.85 | 8.37 | 9.17 | 8.37 |

续表

| 父母受教育程度 | | 愿意参与(%) | 评价正面(%) | 关注程度(%) | 平等意识(分) | 权利意识(分) | 守法意识(分) | 权益维护意识(分) |
|---|---|---|---|---|---|---|---|---|
| 高中 | 父亲 | 92.5 | 82.3 | 75.9 | 8.74 | 8.13 | 9.09 | 8.13 |
| | 母亲 | 90.0 | 79.1 | 74.9 | 8.68 | 8.08 | 9.11 | 8.07 |
| 初中 | 父亲 | 91.1 | 81.1 | 71.4 | 8.47 | 7.82 | 9.02 | 7.79 |
| | 母亲 | 91.7 | 84.0 | 71.8 | 8.48 | 7.82 | 9.02 | 7.83 |
| 小学及以下 | 父亲 | 91.2 | 81.0 | 71.8 | 8.33 | 7.52 | 8.97 | 7.55 |
| | 母亲 | 92.1 | 79.6 | 73.0 | 8.50 | 7.75 | 9.10 | 7.63 |

以上数据显示,父母的受教育程度对孩子的法治教育产生了显著影响,然而调查中发现只有16.5%的青少年是通过家人获得法律知识的,青少年家庭法治教育的占比远远无法与其重要程度相匹配。在青少年法治教育责任主体的调查方面,57.9%的青少年认为家庭是青少年法治教育的主体,8.4%的认为应当给家长开设法治宣传讲座。在个人访谈中,大部分家长表示自身对法律知识了解不足,因此没有能力给孩子开展法治教育。《青少年法治教育大纲》中青少年法治教育的实施途径有关家庭教育的部分提道,“推动家庭与学校形成开展青少年法治教育的合力……要办好家长学校,完善家校合作机制,大力宣传推广家庭文化建设和家庭教育的成功经验,制定家长法治教育手册,提高家长对孩子进行法治教育的意识和能力”。可见,法治教育的另一个科学方法就是对家长进行法治教育,从而间接实现对青少年的法治教育。

### (四)社会是否具备开展青少年法治教育的氛围

社会环境是否给青少年法治教育提供了良好的法治氛围,也是一个重要的影响因素。调查发现,我国青少年法治教育还存在重义务而轻权利的现实情况,在对法治意识状况自我评价方面,青少年的权利意识和权益维护意识较低(平均值分别为7.92分和7.98分),平均值均低于8分;青少年的守法意识和自我保护意识较强(平均值分别为8.88分和8.83分),平均值均高于8分。法治教育中是否给予权利足够的重视,实际上与社会实践中是否塑造了良好的权利保护氛围息息相关。在青少年不主动维护权益的原因数据中,我们发现,58.7%的青少年认为是自身权益维护意识淡薄,位居首位;31.6%的青少年怕麻烦;26.2%的不知道怎么维护权益;25.0%的是怕丢人。青少年在法治实践能力和权利维护方面还存在很大的能力偏差,特别是受传统观念影响的不敢维护权益、羞于维护权益的现象仍然存在,这也显示出当下青少年法治教育在权利观培育方面存在的问题。要形成科学的权利义务观,就需要全社会摒弃多讲义务不讲甚至少讲权利的传统偏见,实现权利教育和义务教育的平衡。实际上,没有无权利的义务,也没有无义务的权利,只有权利和义务观念均衡培养,才能培养出科学的法治素养。

## 四、加强青少年法治教育的现实路径

当前青少年法治教育状况呈现出重知识轻实践、重义务轻权利等基本特征,学校教学方法、教学内容、教师专业及理论水平、父母受教育程度、社会环境等因素均对其产生了相关影响。在此基础上,我们从法治教育观、学校主体责任、资源共享平台、家庭教育、群团组织等角度入手,进一步分析加强青少年法治教育的现实路径,以期提出有效的对策建议,改善法治教育基本状况。

### (一)树立科学的法治教育观

强化青少年法治教育的战略地位,促进青少年法治教育的专业性、独立性和基础性,使其成为推进我国法治建设的重要一环。法治教育是培养现代社会合格公民的重要途径。一个国家的现代化以人的思想和观念的现代化为重要前提,以现代社会的形成为基本条件。青少年法治教育的核心在于培养青少年的法治观念和法治实践能力,从而培养社会主义合格公民。④ 法治教育的价值理性在于发现并重视人的价值,实现人的自由而全面发展。青少年法治教育中的权利意识和自我保护能力是确立自我价值、维护自身发展的关键,理应成为法治教育的核心内容。以权利意识教育为核心,提升青少年法治思维。在权利教育的选择上,应区分基本权利、群体权利和一般权利的教育。对于基本权利的教育,应根据受教育者年龄和认知能力的不同,开创内容繁易不同的教学方

---

④ 参见马长山、李金枝:《青少年法治教育中的公民性塑造》,载《上海师范大学学报(哲学社会科学版)》2018年第4期。

式对全龄段青少年进行通识教育。对于群体权利,如未成年人权利,应在中小学年龄段青少年群体中作重点讲述,并偏向实践性教学。对于一般性权利,应根据各年龄段生活内容的不同设置不同的课程。小学应依据小学生的年龄特点进行有针对性的课程设计,丰富学校课堂以外的法治教育形式,以期从童年开始打好法治思维的基础。通过数据可以直观地看到,初高中生在抽象理解力上比小学生有所进步,从对情景模拟的偏好转化为对观看节目的偏好。据此,初高中的法治课程设计可以相应增加部分抽象和深刻的内容,初步培养青少年具有法治理论功底,引导青少年树立科学的法治教育观念。

### (二)落实学校主体责任,充实师资力量,实现法治教育学科独立

在青少年法治教育的具体实施路径上,《青少年法治教育大纲》规定了学校的主导作用,实际上是对"青少年法治教育的教育属性的强调"⑤。根据《青少年法治教育大纲》的规定精神,学校是实施青少年法治教育的主体,因此青少年法治教育的创新性发展关键在学校。一是要落实学校主体责任。学校是青少年学习生活的主要场域,学校青少年法治教育的质量直接决定青少年法治教育的水平。调查显示,在青少年群体中最受欢迎的法治教育形式是学校法治课、宣传栏,占46.4%;在法治教育参与意愿方面,有90%的青少年表示比较愿意参加,只有7.3%的不太愿意参加。青少年在学校接受法治教育的自愿性和可能性是最大的,学校应最大限度发挥青少年法治教育的主体责任,协调政府、司法机关、科研院所及其他社会力量,不断创新法治教育的内容与方式,凝聚法治教育的各方力量。二是要推进青少年法治教育学科独立化、专业化程度。首先,青少年法治课程要与德育、思政课程相分离,实现学科独立。应根据《青少年法治教育大纲》的基本要求,及时修订各学龄段法治教育课程标准,加大法治教育在学校课程设置和课时设置中的比重,提高青少年对法律问题的自主学习能力,逐渐形成完整系统的法律知识体系。其次,针对法治教材趋同化问题,应鼓励有条件的学校根据大纲要求编写适合本地区现实情况的法治教材,鼓励法官、律师等具有法律实务经验的人员和青少年实务及研究人员参与教材编写工

---

⑤ 姚建龙、朱奕颖:《大学生法治教育的特殊性:理念、内容与方法》,载《教育发展研究》2021年第6期。

作。最后,探索校园法治文化建设,带动学科发展。以创建法治文化周或法治文化月等形式,共建校园法治文化。三是要配备专业的法治教育教师,实现教师队伍的专业化和团队化。专业的教师队伍是实施青少年法治教育的重要人才保障。首先,在学校教师招聘中,应保留一定名额招聘法科毕业生作为专业法治教育教师。其次,应以学校为纽带,搭建互联平台,吸引法官、检察官、律师、公安等实务界法律人士参与学校法治教育工作,以大量现实发生的典型案例为青少年上好法治课。最后,鼓励有条件的学校积极创建青少年法治教育的明星团队,在校际加强人才的流通与合作,实现资源互动共享。四是转变考核方式,强调法治教育内容的实践性。学校法治教育应转变知识导向性教育理念,从知识灌输转为实践应用,加大现场教学和实践教学的比重。主动创新,丰富学生参与的方式,综合采用案例教学、情境教学(如模拟法庭)、辩论赛、校园法治喜剧等多种教学方法,将真实案例引入课堂教学,增加法治教育课堂的趣味性,培养青少年法治实践能力。应转变以往的知识考核方式,重新设计法治教育考试考核标准,重点考查青少年法治思维和法治能力。

### (三)政府应持续加大法治教育投入,积极搭建社会资源共享平台

在推动青少年法治教育工作中,政府居于非常重要的地位,不仅可以在财政上予以扶持和支持,还能调动社会资源,搭建资源共享平台作为学校教育的重要补充。首先,政府部门应积极加强立法,更加细化各项考核指标。目前,《青少年法治教育大纲》中对青少年法治教育目标和定位的规定都是纲领性的,缺乏细化指标。在中央立法层面,应当根据各年龄段和教育等次的不同特点,制定更为细化的教育指标和考核标准。在地方立法层面,各地应根据地方青少年成长环境和发展的现实情况,制定反映地方特点的教育大纲,以适应当地青少年法治教育需求。其次,政府应加强科研投入,调动更多的科研力量,在法治教育课程设置、教材编写等专业问题上加强科学研究,推动教学方式和内容的改革创新。最后,应通过政府搭建青少年法治教育资源共享平台,实现资源的流动。法治教育不同于其他学科教育,它既需要专业性又需要实践性,因此需要政府发挥中间纽带作用,发动公检法司等实务部门,共同致力于青少年法治教育事业。

### （四）加强家庭教育指导，提高家庭法治教育水平

家庭是青少年生活的第一场所。家庭不仅是为青少年提供庇护的地方，在某些特殊情况下，还是矛盾纠纷发生地，甚至是侵犯青少年合法权益的场域。家庭教育是青少年教育体系的重要组成部分，发挥着其他教育主体无法替代的作用。青少年在成长过程中出现的亲子关系、朋辈关系、校园纠纷、亲属关系、邻里关系等现实问题，需要家庭为其提供支持与指导，提供具体切实的解决方案。一个家庭对现实问题的应对模式，直接影响到青少年矛盾和纠纷的解决能力。家长应具备一定的法律知识和通过法律途径解决问题的能力，方能够引导青少年在面对相关问题时，作出合理的判断和有效的应对。定期针对家长开展法治教育系列讲座/培训课程，提高家庭法治教育水平，具有非常重要的意义。2022 年 1 月 1 日，《家庭教育促进法》正式实施，要求家庭教育尊重未成年人人格尊严，保护未成年人隐私权和个人信息，保障未成年人合法权益，要实现家庭教育、学校教育、社会教育紧密结合、协调一致。因此，青少年的父母及监护人应当知悉与青少年权益相关的法律法规，保障青少年合法权益，并在侵权纠纷发生时，积极引导青少年通过合法途径维护自身的合法权益，在法律纠纷中为青少年提供指导。

### （五）发挥共青团联动作用，助力青少年法治教育

组织是制度的重要载体。当前，共青团组织应积极搭建各类与青少年利益息息相关的制度框架，以扩大其在青少年群体中的影响力、凝聚力和感召力。首先，应突出发挥共青团维护青少年权益岗的职能作用。共青团权益维护岗是实施青少年权益保护和青少年法治教育的一个重要抓手，统计数据显示，71.3% 的青少年赞同“共青团是维护青少年合法权益的代言人”，因此应当发挥基层团组织的联动作用，联合公检法司建立青少年权益维护联动机制。其次，要加强共青团组织法律专业人员比重。调查发现，21.4% 的青少年认为共青团是法治教育的责任主体，要想凸显共青团在法治教育上的作为，需要在岗位设置上配备部分法律专业人员，从专业角度协助处理青少年权益保护和预防未成年人违法犯罪相关问题。最后，共青团组织要深入了解青少年的权益诉求，进一步完善“12355”青少年服务平台建设。基层共青团组织，尤其是学校共青团，

应积极调查研究,发挥基层团组织密切接触青少年群体的优势地位,深入了解青少年成长过程中的“急难愁盼”,真正发挥组织职能,维护青少年合法权益,在权益保护工作中积极参与青少年法治教育事业。

# 小学生法治教育状况

刘宇轩*

**摘　要**：以小学生法治教育调查为基础，分析我国法治教育要求的发展变化。调查发现，小学生法治教育存在诸多细微问题，与当前小学生法治教育缺乏专业化和规范化、缺乏参与性和主体性、少先队仍需发挥组织优势有关。对此给出小学生法治教育完善的对策建议。

**关键词**：青少年；小学生；法治教育

## 一、小学生法治教育基本要求

### （一）法治教育要求的发展延续

2007年，中共中央宣传部、教育部、司法部、普及法律常识办公室印发的《中小学法制教育指导纲要》明确规定了中小学法制教育的基本原则：一是贴近实际、贴近生活、贴近学生的原则。要求法制教育要适应中小学生身心成长的特点和接受能力，要注意法制教育方式，如采用通俗鲜活的语言、生动的典型事例，法制教育教学要体现互动性和趣味性，提升法制教育的针对性和实效性。二是法律知识教育与法治实践教育相结合的原则。三是整合性原则。将法制教育与学科教育、专项教育和各种教育活动相结合，形成多角度、宽领域、复合式的法制教育格局。

及至2016年，教育部、司法部、全国普法办印发了《青少年法治教育大纲》，不仅将“法制”改为“法治”，也对更大范围的法治教育工作提出了要求。一是

* 刘宇轩，中国青少年研究中心青年发展研究所助理研究员，法学博士。

要以社会主义核心价值观为主线。明确了法治教育要与道德教育相结合,以法治教育传播正确价值导向,青少年要把法律的约束力与规则意识、诚信观念、契约精神等道德底蕴结合起来,实现法治的育人功能。二是要以宪法教育为核心,以权利义务教育为本位。宪法教育在法治教育中扮演着非常重要的角色,宪法教育也要求青少年要有强烈的国家观念和公民意识,在考察法治教育效果时,青少年对宪法的了解以及国家观念、公民意识如何都是考察的内容。三是要以贴近青少年实际、提高教育效果为目的。这与2007年中小学法制教育的基本原则是一脉相承的,都是要求法治教育要重视方式方法,多采取青少年能够接受的方式,注重理论联系实践,从实践中、互动中学习法律知识。四是以构建系统完整的法治教育体系为途径。这也是法治教育的新要求,法治教育已经不单单停留在法律知识的简单普及上,法治教育主体也更加多元化,因此打造法治教育体系、使多方力量形成合力尤为必要。

### (二)法治教育目标在小学阶段有所转变

2007年的《中小学法制教育指导纲要》指出,小学阶段法制教育的主要任务是:第一,注重"意识"培养,爱国意识、公民意识、守法意识、权利义务意识、自我保护意识是小学生法制教育的主要目标;第二,要养成维护宪法和法律权威的习惯;第三,注重打造小学生正确的人生观、价值观和荣辱观,建立依法治国和公平正义的理念,辨明是非、知法用法、做合格公民。可以说,该指导纲要对小学生法制教育的要求较高。

2016年的《青少年法治教育大纲》则对小学阶段的法治教育作出了相对弱化的目标要求,法治教育的强度和用语发生部分转变:一方面,摒弃了宏观、抽象的"意识"培养,转而从实际出发,强调养成守法意识和行为习惯;另一方面,宪法仍然是小学阶段法治教育的重点,但是法治教育的目标从要求小学生"尊重宪法"转为"普及宪法常识"。目标要求也指明小学生法治教育要从生活、身边出发,既有国家层面大是大非的判断,也要有实际生活中的规则、诚信、守法的行为习惯。《青少年法治教育大纲》考虑到小学生对于法律这一相对抽象的学科的理解能力,进一步弱化了小学生对法律知识的识记要求,但是对小学生宪法常识、守法意识的养成提出了较高要求,更侧重于培养小学生形成正确的法治意识观念,法治教育与价值观培养相结合,更符合小学生的思想认知规律。

### (三)法治教育内容进一步细化

2007年的《中小学法制教育指导纲要》对小学生法制教育内容作了明确规定:在小学阶段,进行初步的法律意识、权利意识和自我保护意识的启蒙教育,使学生具备初步的法律观念和权利观念。一是了解法律是社会生活中人人都要遵守的规则,法律具有强制性。二是初步了解法律的作用,体会法律的秩序、正义和自由价值,法律在保护人的权利方面的作用。三是了解自己依法享有的权利,任何人的权利不可随意剥夺和侵犯。四是了解宪法是国家的根本大法,是制定其他法律的依据,具有最高的法律效力,初步建立宪法意识。五是初步了解未成年人权利的基本内容,了解宪法规定的公民基本权利的内容,知道生命健康权、人身自由权、姓名权、受监护权、休息权、隐私权、财产权、继承权、受教育权等基本权利应当受到保护,增强权利意识。六是掌握初步的自我保护方法,知道权利受到侵犯时如何寻求法律保护,了解寻求法律保护的渠道。

2016年的《青少年法治教育大纲》在对青少年法治教育总体内容作出要求以外,对各具体年龄段的法治教育内容做了进一步说明。该大纲将小学区分为小学低年级(1~2年级)和小学高年级(3~6年级)两个阶段。考虑到此次调查问卷内容主要针对小学高年级学生,仅对小学高年级的法治教育内容展开讨论。区别于2007年的指导纲要,现阶段的小学生法治教育将宪法教育放在首位,突出宪法的权威地位,通过宪法常识的普及塑造小学生的国家观念,具体包括人民代表大会制度、主要国家机构、国家主权与领土、国防意义、民族团结等。在权利义务方面,增加了校园欺凌认知与防范的内容,是应对小学生群体中高发的校园欺凌事件的重要内容。增加了程序的概念,规则的制定要遵循一定的程序,进一步指明了法治教育的具体内容,如重要的民事权利、合同相关内容、诚实信用等。关于自护教育方面的内容做了较为全面的列举,包括消费者权益保护、道路交通、环境保护、消防安全、禁毒、食品安全等。对分辨违法、犯罪行为及其后果作了要求,增加了对司法制度、国际组织和国际公约的了解的要求。

总体来看,随着我国法治的发展和法治教育实践的进步,小学生法治教育的内容发生了较大的改变,在牢固树立国家意识的同时,更突出与小学生切实相关的法律法规等规则知识的普及,突出宪法教育,以及在小学阶段就开始搭建体系性、国际性的法律知识。

## 二、当前小学生法治教育存在的主要问题

此次对小学生法治教育状况的调查共收回问卷 863 份,五年级收回 492 份,占 57.7%;六年级收回 360 份,占 42.3%。其中男性占比为 46.1%,女性占比为 53.9%;年龄分布为 9~14 岁,各占 0.2%、22.2%、50.5%、25.3%、1.4% 和 0.3%;46.8% 的居住在城市,53.2% 的居住在农村。大部分的受访学生(76.7%)不是独生子女,且大多与生父(82.5%)和生母(88.5%)生活在一起,超过一半(51.5%)与兄弟姐妹生活在一起,35.4% 的受访学生与祖父母/外祖父母一起生活。

### (一)小学生权利意识、权益维护意识相对较弱,对权利认知仍以感性为基础

小学生自我保护意识和守法意识较强,自护教育和法治教育初见成效。但是,小学生群体权利意识自评分为 7.53 分(1~10 分,1 分表示很弱,10 分表示很强),权益维护意识自评分为 7.95 分。相较于平等意识(8.21 分)、守法意识(8.86 分)、自我保护意识(8.99 分),小学生的权利意识和权益维护意识较弱。从意识评分的标准偏差来看,权利意识的标准偏差为 2.63,权益维护意识的标准偏差为 2.45,相较于平等意识(2.19)、守法意识(1.99)、自我保护意识(1.82),表现出较大的波动值,说明在这两方面,小学生自我认知差异较大。

小学生对现阶段能亲身感受的权利认知较深,对直接感受较少的权利认知较弱。88.9% 的受访小学生认为自己享有生命权,81.3% 的认为自己享有身体权,84.9% 的认为自己享有健康权,84.6% 的认为自己享有隐私权,此四项为小学生认知度较高的权利。71.7% 的受访小学生认为自己享有受教育权,64.6% 的认为自己享有姓名权,53.3% 的认为自己享有肖像权,此三项属于小学生认知度居中的权利。41.5% 的受访小学生认为自己享有名誉权,42.3% 的认为自己享有荣誉权,30.5% 的认为自己享有劳动就业权,32.7% 的认为自己享有婚姻自主权,44.5% 的认为自己享有财产权,此五项为小学生认知度较低的权利,均未过半数。可以看出,小学生对自身权利的认知程度依自身感受程度不同而有所区别。

### （二）小学生对宪法法律的了解仍有不足

1. 小学生对《宪法》的了解程度有两极分化的倾向

不论是2007年的《中小学法制教育指导纲要》，还是2016年的《青少年法治教育大纲》，宪法教育都是小学生法治教育的重点，2016年的大纲更是将其提到首位，因此宪法教育效果能一定程度上反映小学生法治教育效果。受访小学生中有30.6%的表示“认真学过”《宪法》，有17.0%的比较了解《宪法》，二者总和所占比重为47.6%，与其他法律相比处于中位。但是表示“不知道”《宪法》的有19.4%，排在第二位，“听说过”《宪法》的有16.0%，“浏览过”《宪法》的有17.0%，均为同类中的最低值。这说明小学生对《宪法》的了解程度出现了两极分化的态势，需要有针对性地解决宪法教育中存在的问题。认为《宪法》具有最高法律效力的受访小学生有53.3%，认为《民法典》具有最高法律效力的占4.3%，认为《刑法》具有最高法律效力的有8.8%，认为《未成年人保护法》的有27.8%，表示“不知道”的有5.6%。

2. 小学生对《网络安全法》《义务教育法》了解较多，对《民法典》所知较少

从小学生对切身相关法律的了解情况来看，“认真学过”和“比较了解”所占比重较大的为《网络安全法》，总和所占比重为59.0%，《义务教育法》总和所占比重为51.2%，超过半数的受访小学生对这两部法律了解较多。《反家庭暴力法》和《劳动法》的这两类总和比重也分别达到了49.5%和48.0%。但是，对《民法典》“认真学过”的受访小学生为17.6%，“比较了解”的有12.5%，二者总和为30.1%，相较于其他法律了解度最低；对《民法典》表示“不知道”的受访小学生有25.4%，相较于其他法律不了解的受访者所占比重最高。考虑到《民法典》颁布时间不长，相应法治教育工作还未完全铺开，确实对小学生认知、了解、应用《民法典》带来了一些困难，但是《民法典》中与小学生切实相关的内容较多，是小学生法治教育的重点，需要加强对小学生的民法典教育。

### （三）小学生对违法、犯罪行为的辨认和法律后果的认知仍需加强

1. 大部分小学生不知道最低刑事责任年龄，有接近半数的受访小学生认为最低刑事责任年龄应高于14周岁

1.2%的受访小学生认为在我国10周岁犯罪就要负法律责任，0.7%的认

为11周岁,11.8%的认为12周岁,2.4%的认为13周岁,20.3%的认为14周岁,6.3%的认为15周岁,43.7%的认为16周岁,13.7%的受访小学生表示不知道。虽然大部分小学生对最低刑事责任年龄没有正确的认知,但是在重要的年龄点所选人数会相对较多,表明小学生对于法律上的年龄点有一定的认识,但不能做到有效区分。有3.7%的受访小学生认为如果犯罪要负法律责任的话,应该设定在10周岁比较合理,有1.3%的认为应当设定在11周岁,15.0%的认为应当设定在12周岁,3.2%的认为应当设定在13周岁,21.3%的认为应当设定在14周岁,10.5%的认为应当设定在15周岁,38.6%的认为应当设定在16周岁,6.3%的受访小学生表示不知道。由此,有49.1%的受访小学生认为最低刑事责任年龄应当高于14周岁。

2. 小学生对家暴、体罚的态度不够明确

13.1%的受访小学生对"家暴是家丑,不要让外人知道"这一说法非常赞同,11.5%的比较赞同,不太赞同的有25.6%,很不赞同的有41.7%。但就家庭暴力单独作询问时,有26.4%的受访小学生认为是"性格问题",7.7%的认为是"家务事",69.9%的认为是违法行为,46.2%的认为是犯罪行为。可以看出,小学生在辨别家庭中的侵权行为时带有一定的不确定性,易受情感影响。

对"学生犯错,老师可以体罚"这一说法,4.6%的受访小学生很不赞同,27.7%的不太赞同,15.4%的比较赞同,8.0%的非常赞同。其中,居住在城市的小学生相比于居住在农村的小学生,对体罚持不赞成态度的比例明显更高,前者为82.6%,后者为63.1%。由此,小学生对于老师给予一定的体罚持明确反对态度的占比不大,相对于学生来说教师是权威人物,可以实行一定程度的教育惩罚措施,小学生很难对权威人物的惩罚勇敢说"不"。

3. 大部分小学生对考试作弊的行为认识不够深刻

79.5%的受访小学生将考试作弊看作是违纪行为,只有2.1%的认为考试作弊是犯罪行为,15.1%的认为是违法行为,3.3%的认为是正常行为。而依据最高人民法院、最高人民检察院《关于办理组织考试作弊等刑事案件适用法律若干问题的解释》、教育部颁布的《国家教育考试违规处理办法》以及各学校的校规校纪,作弊行为既可能是违纪、违法行为,也可能是犯罪行为。显然,小学生对于作弊行为的认识不够深刻,还停留在违反纪律的认知阶段。

### （四）网络成为小学生自护教育的新盲区

1. 网络欺凌不容忽视

19.8%的受访小学生表示曾经遭受过网络欺凌。“在网上不断遭到他人辱骂”的占比达33.3%，“被人散布谣言”占23.3%，“被人恶意P图”则占28.7%。遭遇这些网络欺凌时，65.0%的受访小学生选择网络举报，33.6%的向家人求助，28.5%的选择报警，22.6%的选择在网上进行回击。受访小学生遭受过网络欺凌的比例不大，这与他们年纪较小、家长监管相对严格、较少接触网络有关。

2. 诈骗、暴力血腥是小学生较为容易接触到的网络不良信息类型

有17.9%的受访者在网络上接触过不良信息，其中接触过“中奖等诈骗信息”的占比达55.1%，“殴打”“砍杀”“血腥屠杀”“自杀场景”等暴力血腥信息的分别占46.4%、29.0%、23.2%、29.0%，“淫乱画面”占15.9%、“性行为”占7.2%、“裸体”占17.4%。面对这些网络不良信息，50.0%的受访者选择“关闭或删掉”，45.5%的选择“举报”，10.6%的表示“自己看看而已”，12.1%的会“转发给同学或朋友”，7.6%的“继续关注，持续了解”，1.5%的会“模仿”。受访小学生接触到的网络不良信息相对于其他群体来说比例较小，除因较少接触网络外，逐渐普及的各个平台的“青少年模式”功不可没。

3. 小学生网络个人信息保护意识仍需加强

2019年8月，国家互联网信息办公室室务会议审议通过《儿童个人信息网络保护规定》，2021年11月正式施行《个人信息保护法》，它们对未成年人的个人信息网络保护的社会责任、家庭责任给出了明确规定。就未成年人本身来说，着力提高其网络个人信息保护的意识和能力。总体来看，小学生在网络上个人信息保护意识相对较强。74.9%的受访小学生认为问卷所列举的10项内容均不可提供给网友。在认为可提供信息的受访小学生中，有32.1%的认为年龄可以提供给陌生网友，认为可以将班级、姓名、学校、照片提供给陌生网友的分别占38.6%、30.7%、23.3%、20.0%。但是，大部分小学生对于采取网络信息筛查、监控等方式不太赞同。有52.5%的受访小学生完全不同意在电脑上安装不良信息过滤软件，32.7%的完全不同意实行网络实名制，34.3%的完全不同意“上学期间，老师可以帮我保管手机”，29.3%的完全不同意“父母可以控制

我的上网时间”,这表现出小学生容易沉迷网络、自控力不强的特点。

### (五)小学生在家庭、学校场景下的隐私意识不强

前述有84.6%的受访小学生认为自己享有隐私权,但在具体问题上对隐私的看法有所不同。在家庭环境下,80.3%的受访者赞同“任何人(包括父母)进我的房间都必须敲门”,其中50.2%的人非常赞同,30.1%的人比较赞同,但也有13.7%的人不太赞同;87.1%的受访小学生赞同“任何人(包括父母、老师)不能随便看我的日记”,其中非常赞同的占59.2%,比较赞同的占27.9%;有70.4%的不赞同“父母可以翻看我的手机”,其中很不赞同的占37.4%,不太赞同的占33.0%,还有17.1%的表示比较赞同。

在家庭场景下,小学生对于个人物品和朋友圈照片的隐私认知度较低,有74.9%的受访者赞同“父母动用我的个人物品都需要我的同意”,同时有16.5%的表示不太赞同,很不赞同的有6.3%,接受父母动用个人物品的不在少数;对于“父母可以随便在朋友圈发我的照片”,有31.8%的受访者表示赞同,不赞同的占65.6%。

在学校场景下,小学生更在意老师跟其他人说自己的家庭情况,有77.5%的不赞同“老师可以跟其他人说我的家庭情况”。但是对于成绩,有60.2%的不赞同“老师可以在班群晒我的成绩”,35.9%的赞同这一观点。小学生对于个人情感表达、个人生活空间、个人家庭信息的权利意识相对更强,家庭场景中将隐私缩小至自己的小天地,在学校中将隐私缩小至家庭。

从整体来看,居住在农村的小学生对于家庭和学校场景下的个人信息意识要相对弱于生活在城市的小学生。

### (六)校园欺凌仍存在一定比例

45.7%的受访小学生表示遭遇过不同形式的校园欺凌,其中东西被偷的有59.3%,被取笑或捉弄的有37.2%,被辱骂的有35.5%,东西被人故意损坏的有27.1%,被人歧视(瞧不起)的有21.4%,被殴打的有16.0%,被抢东西的有16.0%,遭教师体罚的有14.4%,被人孤立排斥的有9.9%,受到暴力威胁或恐吓的有9.4%,被骗钱的有4.0%,被人耍流氓的有3.1%,被勒索钱财的有2.8%,不许上课的有1.6%,不允许用教学设备的有1.2%,其他的有1.6%。

相对于其他群体，小学生的校园欺凌以财务损失、精神损害为主，身体伤害所占比例较小。

部分小学生在权益遭受侵害时，不愿意向老师、家长报告。有293名受访小学生给出了不及时报告老师、家长或警察的原因，其中39.6%的认为自己能够解决，36.9%的认为是小事不值得报告。此外，24.6%的害怕对方进一步报复，有17.7%的因为对方威胁不让报告，17.4%的觉得报告了也不能解决问题，17.1%的不知道如何报告，14.7%的害怕报告以后受处罚。可以看出，小学生缺乏维护自身合法权益的意识和能力。

### （七）法治教育形式存在的问题

#### 1. 小学生法治教育形式较为单一，存在城乡差距

学校采取的法治教育形式排名前五的分别是："主题班会、队会、团会"（84.6%）、"排演、观看法治文艺节目"（53.8%）、"收听、收看广播、电视法治节目"（49.6%）、"宪法日普法活动"（34.9%）、"警察入校讲座"（30.8%）。参观类、实践类的法治教育形式较少，选择"参观法院、监狱、管教所、戒毒所""法治教育基地""模拟法庭"的分别为5.4%、12.9%、6.6%。此外，法治副校长的法治教育效果也不突出，只有17.6%的受访小学生听过法治副校长的讲座，实践中，法治副校长进校园的频率大部分在一年一次。居住在农村的小学生接受各种形式法治教育的比例均低于居住在城市的小学生。受限于小学生的理解能力，法治教育形式仍相对被动，参与类的法治教育模式开展较少。

#### 2. 小学生法治教育形式不丰富

受访的小学生喜欢"学校的法治课、宣传栏"的占比达49.2%，喜欢"阅读法律小说、故事等读物"的有44.1%，喜欢"电视、广播的法治节目"的有34.02%，喜欢"模拟真实情景的表演"的有33.8%，喜欢"到法院、检察院等地方参观实践"的有24.5%，喜欢"老师带领讨论案例"的有23.3%，喜欢"普法的法治戏曲、小品相声等文艺节目"的有17.8%。总体来看，小学生更喜欢接收法律知识。受小学生理解能力、表达能力的限制，反向输出法治观点不太受小学生的欢迎，选择"自己编写法治小故事，创办法治小报、板报"的小学生较少。这符合未成年人的认知规律，但是在维护自身合法权利时，能够清晰传达个人诉求，阐明法律规定是不可或缺的，应当强化小学生的这一能力。

## 三、进一步完善小学生法治教育的对策建议

### (一)继续加强专业化、规范化法治教育力度

通过此次调查问卷发现,小学生普遍认可教育的力量,在谈到如何应对不良行为和违法犯罪行为时,均认为专业化、规范化的教育是首要有效方式。在被问及“对于有打架斗殴等不良行为的同学,应当如何处理”时,71.2%的受访小学生认为应当由专门的社会工作者进行教育,46.1%的认为应当将这些问题学生集中到工读学校进行教育,43.9%的认为学校应当专门办一个差生班,将这些问题学生集中起来进行教育。但是,居住地不同的小学生,对不良行为的处理方式看法不同,居住在农村的小学生更倾向于采取差生班(高11.7%)和专门学校(高5.7%)的方式教育有不良行为的青少年,而居住在城市的小学生选择社会工作者的比例比居住在农村的高21.7%。对于预防未成年人犯罪的有效方式,小学生的回答超过半数的从高到低依次为:多开展禁毒教育(72.5%)、多关心弱势学生(70.5%)、多开展预防犯罪的警示教育(69.4%)、开展思想政治教育(69.1%)、关注未成年人心理健康(64.7%)、开展网络素养课程(56.1%)、关注未成年人家庭关系(50.1%)。

由此,大部分小学生认为如果已经构成不良行为、违法犯罪的,应当有专门化的机构、专业的人才和针对性的内容来改变其行为习惯、扭转其行为模式,这也符合小学生法治教育塑造良好的行为习惯的目标。我们在调研中了解到,小学缺乏专业的教师队伍是一个较为普遍的现象,一线教师以思政专业为主,对许多基础的法律概念理解不透,因此在教学中难免出现一带而过的情况。加之以考试为导向的教学制度,在小升初考试中,道德与法律的考核即使未能达到小学阶段的考试目标也能完成法律部分的考试题目,就会出现轻视法律教育的结果。《青少年法治教育大纲》要求小学生要了解切身相关的法律规定、一定的法律程序、司法制度、国际组织和国际条约等,没有系统的学习很难将这些基本的法律问题解释清楚。因此,建设一批专业的教师队伍,进一步规范法治教育内容确有必要。实践中,可以让法学专业的研究生作小学班级的法治辅导员,保证一定频率的课后辅导和咨询,保证法治教育的专业性和规范性;同时,这既

不需要占用大量编制，又给了法学专业的学生实践机会。

### （二）注重法治教育的参与性和小学生的主体性

《青少年法治教育大纲》对法治教育的实施途径也作了规定，在教育方式上，鼓励灵活参与式的教学方式，如模拟法庭、角色扮演、案例讨论、辩论赛等。但是，在小学生法治教育实践中，此类互动式、参与式的教育形式所占比重不大。可见，学生法治思维的培养仍停留在传统的灌输式，未来应当转向启发式、情景式教学，将法治融于小学生的生活中，让法治思想扎根在小学生的心中。在校园法治文化建设上，也鼓励学校把法治精神、法治思维和法治方式落实到学校的日常制度、日常管理中，打造法治教育环境。通过开展法律知识竞赛、法律情景剧展演、法治社会实践、志愿服务等形式，营造良好校园法治文化氛围，用法治环境去感染、熏陶小学生以达到法治教育目的。此外，还要关注小学生在法治教育活动中的主体性作用，对法治的认知是法治教育第一层次的内容，而形成规则意识、法治意识，运用规则办事、运用法律维护自身权益则是更深层次的内容。青少年法律教育的意义不仅是青少年从中能得到什么，更应当是法律教育中青少年主体地位的发挥，通过自身努力参与法治社会构建。① 因此，法治教育应当从小强调学生的主体地位，鼓励小学生投入法治教育的多种形式中，内化成法治思维，并在多种形式下实践法治思维。

### （三）积极发挥少先队作用，强化法治教育活动中的组织优势

调查显示，老师和家长是小学生遇到问题最想要寻求帮助的人群。如果在学校中遭遇权益侵害，小学生最想要寻求帮助的对象或采取的措施依次是老师（80.7%）、家长（61.6%）、校领导（39.1%）、同学或朋友（19.5%）、自己解决（15.3%）、报警（11.3%）、默默忍着（8.9%）、找权益维护社会组织（7.3%）、想办法发泄（6.8%）、诉诸法律（5.9%）、找民政部门（4.9%）等。对于小学生来说，最值得信任的人除家长外就是老师，但数据显示，小学生在遇到困难时，不

---

① See Jeffrey W. Cornett & Richard H. Chant, *Educating Youth for Decency and Virtue: Law-Related Education and Its Implication for Character Educators*, 39 The Journal of Humanistic Counseling, Education and Development 27 (2000).

会把少先队看作是与其他基层组织等同的求助方式。少先队应当发挥组织优势,在推动小学生法治教育、维护小学生合法权益方面作出更大努力。通过少先队这一基层组织开展法治教育学习活动,调动学生积极性,建设法治教育学习小分队。建设法治教育学习阵地,不仅将法治教育与知识教育相结合,也要将法治教育与阵地建设相结合,这有利于帮助小学生理解法律的实质含义。少先队作为群团组织,也应当起到联系家庭、学校、社区的作用,对于未成年人来说,单一的环境教育都是不够的,要"三位一体"打造小学生法治学习环境,除学校教育外,家庭教育、社区教育缺一不可。少先队应当在家长会、家访等工作中,向父母传递法治教育信号,普及相关知识,及时发现家庭教育问题;少先队也要联系社区,多开展社区活动,帮助小学生践行法治思想,严守行为准则,共建法治化社区环境。

# 初高中生法治教育状况

张晓冰　王若凡*

**摘　要**：良好的法治教育有助于未成年人明辨是非善恶、预防违法犯罪。以处于成长关键阶段的初高中生为研究对象，调查发现其具备基本的法律知识，守法意识较强，但整体的法治意识、权利认知有待加强，权益维护状况仍需改善，法治教育途径实践性不足、活动性不强，法治教育效果亟须优化。应当明确学校作为法治教育的第一责任主体、家庭作为第二责任主体，在政府不断优化的法治教育大环境中，持续凸显群团组织的作用，发挥民政、公安机关等部门的职能优势和社会工作者的专业特长，引导未成年人树立法治思维、培育法治观念，依法规范自身行为。

**关键词**：初高中生；法治教育；法治意识；权益维护

## 一、问题提出及研究方法

党的十八届四中全会首次提出“把法治教育纳入国民教育体系，从青少年抓起”，这是我们党从国家战略高度对青少年法治教育提出的具体要求。2016年教育部、司法部、全国普法办印发的《青少年法治教育大纲》为义务教育、高中教育、高等教育三个阶段设定了不同的阶段目标、教学内容与要求，旨在引导青少年树立法治思维，强化法治意识，提升依法维护权益、明辨是非善恶的能力。近年来，低龄犯罪现象时有发生，我国《刑法修正案（十一）》已将刑事责任年龄

* 张晓冰，中国青少年研究中心青年发展研究所副所长、副研究员，法学博士。
王若凡，中南财经政法大学中南司法案例研究中心研究人员。

下调至12周岁。根据《未成年人检察工作白皮书(2021)》,未成年人犯罪数量出现反弹,2021年受理审查逮捕、受理审查起诉人数较2017年分别上升30.6%、24.2%。[①] 由此来看,12~18周岁这一年龄段的青少年是法治教育的重点群体,有效的法治教育能够预防其违法犯罪。

从我国的入学年龄及义务教育年限来看,该年龄段的青少年一般处于初高中阶段。根据大纲,初中阶段应当“使学生初步了解个人成长和参与社会生活必备的基本法律常识,进一步强化守法意识、公民意识、权利与义务相统一观念、程序思维,初步建立宪法法律至上、民主法治等理念,初步具备运用法律知识辨别是非的能力,初步具备依法维护自身合法权益、参与社会生活的能力”[②]。针对高中阶段,大纲指出,“使学生较为全面地了解中国特色社会主义法律体系的基本框架、基本制度以及法律常识,强化守法意识、增强法治观念,牢固树立有权利就有义务的观念,初步具备参与法治实践、正确维护自身权利的能力”[③]。搜索文献可以发现,目前学界尚缺乏专门针对这一年龄段的未成年群体进行法治教育研究,对其法治意识、权利认知、权益维护等法治教育基本状况了解较少,也无法捕捉存在的突出问题,亟待在实证研究的基础上分析其法治教育的基本水平,并提出有效的对策建议。

基于此,2020—2021年,中国青少年研究中心“青少年法治教育研究”课题组在东、中、西部抽取北京、河北、山东、广东、陕西、山西、四川等省市通过纸质问卷方式进行了调研,回收有效问卷3108份。2022年补充开展了部分教师及学生深度访谈。从年龄来看,调研对象的年龄段以12~17周岁为主,其中13周岁的占比为28.3%,16周岁的占比为22.0%,15周岁的占比为19.5%,12周岁的占比为13.8%,14周岁的占比为11.2%,17周岁的占比为4.5%,此外还有少数11周岁、18周岁的学生参与了问卷调查。从性别来看,男生占比为50.5%,女生占比为49.5%;从居住地来看,居住在城市的学生占比为65.8%,

---

① 参见最高人民检察院:《未成年人检察工作白皮书(2021)》,载最高人民检察院官网,https://www.spp.gov.cn/xwfbh/wsfbt/202206/t20220601_558766.shtml#2。

② 教育部、司法部、全国普法办:《青少年法治教育大纲》,载中央人民政府官网,http://www.gov.cn/xinwen/2016-07/18/content_5092493.htm。

③ 教育部、司法部、全国普法办:《青少年法治教育大纲》,载中央人民政府官网,http://www.gov.cn/xinwen/2016-07/18/content_5092493.htm。

居住在农村的学生占比为34.2%;从家庭子女数量来看,本次调研的独生子女占比为40.2%,非独生子女占比为59.8%;从年级来看,初中生占比为52.6%,高中生占比为47.4%。

## 二、初高中生的法治意识、权利认知及权益维护基本状况

本部分主要涉及初高中生对自身权利意识的评分、对新颁布法律的了解、对与自身密切相关的权利的认知、对暴力行为的态度,以及在面对侵害时的权益维护意识情况、对权益维护方法的掌握等内容。以下将在整理调研获取的数据基础上进行交叉对比分析。

### (一)初高中生的法治意识、法律认知情况

1.初高中女生的平等意识、守法意识、自我保护意识比男生强,男生的权利意识和权益维护意识较女生突出,农村及非独生子女学生的各类法治意识有待提升

法治意识通常包括平等意识、权利意识、守法意识、自我保护意识和权益维护意识。本次调查要求学生对自己的以上意识进行打分(1~10分,1分表示很弱,10分表示很强)。统计数据显示,初高中生的守法意识均值为9.11分,标准差为1.63,其中男生的均值比女生低0.12分;自我保护意识均值为8.91分,标准差为1.65,男生的均值比女生低0.09分;城市学生的各类意识均值皆比农村学生高,独生子女学生也比非独生子女学生高。具体而言,自我保护意识体现在日常生活中的诸多方面,如87.8%的学生认为不能轻易答应陌生网友的见面邀约,87.6%的认为只有自己在家时不要轻易给陌生人开门。值得注意的是,权利意识的整体均值仅为8.11分,标准差达到了2.18。可见,初高中生的权利意识尚处于觉醒状态,整体相较于其他意识薄弱,且女生的权利意识均值比男生低0.14分,权益维护意识均值比男生低0.23分,亟须在法治教育中予以强化。

2.初高中生基本知道《义务教育法》《未成年人保护法》《预防未成年人犯罪法》等与之密切相关的法律,但对《民法典》《反家庭暴力法》等新法的了解有待加强,对刑事责任年龄的认知有待校准

新中国成立以来,青少年权益保护已经从法制化逐步转向法治化,形成了

以《未成年人保护法》《预防未成年人犯罪法》两部专门法为主,以《宪法》《民法典》《刑法》《义务教育法》《劳动法》《网络安全法》《反家庭暴力法》《家庭教育促进法》等综合性法律为支撑的未成年人保护体系。初高中生知道这些法律的比例各有区别④,《义务教育法》为 98.4%,《未成年人保护法》为 98.1%,《宪法》为 97.7%,《刑法》为 97.6%,《预防未成年人犯罪法》为 97.3%,《网络安全法》为 97.1%,《劳动法》为 95.2%。而不知道《民法典》的学生占比达 7.4%,不知道《反家庭暴力法》的占比达 5.8%。可见,初高中生对新颁布的法律的了解程度相对较低,有关部门对新法的法治教育宣传还不到位。交叉分析数据显示,男生对法律的知晓度整体不如女生,是否独生子女在该问题上的差异并不显著。此外,超七成的学生认识到《宪法》具有最高效力,能否认识到哪部法律具有最高效力也反映了学生的法治教育水平。10.3% 的学生认为是《刑法》,其中男生比女生高出 4.7 个百分点;认为是《未成年人保护法》的学生占比为 7.4%,其中女生比男生高出 1.7 个百分点;2.3% 的认为是《民法典》,还有 2.3% 的表示不知道。

一半初高中生认为我国刑事责任年龄为 14 周周岁,合理的刑事责任年龄包括 12 周岁、14 周岁、16 周岁。本次问卷调研是在《刑法修正案(十一)》通过之前进行的,彼时的刑事责任年龄为 14 周岁。统计数据显示,有 50.9% 的学生认为在我国 14 周岁就需要负刑事责任,33.0% 的学生认为是 16 周岁。其他年龄的占比分别是:12 周岁,7.6%;15 周岁,2.8%;13 周岁,2.0%;10 周岁,1.0%;11 周岁,0.3%。2.5% 的选择不知道。由此来看,刑事责任年龄普及教育仍需持续加强。

3. 初高中生对受教育权、生命权、隐私权的认知程度远高于对劳动就业权、婚姻自主权、财产权等权利的认知,对《未成年人保护法》赋予的四项权利认知情况差异明显

公民享有宪法及其他法律赋予的基本权利,包括生命权、身体权、健康权、姓名权、肖像权、名誉权、荣誉权、受教育权、劳动就业权、婚姻自主权、隐私权、财产权等。调查数据显示,初高中生认为自己享有受教育权、生命权、隐私权的程度较高,分别为 91.5%、91.2%、91.2%,认知程度尚可的权利包括健康权、肖

④ 2020—2021 年开展问卷调查时,《家庭教育促进法》尚未出台,故不在调查范围内。

像权、姓名权、身体权、名誉权、荣誉权。然而,不到一半的学生认为自己享有劳动就业权(48.8%),对婚姻自主权的认知占比仅超过一半(51.7%),对财产权的认知占比不足七成(63.4%)。这可能与学生所处的成长阶段息息相关,对受教育权等紧密联系的权利认知度更高,对其他权利的了解则不够深入全面。值得注意的是,女生对多项权利的认知程度均比男生高,但对劳动就业权、婚姻自主权、财产权的认知程度却比男生低,可见"男主外女主内"等性别刻板印象仍然存在。农村学生只有健康权的认知与城市学生持平,其他权利认知均存在显著差异,可见其权利意识亟待加强。

《未成年人保护法》第3条规定,"国家保障未成年人的生存权、发展权、受保护权、参与权等权利"。对于以上四项权利,学生的认知情况呈现出明显差异。95.2%的学生认为《未成年人保护法》规定了受保护权,比生存权高出32.6个百分点,比发展权高出45.6个百分点,比参与权高出52.1个百分点。由此来看,学生可能仅从字面来猜测受保护权的存在,对其他三项权利的认知严重不足。尤为明显的是,女生对发展权的认知比男生低出了6.8个百分点,说明社会性别教育任重而道远。

4.初高中生对隐私权整体很重视,但在具体的隐私问题认识上存在一定的偏差

隐私权是《民法典》规定的一项重要权利,自然人享有隐私权,任何组织或者个人不得以刺探、侵扰、泄露、公开等方式侵害他人的隐私权。在互联网背景下,隐私保护更显重要。隐私是自然人的私人生活安宁和不愿为他人所知晓的私密空间、私密活动、私密信息,我们可以将之简单区分为线下隐私和线上隐私。统计分析发现,初高中生相当重视自己的线下隐私,如仅有13.6%的学生不赞同"任何人(包括父母)进我的房间都必须敲门",7.4%的学生不赞同"任何人(包括父母、老师)不能随便看我的日记",6%的学生不赞同"父母动用我的个人物品都需要经过我的同意"。以上这些隐私均属于传统的隐私,带有物理属性。但随着互联网的发展,隐私已经从线下转向线上,而初高中生对网络隐私的认知存在一定的偏差,如对于哪些信息可以提供给陌生网友,占比较高的包括年龄(76.4%)、姓名(39.3%)、班级(23.0%)、学校(22.7%)。值得警醒的是,包括照片、手机号码、家庭住址、父母姓名、父母单位、身份证在内等更具隐私性的信息,仍有学生认为可以提供给陌生网友,这一偏差性认知可能导

致他们陷入被诈骗、网络欺凌等困境中,甚至面临被拐卖、被敲诈勒索、被性侵等严重风险。对于父母或老师,学生的隐私警惕性会相对放松,如 59.9% 的学生赞同"父母可以随便在朋友圈发我的照片",55.9% 的学生赞同"老师可以在班群晒我的成绩",41.8% 的学生赞同"父母可以翻看我的手机",37.4% 的学生赞同"老师可以跟其他人说我的家庭情况"。事实上,照片、成绩、手机、家庭情况仍属于隐私的范围,即使是父母、老师也不能随意侵犯。根据《个人信息保护法》,14 周岁以下的未成年人的个人信息均属于敏感信息。因此,父母在履行监护职责时仍应当保持一定的界限感,尊重孩子的人格尊严,注重保护未成年人隐私权和个人信息,教师在非必要情况下也不可泄露学生的隐私。

### (二)初高中生的法治思维状况

#### 1. 大部分初高中生对暴力有基本的态度,部分学生(尤其是男生)对教师体罚的认知有待纠偏

初高中生基本上认同威胁、恐吓、谩骂、羞辱都属于暴力,不赞同"为了解决问题或达到目的,可以采取暴力手段",但在"无论什么理由,使用暴力都是不对的"这一问题的判断上则存在一定的差异,其中赞同的比例达 81.8%,不太赞同、很不赞同、说不清的共占 18.2%。不赞同威胁、恐吓、谩骂、羞辱的男生比女生高 5.1 个百分点,赞同"为了解决问题或达到目的,可以采取暴力手段"的男生比女生高出 3 个百分点,可见男生对暴力的认知仍存有一定的偏差。

在教师是否可以体罚的问题上,20.1% 的学生认同"学生犯错,老师可以体罚",其中男生比女生高 6.7 个百分点。体罚与教育部 2020 年 12 月颁布的《中小学教育惩戒规则(试行)》中规定的惩戒存在本质上的区别。目前,我国将教育惩戒分为一般教育惩戒、较重教育惩戒和严重教育惩戒三类,惩戒形式包括点名批评、做口头或者书面检讨、站立、课后教导、停课停学等,并不包括体罚的形式。因此,法治教育课堂或实践活动中应当就教师惩戒问题展开研讨,让学生明白惩戒与体罚的根本区别,在受到超过界限的惩戒时懂得向外界求助,及时报告父母或其他主体。

#### 2. 超七成初高中生未遭遇过家暴,但超一半遭受过校园欺凌

《民法典》规定禁止家庭暴力,禁止家庭成员间的虐待和遗弃。《未成年人保护法》规定父母或者其他监护人应当履行监护职责,包括为未成年人提供生

活、健康、安全等方面的保障,关注未成年人的生理、心理状况和情感需求等,不得虐待、遗弃未成年人,不得对未成年人实施家庭暴力。根据《反家庭暴力法》,家庭暴力是指家庭成员之间以殴打、捆绑、残害、限制人身自由以及经常性谩骂、恐吓等方式实施的身体、精神等侵害行为。本次调查数据显示,71.3%的初高中生没有遭遇过家暴,在28.7%遭遇过的学生中,占比较高的行为包括被骂(73.2%)、被挖苦嘲笑(33.3%)、被限制自由(22.8%)、被故意冷落(19.1%)、被扇耳光(19.2%)等。以上这些行为侵害了未成年人的身体权、健康权、生存权等基于人身自由、人格尊严而产生的人格权益,不利于其健康成长,严重情况下甚至会侵害其生命权。那么,初高中生对家暴的认知如何?数据显示,大部分学生对家暴有正确认知,72.4%的认为家暴是违法行为,43.0%的认为是犯罪行为,23.2%的认为是性格问题,但仍有5.5%的认为是家务事,3.4%的认为是正常现象,其中男生比女生高1.6个百分点,城市的比农村高0.7个百分点,甚至还有16%的学生赞同"家暴是家丑,不要让外人知道",这些认知需要进一步纠正。

根据教育部等11部门发布的《加强中小学生欺凌综合治理方案》,校园欺凌是指发生在校园内外、学生之间、一方(个体或群体)单次或多次蓄意或恶意通过肢体、语言及网络等手段实施欺负、侮辱,造成另一方(个体或群体)身体伤害、财产损失或精神损害等的事件。本次调查发现,53.5%的学生遭受过校园欺凌,其中占比较高的现象包括东西被偷(52.8%)、被取笑或捉弄(37.2%)、被辱骂(33.7%),遭教师体罚(28.3%)、东西被人故意损坏(20.2%)、被人歧视(瞧不起)(19.1%)、不许上课(15.4%)、被人孤立排斥(14.1%)、受到暴力威胁或恐吓(13.2%)等。由此来看,校园欺凌现象仍比较普遍,亟须进行综合治理。

3. 面临学校或家庭权益侵害,初高中生呈现出不同的处理倾向

如果在家庭中遭遇权益侵害现象,53.7%的学生选择报警,41.8%的学生会找权益维护类社会组织,37.5%的学生会找老师,33.5%的学生选择找亲友,除此之外,还存在找民政部门(27.8%)、选择反抗(25.4%)、找共青团(24.7%)、找同学或朋友(22.6%)、找妇联(14.7%)等情况,但仍有9.9%的学生会默默忍受,4.9%的学生选择离家出走。交叉分析发现,在家庭中遭受权益侵害时,女生比男生更倾向于寻找外力帮助,农村学生更信任亲友、老师、共青团、妇联、权益维护社会组织,城市学生则更信任自己、依赖自己。

反观如果在学校遭遇权益侵害现象，学生采取的最主要措施是找老师解决（67.8%），其次为找家长解决（53.4%）、找校领导解决（34.2%）、告诉同学或朋友（33.9%），其他措施还包括报警（22.3%）、想办法发泄（14.0%）、默默忍着（10.8%）、诉诸法律（10.6%）、找共青团（9.1%）、找民政部门（7.4%）、向侵害人报复（7.0%）等。交叉分析发现，男生找校领导解决、报警、诉诸法律、向侵害人报复的占比均比女生高，农村学生找老师、校领导解决的占比均比城市的高，城市学生告诉同学或朋友、找权益维护社会组织、在网络上发帖、自己解决、想办法发泄的占比均比农村的高。综上比较可知，从学生的角度来说，校园权益指向的首要保护主体是老师，而家庭权益的首要保护主体是警察。

4. 超六成的初高中生在校发生权益侵害会立即报告，不及时报告的原因存在多样性，城乡、性别、是否独生子女均会产生影响

面对在学校遇到的权益侵害问题，63.6%的学生选择一旦发生就报告，其他学生可能隔1~3天再报告（8%）、隔一段时间再报告（4.7%）、如果再发生同样的事情再报告（20.3%）、在别的同学身上发生再报告（1.5%），有1.9%的学生从不报告。该数据反映的城乡差异值得关注，与农村学生相比，城市学生一旦发生就报告的占比低了6.3个百分点，如果再发生同样事情再报告的占比高了5个百分点；不过，农村学生从不报告的占比比城市学生高了2个百分点。至于不及时报告的原因，超过一半的学生认为自己能够解决（52.3%），39.8%的学生表示是小事，不值得报告，觉得报告了也不能解决问题、不知道如何报告的比例均超过1/4，害怕对方进一步报复的占比达19.3%，其他原因还包括对方威胁不让报告（8.8%）、怕丢脸在同辈人面前抬不起头（7.6%）、认为会有他人向老师或家长汇报（6.7%）等。交叉数据显示，不知道如何报告的女生比男生高了7.5个百分点，农村学生比城市学生高了7.2个百分点，被对方威胁不让报告的农村学生比城市的高3.3个百分点，因此可以着重针对初高中女生、农村学生开展报告流程及相关制度的教育和心理强化教育。认为自己能够解决的城市学生比农村的高4.3个百分点，独生子女学生比非独生子女的高7个百分点，觉得报告了也不能解决问题的城市学生比农村的高5个百分点，可见城市学生、独生子女独立解决问题能力可能更加突出，但也应注意方式方法，及时向值得信赖的父母、老师等求助。

5. 大部分初高中生能够理性应对诈骗类网络不良信息,但对暴力等不良信息的警惕性不足,网络欺凌应对能力仍有待提升

互联网存在不良信息及网络欺凌现象,如何应对这些问题取决于用户的网络素养及权益维护意识。超六成的初高中生在网上看到过不良信息,其中占比最高的是中奖等诈骗信息(79.5%),其他的还包括殴打(39.1%)、自杀场景(26.0%)、砍杀(23.0%)、淫乱画面(22.8%)、邪教(19.6%)等。看到以上等不良信息时,48.1%的学生会关闭或删除,32.8%的学生会举报,与此同时,九成以上学生不赞同"在网络上可以散布谣言""在网络上发表意见不用负责",七成以上不赞同"偶尔在网上说脏话没有什么大不了的"。由此可见,大部分学生具有一个基本的理性态度。超两成学生遭受过网络欺凌,其中占比较高的包括被人恶意P图(36.3%)、有人散布关于自己的谣言(31.8%)、在网上不断遭到他人辱骂(27.6%)等。遭受以上等网络欺凌时,63.9%的学生会进行网络举报,其他措施包括在网上进行回击(31.2%)、报警(28.5%)、向家人求助(16.8%)、向同学或朋友求助(15.2%)、向老师求助(13.0%)、在现实中找攻击者理论(12.9%),还有12.6%的置之不理。网络欺凌与线下欺凌均会给未成年人的身心带来负面影响,因此常态化开展网络素养教育迫在眉睫。

### (三)初高中生法治教育的途径及效果

法治教育水平直接影响未成年人的法治意识形成、法治思维培养、法治知识掌握等情况。本部分旨在分析学生获取法治知识的来源渠道及他们对现有法治教育活动的评价与建议,重新审视未成年人的法治教育状况及其整体效果。

1. 初高中生的法治知识主要来自学校教育,学校组织的法治教育活动主要是主题班会、队会和团会

调查显示,85.6%的初高中生通过学校教育来接受法治教育,反映了当前"将法治教育融入德育学科"的教育模式。除基本的授课之外,87%的学生所在学校组织过主题班会、队会和团会。其他的主要渠道还包括报刊、图书(51.0%),广播、电影、电视(45.2%),微信(29.3%),网页、网络新闻(27.6%)等。整体而言,这些活动一定程度上能够为初高中生提供法律知识教育、丰富

法治教育体验,但依然存在严重的理论导向、较少的价值塑造等弊端。[⑤] 除课堂教育外,通过其他形式接受法治教育的初高中生占比均未过半,这体现出我国当前将课堂作为法治教育主阵地,忽略家庭教育、社会教育的现状。[⑥] 此外,互联网中的犯罪信息与负面新闻导致未成年人常常处于不良的虚拟社区中,学校、社区、家庭“三位一体”的合作隐性教育途径效果受到极大冲击,[⑦]进一步影响了学校法治教育的实效性。

2. 超九成初高中生愿意参加法治教育活动,较受欢迎的法治教育形式包括法治课、宣传栏、法律故事读物、法治节目及情景模拟

雅斯贝尔斯认为,教育的过程是让受教育者在实践中自我操练、自我学习和自我成长,这种实践的特征是游戏和探索。[⑧] 在法治教育中,丰富的法治体验活动是法治教育中最受学生欢迎的途径,它通过各类实践让法治教育回归学生实际生活,使其亲身感知法律的威严。统计数据显示,超九成学生愿意参加法治教育活动,48.9%的学生喜欢学校的法治课、宣传栏,43.3%的学生喜欢阅读法律小说、故事等读物,37.5%的学生喜欢电视广播的法治节目,30.7%的学生喜欢模拟真实情景的表演,还有学生喜欢老师带领讨论案例,到法院、检察院等地方参观实践,听父母、亲戚、朋友讲解,创办法治小报、板报等。从中不难看出,初高中生更加青睐趣味性和实践性较强的法治教育模式,对亲身参与存在明显的偏好。未来的法治教育应当以学生为本,凸显主体视角,考虑学生的兴趣和需求,注重理论与实践相结合,使学生在互动与参与中学有所得。[⑨]

3. 法治教育有助于预防未成年人违法犯罪,专门的法治教育课程、生动有趣的教材是受认可的推进法治教育方法

随着社会转型的加剧,青少年容易成为脱离传统社会控制的群体,轻至行

---

⑤ 参见刘咏梅:《美国青少年法制教育的特点及其启示》,载《中国青年研究》2005年第9期。

⑥ 参见杨晶、覃文杰、周巍:《我国青少年法治教育现状及发展路径研究——基于武汉市调查数据的分析》,载《预防青少年犯罪研究》2018年第5期。

⑦ 参见苏芮:《互联网时代青少年法治教育途径低效的心理效应分析》,载《预防青少年犯罪研究》2018年第1期。

⑧ 参见[德]卡尔·雅斯贝尔斯:《什么是教育》,童可依译,生活·读书·新知三联书店2021年版,第4页。

⑨ 参见谢佑平、王永杰:《多元视野下的美国青少年法治教育:途径、策略及启示》,载《青少年犯罪问题》2007年第3期。

为偏差,大到违法犯罪,[10]甚至产生恶劣的社会后果。预防青少年犯罪构成了青少年法治教育的重要组成部分,对于青少年而言,抑制违法犯罪最好的做法即从事后干预转为事前教育。本次调研显示,通过法治教育,学生对预防违法犯罪形成了一定的认知,对预防措施的认同度整体较高,其中包括关注未成年人心理健康(79.6%)、开展思想政治教育(75.3%)、多开展禁毒教育(70.2%)、多关心弱势学生(67.0%)、关注未成年人家庭关系(59.0%)、开展网络素养课程(58.9%)等。对于推进青少年法治教育的最主要方法,49.6%的初高中生主张安排专门的法治教育课程,40.7%的学生认为应出版生动有趣的教材,还有学生希望让更多的法官、检察官、警察入校宣讲(30.9%),利用抖音等APP制作法治教育短视频(25.9%),开展法治教育专题的文艺晚会、比赛(25.7%)等。以上结果说明,学生倾向于心理教育、思政教育为主,家庭关系、师生关系次之的教育内容,对于教育途径则希望多元化,凸显法律实践性的特征。

## 三、法治教育存在的主要问题

从调研结果来看,未成年人无论是对自身相关权利、新颁布法律等基础法律知识的了解,还是对体罚、家暴、侵犯隐私等违法行为的认识,抑或权益维护、自我保护意识均有待进一步提高。基于此,我们对未成年人法治教育存在的显著问题进行了归纳和总结,从中提炼出未成年人法治教育亟待化解的困境。

### (一)部分未成年人基础法律知识较为欠缺,法律权利意识淡薄

部分学生对基础法律知识的掌握不够扎实,对新颁布法律的了解较少,对与自身密切相关的法律权利及义务了解不足,权利意识较为薄弱。一方面,他们对《未成年人保护法》赋予的四项权利等的认识有待加强,对发展权、劳动就业权、婚姻自主权的了解受传统刻板性别教育的影响显著。另一方面,尽管他们对《义务教育法》《未成年人保护法》《宪法》《刑法》的知晓率达到95%以上,但都以听说为主,认真了解的比例不高,甚至还有部分学生不知道《宪法》具有

---

[10] 参见姚建龙:《转型社会的青少年犯罪控制——以“全国重点青少年群体教育帮助和预防犯罪试点”为例的研究》,载《社会科学》2012年第4期。

最高效力。此外,有些法律学习仍未转化为日常观念和行为习惯,如果断拒绝毒品的男生比女生低4.8个百分点,独生子女学生比非独生子女学生低4.1个百分点,且仍有1.3%的学生对毒品存在好奇心理,这些均是禁毒教育中值得警惕的问题。

法律意识包括人们对现行法律的态度和要求,对自身权利义务的认识,涉及了解法律过程中形成的思维方式、法律评价等。马长山等认为,目前还处于法制教育阶段,即以普法、守法教育为主,侧重法律常识宣传,而忽视了权利意识培养即法律价值、法治精神的倡导。[11] 靳玉军同样指出,青少年法治教育不仅仅包括法律教育,还更加看重蕴含在法律体系中的价值教育。[12] 可以看出,我国的法治教育通常以青少年守法与预防犯罪为主,在个人权利以及权益维护层面着墨较少。这也反映了当前我国青少年对于基础法律知识存在"只知其一,不知其二"的现象,甚至部分学生仅从字面意思认识法律、了解自身权利。此外,他们辨别真假善恶的能力还有待提高,在遭受权益侵犯时往往处于被动与弱势地位。

### (二)权益维护途径实际效果欠佳,权益维护意识淡薄、怕麻烦、怕被报复是青少年不主动维护权益的原因

我国目前的权益维护途径较多,其中包括法律援助、110、"12355"热线、"维护青少年权益岗"、青少年事务社工等。调查发现,尽管学生对大多数权益维护途径的总体评价较高,但依然有部分学生基于各种原因不会进行权益维护,说明未成年学生在权益维护方面存在理论认知与亲身实践的割裂。例如,面对家庭、学校权益的侵犯仍有一成左右的学生选择默默忍受,及时进行报告的意识较差,其中女生和农村学生的报告素养有待提升。

当权利受到侵害时,能否主动进行权益维护体现了法治素养水平。初高中生不主动维护自身权益的原因呈多样性,其中最主要的三个原因是权益维护意识淡薄、怕麻烦、怕被报复。其他原因还包括不知道怎么进行权益维护、怕丢

---

⑪ 参见马长山、李金枝:《青少年法治教育中的公民性塑造》,载《上海师范大学学报(哲学社会科学版)》2018年第4期。

⑫ 参见靳玉军:《加强青少年法治教育的若干思考》,载《教育研究》2015年第4期。

人、对权益维护效果缺乏信心等。这反映了当前权益维护工作中存在青少年公共参与渠道狭窄,参与效率有待提高,经济、政治、教育等权益维护资源在城乡不同地区之间分配不平衡的问题。[13] 此外,青少年权益维护机制主要从宏观的法律保障层面展开,更具积极意义的促进层面仍有欠缺。

### (三)法治教育途径匮乏,未成年人参与法治教育活动的实效性有待提高

虽然学校教育能为未成年人提供一定的法律知识,但实践中大多数学校往往把法治教育的内容融入班会或《道德与法治》课程中,并不存在单独的法治教育课程。且相关授课教师通常缺乏专业法学知识,缺少法律实践经验,甚至无法解答青少年在生活中碰到的法律问题。此外,在应试教育背景下,学生的关注点大多是与考试升学相关的知识点,任课教师对于非考试大纲的法律知识点往往一笔带过,这些功利主义的思想进一步导致法治教育的落实不彻底、不全面。更需注意的是,法治教育实践性途径的匮乏导致学生对法律实践的了解偏少,而有研究表明,与法律权威打交道的通常影响是削弱对法律的支持,因为法律实施主体(如警察)在与人们接触时可能充满敌意、偏见和不尊重,[14]从而引发学生对法律的负面性、片面性评价,不利于培育法律在学生心中的合法性地位。

### (四)未成年人对欺凌和暴力现象的认识不全面

1. 对网络欺凌及校园欺凌现象的认知存在困难

随着生理发育的加快,青少年容易兴奋激动,自控能力往往较差,加之在网络世界受到暴力现象的视觉或听觉冲击,好模仿的特性导致其在遇到冲突时很容易采取暴力手段解决问题。[15] 在遭受过网络欺凌的学生中,被恶意 P 图、被散布谣言的占比均超过了 30%,且超过一成的学生选择置之不理;对网络隐私的

---

⑬ 参见张传慧、孟芳兵、何晓阳:《中国特色维护青少年权益工作体系研究》,载《中国青年研究》2009 年第 8 期。

⑭ 参见[美]汤姆·R. 泰勒、[美]里克·特林克纳:《孩子为什么遵守规则:法律社会化与合法性发展》,雷槟硕译,上海三联书店 2020 年版,第 264～265 页。

⑮ 参见陆士桢、刘宇飞:《我国未成年人校园暴力问题的现状及对策研究》,载《中国青年研究》2017 年第 3 期。

认知亟待更新,有学生甚至认为照片、手机号码等隐私性较强的信息可以提供给陌生网友;过半数的学生遭受过校园欺凌,其中女生和城市学生更为显著。这些问题均反映了未成年人无法有效应对欺凌现象。

2. 对家庭暴力的反抗意识模糊

研究表明,父母的粗暴对待对青少年越轨存在影响,[⑯]可能会引发反社会行为,并致使其疏离人群、玩世不恭;也有调查显示,受到最严重体罚的孩子是最有可能被执法部门逮捕的。[⑰] 根据本次调研数据,在28.7%遭遇过家庭暴力的初高中生中,存在被骂的比例超过七成,此外还有人被挖苦嘲笑、被限制自由、被故意冷落等。可见,家庭暴力不仅存在身体侵害行为,更主要体现为精神侵害行为;除了即时性家庭暴力,更多的是虐待性家庭暴力。虽然《反家庭暴力法》对家庭暴力的定义有着明确的界定,但是实践中往往存在比其规定的"殴打、捆绑……谩骂、恐吓"等方式更为恶劣的暴力行为,甚至在满足条件的情况下可以成立正当防卫。[⑱] 而未成年人与父母之间力量悬殊,加之父母在亲子关系中通常享有事实权威[⑲],由此导致他们更容易在面对侵害时选择隐忍、默默承受。

3. 对教师惩戒权限认知混乱

近20%的学生对使用暴力解决问题以及教师体罚问题的认识存在合理性偏差,存在"学生犯错,老师可以体罚"的错误认知。教育惩戒并非惩罚,而是教育的一种方式,是指"学校、教师基于教育目的,对违规违纪学生进行管理、训导或者以规定方式予以矫治,促使学生引以为戒、认识和改正错误的教育行为"[⑳]。换言之,惩戒并不包括体罚的形式,而严厉的体罚与越轨行为呈显著正相关,一

---

⑯ 参见[美]马文·克朗、[美]乔迪·莱恩:《少年越轨与少年司法手册》,苏明月、陈朗梓译,法律出版社2019年版,第194页。

⑰ 参见[美]汤姆·R. 泰勒、[美]里克·特林克纳:《孩子为什么遵守规则:法律社会化与合法性发展》,雷槟硕译,上海三联书店2020年版,第162页。

⑱ 参见陈兴良:《家庭暴力的正当防卫》,载《政法论坛》2022年第3期。

⑲ See Joseph Raz, *The Authority of Law*: *Essays on Law and Morality*, $2^{nd}$ ed., Oxford University Press, 2009, p. 3 – 28.

⑳ 教育部:《中小学教育惩戒规则(试行)》,载教育部官网,http://www.moe.gov.cn/srcsite/A02/s5911/moe_621/202012/t20201228_507882.html。

些研究还表明，即使是少量的体罚也会增加越轨和其他不良行为的可能性。[21]对此缺乏清晰认知的未成年人，更加容易在受到体罚时选择忍耐，遭受不应承受的痛苦。

## 四、提升法治教育的对策建议

法治是社会主义核心价值观的重要要求，也是依法治国的关键内容，开展青少年法治教育是实现法治社会必不可少的组成部分，更是青少年彰显法治理念、践行法治实践的重要前提。在青少年如何认识法律和法律权威的性质，如何形成对法律权威的初步印象等关键问题上，[22]学校、家庭、政府、社会组织都发挥着不可或缺的作用。

### （一）明确学校作为法治教育第一责任主体，家庭作为第二责任主体

法律是社会建构的产物。因此，法律意识是后天学习的结果，需要不断地开展法治教育与实践引导活动才能形成。[23] 作为青少年法治教育的主要责任主体，学校应当进一步将法治教育列为必修课，推动法治教育的体系化，积极发挥自身的育人功能，挖掘各类教材中的法治教育元素，开展“法律进学校”活动，保障教学大纲、教材、师资、课时的到位，实现青少年的法治教育从制度设定到生动实践的跨越。[24] 开展法治教育时，应当设立符合未成年人身心发展规律的法治系统课程，着力澄清相关基本法律概念，明确告知法律赋予的权利，授予学生辨别是非曲直的方法，及早干预不良行为倾向，对问题少年进行心理疏导。[25] 持续开辟法治教育第二课堂，举办模拟法庭，定期赴司法部门参观，旁听符合青少年特点的案件庭审，提升实践性和参与感。敦促教师以身作则遵守法律，为学生树立榜样，尊重学生人格权益，不随意泄露学生隐私等。探索将生活中的法

---

㉑ 参见[美]马文·克朗、[美]乔迪·莱恩：《少年越轨与少年司法手册》，苏明月、陈朗梓译，法律出版社2019年版，第195页。

㉒ 参见[美]汤姆·R.泰勒、[美]里克·特林克纳：《孩子为什么遵守规则：法律社会化与合法性发展》，雷槟硕译，上海三联书店2020年版，第13页。

㉓ 参见易春秋：《加强青少年法治教育刻不容缓》，载《中国德育》2014年第22期。

㉔ 参见张华：《青少年法制教育：困境与转型》，载《中国青年社会科学》2015年第3期。

㉕ 参见张戈曦：《青少年犯罪现状及预防探讨》，载《犯罪研究》2019年第3期。

治案例引入课堂,丰富课堂形式,活跃课堂氛围,调动学生的学习积极性。落实《未成年人保护法》的要求,建立学生欺凌防控工作制度,对教职员工、学生等开展防治学生欺凌的教育和培训。

发挥家庭在法治教育中的第二责任主体角色。首先,建立"家校联系"制度,学校可通过定期举办家长会、组织家访等形式,做好学生的跟踪教育,一旦发现问题或者不良行为、严重不良行为应及时处理。其次,以《家庭教育促进法》为载体,开展法治教育讲座提高家长的法律意识,扭转部分家长重男轻女等落后思维,树立健康、理性、平等的教育理念。最后,家庭应当注重家教、家风建设,掌握有效的教育方法,营造和谐的家庭氛围,正确处理家庭矛盾,为未成年人营造优良的成长和生活环境。[26]

### (二)落实政府的行政责任,推动构建法治教育大环境

首先,政府应带头为未成年人提供一个良好的网络环境,及时过滤不良信息,拦截涉未成年人隐私信息。[27] 建立青少年利益协调机制,引导国家互联网信息办公室、教育、新闻、公安等多部门联合开展正确上网的宣传教育活动,提高未成年人自我保护能力。其次,通过设立法治办公室、青少年普法工作室等部门,调动人力、物力、财力资源,建立适用于青少年的矛盾调处制度。完善举报、投诉渠道以及监督工作的常态化机制,及时制止、惩戒不利于未成年人身心发展的行为。最后,加大购买社会服务的力度,纳入社工力量为问题青少年和受侵害少年提供行为引导、矫正与心理辅导,推进社区、社工机构和社会工作者的"三社联动"。

### (三)重视未成年人在法治教育中的主体地位,发挥未成年人的自身能动性

在法治教育过程中,未成年人的自我教育同样必不可少。首先,要引导未成年人设立包括法治教育内容在内的自我发展目标,帮助其在日常生活中树立法律意识,促进未成年人彼此之间的分享交流,发现身边知法守法的案例,互相

---

[26] 参见胡云腾:《认真落实"青年发展规划"切实预防青少年犯罪——兼论家庭、家教、家风与青少年犯罪》,载《中国青年社会科学》2017 年第 4 期。

[27] 参见李红勃、欧阳毅:《未成年人网络保护的现实困境与法律应对》,载《社会治理》2021 年第 9 期。

学习,懂得反思。其次,未成年人自身应当在及时充分了解法律知识的基础上提升立法参与意识,积极主张法律所赋予的各项权利。最后,未成年人还应学会利用身边资源,抓住各方提供的机会培养权益维护意识,在合法权利受到侵害时保持冷静,及时寻求身边老师、家人以及司法机关的帮助。

### (四)突出群团组织的桥梁纽带作用,发挥公安机关、民政部门的职能优势

落实《预防未成年人犯罪法》和《未成年人保护法》的规定,发挥群团组织在法治教育上的作用。共青团是青少年利益的代表,竭诚服务青少年,满足青少年需求,促进青少年全面发展是共青团长期以来的工作宗旨,[28]各级团组织应开展丰富多彩的活动,拓宽法治教育途径,充分发挥思想育人、实践育人的优势,促进青少年全面成长成才。突出妇联组织在家庭教育中的位置,立足家庭结构和家庭教育观念的新变化,开展家庭教育指导活动,为家庭的法治教育奠定基础。除此之外,各级民政部门应凝聚更多社会力量,为青少年法治教育提供更多资源。通过与青少年宫、专门学校、公检法机关以及社会矫正机构构建常态化联系机制,为青少年了解犯罪、熟悉相关法律,培养法律思维、法治精神创造更多可能性。利用公安机关在发现及预防青少年违法犯罪方面的天然优势,逐步建立少年警务制度,树立专人专办理念,不断完善少年司法体系建设。

### (五)明晰社工在法治教育中的地位,鼓励参与未成年人社区矫正工作

社会工作是一个以价值为本的专业[29],其主张通过尊重和接纳犯罪对象,肯定并发掘对方独特的个人价值,从而帮助其恢复生命的勇气,实现“助人自助”的价值目标。[30] 由于未成年人犯罪大多是初犯、过失性犯罪,主观恶性小,犯罪情节轻微,同时他们正处于未定型时期,可塑性强,易受感化,因此急需要专业人员对其进行行为矫正,帮助他们重新回归社会。而未成年人社会工作者的专业特性决定了其更适合承担矫正责任,在全面了解未成年人的成长经历、家庭

---

[28] 参见郗杰英、陆士桢、胡献忠、郑长忠、张良驯:《百年来中国共青团的历史价值与时代使命(笔谈)》,载《青年探索》2022 年第 1 期。

[29] 参见王思斌主编:《社会工作概论》,高等教育出版社 2001 年版,第 41 页。

[30] 参见田国秀:《社会工作理念在社区矫正青少年罪犯中的运用》,载《中国青年研究》2004 年第 11 期。

情况以及社会关系的基础上,[31]运用个案工作、小组工作以及社区工作的专业方法技巧将刚性的法律制裁与柔和的社会工作相结合,刚柔并济,更好地完成未成年人违法犯罪的矫正工作。

## 结 语

作为社会教育的重要实践,法治教育的阶段性目标在于促进青少年对法律和道德等社会规范的理解,逐渐形成对法律的合法性认知及遵守法律的意识,通过法律的社会化不断增强对法律的认同感,树立法治精神和宪法权威。从长期目标来看,法治教育旨在将青少年从观察者视角内化为参与者视角,自觉以哈特语境下的内在观点来审视法律,接受并使用法律原则和规则作为实践的指引和行动的理由,并从义务及责任的角度来描述自身的生活;自愿开展社会合作以维持规则,并愿意从规则的角度来看待自己的行为和他人的行为。[32] 作为青少年的核心群体,初高中生的法治培养在法治思维塑造过程中发挥奠基性作用,其法治教育水平很大程度上决定了我国未成年人的违法犯罪情况。社会化完成后,认为法律权威运作是值得信任的青少年一般更有可能遵守规则与法律,更不可能出现攻击性行为和违法行为,也更不会在成年后实施犯罪行为。[33]基于此,我们认为应当发动社会各界力量,促进学校、家庭、政府、社会各方联合,为青少年创造法治精神成长的土壤,努力促使青少年将遵守法律、认同法律视为义务与责任,依法维护法律的权威和自身的合法权益。

---

[31] 参见金艾裙、黄海燕:《青少年犯罪社区矫正的社会工作方法探讨》,载《社会工作》2006 年第 7 期。

[32] 参见[英]赫伯特·哈特:《法律的概念》(第 3 版),许家馨、李冠宜译,法律出版社 2018 年版,第 146 ~ 148 页。

[33] 参见[美]汤姆·R. 泰勒、[美]里克·特林克纳:《孩子为什么遵守规则:法律社会化与合法性发展》,雷槟硕译,上海三联书店 2020 年版,第 16 页。

# 大学生法治教育状况

刘宗珍*

**摘　要**：调研显示目前大学生法治教育效果良好，对权利的认知度高，具有较强的守法意识，但也存在法律知识“偏科”严重、法律实践能力不强、权益维护意识不足等现实问题。高校在课程设置、师资队伍、教学内容、教学方式等方面存在的漏洞影响了法治教育效果，大学生法治教育还存在定位不清、规划意识不够、同质化倾向明显等问题。从大学生法治教育的现状出发，立足于大学生法治教育的特殊性，结合法治教育的价值理念，探讨如何落实高校主体责任，加大政府法治教育投入，加强家庭教育指导，激发社会力量，强化共青团职能作用，切实提高大学生法治教育的质量和效果。

**关键词**：法治教育；法治素养；依法治国；法治校园

## 引　言

自改革开放以来，我国法治建设进入快速发展时期，中国特色社会主义法律体系日趋成熟与完善。青少年法治教育事业稳步推进，学校法治教育工作成效显著，法治教育的质量和水平稳步提升，我国青少年学生的法治意识和法治素养得到明显提高。然而，随着全球化进程的持续推进，网络科技日新月异，中国社会正经历剧烈的时代变迁，各国思潮汹涌澎湃，多元价值观念交互碰撞，我国青少年成长的社会环境已经发生显著改变。大学生是青少年群体的重要组

---

* 刘宗珍，中国青少年研究中心青年组织研究所助理研究员，法学博士。

成部分,大学生法治教育所面临的客观环境是实施大学生法治教育的基础和前提。习近平总书记在2016年全国高校思想政治工作会议上提出,做好高校思想政治工作,要因事而化、因时而进、因势而新。[①] “三因”理念不仅是做好高校思想政治工作的理论指南,对推动和改进大学生法治教育也具有重要的方法论意义。身处时代变迁中的大学生法治教育,既要遵循法治教育的普遍规律,又要立足于时代,结合大学生群体的特点,因势利导、因时而异,准确把握其特殊性。

党的十八大以来,青少年法治教育日益受到重视。党的十八届四中全会通过的《中共中央关于全面推进依法治国若干重大问题的决定》提出,要增强全社会厉行法治的积极性和主动性,推动全社会树立法治意识。要把法治教育纳入国民教育体系,从青少年抓起,在中小学设立法治知识课程。[②] 2016年6月,教育部、司法部、全国普法办联合印发《青少年法治教育大纲》,提出“要高度重视青少年法治教育工作,加快完成法治教育从一般的普法活动到学校教育的重要内容,从传授法律知识到培育法治观念、法律意识的转变”[③]。2021年11月,教育部印发《全国教育系统开展法治宣传教育的第八个五年规划(2021—2025年)》,提出要推进青少年法治教育规范化和常态化,提升法治课教师专业教学能力,推动大中小学法治课程开齐开足开好;加强高等学校法律基础课程建设,鼓励开设法治教育在线课程。[④] 可以看出,青少年法治教育被提到全面推进依法治国的战略高度加以强调,并在全国大中小学课程体系中占据了重要位置。

随着我国大学生法治教育受重视程度不断提升,课程体系和课程设置日臻科学,课程内容更加丰富,教材编写更加多元,实践活动形式多样,法治教育成效日益凸显。然而,不可忽视的是,当前大学生法治教育还存在定位不清、缺乏整体规划、同质化程度强、教师不够专业等现实问题。这些现实问题在某种程

---

① 参见习近平:《把思想政治工作贯穿教育教学全过程》,载新华网,http://www. xinhuanet. com/politics/2016 - 12/08/c_1120082577. htm。

② 参见《中共中央关于全面推进依法治国若干重大问题的决定》,载中国共产党新闻网,http://cpc. people. com. cn/n/2014/1028/c64387 - 25926125 - 5. html。

③ 教育部:《青少年法治教育大纲》,载教育部官网,http://www. moe. gov. cn/srcsite/A02/s5913/s5933/201607/t20160718_272115. html。

④ 参见教育部:《全国教育系统开展法治宣传教育的第八个五年规划(2021—2025年)》,载教育部官网,http://www. moe. gov. cn/srcsite/A02/s5913/s5914/202111/t20211111_579070. html。

度上也制约了我国青少年法治教育效果和功能的发挥。研究大学生法治教育,发现大学生法治教育过程中存在的问题,及时归纳大学生法治教育的经验和教训,总结大学生法治教育的基本规律,对进一步推进和完善大学生法治教育具有重要意义。

本文基于大学生法治教育调研数据,梳理大学生法治教育的基本情况,总结大学生法治教育存在的主要问题和分析成因,并结合青少年法治教育基本价值理念,立足于大学生法治教育的特殊性,提出完善我国当代大学生法治教育的具体建议。

## 一、当前我国大学生法治教育的基本状况

本次大学生法治教育情况调研采取问卷调查和个案访谈的方式来完成。其中,大学生法治教育调查问卷发放 1900 份,共收回有效问卷 1806 份。问卷主要围绕大学生法治教育情况和大学生法治意识两个方面展开调研。法治教育状况调查将综合考察大学生获取法治教育资源的途径、方式和内容等。法治意识状况调查将从法律认知、法治观念、法治思维、法治方式、法治习惯五大维度出发综合考察大学生法治素养的基本情况。

### (一)大学生法治教育情况

1. 大学生获取法治教育资源的渠道呈现多元化,学校教育仍然是大学生获得法治教育的主要途径

调查显示,大学生获取法治教育资源的渠道较为多元。相较于中小学生,大学生在年龄、智力、获取资料和学习能力等方面均具有明显优势。随着网络的普及,大学生获取法治教育的途径和方式更加灵活多样。在大学生获得法治知识的渠道占比方面,排在第一名的是学校教育,占比为 88.1%,这说明学校教育仍然是大学生获得法治教育资源的主渠道;第二为广播、电影、电视,占比为 55.1%。由此可见,媒体宣传和法治剧是大学生获得法治知识的重要来源。第三是图书、报刊资源,占比为 51.9%。大学生是阅读能力和知识能力较高的群体,他们能够通过阅读来获取自身所需要的法律知识,因此图书、报刊是推动大学生法治教育重要力量。此外,网络也是丰富大学生法治教育资源不可或缺的

媒介。

2. 学校实施法治教育的形式多样,认可度高

目前,学校组织法治教育活动的形式丰富多样,其中占比最高的是学校组织法治教育的主题班会、队会、团会,占比为 88.0% ,其次为宪法日普法活动,占比为 46.1% 。排演、观看法治文艺节目和收听、收看广播、电视法治节目并列第三,均占 43.9% 。这些活动在学生中认可度较高,有 17.9% 的大学生认为目前的法治教育方式效果非常好,60.1% 的大学生认为目前的法治教育方式效果比较好,仅有 12.9% 的大学生认为效果比较差。

3. 大学生自主学习法律知识能力较强

高等教育是国民教育的最后阶段,随着教育程度的增加,学生的自主学习能力也不断增强。在青少年群体内,大学生是自学能力最强的一类群体,相较于低年龄段的青少年,大学生能够在课堂教学和学校规划的法治教育活动之外,自主学习法律知识。调查发现,目前最受大学生群体欢迎的法治教育形式是阅读法律小说、故事等读物,占 46.1% ;其次才是学校的法治课、宣传栏,占 42.9% ;排在第三位的是模拟真实情景的表演,占 35.9% 。这意味着大学生法治教育可以深度挖掘大学生自主学习潜能,创新和丰富教育形式,增加法治教育的灵活性、多样性和针对性。

4. 大学生参与法治教育的意愿较高

随着年龄的增加,大学生群体社会参与度不断提升,人际关系复杂性不断提高,其法治需求也随之提升。调研中,77.9% 的大学生表示自己比较关注法治教育活动,92.8% 的大学生则表示很愿意参与其中。这表明大学生对法治教育活动非常感兴趣,而且具有极强的参与意愿。

### (二)大学生法治意识情况

1. 大学生对法律的认知存在“偏科”现象

调研发现,在我国的基本法律体系中,大学生对《宪法》的认知度最高,认真学习过《宪法》的占 24.8% ,有 95.8% 的大学生认为《宪法》具有最高法律效力,说明绝大多数大学生对《宪法》有着较为正确的认知。其次是《刑法》,18.9% 的大学生认真学习过《刑法》,说明大部分大学生对刑事法律学习参与性较高。

然而,对于与青少年权益保护息息相关的专门性法律,大学生的认知度并

不高。近四成大学生只听说过《未成年人保护法》,认真学过的仅占9.1%。近半数大学生仅听说过《预防未成年人犯罪法》(49.6%),完全不知道的占3.9%。对于《义务教育法》,大多数大学生也只是听过或浏览过,仅有10.2%的大学生比较了解。《民法典》作为一部与个人日常生活关系极为密切的法典,仅有9%的大学生对其内容比较了解,45.8%的大学生表示只听说过,2.4%的大学生则完全不知道《民法典》。

由于大学生大部分已经是具备完全民事行为能力的成年人,可能处于兼职工作中或即将走上社会进入正式的劳动关系中,在劳动就业保障法律知识方面,超过半数(52.0%)的大学生仅听说过《劳动法》,绝大部分大学生对之并不熟悉。对于家庭暴力,54.3%的大学生仅听说过《反家庭暴力法》,而有4.1%的大学生则表示不知道有这部法律。

结合个案访谈,从以上数据可以看出,当前我国大学生对我国基本法律体系的了解并不全面,存在明显的"偏科"现象。造成这种现象的原因为:一方面,大学生本身具有相对独立的自主性,会选择学习自己感兴趣较多的部门法;另一方面,高校在课程设置和内容安排上并不全面,而是有所选择、有所侧重。

2. 大学生普遍具有良好的守法意识,但权益维护意识相对较弱

本次调研要求大学生对自身法治意识情况进行打分,目的在于考察大学生对自我法治意识的认知情况。大学生普遍认为自己守法意识比较强,平均分为9.31分,其次是平等意识(8.89分)和自我保护意识(8.79分);大学生普遍认为自己的权利意识和权益维护意识较弱,其中较低的是权利意识(8.18分),最低的是权益维护意识,平均值仅为7.92分。这反映了大学生具有较好的守法意识,但权益维护意识不强。在大学生遭受权益侵害多发领域调查中,这一点表现更为明显:

(1)对家庭暴力的认知和应对。调查中,17.1%的大学生表示自己遭受过家庭暴力。有27.8%的大学生认为家庭暴力是性格问题,6.1%的大学生认为家庭暴力是正常现象。在应对家庭暴力的方式中,不到一半(49.1%)的大学生认为应当报警,34.2%的人选择反抗,34.2%的人选择找亲友帮忙,还有5.7%的人选择默默忍受。

(2)对校园暴力和校园欺凌的应对。有43.7%的大学生表示曾经遭受过校园暴力。面对校园欺凌时,56.1%的大学生选择去找老师解决,45.9%的大

学生找家长解决，这是排在前两位的应对举措，说明学校和家庭仍是权利救济的主要依靠对象。排名第三的是告诉同学或朋友（38.4%），证明朋辈也是大学生应对欺凌的支持力量。同时，有31.1%的大学生选择自己解决。

（3）对其他违法犯罪行为的应对。面对性骚扰行为时，45.1%的大学生选择默默忍受，自我调节，32.6%的人向同学或朋友求助，26.9%的人告诉家长，仅有5.7%的人向老师求助，13.1%的人会选择报警。面对网络欺凌时，63.2%的人会选择网络举报，40.9%的人选择在网上进行回击，26.4%的人选择报警，11.9%的人则表示什么都不做。

3. 大学生对人身权利认知度普遍较高，但对经济社会权利认知度相对较低

在对具体权利的认知方面，大学生对各项权利的认知度普遍较高，但是在个别权利上呈现差异性。大学生认知程度最高的是生命权，占96.6%，其次为受教育权（96.0%）和隐私权（95.4%），对荣誉权（84.6%）和劳动就业权（85.5%）认知度最低。由此可见，在对具体权利的认知方面，大学生对生命权等人身权利的认知程度普遍较高，而对劳动权、财产权、劳动就业保障权、参与权等经济社会权利认知度相对较低。当代大学生大部分是“00”后，他们出生于我国经济社会发展快速上升时期，其成长轨迹和我国改革开放以来国家富强、民族复兴的历史发展轨迹相一致，他们这一代人的生活条件更为优渥，在个性发展上也表现出更加独立自主、积极向上、充满自信和敢于创新等鲜明特点。⑤与此同时，他们个性独立但合作意识不足，权利意识强但权益维护意识薄弱，随着权利意识急剧膨胀，缺乏运用法律手段维护自身权利的能力，尤其是在经济权利出现矛盾和纠纷时，往往通过“不同寻常”的方式来解决，不仅无法维护自己合法权利，同时还会付出侵犯他人合法权益的代价。

4. 大学生的法治观念普遍较高，性别平等观念男女差异明显

改革开放以来，中国经济发展取得了令世人瞩目的非凡成就，人民生活水平实现了质的飞跃。生活在日益开放、包容和现代化社会环境中的当代大学生，其法治观念得到了普遍提升。调研中，大学生对法律平等、未成年人权益保护、父母育儿责任、暴力行为、学校惩戒权等有着较为清楚的认知，但在个别领

⑤ 参见杨晓慧、张泽强：《“四个服务”：高校思想政治工作新理念》，载《中国青年社会科学》2017年第3期。

域认知差异明显。大学生普遍对法律面前人人平等和男女平等认同率较高，非常认同的分别高达91.3%和90.1%，但是对暴力行为的认知出现明显的分歧，有78.9%的大学生认为不论什么情况下使用暴力都是不对的，有30.1%的大学生则表示不认同这一说法，10.2%的大学生认为为了解决问题或达到某种目的可以使用暴力。

通过交叉分析发现，女生对法律面前人人平等观念非常赞同的占93.72%，男生对法律面前人人平等观念非常赞同的占86.15%。男生对性别平等非常赞同的占82.71%，低于对法律面前人人平等观念的认同。女生对性别平等非常赞同的占93.55%，基本和法律面前人人平等观念持平，但远高于男生对性别平等的认同率。随着中国社会女性地位的不断提升，女性独立意识觉醒，在很多性别议题上男女生表现出很大的差异性，如女性的性别平等意识更高，男性对待家暴的容忍度更高。例如，有7.17%的男生非常认同“家暴是家丑，不要让外人知道”；仅有2.69%的女生非常认同这一观点。而有79.12%的女生非常不认同“家暴是家丑”的观念，仅有59.73%的男生非常不认同“家暴是家丑”，性别差异十分明显。

5. 大学生对青少年违法犯罪认知度高，但对相应的法律责任认知程度不高

调研中，大学生对何种行为构成违法犯罪有着较为清晰的认知，但是对于该类违法犯罪行为，法律是如何应对并予以处罚的，大部分大学生仅有模糊的认知，存在对行为后果认知不足的问题。

（1）大学生对刑事责任年龄正确认知率偏低。有52.6%的大学生认为14周岁为刑事责任年龄起算点，在《刑法修正案（十一）》公布前，这一认知为正确认知，但是有将近一半的人并不知道未成年人承担刑事责任确切的年龄界限。

（2）大部分大学生没听过工读学校即专门学校，专门学校的性质和功能在大学生群体中的认知率偏低。作为专门教育机构，专门学校承担着对有严重不良行为的青少年的矫治教育职责。调研中，有71.3%的大学生没听说过专门学校，在听说过的这一类大学生群体中，大部分对学校的性质和功能也存在认识不清的问题，15.3%的大学生认为专门学校实际上就是少管所，1.2%的大学生认为它是体罚虐待问题少年的机构。

（3）对罪错行为及相关处遇措施的认知情况。对于考试作弊行为，78.3%的大学生认为是违纪行为，有16.9%的大学生认为是违法行为，1.9%的大学生

认为是正常行为,有3%的大学生认为是犯罪行为。在处理不良行为的举措认知方面,73.3%的大学生认为对于班级中有打架斗殴、偷窃等不良行为的同学应由专门的社会工作者进行教育,28.2%的大学生认为应将这些问题学生集中到工读学校进行教育。

通过以上数据表明,在大学生法治教育过程中,对青少年罪错行为法律后果的教育是不够的。司法是守护社会文明和正义的最后底线,青少年罪错行为法律处遇教育是底线教育,能够使大学生明确认识到行为的严重后果。缺乏底线教育,会使大学生在日常交往和社会行为中缺乏明确的规则意识和底线意识,从而使其丧失对违法犯罪行为危害性认识的敏感度和警惕度。而充分的罪错行为法律后果教育,不仅能够有效预防大学生违法犯罪,还能提高其在生活中对抗违法犯罪行为的能力,以法律手段维护自身的合法权益。

## 二、大学生法治教育存在的主要问题

### (一)高校法治教育定位不清,未能完全落实《青少年法治教育大纲》要求,与大纲明确目标存在差距

《青少年法治教育大纲》提出以宪法教育为核心,把法治教育融入学校教育的各个阶段。其中,对高等教育阶段的目标要求是:"进一步深化对法治理念、法治原则、重要法律概念的认识与理解,基本掌握公民常用法律知识,基本具备以法治思维和法治方式维护自身权利、参与社会公共事务、化解矛盾纠纷的能力,牢固树立法治观念,认识全面依法治国的重大意义,坚定走中国特色社会主义法治道路的理想和信念"⑥。从《青少年法治教育大纲》规定的目标来看,大学生法治教育是被放在全面实施依法治国的国家战略高度加以强调的,已经从宏观上拟定了高等教育阶段法治教育的目标,即大学生法治教育要达到以下几个目标:(1)对法治的认识和理解要达到"理念"和"价值"的高度,而不仅仅囿于规范层面;(2)对我国基本法律知识能够达到"基本掌握"的程度;(3)基本具

---

⑥ 教育部:《青少年法治教育大纲》,载教育部官网,http://www.moe.gov.cn/srcsite/A02/s5913/s5933/201607/t20160718_272115.html。

备参与公共事务的能力;(4)基本具备化解矛盾纠纷的能力;(5)认识全面依法治国的重大意义,坚定走中国特色社会主义法治道路的理想和信念。在具体教育内容方面,《青少年法治教育大纲》也给出了较为明确的规定:“系统介绍中国特色社会主义法学理论体系的基本内涵;掌握法治国家的基本原理,知晓法治的中西源流;明确全面推进依法治国的战略目标、道路选择和社会主义法治体系建设的内容与机制;了解法治的政治、经济、文化、社会和国情基础,理解法治的核心理念和原则;掌握宪法基本知识,了解中国特色社会主义法律体系中的基本法律原则、法律制度及民事、刑事、行政法律等重要、常用的法律概念、法律规范;增加法治实践,提高运用法律知识分析、解决实际问题的意识和能力。”⑦

然而,高校作为实现《青少年法治教育大纲》教育目标的主要责任主体,在具体落实层面,与《青少年法治教育大纲》的规定还存在不小的差距。首先,高校大学生法治教育定位不清,即没有充分认识到大学生法治教育是我国全面推进依法治国战略的重要一环,从而导致大学生法治课在高校课程设计体系中站位不够高。应当把大学生法治教育提高到全面推进依法治国战略,实现国家治理体系和治理能力现代化的高度,培养大学生积极参与公共事务的能力和矛盾纠纷化解能力。大学生法治教育是培养现代公民意识的重要途径,大学生是建设现代法治国家的重要储备力量。从调研情况看,当前我国高校开设的大学生法律基础课,对法治国家和现代公民能力培养没能很好地贯通讲述,难以达到目标效果。其次,高校法治课教学内容不全,未能涵盖我国基本法律。调研中,部分高校开设的是法律基础课,部分高校开设的是思想道德与法治课,无论何种形式,在法律知识宣讲方面,对于我国基本法律体系都未能有全面的介绍。最后,在高校课程体系中,法治教育学科地位尚未实现独立。当前,大学生法治课要么是和德育课程一起来讲授,要么是被放在思政教育的语境中来讲授。调研中,一部分大学生将法治课称为“政治课”,也说明了这一点。而法治课作为一门专业性极强的课程,其学科独立性尚不明显,导致这门课程未受到教师和学生的重视,最终影响教育效果。

⑦ 教育部:《青少年法治教育大纲》,载教育部官网,http://www.moe.gov.cn/srcsite/A02/s5913/s5933/201607/t20160718_272115.html。

### (二)大学生法治教育同质化比较明显,创新能力明显不足

目前,在大学生法治教育过程中,形式单一陈旧,程式化明显,同质化现象比较严重,创新能力明显不足。

1. 法治教育观念陈旧,重知识轻实践

在课程设置方面,目前学校法治教育基本是知识导向的,而不是实践导向的。其突出表现在,大学生法治教育课程存在知识灌输情况,教材内容过于抽象化和知识化,课堂讲述偏向知识的罗列和归纳,照本宣科,考核方式主要表现为知识考核。在这种情况下,学生很难培养起法治的认同、法治的观念和法治的信仰,很难达到法治教育的目标。大学生对当前学校法治教育模式存在的问题认识较为统一,有 77.3% 的大学生认为目前应转变教育理念,从知识灌输转为实践应用,67.9% 的大学生认为要改革现有的教学方式,加大现场教学和实践教学的比重。

2. 学科化程度低,未达高等教育水平

在大部分高校,法治教育仍作为思想政治课程的组成部分,由政治老师代为讲授,专业化程度难以得到保障。大学生法治教育应该成为一个新的独立学科,具有专门的课程体系,具有独立的课程设计,从而让大学生获得更为专业的法治教育。调研中,大学生对法治课独立化的呼声也比较明显,有 49.8% 的大学生认为当前推进法治教育最主要的方法是要有专门的法治教育课程设置。

3. 师资配备的专业化程度低

目前,大部分高校的法治教师一般是由思想政治教师兼任,没有实现法治教育队伍专业化。法治课专业程度较强,对教师知识水平要求较高,由非法学专业教师担任法治教师,由于该教师对专业法律知识知之甚少,结果必然缩小法治(思政)课程中专业法律知识的比重,代之以思政知识为主体内容,大大降低了法治教育的效果。调研中,有 34% 的大学生认为应配备专门的法治教师,提升法治教师的专业性。

### (三)大学生法治教育效果不理想,法律知识和法治能力不足

1. 大学生尚未掌握基本的法律知识体系

根据《青少年法治教育大纲》对高等教育阶段学生接受法治教育的目标要

求,大学生应“进一步深化对法治理念、法治原则、重要法律概念的认识与理解,基本掌握公民常用法律知识”[8]。在教育内容方面,要“系统介绍中国特色社会主义法学理论体系的基本内涵;掌握法治国家的基本原理,知晓法治的中西源流;明确全面推进依法治国的战略目标、道路选择和社会主义法治体系建设的内容与机制;了解法治的政治、经济、文化、社会和国情基础,理解法治的核心理念和原则;掌握宪法基本知识,了解中国特色社会主义法律体系中的基本法律原则、法律制度及民事、刑事、行政法律等重要、常用的法律概念、法律规范”[9]。如前调研数据显示,大学生对宪法等公法熟悉度明显高于其他普通法律,而对实际关涉到其个人日常生活的民事类法律熟悉度却并不高,这表明大学生对我国基本法律体系认知存在短板,有“偏科”情况,没有形成较为完备的基本法律知识体系。

2. 大学生法治思维和法治习惯远未形成

《青少年法治教育大纲》要求大学生“基本具备以法治思维和法治方式维护自身权利、参与社会公共事务、化解矛盾纠纷的能力,牢固树立法治观念”,要“增加法治实践,提高运用法律知识分析、解决实际问题的意识和能力”。[10] 然而,调研中,作为大部分已达 18 周岁成人年龄的大学生群体,在应对各类暴力侵害、民事侵权等侵害自身合法权益的行为时,绝大部分大学生没有养成遇事找法的习惯。在青少年不主动维护权益的原因方面,66.9% 的大学生认为是权益维护意识淡薄。这暴露出我国大学生法治思维欠缺,法治习惯远未形成的现实。

### (四)家庭法治教育匮乏,家校关于法治教育互动少

家庭作为大学生主要生活空间,在法治意识培养方面具有无可替代的重要性。调查显示,只有 16.5% 的青少年是通过家人获得法律知识的,青少年家庭

---

⑧ 教育部:《青少年法治教育大纲》,载教育部官网,http://www.moe.gov.cn/srcsite/A02/s5913/s5933/201607/t20160718_272115.html。

⑨ 教育部:《青少年法治教育大纲》,载教育部官网,http://www.moe.gov.cn/srcsite/A02/s5913/s5933/201607/t20160718_272115.html。

⑩ 教育部:《青少年法治教育大纲》,载教育部官网,http://www.moe.gov.cn/srcsite/A02/s5913/s5933/201607/t20160718_272115.html。

法治教育的占比远远无法与其重要程度相匹配。在青少年法治教育责任主体的调查方面,57.9%的青少年认为,家庭是青少年法治教育的主体,8.4%的青少年认为应当给家长开设法治宣传讲座。在个人访谈中,大部分家长表示自身对法律知识了解不足,没有能力给孩子开展法治教育。

### (五)社会主体参与大学生法治教育的主动性和创新力度不够

社会力量是推动大学生法治教育的有效支持力量。由于大学生具有较好的年龄和智力优势,具有较强的自学能力,在社会法治教育资源供给较强的情况下,大部分大学生能够从社会法治教育资源中获益,以增加法律知识,提升法治能力。从调研数据看,影视剧、图书、报刊等都是大学生获得法律知识的重要渠道,影视媒体、书报制作发行机构在大学生法治教育宣传活动中的创新力度不够,没有产出受欢迎、传播广的法治教育作品;社会力量在推动青少年法治教育方面的积极性不足,创新性不够,未能充分发挥作用。

## 三、大学生法治教育的理念基础

理念是实践的先导。要解决当前大学生法治教育存在的问题,应当从问题的成因上着手,寻找问题根源,进而寻求化解之道。通过前面的问题分析可以看到,大学生法治教育问题从根本上都指向了法治教育的理念。也就是说,当前我国大学生法治教育理念存在一定的偏差,直接影响了法治教育质量和实际的教育效果。因此,要实现大学生法治教育质量和效果的实质性提升,有必要从理念层面着手,立足于大学生法治教育的主体性、场域性、目的性和实践性,树立正确的法治教育观念。

### (一)大学生法治教育的主体性

现代教育的本质是一种主体性教育。主体性教育要求通过启发、引导被教育者的内在需求,使其创造性地从事社会实践活动。在主体性教育活动中,受教育者自身的需求应该成为首要的关注对象。[11] 大学生法治教育应首先认识到

---

[11] 参见张天宝:《试论主体性教育的基本理念》,载《教育研究》2000年第8期。

大学生在法治教育活动中的主体性地位，而不是单向受众。从主体性出发，大学生法治教育应当是面向大学生的现实关切，以大学生实际需求为导向，能够获得大学生积极主动回应的一种教育模式。

大学生法治教育应强调大学生群体的特殊性。“相较于中小学生，大学生在知识水平、认知能力、判别是非能力上均有了大幅提升。其法治教育更侧重强化法治理念、法治原则、法治信仰，使大学生养成良好的法治思维，具备以法治方式维护自身权利、参与社会公共事务、化解矛盾纠纷的能力。”⑫主体性教育最终目标是实现人的发展，强调大学生法治教育的主体性，就要关注到大学生群体的特殊性。大学生群体的特殊性有两个层面：一个是大学生需求的特殊性；另一个是大学生身份的特殊性。

大学生需求的特殊性是指大学生法治教育应以主体需求为基本导向，法治教育的实施要关注受教育者所生活的社会环境，注重教育内容和生活世界的关联。法律是一种规范体系，法律所规定的权利和义务都与人的现实生活息息相关。大学生法治教育要体现大学生群体生活环境的特点，关注影响到学生权益的现实问题，如校园贷、大学生消费权益，将生硬的法律条文转换为生动鲜活的身边案例，提高与大学生对法治需求的现实匹配度，从而提高大学生对法治的认同度。

大学生身份的特殊性是指作为特殊的社会群体，青年大学生的法治教育对普通社会群体能够发挥积极的导向作用。大学生属于社会中的知识阶层，他们学习能力较强，接受新事物快，同时每个大学生背后都有一个家庭和一个较为宽广的人际交往圈子。大学生具备良好的法治素养，不仅能够提升其家庭整体的法律素养，而且能够影响其人际圈子，对整个社会法治水平的提升产生带动作用。

### （二）大学生法治教育的场域性

场域（field）理论是布迪厄社会学研究的基本理论，场域成为分析和理解社会关系的基本概念。场域是社会成员参与社会活动的主要场所，场域中充满力

---

⑫ 姚建龙、朱奕颖：《大学生法治教育的特殊性：理念、内容与方法》，载《教育发展研究》2021 年第 6 期。

量和竞争,充斥着对各种力量关系的对抗,人的行动也注定受到其所在的场域影响。[13] “场域”既是行为规则和规范的诞生地,也是行为习惯的“习得”地。高校是大学生社会生活的重要场域,大学生的社会关系主要是在高校这一场域发生的,在此意义上,大学生法治教育应以高等院校为主导。学校主导是推动大学生法治教育质量升级的基础。目前,大学生法治教育仍然具有较强的教育属性。因此,与其他青少年群体相一致,高等院校应当是推动大学生法治教育的主要力量和直接责任主体。大学生法治教育质量的提升,有赖于高校科学的课程体系设计、教育内容安排、先进的教育理念、专业的师资力量和大学内部高质量评价体系来保障。

同时,大学生法治教育和学校这个“场域”环境之间容易形成良性的互动关系。大学生法治教育是实施依法治校、建立现代大学制度的前提和基础。大学生法治素养对完善大学治理结构,提升高校现代化治理能力具有非常重要的意义。联合国教科文组织在《21 世纪的高等教育:展望和行动世界宣言》中提出,国家和高等院校的决策者应当将学生视为高等教育改革的主要参与者。[14] 大学生是推动高等教育民主化、建立现代学校制度的重要力量,大学生法治教育为大学生积极参与学校治理提供了坚实的理论基础,成为提升大学生政治参与度的重要推动力量,对完善我国当前的高校管理制度具有重要意义。

### (三)大学生法治教育的目的性

大学生法治教育应以正确的价值观培育为核心。价值观是个体行动的指南。人的价值观会受到时代、环境、教育背景、家庭情况等综合因素的影响。大学时代是大学生接触各类思想碰撞最为密集的时期,同时又是理解能力和学习能力较强的时期,因而大学阶段是大学生价值观念形成和固定的关键时期,也是对其价值观培育和塑造的重要窗口期。随着社会经济的快速发展,网络化、数字化时代的来临,大学生不断受到各种文化思潮的影响。个人主义、利己主义、功利主义、享乐主义等思想不断向大学生群体渗透,校园内“内卷”“躺平”

---

⑬ 参见[法]皮埃乐·布迪厄:《实践与反思:反思社会学导引》,李猛、李康译,中央编译出版社 1998 年版,第 196 ~ 205 页。

⑭ 参见酒曙光、郭开元、[巴西]汤姆·杜耶尔、爱德华多·路易斯·甄、维维安·韦勒主编:《变革世界中的大学生:中国、巴西比较研究》,社会科学文献出版社 2016 年版,第 89 页。

等问题困扰着大学生群体,各种思想交织和现实的矛盾纠葛,使大学生之间的社会交往更加复杂化。大学生法治教育应在讲授法律的概念、规范及其背后的法理时,将公平、正义、平等、效率等价值观念融入其中,贯穿和浸透社会主义核心价值观教育,将法治的观念、法治的要求和个人的价值观念体系相贯通,形成正确的价值观念体系。

大学生法治教育对培养其独立的现代人格具有重要价值。独立的现代人格是建立现代社会的基础。尊重学生个性和主体性,培养身心健康、具备独立人格的现代人是高校人才培养的重要内容。⑮ 相对于中小学校园,大学校园的社会属性更强,人际关系随着学生年龄增长会变得更加复杂。法律是调整社会关系的行为规范,是社会最低限度的道德。良好的法治教育能够使大学生在日益复杂的社会关系面前重新认识和评价自己以及自己与他人之间的关系。在平衡各种关系和利益纠纷中学会使用法律规则来界定各自行为的边界和底线。因此,良好的法治教育有利于培养大学生之间健康的人际关系,使大学生合法合理地处理各类矛盾和问题,从而避免极端案件的发生。

### (四)法治教育的实践性

霍姆斯在《普通法》一书的开篇就提出,法律的逻辑不在于逻辑,而在于经验。⑯ 法律是调整社会关系的行为规范,法律并不能独立于社会存在之外而抽象地存在,它是社会关系和社会秩序的规范表达。法律的内容不是建立在纯思维而是建立在经验基础上的。⑰ 法律的实践性决定了法治教育从一开始就注定具有很强的实践性。研习法律,不能单独依靠对法律条文的准确记忆,不能依靠对法律原理和法律规范的知识灌输,而应将抽象的法律规范还原到具体的社会关系中去理解和消化,才能最终将其内化为自身的法治思维和法治能力。因此,研习法律必须重视和强调法治教育区别于其他学科的独特性,即它的实践

---

⑮ 参见高迎爽:《中国高等教育体制的现状及发展趋势》,载酒曙光、郭开元、[巴西]汤姆·杜耶尔、爱德华多·路易斯·甄、维维安·韦勒主编:《变革世界中的大学生:中国、巴西比较研究》,社会科学文献出版社 2016 年版,第 88 页。

⑯ 参见[美]小奥利弗·温德尔·霍姆斯:《普通法》,冉昊、姚中秋译,中国政法大学出版社 2006 年版,第 1 页。

⑰ 参见[德]阿图尔·考夫曼:《法律哲学》,刘幸义等译,法律出版社 2011 年版,第 2 页。

性要求。无论是在课程设置、教学内容的安排上,还是在师资团队、评价机制方面,都应强化其实践性,以达到真正的法治教育效果。

## 四、完善大学生法治教育的具体路径

### (一)在观念层面充分认识大学生法治教育的法治价值,提高其战略地位

要提升大学生法治教育的战略地位,实现大学生法治教育的专业性、独立性和基础性,使其成为推进全面依法治国的重要一环。法治教育是培养现代社会合格公民的重要途径。一个国家的现代化以人的思想和观念的现代化为重要前提,以现代社会的形成为基本条件。大学生法治教育的核心在于培养大学生法治意识和法治能力,提高其法治素养,从而培养社会主义合格公民。[18] 法治教育的价值理性在于发现并重视人的价值,实现人的自由而全面发展。青少年法治教育中的权利意识和自我保护能力是确立自我价值、维护自身发展的关键,理应成为法治教育的核心内容。

### (二)落实学校主体责任,设置专门课程,实现法治教育学科独立

党的十八届四中全会提出要将法治教育纳入国民教育体系,《青少年法治教育大纲》规定了学校的主导作用,实际上都是对法治教育应具有的教育属性的强调。[19] 根据《青少年法治教育大纲》的规定,学校是实施青少年法治教育的主体,实现大学生法治教育质量和效果有所突破的关键在学校。

1. 细化落实学校主体责任。学校是大学生学习生活的主要场域,高校法治教育的质量直接决定着大学生法治教育的效果。调研中,大学生对法治教育活动的参与意愿较高,其中非常愿意参加的占29.4%,比较愿意的占63.4%,只有0.6%的不愿参加。在各年龄段学生群体调查中,大学生群体在学校接受法治教育的意愿是最强的,学校应最大限度细化落实主体责任,协调政府、司法机

---

⑱ 参见马长山、李金枝:《青少年法治教育中的公民性塑造》,载《上海师范大学学报(哲学社会科学版)》2018年第4期。

⑲ 参见姚建龙、朱奕颖:《大学生法治教育的特殊性:理念、内容与方法》,载《教育发展研究》2021年第6期。

关、科研院所及其他社会力量,不断创新法治教育的内容与方式,凝聚法治教育的各方力量。

2. 进一步推进法治教育学科独立化、专业化。实现大学生法治教育的专业化,要用好课堂教学这个主渠道。首先,在课程设置上,大学生法治课程要与德育、思政课程相分离,实现学科独立。应严格按照《青少年法治教育大纲》设置的目标要求,及时修订高等院校法治教育课程标准,加大法治教育在高校课程设置和课时设置中的比重。其次,针对法治教育同质化问题,应鼓励有条件的高校根据《青少年法治教育大纲》要求编写适合本学校现实情况的法治教材,鼓励有法律实务经验者或从事青少年法律问题研究人员参与教材编写工作,从而推出更高水平的教材,取得更高质量的教学效果。再次,高校作为科研单位,应以实践带动科研,以科研推动实践,积极探索研究制定青少年法治教育效果评价指标体系,为青少年法治教育工作提供科学的依据和有效的参考准绳。最后,借助现代信息技术,广泛开发网络法治教育课程,策划形式多样的法治宣传活动,培植校园法治文化。广泛开展大学生法治实践,做到学有所得、学有所用。

3. 提升任课教师的专业化水平。专业的教师是实施大学生法治教育的人才保障。“传道者自己首先要明道、信道。”[20]法治教师本身应当具有法治思维,具有较高法律素养,是懂法律、知法理、信法治的专业人士。首先,在没有法学学科的高校,应招聘法科毕业生作为专业法治教师。在设置法学学科的高校,应充分利用专业法学教育资源,由法律专业教师讲授非法学专业学生的法治教育课程,以切实提升法治教育的专业化水平。其次,应当以学校为纽带,搭建法治教育协同机制或平台,邀请法官、检察官、律师等实务界法律人士参与学校法治教育工作,满足大学生对实践法学知识的需求,真正了解法律的实施状况和生动的法治实践。此外,鼓励有条件的学校积极创建大学生法治教育团队,通过校际合作,加强人才的流通与合作,实现资源互动共享。

4. 强调法治教育内容的实践性。大学生法治教育应转变知识导向性教育理念,从知识灌输转为实践应用,加大现场教学和实践教学的比重。可以综合

---

[20] 习近平:《把思想政治工作贯穿教育教学全过程》,载新华网,http://www.xinhuanet.com/politics/2016-12/08/c_1120082577.htm。

采用案例教学、情境教学(如模拟法庭)、辩论赛、校园法治喜剧等多种教学方法,将真实案例引入课堂教学,增加法治教育课堂的趣味性,培养大学生的法治实践能力。与此相适应,在考核与评价机制方面,应转变以往的知识考核方式,确立新的法治教育考试考核标准,重点考查大学生的法治思维和法治能力,特别是运用法律维护自身正当权益的能力。

### (三)政府应持续加大法治教育投入,积极搭建社会资源共享平台

在推动大学生法治教育工作上,政府居于非常重要的地位,不仅可以在财政上予以扶持和支持,还能调动社会资源,搭建资源共享平台作为学校教育的重要补充。首先,政府部门应积极加强立法,更加细化各项考核指标。目前,《青少年法治教育大纲》中对青少年法治教育目标和定位的规定都是纲领性的,缺乏细化指标。因此,就大学生法治教育而言,在中央层面,可根据大学生法治教育的现状、特点和实际需要,制定更为细化的教育指标和考核标准。在地方层面,各地应根据地方大学生成长环境和发展的现实情况,制定反映地方特点的教育大纲,以适应当地大学生法治教育的需求。其次,政府应加强科研投入,调动更多的科研力量,推进法治教育课程设置、教材编写等专业问题上的科学研究,推动教学方式和内容的改革创新。最后,政府可着力搭建大学生法治教育资源共享平台,实现资源的流动。法治教育不同于其他学科教育,既需要专业性又需要实践性,因此需要政府发挥中间纽带作用,沟通协调公检法司等实务部门,构建联动合作机制,共同致力于大学生法治教育事业。

### (四)加强家庭教育指导,提高家庭法治教育水平

家庭是大学生接受法治教育的重要来源。家庭不仅是为青少年提供庇护的地方,在某些特殊情况下,还是矛盾纠纷发生地,成为侵犯青少年合法权益的场域。家庭教育是青少年教育体系的重要组成部分,家庭发挥着其他教育主体无法替代的作用。青少年在成长过程中出现的亲子关系、朋辈关系、校园纠纷、亲属关系、邻里关系等现实问题,均需要家庭为其提供支持与指导,提供具体切实的解决方案。一个家庭对现实问题的应对模式,直接影响到青少年矛盾和纠纷的解决能力。家长具备一定的法律知识和通过法律途径解决问题的能力,能够引导青少年在面对相关问题时,作出合理的判断和有效的应对。调研中,

58.6%的大学生认为家庭应当承担法治教育的主要责任,8.4%的青少年建议给家长开设法治宣传讲座。可见,对家长进行法治教育指导,不仅具有理论上的必要性,而且有现实需求。

2022年1月1日,《家庭教育促进法》正式实施。该部法律对家庭教育提出更高更严的要求,要求家庭教育尊重未成年人人格尊严,保护未成年人隐私权和个人信息,保障未成年人合法权益,要实现家庭教育、学校教育、社会教育紧密结合、协调一致。因此,青少年的父母及其监护人应当知悉与青少年权益相关的法律法规,保障青少年合法权益,并在侵权纠纷发生时,积极引导青少年通过合法途径维护自身的合法权益,在法律纠纷中为青少年提供指导。

### (五)凝聚社会力量参与大学生法治教育活动

青少年法治教育具有极强的公益性,各类社会主体有义务积极参与青少年法治教育。由于大学生的社会化程度不断增强,大学生法治教育更需要全社会共同参与,需要得到政府、公检法司机关、企业、家庭和社会各界的普遍关注。政府应通过政策引导、资金支持等多种方式,鼓励社会力量不断创新法治教育和宣传的形式,推动大学生法治教育产品的产出,丰富大学生法治教育资源。社会主体应积极开发法治文化产品,可以通过优秀的律政剧、法律小说、戏剧、歌曲等形式,将法律知识转化为鲜活的视频故事、脍炙人口的曲目、引人入胜的故事书等,扩大法治教育的影响范围,增强法治教育的效果。

### (六)强化共青团联动职能,助力青少年法治教育

共青团组织应创新青少年权益维护相关的工作机制,积极搭建法治教育资源平台,为青少年法治教育事业提供力量支持。

1.加强共青团维护青少年权益岗的职能作用

共青团维护青少年权益岗是实施大学生权益保护和法治教育的一个重要抓手。发挥好维护青少年权益岗的职能作用,有利于提高大学生权益维护意识和权益维护能力,在实践中实施法治教育。调研中,大学生对共青团作为法治教育的责任主体地位认可度较高,有21.4%的大学生认为共青团是法治教育的责任主体,53.2%的大学生希望学校共青团发挥联动作用,联合公检法司等机关建立大学生权益维护联动机制。

2. 要加大共青团组织法律专业人员配置比例

法律工作具有较强的专业性，共青团组织工作人员既需要具备青年工作相关知识，在处理大学生权益保护等问题时，又需要专业的法律知识。因此，在共青团的岗位设置上，应当配备一定比例的法律专业人员，尤其是在高校共青团这类与大学生密切接触的基层团组织，要配备一批懂法律、能实践的法律专业人才。调研中，42.1%的大学生认为要提高学校团委教师的法学专业化水平。

3. 共青团组织要深入了解大学生的权益诉求，进一步完善“12355”青少年服务平台建设

基层共青团组织，尤其是学校共青团，应积极调查研究，发挥基层团组织密切接触青少年群体的优势，深入了解大学生成长过程中的现实问题和紧迫的权益诉求，完善“12355”平台建设，真正发挥组织职能，维护大学生合法权益，在权益保护工作中积极参与大学生法治教育事业。

# 专门学校学生法治教育状况

刘宇轩*

**摘　要**:以专门学校学生法治教育状况为研究基础,以专门学校法治教育基本目标为研究指导,调查发现,专门学校法治教育存在一定问题,如学生基本法律认知、观念仍有不足,对主要法律知识的了解程度仍有不足,对切身相关的违法、侵权行为认识不全面,在网络场景下的自我保护、权益维护仍存在问题,学生权益维护意识及能力有待提高,法治教育形式有提升空间等,并给出了相关对策建议。

**关键词**:青少年;专门学校;法治教育

自修订后的《未成年人保护法》和《预防未成年人犯罪法》于2021年6月1日施行以来,工读学校在法律上和实践中全部转为专门学校。因专门教育的特殊性,专门学校的青少年法治教育既要满足一般性要求,也担负着特殊任务。

## 一、专门学校法治教育基本目标

### (一)完成初、高中阶段的法治教育任务

专门学校的学生年龄主要集中在12～17岁,处于初、高中阶段,应首先保障其接受基本教育。2016年印发实施的《青少年法治教育大纲》对于初中阶段和高中阶段学生的法治教育阶段目标给出了规定,也较为详细地列举了各阶段的法治教育内容。

---

* 刘宇轩,中国青少年研究中心助理研究员,法学博士。

其中,初中阶段要使学生初步了解基本法律常识,强化相关法律意识、观念和思维,初步建立宪法至上、民主法治等理念,初步具备运用法律知识辨别是非的能力,可以在一定程度上依法维护自身合法权益和参与社会生活。[①] 在法治教育具体内容方面:一是要在小学阶段的基础上进一步加强宪法教育;二是了解民事法律活动的基本原则,尤其是合同违约、物权、知识产权、民事侵权、劳动权利、教育、社会保险等方面的法律规定;三是初步了解政府运行的法治原则,了解公共事务的法律原则,初步形成依法参与社会公共事务的意识;四是加深对社会生活中常见违法行为的认知,强化法律责任意识,巩固守法观念,提高自身应对违法犯罪的能力和意识;五是初步了解我国司法制度的基本原则,建立尊重司法的意识。[②]

在高中教育阶段,法治教育更注重搭建中国特色社会主义法律的体系化认知,进一步强化守法意识,增强法治观念和树立有权利就有义务的观念,培养学生参与法治实践、正确维护自身权利的能力。在具体内容上:一是要了解我国社会主义法律体系的构成;二是理解民事活动的基本法律原则和核心概念,进一步加深对与生活密切相关的民事、行政、刑事法律原理的理解;三是认知民事、行政、刑事方面的法律责任,了解诉讼制度的基本原则及相应的纠纷解决机制;四是了解国际法的基本原则,我国签署加入《儿童权利公约》《残疾人权利公约》等主要国际公约的基本内容。[③]

总体来看,在法律知识的覆盖范围上,初、高中法治教育要求基本相同,要了解宪法地位,对民事、行政、刑事等法律知识均要了解,并可以指导自身参与实践,维护自身合法权益。但是,在认知程度上,高中阶段的要求更高,要对法律原则、原理有所了解,除知识性内容外,对国家的法律制度和法律框架的认知也要进一步加深。

---

① 参见教育部:《青少年法治教育大纲》,载教育部官网,http://www.moe.gov.cn/srcsite/A02/s5913/s5933/201607/t20160718_272115.html。

② 参见教育部:《青少年法治教育大纲》,载教育部官网,http://www.moe.gov.cn/srcsite/A02/s5913/s5933/201607/t20160718_272115.html。

③ 参见教育部:《青少年法治教育大纲》,载教育部官网,http://www.moe.gov.cn/srcsite/A02/s5913/s5933/201607/t20160718_272115.html。

### (二)以预防未成年人犯罪为导向

《预防未成年人犯罪法》第43、44、45条规定了专门学校的入学条件,依据未成年人行为的恶性程度不同,专门学校教育类型分为专门教育和专门矫治教育两种。具体规定为:对有严重不良行为[④]的未成年人,未成年人的父母或者其他监护人、所在学校无力管教或者管教无效的,可以向教育行政部门提出申请,经专门教育指导委员会评估同意后,由教育行政部门决定送入专门学校接受专门教育;未成年人有一定情形之一的[⑤],经专门教育指导委员会评估同意,教育行政部门会同公安机关可以决定将其送入专门学校接受专门教育;未成年人实施刑法规定的行为、因不满法定刑事责任年龄不予刑事处罚的,经专门教育指导委员会评估同意,教育行政部门会同公安机关可以决定对其进行专门矫治教育。

由此,专门学校中的学生是在一定程度上触犯了刑法的未成年人,其入学前的行为已经产生了较大的社会危害性。相对于普通学校的学生来说,专门学校的学生法治教育基础更为薄弱,并带有紧迫性,还要以预防未成年人犯罪为导向。

## 二、专门学校青少年法治教育存在的主要问题

本次对专门学校学生法治教育状况的调查共收回问卷394份,其中男性占比为57.3%,女性占比为42.7%;年龄分布为12~24岁,主要集中在12~17岁,分别占受访学生的8.9%(12岁)、19.4%(13岁)、29.1%(14岁)、18.1%

---

④ 《预防未成年人犯罪法》第38条规定:"本法所称严重不良行为,是指未成年人实施的有刑法规定、因不满法定刑事责任年龄不予刑事处罚的行为,以及严重危害社会的下列行为:(一)结伙斗殴,追逐、拦截他人,强拿硬要或者任意损毁、占用公私财物等寻衅滋事行为;(二)非法携带枪支、弹药或者弩、匕首等国家规定的管制器具;(三)殴打、辱骂、恐吓,或者故意伤害他人身体;(四)盗窃、哄抢、抢夺或者故意损毁公私财物;(五)传播淫秽的读物、音像制品或者信息等;(六)卖淫、嫖娼,或者进行淫秽表演;(七)吸食、注射毒品,或者向他人提供毒品;(八)参与赌博赌资较大;(九)其他严重危害社会的行为。"

⑤ 这些情形包括:(1)实施严重危害社会的行为,情节恶劣或者造成严重后果;(2)多次实施严重危害社会的行为;(3)拒不接受或者配合《预防未成年人犯罪法》第41条规定的矫治教育措施;(4)法律、行政法规规定的其他情形。

(15 岁)、13.5%(16 岁)和 7.1%(17 岁);58.4% 的学生现居住在城市,38.6% 的学生居住在农村,44.7% 的学生没有居住在户籍所在地。从年级分布来看,14.7% 的学生就读于初中一年级,30.5% 的学生就读于初中二年级,23.3% 的学生就读于初中三年级,31.5% 的学生就读于职业高中;来专门学校前,接近一半人(49.7%)在原学校读到小学五年级,27.7% 的受访者读到初中二年级,13.6% 的人读到初中一年级。

### (一)专门学校学生的基本法律认知、观念仍有不足

#### 1. 专门学校学生法治意识整体偏低,具体类别波动差异不大

受访专门学校学生对自身法治意识的自评分(1～10 分,1 分表示很弱,10 分表示很强),从高到低依次为自我保护意识 8.59 分、守法意识 8.25 分、平等意识 7.82 分、权益维护意识 7.45 分、权利意识 7.23 分。低于小学生分值,整体呈现较差的法治意识。从意识评分的标准偏差来看,各类意识波动偏差相差不大,分别为自我保护意识 2.51、守法意识 2.34、平等意识 2.24、权益维护意识 2.47、权利意识 2.49。

#### 2. 专门学校学生对多项权利的认知度较高,对婚姻自主权和劳动就业权的认知度较低

93.6% 的受访学生认为自己享有生命权,88.3% 的受访学生认为自己享有健康权,86.0% 的受访学生认为自己享有身体权,总的来说对身体权利认知度比较高。专门学校学生对隐私权非常看重,有 89.0% 的受访学生认为自己享有隐私权,居所列各项权利的第二位。认为享有受教育权的受访学生占 82.7%,排在第五位。只有 47.3% 的受访学生认为自己享有婚姻自主权、39.7% 的受访学生认为自己享有劳动就业权,反映出专门学校学生对未来的规划不足。居于中位的权利有肖像权(77.6%)、姓名权(76.6%)和财产权(59.5%)。女性对自身享有劳动就业权、婚姻自主权、财产权的比例明显低于男性,对自身享有姓名权、受教育权、隐私权、荣誉权的比例要高于男性。法治教育应充分关注到男性与女性之间的差异,以使每个人都能充分认知到自身权利。

#### 3. 对基本法律问题认知不一

对于"法律面前人人平等"这一问题,81.7% 的受访学生表示非常赞同,14.5% 的受访学生比较赞同,正面评价总计 96.2%。对于"男女平等"问题,

76.5%的受访学生非常赞同,15.1%的受访学生比较赞同,总计91.6%。在“全社会都有责任保护未成年人”方面,受访学生表示非常赞同的比例不高(55.8%),表示比较赞同的占32.0%,保护未成年人的社会责任意识仍需加强。对于“父母可以不照顾孩子”这一观点,60.8%的受访学生很不赞同,22.1%的受访学生不太赞同,在受访学生的认知中,父母比社会更应当承担照顾未成年人的责任。在权益维护方面,有51.6%的受访学生非常赞同“任何情况下权益受到侵害,都应当去维护权益”,30.8%的受访学生表示比较赞同,权利意识需要进一步提升。在体罚学生问题上,多数受访学生不赞成“学生犯错,老师可以体罚”(其中很不赞成的占41.8%、不太赞成的占34.2%),但值得注意的是,有14.5%的比较赞同、6.4%的非常赞同这一观点,总占比超过20%。

4. 专门学校学生对《未成年人保护法》所保护的权利认识不深

在问及《未成年人保护法》规定了未成年人的哪些权利时,除“受保护权”(96.4%)外,其余各项权利均认知不足。61.9%的受访学生认为《未成年人保护法》规定了生存权,41.2%的认为规定了参与权,36.0%的认为规定了发展权,24.9%的认为规定了福利权。可以看出,对“参与权”“发展权”的认知存在相当程度上的欠缺,且错误地认为“福利权”属于《未成年人保护法》保护的权利之一。

### (二)专门学校学生对主要法律知识了解程度普遍较低

1. 有近半数的专门学校学生不了解《宪法》具有最高法律效力

56.3%的受访学生认为《宪法》具有最高法律效力,3.8%的受访学生认为《民法典》具有最高法律效力,20.7%的受访学生认为《刑法》具有最高法律效力,19.2%的受访学生认为是《未成年人保护法》。近半数受访学生不了解《宪法》是我国的根本大法,说明对于专门学校来说,需要进一步夯实法治教育,尤其是法律基础知识和基本观念。

2. 对主要部门法的了解仍有欠缺

受访的专门学校学生对《未成年人保护法》《预防未成年人犯罪法》《宪法》《刑法》《义务教育法》《民法典》《劳动法》《网络安全法》《反家庭暴力法》表示“认真学过”和“比较了解”的总和均不足五成,其中只有《义务教育法》和《网络安全法》认真学过和比较了解的比例均超过40%(分别为42.2%和40.6%),总体呈现较低水平。其中,对《民法典》的了解程度最低,为18.1%,相应地,18.6%的受访学生不知道《民法典》,41.6%的受访学生表示“听说过”。

考虑到专门学校的性质,其学生对《未成年人保护法》和《预防未成年人犯罪法》的了解程度不尽如人意。只有20.9%和27.0%的人“认真学过”、15.9%和14.9%的人“比较了解”《未成年人保护法》和《预防未成年人犯罪法》。大部分受访学生对该两法还停留在“浏览过”的状态,分别是33.2%和27.0%。应当更有针对性地开展法治教育,在专门学校开设《未成年人保护法》和《预防未成年人犯罪法》专门课程。

此外,专门学校的学生对《劳动法》的了解不足,仅有25.6%的受访学生表示“认真学过”或者“比较了解”,13.1%的受访学生不知道《劳动法》,35.3%的受访学生仅“听说过”。专门学校部分地承担职业教育的功能,对于《劳动法》及相关政策规定的普及应该放在相对较高的位置,专门学校的法治教育应当更有针对性,也要更注重实用性。

3. 权益维护意识、观念和权益维护知识仍存在不足

受访专门学校学生认为青少年不主动维护权益的原因有:权益维护意识淡薄(51.8%)、不知道怎么维护权益(32.6%)、“怕丢人”(31.6%)、“怕麻烦”(25.0%)、“怕被报复”(21.6%)。这反映出专门学校学生不能正确认识自身权利的不可侵犯性,权益维护意识不足,同时对于权益维护本身的认识不正确,对打击侵权行为的信心不足。

4. 部分专门学校学生对最低刑事责任年龄认知不清

52.5%的受访学生认为“在我国,14周岁犯罪就需要负法律责任”,33.5%的受访学生认为“16周岁犯罪就需要负法律责任”,可见对最低刑事责任年龄混淆主要集中在16周岁。同时,40.5%的受访学生认为“如果犯罪要负法律责任的话,设置在16周岁比较合理”,30.7%的受访学生认为应当设置在14周岁,仅有8.5%的受访学生认为应当将最低刑事责任年龄设置在12周岁。认为应当设置在13周岁和15周岁的比例分别为4.6%和6.2%。从整体来看,专门学校学生希望将刑事责任年龄设置在较高年纪。

### (三)专门学校学生对切身相关的违法、侵权行为认识不全面

1. 绝大部分专门学校学生认为考试作弊是违纪行为

83.5%的受访学生认为考试作弊是违纪行为。认为考试作弊是违法行为和犯罪行为的分别有8.8%和2.3%,有5.4%的受访学生认为考试作弊是正常行为。受访学生对于考试作弊的认识大部分停留在违纪行为,对于教育部发布的《国家教育考试违规处理办法》和《刑法修正案(九)》已将严重作弊行为入刑的规定了解甚少。

2. 专门学校学生对于暴力的态度不尽如人意

在暴力形式方面,74.2%的受访学生很不赞同、14.8%的受访学生不太赞同"威胁、恐吓、谩骂、羞辱都不算暴力",对暴力组成形式有正确认识。非常赞同、比较赞同"不论什么理由,使用暴力都是不对的"这一观点的占比分别为50.0%、29.0%,总数不足80%,低于其他基本法律问题,且有13.1%的受访者不太赞同这一观点,可见专门学校的学生对暴力的排斥度相对不高。但是专门学校学生已经认识到不能将暴力视为解决问题的手段,在面对"为了解决问题或达到目的,可以采取暴力手段"这一说法时,65.6%的受访学生选择很不赞同,20.7%的受访学生选择不太赞同,专门教育在一定程度上起到了作用。值得注意的是,涉及家庭内部暴力行为——家暴,专门学校学生的态度呈现些许不同。很不赞同"家暴是家丑,不要让外人知道"的占38.5%、不太赞同的占26.6%,总占比不到70%,在准确评价的比较上是最低的;此外还有12.4%的受访学生非常赞同、12.1%的比较赞同,10.3%的表示说不清。实践中,家暴问题普遍存在难以取证的问题,这与对家暴的认识偏差不无关系,由此说明法治教育在家庭问题上的渗透不够,法治意识容易受传统观念影响。

3. 对家庭、学校场景下的隐私持有不同态度

前述有89.6%的受访学生认为自己享有隐私权,但是对父母或老师侵犯自己隐私的具体行为有不同态度。

在家庭场景下,受访专门学校学生对"日记""手机"的隐私更加敏感,有87.2%的受访学生赞同"任何人(包括父母、老师)不能随便看我的日记",其中非常赞同的达60.7%,比较赞同的达26.5%;有83.7%的不赞同"父母可以翻看我的手机",很不赞同的占50.1%,不太赞同的占33.6%;80.9%的受访学生

赞同“任何人(包括父母)进我的房间都必须敲门”,其中 44.4% 的人非常赞同,36.5% 的人比较赞同,但也有 12.5% 的人不太赞同。但是在家庭场景下,专门学校受访学生对于个人物品和朋友圈照片的隐私认知度较低,20.5% 的表示不太赞同“父母动用我的个人物品都需要我的同意”,很不赞同的有 6.7%,可见接受父母动用个人物品的不在少数。值得关注的是,对于“父母可以随便在朋友圈发我的照片”,有 38.6% 的受访学生表示赞同,不赞同的占 57.5%,由此来说,专门学校学生对于个人隐私的认知还停留在相对传统的层面。

在学校场景下,专门学校学生更在意老师跟其他人说自己的家庭情况,有 83.6% 的不赞同“老师可以跟其他人说我的家庭情况”。但是对于成绩,只有 52.7% 的不赞同“老师可以在班群晒我的成绩”,41.9% 的赞同这一观点,不赞同与赞同的占比相差不大。在专门学校学生看来,成绩是否属于个人隐私,仍需要进一步探讨。总体来看,专门学校中的女生更关注个人隐私,对个人信息的保护度更高。

4. 对家庭暴力性质认识不够深刻

有 52.0% 的受访学生表示未遭受过问卷所列家暴行为,在表示曾经遭受过家庭暴力的 47.5% 的受访学生中,按遭遇行为百分比从高到低依次是:被骂(78.1%)、被限制自由(40.1%)、被挖苦嘲笑(27.8%)、被扇耳光(21.4%)、被故意冷落(17.1%)、被暴打(17.1%)、被区别对待(16.0%)、被虐待(6.4%)、其他(2.1%)、被性侵(1.1%)。其中,女性更容易被限制自由和被区别对待,分别比男性高 20.3 个百分点和 5.5 个百分点。女性更容易成为家庭暴力的受害者,对被区别对待、被故意冷落的感知度更高,在法治教育中更应当注重对女生的知识普及和心理疏导。

67.7% 的受访学生认为家庭暴力属于违法行为,39.7% 的认为属于犯罪行为,但仍有 30.8% 的受访学生认为“是性格问题”,8.7% 的认为“是家务事”,5.6% 的认为“是正常现象”。女性认为家暴是犯罪行的比例高于男性 10.4 个百分点。由此来看,有相当一部分人对家庭暴力的认识不深刻甚至是错误的。

5. 多数学生遭遇过校园欺凌

不论是普通学校还是专门学校,遭遇过校园欺凌的学生都不在少数,欺凌形式主要为财务损失、身体伤害和精神损失。有 65.9% 的受访学生遭遇过校园欺凌,其中东西被偷的有 58.8%,被辱骂的有 47.1%,遭教师体罚的有 43.1%,

被取笑或捉弄的有 31. 4% ,东西被人故意损坏的有 28. 2% ,被人孤立排斥的有 22. 4% ,不许上课的有 21. 2% ,被人歧视(瞧不起)的有 20. 4% ,受到暴力威胁或恐吓的有 16. 9% ,被抢东西的有 16. 5% ,被殴打的有 13. 3% ,被骗钱的有 11. 8% ,不允许用教学设备的有 8. 6% ,被人耍流氓的有 6. 7% ,被勒索钱财的有 3. 5% ,其他的有 1. 2% 。专门学校学生因其入学的特殊背景,校园欺凌可能表现为更高的形式且更隐蔽,除了日常教育管理和教育矫治,还应当充分运用法治教育扭转学生的观念。

### (四)专门学校学生在网络场景下的自我保护、权益维护存在问题

1. 网络隐私自我保护情况不佳

被问及"姓名、学校、班级、家庭住址、父母姓名、身份证、照片、父母单位、手机号码、年龄"是否可以提供给陌生网友时,有 58. 4% 的受访学生认为均不能提供。表示可以提供信息的受访学生认为可提供的信息从高到低依次为:年龄(76. 8% )、姓名(48. 8% )、照片(32. 9% )、班级(21. 3% )、学校(20. 7% )、手机号码(14. 6% )、其他(7. 3% )、家庭住址(6. 7% )、身份证(5. 5% )、父母姓名(4. 9% )、父母单位(4. 3% )。对于更能直接指向本人具体身份的信息,受访学生的警惕性更高,但是个人年龄、姓名等信息被不少人认为是可以提供给陌生网友的,还有部分学生喜欢在网络上晒个人的照片,发布状态也会泄露许多个人信息,受访学生尚不能认识 1 ~2 个信息的泄露足以使游走于网络的不法分子有了可乘之机。总体来说,受访学生在网络上的个人信息保护意识仍有待提高。

2. 易受网络不良信息影响

有 75. 8% 的受访学生在网络上接触过不良信息,其中"中奖等诈骗信息"占 72. 5% ,"殴打""砍杀""血腥屠杀""自杀场景"等暴力血腥信息的占比分别是 61. 9% 、46. 7% 、44. 0% 、40. 2% ,"淫乱画面"占 30. 2% 、"性行为"占 29. 6% 、"裸体"占 29. 6% 。分性别来看,男生比女生更容易接触到与性和暴力有关的网络信息。

面对以上不良信息,67. 6% 的受访学生选择关闭或删掉,47. 2% 的选择"举报",27. 1% 的表示"自己看看而已",6. 7% 的会"转发给同学或朋友",6. 3% 的"继续关注,持续了解",2. 1% 的会"模仿"。网络信息混杂,各种不良信息以弹

窗、广告、病毒等形式出现在网络,将未成年人与网络不良信息完全隔绝是很难的。抵御网络不良信息影响的最好方式就是提高未成年人的分辨、判断能力,因此法治教育应当与德育相结合,不拘泥于简单的法条讲解。

3. 网络欺凌现象仍然存在

除了网络不良信息对未成年人违法犯罪具有诱导作用,网络欺凌也对未成年人身心造成很大影响。网络欺凌作为一种新兴的犯罪形式,虽然没有被法律规定为违法或犯罪行为,但是依托网络平台这个载体,网络欺凌实质性地影响着未成年人。40.6%的受访学生表示曾经遭受过网络欺凌。其中,曾经"在网上不断遭到他人辱骂"的占37.0%,"有人散布关于自己的谣言"的占33.1%,"被人恶意P图"的占33.1%。面对网络欺凌,67.1%的受访学生选择网络举报,36.2%的选择在网上回击。举报和回击都是权益维护的形式,仅仅这两项权益维护方式是不够的,营造良好的网络环境,引导人们在网络上理性发声,明确网络欺凌的法律后果才是解决之道。

4. 对采取相应的上网限制有抵触

赞同"在电脑上安装不良信息过滤软件"的比例并不高,其中39.8%的受访学生完全不同意,10.3%的基本不同意。30.7%的受访学生完全不同意、15.2%的基本不同意"实行网络实名制"。对"父母可以控制我的上网时间""上学期间,老师可以帮我保管手机"的否定态度也较明显。网络区别于现实世界,部分受访学生认为实行网络实名制和安装过滤软件可能会降低其在网络上的自由程度。未成年人自控能力较差,容易沉浸在网络世界,其对上网限制的抵触可以理解。这就需要学校和家长的合力引导,使其认识到网络世界也应当有规则,并增加未成年人的线下活动,以减少未成年人对网络的依赖性。

### (五)专门学校学生权益维护意识及能力有待提高

1. 权益维护意识欠缺,侵权报告时间不够及时

47.2%的受访学生选择向老师、校领导、家长报告,其中65.4%的选择"一旦发生就报告",19.2%的选择"如果再发生同样的事情再报告",8.2%的选择"隔1~3天再报告"。其中,25.4%的女生选择"如果再发生同样的事情再报告",高出男生8.9个百分点;从不报告的男生占13.7%,高出女生3.8个百分点;43.4%的受访学生没有及时报告老师、家长或警察,主要原因有:自己能够

解决(48.5%)、认为是小事不值得报告(38.0%)、觉得报告了也不能解决问题(27.5%)、不知道如何报告(23.4%)、害怕对方进一步报复(19.3%)、怕丢脸在同辈人面前抬不起头(17.5%)、怕报告之后被惩罚(9.9%)、对方威胁不让报告(8.8%)、认为会有他人向老师或家长汇报(8.8%)、其他(0.6%)。男生更倾向于认为是小事、自己能够解决或怕丢脸,女生则更多是因为对方威胁、怕对方报复或者怕被惩罚。

2. 部分学生曾遭受性骚扰但选择默默忍受

15.4%的受访学生曾经遭受过问卷所列举的性骚扰行为。如果遭受到性骚扰,受访学生认为应当采取的应对方式占比从高到低依次是:“默默忍受,自我调节”(45.1%)、“向同学或朋友求助”(31.4%)、“告诉家长”(23.5%)、“向老师求助”(15.7%)、“向学校举报揭发”(13.7%)、“报警”“报复”“看心理医生”(9.8%)、“通过微博、微信等方式公之于众”(5.9%)。与其他情形不同的是,在寻求帮助方面,同学或朋友成为专门学校学生的首选。

3. 专门学校学生权益维护的主要途径较为单一传统

当专门学校受访学生的合法权益在学校中受到侵害时,他们选择权益维护的方式占比从高到低依次是:找老师解决(61.7%)、找家长解决(50.6%)、告诉同学或朋友(36.0%)、自己解决(31.2%)、找校领导解决(27.7%)、想办法发泄(20.2%)、默默忍着(16.2%)、报警(15.0%)、向侵害人报复(8.3%)、诉诸法律(7.9%)、找权益维护社会组织(6.3%)、找民政部门(5.9%)、找共青团(5.9%)、找社会上的人(5.1%)、找居委会(村委会)(4.7%)、在网络上发帖(4.3%)、找亲戚(4.2%)、其他(1.2%)。受访学生权益维护普遍倾向于找老师、家长解决,倾向于向朋辈倾诉,但是对于更为直接的权益维护方式选择不多,如果老师、家长不能维护其权益,受访学生可能会面对一定的权益维护困难,更多的选择忍气吞声。

当专门学校受访学生的合法权益在家庭中受到侵害时,他们选择权益维护的方式占比从高到低依次是:报警(38.5%)、找同学或朋友(31.9%)、找老师(28.6%)、找权益维护社会组织(28.6%)、反抗(27.8%)、找亲友(26.5%)、找民政部门(24.7%)、找共青团(16.1%)、默默忍受(15.1%)、离家出走(13.0%)、找妇联(7.4%)、找新闻媒体(6.6%)、其他(3.3%)。在家庭场景下,受访学生权益维护途径的第一顺位是报警,区别于学校场景,反映出受访学生认为学校无法介入家庭的心理态度。而且,在家庭场景下选择各类权益维护方式的比例普遍较低,反映出受访学生对于处理家庭侵权更加束手无策的状态。

### (六)法治教育形式有提升空间

1. 专门学校学生获取法治知识最主要的途径是学校教育,责任主体应当是学校

受访学生获取青少年法治方面知识的主要渠道,前五项依次是:学校教育(84.2%),报刊、图书(47.0%),微信(37.9%),广播、电影、电视(37.4%),法律讲座(26.5%)。有77.6%的受访学生认为青少年法治教育的责任主体应当是学校,55.2%的认为应当是家庭,35.2%的认为是青少年自身,28.4%的认为是政府,20.1%的认为是共青团。当前法治教育的主体是学校,受访学生对法律知识的了解依赖于学校教育,主动性不强,自我学习和自我思考的能力不足,不利于法治思维的培养。

2. 学校法治教育方式以传统形式为主,学生倾向于趣味性

学校采取的法治教育形式排名前五的是:主题班会、队会、团会(82.6%),收听、收看广播、电视法治节目(46.2%),排演、观看法治文艺节目(45.2%),警察入校讲座(36.6%),模拟法庭(33.5%)。受访的专门学校学生喜欢学校的法治课、宣传栏的有47.6%,喜欢阅读法律小说、故事等读物的有42.7%,喜欢模拟真实情景的表演的有40.1%,喜欢电视、广播的法治节目的有32.2%,喜欢到法院、检察院等地方参观实践的有28.8%。可见,现有法治教育形式与学生接受的法治教育形式仍存在一定距离,现有法治教育以灌输、观摩为主,而受访学生更喜欢参与性、趣味性的法治教育形式。

## 三、进一步加强专门学校法治教育的对策建议

### (一)明确专门学校法治教育定位,强化教育矫治功能

专门学校承担着多重的教育职能,其中首要的是教育矫治功能,为了使学生能够在教育期满或者学业完成之时成为对社会有用的人,专门学校除完成基

本的义务教育外,还会开展职业技术教育,帮助学生获取参与社会生活的能力。本次调研结果显示,受访学生对于专门学校的性质定位并不明确,有 47.6% 的认为专门学校是矫治教育机构,有 48.1% 的认为专门学校是职业技术学院,还有 4.3% 的选择了“其他”,这不利于专门学校的学生认清自我、改变自我。能够运用法律知识参与社会生活也是《青少年法治教育大纲》的要求,可见法治教育应当融入专门学校的日常教育中去。同时,也应当在教学规划中进一步明确学校的法治教育定位,加大法治教育的比重,以此凸显专门学校的教育矫治功能。

可以说,完善学校教育是当前推进青少年法治教育的最主要方式。专门学校受访学生认为当前推进青少年法治教育最主要的方式分别是:专门的法治教育课程安排(46.5%)、出版生动有趣的教材(46.2%)、配备专门的法治老师(34.9%)。因此,要想做好专门学校的法治教育,应当从学校自身出发。《预防未成年人犯罪法》第 18 条要求专门学校应当聘任从事法治教育的专职或者兼职教师,并可以从司法和执法机关、法学教育和法律服务机构等单位聘请法治副校长、校外法治辅导员。教育部经最高人民法院、最高人民检察院、公安部、司法部同意,于 2021 年 12 月 27 日公布了《中小学法治副校长聘任与管理办法》(教育部令第 52 号),自 2022 年 5 月 1 日起施行,该办法对法治副校长的管理体制、职责任务、聘任机制、条件保障作了进一步要求。考虑到专门学校相对于普通学校有着更紧迫的法治教育需求,结合本次调研的学生需求来看,建议专门学校不仅要配备法治教育专职教师,还应当配备更充足的兼职力量补充到学校的法治教育中去。调研发现,普通学校的法治副校长不同区域有不同的热点,有些区域都由公安机关的同志负责,有些区域则全是由法官或检察官担任,且每年入校讲座仅 1 ~ 2 次。法治副校长本职身份的不同,以及其工作性质的不同决定了讲座内容的不同,从而给学生带来不同的影响。鉴于专门学校的特殊性,建议聘请多名法治副校长,从不同环节、不同角度来教导学生遵纪守法,严格自律,避免违法犯罪。如果专门学校的法治教育课程不够充分有效,法治副校长一学期才进入校园一次,那么其不利结果将远远大于普通学校。更多法治力量加入专门学校的法治教育,也能够进一步扭转校园环境,肃清校园的不正风气,为学校管理增加威慑力,能够更好地达到教育矫治的效果。

### (二)建立分级法治教育机制,以预防犯罪为导向

2020 年《预防未成年人犯罪法》的修订,将因不满法定刑事责任年龄不予刑事处罚的未成年人也纳入专门学校的学生范围,并单独对其进行专门矫治教育,区分了三种不同的专门学校进入方式。这实际上要求专门学校在对学生实行分级管理时,以入学时的行为恶性程度为划分标准。《预防未成年人犯罪法》第 47 条也对分级分类教育和矫治作出了专门规定,要求有针对性地开展道德教育、法治教育、心理健康教育。在此分级分类教育的背景下,专门学校的法治教育也应当作出相应的分级分类应对,不论是从教材的编纂上,课程形式、数量的设置上,还是从学习考核的力度上,均应当有所区分,法治教育实践课程的开展也应该有相应的分级分类,并在专职法治教师和兼职法治教育力量的配比上体现出层级和分类,坚持适当且充分的原则,既不对行为恶性较轻的学生采取过于激烈的教育方式,同时也避免对行为恶性较重的学生开展过于轻松的教育方式。

建立分级的法治教育机制,是为了配合分级分类教育和矫治,达到预防专门学校学生违法犯罪的目的。以预防犯罪为导向,坚持法治教育与道德教育相结合,本次调查也表明关注心理健康、思政教育是预防未成年人犯罪的最重要方式。本次受访学生认为预防未成年人犯罪有效方式百分比从高到低依次为:关注未成年人心理健康(76.6%)、开展思想政治教育(71.6%)、多开展预防犯罪的警示教育(67.4%)、多关心弱势学生(64.1%)、关注未成年人家庭关系(59.4%)、关注未成年人师生关系(40.4%)、关注学校周边小混混(21.1%)。对弱势学生的关心,对父母、师生关系的关心,对社会环境的关注都是朴素道德观的重要组成部分。在法治教育中,要讲述中华优秀传统中的道德文化、法律文化,讲述习近平新时代中国特色社会主义思想、当代中国的社会主义核心价值观,给法律知识、原理注入道德情感,增强法治教育的感染力。同时,还要把握住学生心中道德的小火苗,引导学生了解认识道德与法律的关系,明白守法依法的意义,强化法治教育的效果。

### (三)增加共青团在专门学校法治教育中的参与度和影响力

当前共青团在专门学校法治教育中的参与度和影响力不足,在此次调研中

主要表现在:一是“12355”的影响力仍需提高,专门学校学生对“12355”的熟知度不高,表示非常了解的占6.2%,比较了解的占12.6%,共计18.8%,表示不太了解的占44.7%,很不了解的占26.0%,说不定的占10.5%,在违法犯罪青少年群体中的普及率远远不足。因此,需要大力加强“12355”建设和宣传。二是共青团在维护青少年合法权益方面的认可度仍需加强,38.6%的受访学生对“共青团是维护青少年合法权益的代言人”这一说法非常赞同,37.9%的比较赞同,但也有14.3%的说不清、5.9%的不太赞同、3.3%的很不赞同。对于这一说法的肯定性占比不算太高,且有14.3%的“说不清”——对这一说法无法作出判断,说明共青团在维护青少年合法权益方面亮相不够,仍需要全面有力地增加在青少年群体中的认可度。

共青团作为群团组织,积极参与党和国家的青少年事务,连续多年开展青少年学法用法知识大赛,在预防青少年违法犯罪领域耕耘多年,理应取得更大的影响力和认可度。共青团应当与专门学校开展深度合作,提供专业的青少年事务社工队伍支持,社工进学校定期开展服务工作,帮助他们解决学业、生活、家庭困难,转变专门学校学生的人生观、价值观等基本观念;进一步普及“12355”热线电话,积极解决青少年的心理、法律问题,为已经出现行为偏差的专门学校学生提供专门的服务频道,将违法犯罪思想扼杀在萌芽中;在法治教育方面,利用群团优势,多开展教育实践活动,弥补学校法治教育在实践方面的不足,打造品牌化的法治教育实践基地,不断丰富法治教育形式,成为学校教育的有力补充。

# 未成年犯法治教育状况

李雅健*

**摘　要**：未成年犯的法治教育并未受到应有的重视。调查发现，未成年犯基本法律常识掌握不完整、权利义务观念欠缺、对家暴等问题的认知有严重偏差，反映了未成年犯法治思维的集体缺失，也说明法治教育在预防未成年人再次犯罪中具有重要作用。现有的未成年犯矫治方法预防效果明显不足，应将法治教育融入未成年犯的矫正过程中，严格贯彻执行机构内义务教育，丰富法治教育形式，以未成年犯喜好的方式进行有效的法治教育。

**关键词**：未成年犯；法治教育；矫正

2020年12月审议通过的《刑法修正案（十一）》对刑事责任年龄规定进行了重大修改，自此我国刑事责任的起始年龄降低至12周岁，未成年犯的年龄范围也由原来的14周岁到18周岁扩展为12周岁到18周岁，给未成年犯的审判与矫正工作提出了新的挑战。《青少年法治教育大纲》是为贯彻落实党的十八大和十八届三中、四中、五中全会精神，推动法治教育纳入国民教育体系，提高法治教育的系统化、科学化水平而制定的。由教育部、司法部、全国普法办于2016年6月28日联合印发实施。2021年刚好是《青少年法治教育大纲》颁布的第5年，针对其施行情况，中国青少年研究中心开展了“青少年法治教育”课题研究，采用调查问卷、个案研究等方法对青少年法治教育的现状和成果开展了深入调查研究，其中的重要组成部分是关于未成年犯的法治教育情况调查。

* 李雅健，中国政法大学法学博士。

由于未成年犯是已经触犯了刑法并被判处刑罚的未成年人,是青少年与国家最严苛的法律——《刑法》的直接碰撞,因此这部分调查显得尤为重要。一方面,从未成年犯的法治常识、法治思维和法治能力评价的视角切入,将其与普通未犯罪青少年进行对比,能够获知缺乏法治教育是否为其犯罪的重要原因,以衡量青少年法治教育的必要性;通过知晓已经实施犯罪的未成年人对法律的知识和所持态度,以衡量在监狱或少管所等刑罚机构中持续开展法治教育的必要性、可行性及其效果。另一方面,将根据对未成年犯群体关于法治教育方面喜好的反馈结果指导青少年法治教育的实施,作为预防青少年犯罪的重要内容。

## 一、未成年犯法治教育调查的必要性

### (一)未成年犯法治教育被忽视的现状

法治教育工作开展的方式,一般会按照青少年的身心发展阶段进行,以时间顺序为参照指标,分为小学、初中、高中和大学等教育程序和阶段,却忽略了与初中和高中处于相同年龄段,但身处囹圄的未成年群体。通过调查未成年犯对法治教育活动的参与意愿,发现愿意参与法治教育活动的未成年犯占比达74.1%,不愿意的只占17.5%,另外还有8.5%的表示说不清。可见,正在服刑的未成年犯罪人与在学校中的同龄人一样,有着对知识与受教育的渴望。青少年法治教育实施途径主要通过学校教育、社会教育和家庭教育三个方面开展,其中“社会教育”方面,涵盖范围极其广泛。《青少年法治教育大纲》关于社会教育之“国家机关和社会力量参与”中提及,“要切实加强针对有不良行为青少年的专门法治教育工作”。可见,对不良行为少年的关注,虽然没有被单独提取出来,确实是法治教育中一个容易被忽视的重点,在被调查的未成年犯对法治教育相关活动的关注程度方面,采关注态度与不关注态度的分别为53%和40.9%,表示说不清的占6.2%,整体关注度依然不足,但未成年犯群体是最需要重塑思维和品格的青少年,他们重返社会后的表现很大程度上决定了社会主义法治建设的成效。

结合我国《刑法》的规定,已满12周岁不满14周岁的人,犯故意杀人、故意伤害罪,致人死亡或者以特别残忍手段致人重伤造成严重残疾,情节恶劣,经最高人民检察院核准追诉的,应当负刑事责任。已满 14 周岁不满 16 周岁的人,犯故意杀人、故意伤害致人重伤或者死亡、强奸、抢劫、贩卖毒品、放火、爆炸、投放危险物质罪的,应当负刑事责任。已满 16 周岁的人犯罪,应当负刑事责任。我国《刑法》第 17 条第 4 款规定:"对依照前三款规定追究刑事责任的不满十八周岁的人,应当从轻或者减轻处罚。"可见,已满 12 周岁不满 18 周岁是减轻刑事责任能力年龄阶段。这是未成年人犯罪从轻或减轻处罚的法定情节,表明了我国刑法对未成年人犯罪从宽处罚的刑事政策精神。因此,未成年犯的定义应当为,经过法院审判,最终被定罪量刑的不满 18 周岁的犯罪人。我国《刑法》关于未成年人刑事责任的规定是综合了人的生理与心理发展成熟度及社会化水平而确定的,目的是关心少年儿童的健康成长,对于他们进行危害社会的行为,坚持教育为主、惩罚为辅的方针,着重于教育、改造、挽救,即使对极度少数非处罚不可的进行处罚,其目的还是教育。刑事政策对未成年犯的教育指向与公共政策对未成年犯的教育现状中间出现了脱节,提示未成年人法治教育被忽视的现状,需要加以关注。

### (二)法治教育是预防青少年犯罪的重要内容

青少年法治教育是预防青少年犯罪工作的重要组成部分。对于普通教育阶段的学生来说,通过持续性的法治教育,他们能够逐步了解公民的基本权利义务、法治理念与原则,了解个人成长和参与社会生活所必需的基本法律常识,具备以法治思维和法治方式维护自身权利、参与社会公共事务、化解矛盾纠纷的能力。这为以学校为主导的青少年法治教育提供了系统化、科学化的政策依据、目标定位和行动指南。从教育的影响角度看,对于大多数未成年犯而言,追溯他们的犯罪原因,不可无视其家庭教育尤其是法治教育方面的影响。[①] 可见正确全面的法治教育可以在一定程度上预防青少年的犯罪情况,但若从未成年犯的管理场所即少管所的角度看,对青少年的法治警示教育则提得不多。学者认为,未成年犯管教所中的未成年人,相比于成年人而言,他们的可塑性更强,

---

① 参见徐爽、陈泽宇:《犯罪"低龄化"趋势下青少年法治教育新探》,载《预防青少年犯罪研究》2020 年第 5 期。

更需要通过警示教育矫正自我、鞭策前行。[②]

### (三)未成年犯矫正体系目标与《青少年法治教育大纲》的目标相契合

法治教育的基本目标可以从三个方面进行分析:一是国家层面,指向社会主义法治国家的建设目标;二是学生个体层面,指向学生法律知识教育和法治意识培养;三是价值观层面,强调法治观念和法治精神成为社会的基本价值共识。[③] 其分别对应着《青少年法治教育大纲》中的具体内容:在国家层面体现为践行法治理念,树立法治信仰,引导青少年参与法治实践,形成对社会主义法治道路的价值认同、制度认同;在学生个体层面体现为规范行为习惯,培育法治观念,增强青少年依法规范自身行为、分辨是非、运用法律方法维护自身权益、通过法律途径参与国家和社会生活的意识和能力;在价值观层面则体现为以社会主义核心价值观为引领,普及法治知识,养成守法意识,使青少年了解、掌握个人成长和参与社会生活所必需的法律常识和制度、明晰行为规则,自觉遵法、守法。可以看出,《青少年法治教育大纲》的总体目标指向通过将法治理念内化到青少年的内心深处而达到减少犯罪,促进社会和谐。而对罪错未成年人进行教育和矫治的目标也是如此,二者存在相当程度上的契合。青少年法治教育是一项广泛而深刻的实践,有很多卓有成效的具体方式和方案,但未成年人矫正是一个相对来说比较冷门的课题,因此利用法治教育的成熟资源辅助未成年犯管教所的教育矫正是一种高效合理的尝试。

## 二、被调查的未成年犯状况

### (一)群体结构状况

在性别方面,未成年犯几乎全部为男性,仅有 0.3% 的极低比例为女性。在年龄方面,14 周岁犯罪的在全部未成年犯中占 1/4,15 周岁和 16 周岁更多一些,各占 1/3,而 17 周岁犯罪的比例显著下降,仅为 10% 。正在服刑的未成年犯

---

② 参见吴玉进:《未成年犯管教所的转型与发展》,载《中国监狱学刊》2021 年第 1 期。

③ 参见冉亚辉:《论法治教育的基本目标与构成维度》,载《教育科学研究》2017 年第 8 期。

中,以 17 周岁和 18 周岁的为主,对应着高中的年龄阶段。可见,未成年人犯罪中生理特征的影响显著,14 周岁到 16 周岁的男性正值青春期,正在经历身体和生理的巨变,对忽然获得的洪荒之力失去控制,是导致犯罪的一个不可忽视的因素。而到 17 周岁后,脱离了刚刚步入青春期的莽撞,心理成熟度有所提高,犯罪行为的比例反而会有所下降。因此,针对刚刚进入青春期的青少年,应敏锐地发现其心理和生理的变化,进行正确引导,以帮助其平稳渡过这段时期。

通过城市与农村的数据对比可以看到,城市中已经出现极低龄未成年犯,犯罪人犯罪时年龄只有 12 周岁或 13 周岁。农村环境中,14 周岁未成年犯的比例高于城市;城市环境中,15 周岁、16 周岁未成年犯的比例高于农村。对于 17 周岁的未成年犯,农村和城市基本呈现持平状态。可见,城市未成年人犯罪的低龄化倾向明显,城市未成年人犯罪的比例略高于农村。

### (二)社会状况

在教育和生活状态方面,正在服刑的未成年犯中,3/4 的受教育程度为初中。犯罪时,既没有上学也没有工作的比例为 43.5%,另外 28.4% 的在上学,22.8% 的在外打工,无所事事和缺乏学校或工作单位的管理也是未成年人有机会犯罪的重要原因之一,闲散的生活状态与未成年人走上犯罪道路呈正相关,这一点早已被国内外关于未成年人犯罪的实证研究所证实。④ 犯罪前住在城市的未成年犯比住在农村的多,一方面,这与被调查的少管所所在区域相关;另一方面,可能是由于城市化的发展,农村人口逐渐减少,或者城市的诱惑更多,而农村的环境更加单纯,对青少年的诱惑更少。

### (三)犯罪情况

1. 未成年犯所触犯的罪名

对未成年犯罪名的调查可以反映出这个年龄阶段的犯罪行为特征,同时由于是已经定罪量刑的犯罪人,也可以显示刑法规范对未成年犯的适用情况。调查数据显示,43.2% 被调查的未成年犯被判处的罪名是强奸罪,占所有罪名的

---

④ 参见丛梅:《新时期未成年人犯罪的特征及发展趋势分析——基于犯罪调查的三十年比较》,载《预防青少年犯罪研究》2018 年第 1 期。

最大比例;其次是抢劫罪,占 30. 7% ;位列第三的罪名是故意伤害罪,但比例已经下降到 10. 2% 。由此可以明显地看出,强奸罪占比相当高。强奸罪作为一种与暴力和性冲动相关联的犯罪,与青少年同伴的不良影响以及好奇心作祟,缺乏法律常识密切相关,青少年同伴之间的影响会使青少年期呈现更多的冲动性攻击行为,所以针对表现出冲动性暴力犯罪的未成年犯,我们应该重点关注其同伴关系的影响,隔离、切断其与不良同伴的社会关系。[⑤] 被调查的未成年犯所涉及的其他罪名占比都低于 10% 。值得注意的是,其中的罪名涉及寻衅滋事罪、抢夺罪、猥亵罪、盗窃罪、诈骗罪和聚众斗殴罪,被判处这些罪名的只能是年满 16 周岁的那部分未成年人,虽然占比较低,但也能反映出未成年犯犯罪行为整体上具有偏向自然犯的特征,与未成年人处于生理和心理上的快速发展阶段、对新事物有着广泛的好奇心有关。但是,又由于个体所处的教育环境差异,个体之间的身心机能发展不平衡,这也使这一阶段的青少年个性呈现不稳定性,违法犯罪率上升。而且,这些罪名占比较低的原因可能是 16 周岁以下的不会按照犯罪处理,并不代表未成年群体中没有类似的行为。因此,这部分统计数据可以指引未来的未成年人犯罪预防工作。

从城市与农村的对比数据中可以看出,住在农村的未成年人犯强奸罪的比例要高于住在城市的未成年人,同时猥亵妇女的比例也高于城市的未成年人,生活在农村的未成年人性犯罪的现象比较严峻;而其他的涉经济类犯罪,如盗窃、诈骗、抢劫等,则是城市的未成年人占比较高。

2. 未成年犯的主要犯罪地点

未成年犯的犯罪地点主要集中在街头、网吧、酒吧、KTV 等公共场所,大部分不具有隐蔽性,这可能与未成年人的性格特征相关,很多犯罪并不是有组织、有预谋的,而是一时冲动。还有一个值得注意的数据是发生在宾馆里的也高达 26. 1% ,而宾馆属于相对隐蔽和私密的环境,大概率与性犯罪相关。

3. 未成年犯在犯罪时的心理活动

关于未成年犯在犯罪时想法的数据,也印证了前述犯罪地点中的设定,高达 81. 4% 的未成年犯承认其在犯罪时是一时冲动,什么都没想。其中,一

---

⑤ 参见程碧茜、杨波:《未成年犯早期依恋、反社会人格与两类攻击的关系》,载《江西社会科学》2018 年第 8 期。

半表示自己知道是坏事,但控制不住自己。在对自己犯罪后果的设想方面,高达 84.1% 的人认为几个人一起做,责任可以分担,但事实上,刑法中的共同犯罪是一人承担全部刑事责任,责任不但不能分担,还需要对整体的犯罪负责;另外还有 86% 的人认为犯罪后即使被抓住,找关系也可以放出来。另一个重要的数据是青少年对"做坏事"是否违反法律的认知,具体有两个层次的问题:第一个层次为是否知道自己的行为违反法律;第二个层次为是否知道自己的行为是犯罪。数据显示,有 2/3 的青少年对自己的行为是犯罪表示明知,而只有 1/3 的青少年对自己的行为是违法表示明知。可见,刑法作为最后法,其规定的行为的严重性可以被青少年所看见,而在一般违法行为方面,青少年的认知则显著不足,这应当引起我们的重视,对青少年进行法治教育是相当必要的。

4. 未成年犯对犯罪原因的自我评价

调查问卷中的犯罪原因反映了青少年对自己行为的评价,同时为有关部门有效推进青少年法治教育提供思路。在这些自我评价中,69.2% 的青少年表示不懂法律是导致他们犯罪的重要原因,一半的青少年认为自我控制力低是他们犯罪的主要原因,30.6% 的青少年选择犯罪是因为朋友的义气,另外还有 24.7% 的青少年是好奇心的驱使。如此大比例的犯罪原因是不懂法律,而另外三个原因则契合了未成年人的身心发展状况。可见,对身心不成熟的青少年进行法治教育是一本万利的重要工作,对法律的正确认识能够部分抵消青春期的躁动,督促青少年产生自觉守法的意愿,帮助他们平稳渡过这个动荡的年纪。

5. 未成年犯对预防的思考

73.2% 的未成年犯认为,如果在犯罪前知道犯罪的代价则不会违法犯罪,一半的人认为结交一些好的朋友可能不会犯罪,另外还有将近一半的人认为好好学习可以帮助他们防止犯罪,17.6% 的人认为如果父母对他们好一些可以阻止犯罪。可见,父母的忽视等在未成年犯看来,并不是导致他们犯罪的直接原因,同辈影响以及在犯罪前不知道会产生如今的代价才是更重要的原因。这个数据也可以反映出刑罚在一般预防方面产生的效果。但如果这个预防效果可以通过法治教育在青少年犯罪之前产生作用,其对犯罪的预防和社会的保护都会更进一步。

## 三、未成年犯法治常识、法治思维、法治能力的评估

根据《青少年法治教育大纲》的要求，结合学者的研究结论可以发现，法治教育效果的评价需要从客观事实和价值事实两个层面进行考察：作为客观事实的法治教育效果可从法治意识、法治常识、法治思维、法治能力及法治实践五个维度进行测量；作为价值事实的青少年法治教育及其效果具有年龄特征，应以五个维度作为一级指标，按小学、初中、高中、大学阶段法治教育分别建立评价标准进行评价。[⑥]

### （一）法治常识

法治常识是青少年对法治教育中知识性内容的掌握，根据《青少年法治教育大纲》所设定的目标，小学阶段着重普及宪法常识，初中阶段使学生初步了解个人成长和参与社会生活必备的基本法律常识，本次问卷调查所涉及的未成年犯的年龄范围为 14～18 周岁，这部分青少年至少接受了小学阶段的义务教育，还有一部分接受过初中的义务教育。

1. 宪法知识深入人心

数据表明，大部分未成年犯知道《宪法》具有最高的法律效力，看来国家层面的法律已经深入人心，宪法教育确实是最成功的，但学生对于其他的法律制度，尤其是涉及权利义务相关的内容了解不够全面。

2. 基本法律常识掌握不完整

在义务教育阶段，《青少年法治教育大纲》所设定的目标中包含了解基本法律常识、权利与义务相统一的观念，但调查显示，有将近半数的未成年犯不知道《预防未成年人犯罪法》的存在，不知道《网络安全法》《劳动法》《反家庭暴力法》的被调查未成年犯也占 40% 左右。可见，与青少年利益密切相关的法律部门普及程度还远远不够，未成年犯群体对相关法律还是所知甚少，这提示义务教育阶段来自学校的法治教育需要更加全面。在对各个法律部门的了解程度

---

⑥ 参见金娣、张远增：《青少年法治教育效果评价的维度、标准及实施》，载《江西社会科学》2018 年第 3 期。

方面，对于所有的部门法，仅仅是“听说过”的未成年犯最多，“浏览过”、“认真学过”和“比较了解”的人数则寥寥无几。可见，未成年犯对部门法内容的了解比较肤浅，法治教育成果还流于表面，没有将具体的内容传递到青少年的认知之中。

3. 刑事法律知识被忽视

对刑事责任年龄的认识方面，我国《刑法》规定，已满 16 周岁的人犯罪，应当负刑事责任。已满 14 周岁不满 16 周岁的人，犯故意杀人、故意伤害致人重伤或者死亡、强奸、抢劫、贩卖毒品、放火、爆炸、投放危险物质罪的，应当负刑事责任。《刑法修正案(十一)》增加已满 12 周岁不满 14 周岁的人，犯故意杀人、故意伤害罪，致人死亡或者以特别残忍手段致人重伤造成严重残疾，情节恶劣，经最高人民检察院核准追诉的，应当负刑事责任的新规定。统计数据结果表明，在针对未成年犯的调查问卷中，79.7% 的未成年犯认为 14 周岁犯罪需要负法律责任，只有 3.9% 的未成年犯认为 16 周岁犯罪需要负法律责任。虽然未成年犯群体对刑法知识的掌握不足够精准，但已形成基本常识。未成年犯群体由于其“以身试法”的经历，刑罚已经起到特殊预防的作用，加之在追诉犯罪过程中法治教育产生的威慑效果，使得未成年犯群体对刑事责任年龄的认识更加严苛。

4. 民事法和权利义务观念有所欠缺

在对自己享有权利的认识方面，作为未成年人本应享有的权利中，未成年犯群体普遍对生命权、健康权和隐私权具有较高的认同，但只有一半左右的未成年犯认为自己享有荣誉权和劳动就业权，仅六成的人认为自己具有婚姻自主权。根据《青少年法治教育大纲》的要求，在小学的高年级阶段，需要初步了解公民的基本权利和义务，简要认知重要民事权利，可见法治教育在涉及未成年人对自己权益认知的部分还需要加强。对于《未成年人保护法》中规定的有关未成年人的生存权、发展权、参与权与受保护权，调查数据显示，几乎全部被调查的未成年犯知道自己享有受保护权，但只有接近一半的知道自己有生存权，不到三成的人了解发展权和参与权的内容，可见在法律对未成年人的特定保护方面理解也不够全面深刻。

5. 对矫治制度的认识不全面

在对专门学校的理解方面，半数的未成年犯表示听说过，另外半数没听说过的人中有六成认为专门学校是矫治教育机构，可以看出这部分已经被定罪处罚的未成年犯中只有部分的人对专门学校制度有了解和认知。专门学校虽然由教育行政部门管理,但通常被认为在开展教育方面不尽如人意。多数学校只负责初中教育,没有衔接的职高教育,学生毕业后缺乏专业技能,也没有顺畅的教育衔接体系。[7] 帮助罪错未成年人重返社会的制度设计任重而道远。

### (二)法治意识和法治思维

本次调查设计了未成年犯对与法律相关意识的总体自我评价,包括平等意识、权利意识、守法意识、自我保护意识和权益维护意识。数据显示,未成年犯的自我保护意识最强,平等意识位居第二,权利意识和权益维护意识略高于中位数,而守法意识最弱,说明未成年犯群体往往更看重自己的权利而忽视他人的权利,没有将平等意识转化为对他人权利的尊重,而较弱的守法意识也是他们犯罪的原因之一。按照《青少年法治教育大纲》的要求,平等意识的内容是小学低年级需要掌握的知识;而权利义务观念贯穿整个法治教育的始终;守法意识同样贯穿始终,具体体现为在小学阶段养成守法意识和行为习惯,初中阶段进一步强化守法意识、高中教育阶段强化守法意识等;权益维护意识则是小学高年级应当掌握的内容。自我保护意识不是法治教育中所要求的内容,可以看作是自我权利意识的衍生品。未成年犯群体的突出特征是守法意识极弱,薄弱的守法意识加上过强的自我保护意识,是导致他们犯罪的原因之一。因此,《青少年法治教育大纲》要求将守法意识的培养贯穿法治教育全过程的始终是必要的制度设计。

法治思维具体体现在对法律问题所持的看法和态度上。调查问卷从个体出发,考察与个体相关的五个维度,包括对自己的隐私的态度、对他人的不良行为的看法、对学校中的考试作弊行为的态度、对家庭中的家暴行为的看法以及对法律的态度,每个维度设置了比较具体的问题和答案,以考察未成年犯群体的法治意识。

1. 对自己的隐私的态度

未成年人对待自己隐私的态度体现了与他人之间的边界感,我国文化环境

---

⑦ 参见侯倩、林晓萌:《试论未成年人罪错行为干预体系的分层构建》,载《青少年犯罪问题》2019年第4期。

下的父母一般对孩子的隐私不够尊重，父母与孩子之间的边界感模糊不清，易导致一些问题。总的来看，在对“任何人（包括父母）进我的房间都必须敲门”“任何人（包括父母、老师）不能随便看我的日记”“父母动用我的个人物品需要经过我的同意”“父母可以随便在朋友圈发我的照片”“老师可以在班群晒我的成绩”“父母可以翻看我的手机”这几项内容的态度中，被调查的未成年犯都没有呈现很强的正面态度或负面态度倾向，持赞同态度的稍多于持不赞同态度的，可见其对隐私的保护程度并不高。在现实社会中，一些未成年人甚至对父母过度依赖，整理书包、房间等都需要家长代劳，导致家长和子女之间产生了共生关系。需要和依赖关系对于低龄儿童是绝对必要的，但随着未成年人身心的发育，对个人自由和发展的需求呈上升趋势，家长则需要顺应这个发展规律，不能够过多干涉另一个独立个体的发展。在这组数据之中有一对数据值得一提，就是关于老师的行为的态度，47.7%的未成年犯认为老师可以晒自己的成绩，而只有15.1%的未成年犯认为“老师可以跟其他人说我的家庭情况”。可见在未成年人的视野中，成绩是一个比家庭情况更可以公开的事项，因此作为老师，有义务为青少年保护他们的秘密和隐私，避免以“他们还小，什么都不懂”来行伤害之事。

在与隐私相关的另一个问题“哪些信息可以提供给陌生网友”方面，被调查的未成年犯普遍有着正确的认知。综合看来，未成年犯都认为身份证、家庭住址、父母单位等不能轻易透露，而姓名、照片和年龄可以透露。在自媒体兴盛的今天，对个人外貌和形象的保护愈加困难，青少年通过智能手机等移动终端设备，在网上分享生活、分享照片等成为常态，大数据时代如何保护个人信息是我们必须面对的难题。

2. 对他人的不良行为的看法

在对待班级中有不良行为的同学的方式方面，有22.5%的未成年犯认为学校应当专门办一个差生班，将这些问题学生集中起来进行教育，持这样想法的同学可能是由于现实中确实有学校是这样进行操作的，他们已经将这种行为合理化。还有24%的未成年犯认为应当将这些问题学生集中到专门学校进行教育，这也说明他们不希望这些同学出现在学校中和其他同学一起。认为应当由专门的社会工作者进行教育的未成年犯占比最高，达到36.5%，反映了在这些罪错未成年人的内心中，他们渴望回归普通的校园生活，渴求社会教育的专业性。另外,还有7.6%的未成年犯认为对于这些问题学生不用作特殊处理,平常对待即可,这表面看起来是消极的无为而治的方式,但也未尝不是一种可取的做法。青少年的逆反心理,实际上是未成年人在成长过程中对个人边界的试探和确认,他们会通过社群中的伙伴相互影响,最终完成个体边界的建立,形成与周围世界和谐共存的方式。

3. 对学校中的考试作弊行为的态度

关于对考试作弊行为的认识,75.2%的未成年犯认为这是一种违纪行为,另外还有6.2%的未成年犯认为这是违法行为,3.3%的认为这是一种犯罪行为。我国《刑法》确实规定了与考试相关的犯罪——组织考试作弊罪,所惩罚的是组织考试作弊的行为,如果被调查的未成年犯是从这个立场出发,作弊确实有成为犯罪行为的微小可能性。可以看到,大部分未成年犯对"考试作弊行为是一种负面行为"持有正确的认识。但值得注意的是,有高达15.2%的未成年犯认为考试作弊是一种正常的行为,反映出他们对知识的消极怠慢情绪和对考试的抵触。在学习中无法获得成就感,可能是促使他们走上犯罪道路的一个诱因。

4. 对家庭中的家暴行为的看法

在家庭暴力的定性方面,超过半数的被调查未成年犯认为家庭暴力既属于性格问题,但同时也是违法行为,有1/4的人认为家庭暴力是犯罪行为,可能因为他们经历过非常严重的家庭暴力情况,还有将近三成的未成年犯对家庭暴力习以为常,认为是家务事或是正常现象。家暴对未成年人的不利影响是多方面的:一是感受不到家庭的温暖会使未成年人产生孤独感和被遗弃感,而年幼的他们难以调动资源实现自我疗愈,长期的家暴环境压力会迫使他们形成畸形和扭曲的心理甚至人格,且这种影响可能持续终生;二是家暴中的暴力行为方式可能会让模仿性极强的未成年人习得一种不正确的解决方法,他们会潜意识形成遇到问题的时候首先动用暴力的惯性思维方式。因此,解救长期经历家庭暴力的未成年人刻不容缓。

5. 对法律的态度

调查问卷设计了一道关于法律相关的说法所持态度的问题。综合看来,绝大多数人对"法律面前人人平等""男女平等""全社会都有责任保护未成年人""任何情况下权益受到侵害,都应当去维护权益""无论什么理由,使用暴力都是不对的”持正面态度;绝大多数人对“父母可以不照顾孩子”“为了解决问题或达到目的,可以采取暴力手段”“威胁、恐吓、谩骂、羞辱都不算暴力”“学生犯错,老师可以体罚”持负面态度;而在对“家暴是家丑,不要让外人知道”的态度上,35.6%的未成年犯持正面态度,53.3%的持负面态度,还有11%的未成年犯表示说不清。可见,在对家丑的价值判断上,未成年犯之间产生了分歧。一般我们可以认为“家暴是家丑”的观点来自家庭环境的灌输,这也导致这部分未成年人在遇到难题的时候可能更难以向外界求助甚至习得性无助,需要相关部门敏锐地发现并帮助他们。在对“共青团是维护青少年合法权益的代言人”的态度方面,高达39.5%的未成年犯表示说不清,另外仅有54.8%的表达了正面态度,还有5.7%的表现出了负面的态度,可见未成年犯的群体中存在对共青团性质认识不足的情况。

法治思维和法治意识其实是整个法治教育成果考察中比较难以量化的一部分内容,在法治教育的总体目标中,要培育青少年的法治观念,增强青少年依法规范自身行为、分辨是非、运用法律方法维护自身权益的意识和能力,最终是否得到落实,需要考察青少年对与自身相关的事情的价值判断是否正确。调查数据显示,大部分未成年犯的认知情况良好,但还有少数存在法治思维中的偏差,需要通过一定的方法带领其回归正轨。

### (三)法治能力

法治能力体现了未成年人在面对问题时的应对措施,是综合了法律常识和法治意识后获得的综合素质,是法治教育成果的综合反映。调查问卷的问题设计从未成年人作为日常生活场景中的权益侵犯对象和作为违法犯罪行为的被害人两个角度探究,以考察未成年人在遭遇这些情况时能否正确和熟练运用法律武器保护自己的权益。对于未成年犯群体来说,进行犯罪行为可能是应对危机的不正确反应,如过度使用自力救济,可能是导致他们走上犯罪道路的原因之一。数据显示,青少年不主动维护权益的最主要原因是权益维护意识淡薄,其次是怕丢人、不知道怎么维护权益和怕麻烦,而认为是法律不完善、成功率低或对权益维护效果缺乏信心的只占5%左右。可见,很多人都不愿意尝试开始,对权益维护的结果更缺乏认识。法治教育的意义在于教会他们应对危机的合法正确的方式,从而有助于预防未成年人由于缺乏常识而导致的犯罪行为。

1. 生活场景中合法权益被侵犯时的权益维护

在家庭中,面对自己的合法权益受到侵害,被调查的未成年犯所呈现的求助方式并不相同。40% 的人选择默默忍受、反抗或离家出走,说明很大一部分人是不会寻求外界帮助的。25% 的人会选择找亲友或同学或朋友这样的身边人来帮助自己,而仅有 10% 的人会选择报警,选择去民政部门、共青团、妇联、权益维护社会组织和新闻媒体的则屈指可数,说明大多数未成年犯在自己权益受到侵害时,首先能想到的求助对象还是自己和身边人,极少能够想到动用社会力量来帮助自己。

在学校中,遭受过与教师的不适当行为相关的,如不许上课、被辱骂、被殴打、被体罚的,每种都超过 1/3,而遭遇过体罚的高达六成。在同伴行为中,遭遇过盗窃的高达 46. 5% 。在人身方面,受到暴力威胁或恐吓、被歧视的总体也达到了 10% ~20% 。可以看出,大部分未成年犯在学校里曾遭遇过这样或那样不平等的待遇。当遭遇这些侵害时,找老师、找家长和找社会上的人均占 10% ,而找相关部门或诉诸法律的同样寥寥无几,想办法发泄和默默忍着两种渠道也各占了 10% 。

当面临权益侵害问题的时候,在未成年犯向老师、校领导或家长报告的时间方面,“一旦发生就报告”和“从不报告”的分别占 28. 5% 和 24. 4% ,而选择另外几个选项,即隔几天、隔一段时间、如果再发生同样的事情再报告和在别的同学身上发生再报告的百分比都不足 10% ,说明未成年犯的做法主要还是属于两种极端,要么是一旦发生就报告,要么就是从不报告。而从不报告的主要原因中,认为自己能够解决的占了三成,认为是小事不值得报告的占了两成,另外还有将近两成的人觉得报告也不能解决问题,将近一成的人不知道如何报告,因此有关部门应当保证青少年报告的有效性,消除他们的疑虑和顾虑。

在网络空间中,关于青少年受到过的网络欺凌现象,未成年犯中的 60% 的人表示他们曾经遭受过类似的网络欺凌,遭受欺凌的形式主要表现为在网上不断遭到他人辱骂、有人散布关于自己的谣言、被人恶意 P 图,或者被故意传播色情或性图片视频等。在应对网络欺凌的方式上,接近一半的未成年犯会选择在网上进行回击,36. 5% 的会选择“网络举报”这种相对理性的方式,还有 1/4 的未成年犯会在现实中找攻击者理论,这种方式容易引起社会的小范围动荡,也容易受到物理伤害,还有将近 1/5 的人选择什么也不做,置之不理,纵容这种行为的发生。

在网络的不良内容方面,绝大部分未成年犯表示看过其中的一项或几项内容,见过裸体、淫乱和性行为的都高达70%,看过殴打、砍杀和血腥屠杀的也都在六成到八成之间,还有一半以上的人看过自杀场景,61%的人看过中奖等诈骗信息,还有三成的未成年犯见过邪教内容。在对待这些内容的态度上,有17.6%的人会选择举报,约有四成的人会关闭或删掉,而选择看看或持续关注的人加起来也有一半的比例,甚至有17%的人会选择分享,转发给同学或者朋友,但选择模仿的只有1%。

关于网站介绍割腕自杀的方法,未成年犯中将近60%的人都会选择不关注,还有40%的人会选择举报,20%的人会好奇或者关注,7.8%的农村青少年会选择告诉家长。高达1/5占比的青少年,在好奇心的驱使下,在并不成熟的世界观的控制下,有可能遭受误导。

2. 作为违法犯罪的被害人时的权益维护

在遭遇过性侵的未成年犯中,有一半会选择默默忍受或自我调节。受传统文化的影响,更多的人觉得遭遇性侵是一件不光彩和见不得人的事情,使遭遇侵害的后果全部由被侵害的个体承担,对于他们来说是非常不公平的且会带来巨大伤害。只有17.4%的人会选择报警,而选择报警后,是否会真正得到公正的处理,我们不得而知了。选择告诉家长的比例也很低,只有16.5%。在是否会选择告诉家长的方式上,城市和农村的青少年存在不同的倾向,调查数据显示,犯罪前住在农村的青少年有更大的比例会选择告诉家长,而城市的更少,究其原因,可能是农村的家庭纽带会比城市更加坚实,农村青少年在遭遇困境时更倾向于向家庭寻求帮助。遭遇性侵害必然会对未成年人的心理造成影响,但在未成年犯中只有3.3%的人选择去心理医生处寻求帮助。

面对财产类犯罪,如遭遇诈骗时,未成年犯中60%的人会选择报警,而23.4%的人会选择自己解决,另外还有6%的人自认倒霉,这也是未成年犯群体遭遇诈骗后所采取的几种主要手段,而选择寻求社会力量的帮助等的人屈指可数。

在毒品类犯罪的认识中,面对毒品的态度方面,85%的青少年会选择"果断拒绝并远离"这种正确的态度,但仍有高达8%的青少年表示好奇,想要进一步了解。而且从城市和农村的对比数据可以看到,城市的未成年人对毒品好奇占比为 10.4%,而农村的仅为 3.8%,说明未成年人对毒品的态度可能并不成熟,极有可能在强烈的好奇心驱使之下尝试毒品。因此,在对未成年人的毒品预防教育中,需要有关部门施行严格的关注和管控,尤其对于在城市中生活的未成年人。对于预防青少年吸毒的有效措施,从未成年犯的角度看,"开展毒品知识和危害教育"是他们认为最有效的方式,投出赞同票的最多,可见青少年对毒品的好奇心很大程度上是源于对未知事物的好奇,他们一旦了解毒品的知识和危害,更有可能自觉地远离和抵制毒品。另外,"不结交有吸毒行为的朋友"也是青少年认为的重要措施之一,可见青少年中的同伴影响很大,容易出现效仿行为,需要学校和相关部门及时筛选出学校中有吸毒行为的青少年,及时矫正,以防对其他未成年人产生不良影响。

在面对拐卖妇女儿童犯罪方面,被调查的未成年犯群体在街上遇到疑似被拐卖儿童时普遍展现出了良好的应对问题的素质,将近 80% 的人会选择报警,将近一半的人会选择向路人呼救和主动观察并提供有效线索。解救被拐卖儿童需要全社会的共同努力。

## 四、法治教育纳入未成年犯矫正的紧迫性

### (一)调查数据反映出未成年犯法治思维的集体缺失

通过对调查数据的统计发现,在对法治常识掌握的程度方面,宪法知识已深入人心,未成年犯人对宪法知识掌握充分,但对与未成年人利益密切相关的部门法知识的掌握却不够完整,而未成年犯的刑法知识处于被忽视的状态中,对于犯罪的后果和刑罚如何执行认知不全面,有关民事法和权利义务观念也有所欠缺。在法治意识和法治思维方面,未成年犯对自己隐私的重视程度不高,家庭和学校对未成年人的保护意识不足,部分未成年犯认为考试作弊是正常行为,而有 1/3 的未成年犯对家暴行为习以为常,对共青团的认识也存在偏差,可见未成年犯群体的法治思维明显缺失。关于法治能力,调查数据的主要目的是发现未成年犯遇到被侵犯的行为时的反应和应对能力,面对家庭中的暴力行为,大多数人只能求助于自己和身边人,而大部分未成年犯在学校里遭遇过不平等待遇,求助于社会力量的却寥寥无几。网络空间中的欺凌现象更加突出,

一部分未成年犯群体会以其人之道还治其人之身,以网络暴力的方式应对网络暴力,这并不是一种可取的方式。在作为违法犯罪被害人时的权益维护方面,尤其是遭遇性侵时,几乎一半的被害人都会选择默默忍受或者自我调节,压抑受到伤害的情绪会带来更多的伤害和问题,需要社会力量给予充分关注。在对待毒品方面,由于未成年人的好奇心和同伴影响,会有少部分人选择"尝试吸毒"这种不可取的态度。总体看来,未成年犯群体在日常生活的大多数时间中具有法治思维和能力,但在一些更加复杂或严重的问题处理方面显然缺乏经验,也缺乏社会力量的有效帮助,呈现法治思维的集体缺失。

### (二)法治教育在预防未成年人再次犯罪中具有重要作用

对于未成年犯的再犯预防,普遍认为需要做到以下五点:重视依法使用非监禁刑;贯彻落实未成年犯轻罪犯罪记录封存制度;阻断不良行为,实施防微杜渐;参与社会活动,提升社会认知;试行多种矫正方式,破解矫正困境等。从教育的影响角度看,对于大多数未成年犯而言,追溯他们的犯罪原因,不可无视其家庭教育尤其是法治教育方面的影响。⑧ 对于预防被监禁的这部分未成年犯再犯具体方法,有学者指出,对未成年犯监禁刑的执行,需要更多创新与突破,全流程强化再社会化和预防再犯功能:一是将帮教前延至监禁初期。在刑事拘留、逮捕或者监禁刑服刑伊始及时对未成年犯进行心理疏导,解决其因为人身自由限制、环境忽然变化而带来的恐惧心理和自我负面评价。二是改进监禁刑执行期间的教育管理模式。通过招录专业人才承担未成年人管教所内教育工作、引入社会力量等方式实现教育矫治专业化。⑨ 由于教育具有根源上的影响,且通过调查数据研究表明,法治常识和思维的缺失确实是导致未成年人犯罪的重要原因之一。可见,正确全面的法治教育可以在一定程度上预防未成年犯罪人再次犯罪。

---

⑧ 参见徐爽、陈泽宇:《犯罪"低龄化"趋势下青少年法治教育新探》,载《预防青少年犯罪研究》2020 年第 5 期。

⑨ 参见侯倩、林晓萌:《试论未成年人罪错行为干预体系的分层构建》,载《青少年犯罪问题》2019 年第 4 期。

### （三）现有的未成年犯矫治方法预防效果明显不足

少年罪犯的矫正被分为机构内矫正和社区矫正。已有研究认为，对机构内矫正（主要指监禁矫正）与社区矫正的关注点应当有别，现阶段对教育矫正基本理论的整体性研究较为薄弱，极少有学者从系统、整体的角度研究矫正，迄今为止尚未能够有效整合法学、教育学等学科观点构建起完整的教育矫正理论体系。[10]

本次调查问卷的对象是正在进行机构内即监禁矫正的未成年犯，他们的年龄段在14～18周岁，被判处拘役或者有期徒刑，其主要服刑地点是看守所或未成年犯管教所，我国《监狱法》第75条规定："监狱应当配合国家、社会、学校等教育机构，为未成年犯接受义务教育提供必要的条件。"《预防未成年人犯罪法》对此也提出了规定：应当与成年人分别关押、管理和教育，对于没有完成义务教育的，与教育行政部门相互配合，保证其继续接受义务教育。[11] 但有学者研究表明，在目前的监禁改造中，未成年犯狱内教育缺失。长期以来，由于未成年犯的义务教育一直没有被列入各级政府的教育计划，因而大多数未成年犯管教所在教学管理、师资力量、教育经费以及学籍、毕业证管理等方面难以实现真正意义上的义务教育。由于受制于师资、管理等因素，未成年犯难以在未成年犯管教所接受职业技能培训，难以适应社会发展需要，再社会化的前期准备不足。对重罪未成年犯矫治功能弱化。很多未成年犯管教所在管理体制上与成年犯监狱差不多，偏重追求劳动绩效，组织生产往往没有从有利于未成年人发展和日后谋生的角度出发，未成年犯一般只是从事简单重复、技能水平较低的手工劳动。[12]

在教育矫治的具体实施中主要选用以下两种方法：一是单向输出法，教育者属于管理者与权威者；二是权威暴力征服法，他们利用权威和暴力的方式教育矫治青少年罪犯，居高临下地认为青少年罪犯是接受教育的客体，拒绝公平沟通与交流，进而弱化教育矫治在青少年罪犯中的作用。同时，在矫治工作的

---

⑩ 参见杨岭：《罪错少年教育矫正国内研究述评》，载《犯罪与改造研究》2019年第5期。

⑪ 参见顾薛磊：《对失足未成年人教育矫治体制的思考》，载《青少年犯罪问题》2020年第6期。

⑫ 参见张寒玉、张亚力、杨迪：《重罪未成年人重返社会体系的构建——以云南省司法实务为视角》，载《人民检察》2018年第12期。

进行中,矫治工作人员的工作重点是安全管教,“零事故”就是他们的主要绩效考核指标。至于未成年犯罪者的心理矫治及其端正的人生态度,它们都不是矫治工作人员的工作重点和绩效考核指标,故矫治工作者在这些方面为未成年犯罪者提供的引导或服务也十分有限。⑬

因此,无论在内容还是形式上,对未成年犯在狱内的教育对于预防再犯的功能明显不足,需要通过完善义务教育,同时将法治教育融入未成年犯的改造过程之中以产生较好的预防再犯的作用。

## 五、法治教育融入未成年犯矫正的具体方法

### (一)严格贯彻执行机构内义务教育

坚持法治教育与关爱服务相结合,针对存在不良行为的青少年、农村留守儿童、流浪乞讨儿童、刑满释放青少年、社区服刑青少年、服刑人员未成年子女、闲散未成年人“七类重点青少年”,通过结对关爱、心灵关爱、法治关爱、助困关爱等措施,进行结对帮教、生活扶助、权益维护救助、教育感化,促其改正不良习惯,预防和减少青少年违法犯罪。⑭ 监禁刑的行刑社会化制度应当包括对未成年犯开展释前帮助与释后帮助。在释放未成年犯之前,监狱的工作人员与其家庭所在地社区的工作人员进行联系,为未成年犯解决就学、就业问题,针对未成年犯的具体需求,提供学习与劳动技能培训的机会。中央宣传部、司法部《关于在公民中开展法治宣传教育的第七个五年规划(2016—2020 年)》中提道,“坚持从青少年抓起……强化学校、家庭、社会‘三位一体’的青少年法治教育格局,加强青少年法治教育实践基地建设和网络建设”;中央宣传部、司法部《关于开展法治宣传教育的第八个五年规划(2021—2025 年)》指出,“推进青少年法治教育实践基地建设,推广法治实践教学和案例教学”。这些政策都强调了“实践”,青少年到未成年犯管教所不仅可以学习法律知识,还可以“自我体验”,无疑为打造青少年法治教育综合体提供了依据和有力支撑。⑮

---

⑬ 参见张小华:《我国未成年犯监禁矫治的问题及出路》,载《人民法治》2018 年第 Z1 期。

⑭ 参见王键:《海南青少年法治宣传教育的实践与思考》,载《中国司法》2018 年第 3 期。

⑮ 参见吴玉进:《未成年犯管教所的转型与发展》,载《中国监狱学刊》2021 年第 1 期。

## （二）丰富法治教育形式

《青少年法治教育大纲》对具体的法治教育形式提出了非常细致入微的设计和要求，但以往的调查问卷实证研究显示，这些方式方法没有被很好地落实，导致法治教育仅仅流于形式。例如，学校过于看重文化课成绩而将法治教育形式化；将课堂教育作为法治教育的主阵地，忽视社会、家庭教育；[16]学校法治教育力量较为薄弱；[17]教育方式流于形式；全国各地中小学都应开设法治教育课程，但目前部分学校法治教育主要是采取教师满堂灌、学生被动接受的方式；就教育客体层面而言，青少年的身心特点明显，法治素养有待提升，价值取向错位，知行脱节现象明显。[18]

1. 有效的法治教育形式

根据本次的问卷调查发现，在未成年犯群体中，获得有关青少年法治方面的知识或信息的渠道最主要的是监狱教育，监狱中的未成年犯的生活环境相对简单，他们通过其他方式获得的法治教育信息并不多。未成年犯认为青少年法治教育的责任主体最主要的是学校，其次是家庭，再次是青少年自身，此外还认为公安机关等政府部门也应当担负起责任。

2. 喜好的法治教育方式

未成年犯喜欢的法治教育形式的前三位分别是阅读法律小说、故事等读物；电视、广播的法治节目；监狱的法治课、宣传栏。可见，结合具体的故事性内容会更能够引起青少年对法治的兴趣，因为故事性的内容符合他们认识世界的规律。另外，模拟真实情景的表演，干警讨论案例，到法院、检察院等地方参观实践，“父母、亲戚、朋友给我讲”等也是青少年比较喜欢的法治教育形式。

在如何预防未成年人犯罪方面，被调查的未成年犯中将近六成的人都认为应关注未成年人心理健康、多关心弱势学生和多开展预防犯罪的警示教育，以

---

[16] 参见杨晶、覃文杰、周巍：《我国青少年法治教育现状及发展路径研究——基于武汉市调查数据的分析》，载《预防青少年犯罪研究》2018 年第 5 期。

[17] 参见徐爽、陈泽宇：《犯罪“低龄化”趋势下青少年法治教育新探》，载《预防青少年犯罪研究》2020 年第 5 期。

[18] 参见张成飞：《全面推进依法治国背景下青少年法治教育的问题、原则与对策》，载《法制与社会》2018 年第 30 期。

及开展思想政治教育、关注未成年人家庭关系、多开展禁毒教育等，还有近四成的未成年犯认为应当关注学校周边小混混、开展网络素养课程、关注未成年人师生关系。

普遍认为推进当前青少年法治教育最主要的方法是，与他们喜欢的法治教育相对应，排名前三的分别是专门的法治教育课程安排，让更多的法官、检察官、警察入校宣讲，出版生动有趣的教材；另外，利用抖音等 APP 制作法治教育短视频也得到了广泛的推崇；还有就是配备专门的法治老师和设立专门的法律咨询办公室等。

# 第二编

# 从法制到法治：理论与实践探索

# 青少年法治教育的目标、对象与路径

汪　雄*

**摘　要**：法律教育分为法学教育和法治教育，前者是专业型教育，后者是普及型教育。普及型的法治教育主要针对普通公民，特别是青少年，其目标是双重的：知识教育和道德教育。理想的法治教育由此可以被分成四个实施阶段：第一阶段是知识教育，法律教导青少年该做什么、不该做什么；第二阶段是针对违法者的惩罚教育，如果青少年没有服从法律的教导，法律还用它的惩罚来纠正我们的行为；第三阶段是针对守法者的德性教育，法律通过其蕴含的道德意涵教导青少年是非对错、公平正义等价值理念，使得人们不仅仅是因为害怕法律的惩罚而消极守法，而是因为响应法律的道德意涵而积极守法；第四阶段是针对立法者的提升教育。这四个阶段构成一个良性循环，法律越来越良善，人民越来越有道德。

**关键词**：法治；守法者；立法者；知识教育；道德教育

## 引　言

自1985年中共中央、国务院转发中央宣传部、司法部《关于向全体公民基本普及法律常识的五年规划》以来，中国的法治教育走过了30多年的历程。2016年，为贯彻落实《中共中央关于全面推进依法治国若干重大问题的决定》"把法治教育纳入国民教育体系"的精神，中央部委联合颁布了《中央宣传部、司

* 汪雄，中国政法大学法学院副教授、法学博士。

法部关于在公民中开展法治宣传教育的第七个五年规划(2016—2020年)》[①]和《青少年法治教育大纲》[②];2021年发布了《中央宣传部、司法部关于开展法治宣传教育的第八个五年规划(2021—2025年)》[③],明确要求有条件的地区和学校可以开设法治教育相关的地方课程和学校课程,进一步增强法治教育的实效性,形成守法光荣、违法可耻的社会风尚。中国的法治教育经历"法制教育"向"法治教育"的转型、"社会教育"向"学校教育"的转型后,跨入了新的阶段。

法治教育是与法学院内的法学教育相对而言的,它是面向公民特别是青少年的普及型、非专业教育,它与法学教育一同撑起了当代中国的法律教育,法治教育与法学教育是中国法律教育的车之两轮、鸟之两翼。今天,当我们反思法学教育的成功与失败时,我们似乎忘记了法学院之外的默默无闻但并非不重要的法治教育,在建设社会主义法治国家的进程中,它功不可没。然而,关于法学教育的研究文献汗牛充栋,却鲜有人反思和检讨法治教育。在仅有的讨论中,学者们大多从普法活动的角度反思法治教育,批评这是政府主导的运动,认为此种方式注定存在局限等;[④]甚至有人认为普法本身就是一个悖论。[⑤] 虽然批评各异,但他们都是从普法宣传的角度、在政治意义上反思其理论意义和实际效果。但是,普法、法制教育或法治教育首先是一种教育,是通过法律进行的教育,教育的内容是法律,是借用教育的方法实现法律所倡导的社会秩序。所以,对法律教育的反思重点应该从教育的角度入手,这也是本文的分析路径。

第一,本文通过文献梳理厘清了1985—2016年30年来中国法治教育的目标,它经历了从单一知识教育到知识教育与道德教育并重的转变;第二,要实现这个双重教育的目标,首先要对普通公民特别是青少年实施法律知识教育,如果知识教育失败,出现违法者,法律还用它的惩罚来纠正我们的行为,这就是针

---

① 参见《中央宣传部、司法部关于在公民中开展法治宣传教育的第七个五年规划(2016—2020年)》,载国务院新闻办公室官网,http://www.scio.gov.cn/xwfbh/xwbfbh/wqfbh/42311/44418/xgzc44424/Document/1693896/1693896.htm,最后访问日期:2022年5月20日。

② 参见教育部:《青少年法治教育大纲》,载教育部官网,http://www.moe.gov.cn/srcsite/A02/s5913/s5933/201607/t20160718_272115.html。

③ 参见中共中央 国务院转发《中央宣传部、司法部关于开展法治宣传教育的第八个五年规划(2021—2025年)》,载中央人民政府官网,http://www.gov.cn/gongbao/content/2021/content_5621190.htm,最后访问日期:2022年5月20日。

④ 参见张明新:《对当代中国普法活动的反思》,载《法学》2009年第10期。

⑤ 参见宋晓:《普法的悖论》,载《法制与社会发展》2009年第2期。

对违法者的惩罚教育;第三,在知识教育和惩罚教育的基础上还要进行道德教育,教育的对象既可以是普通人,也可以是通过惩罚教育违法者复归过来的守法者,法律通过其蕴含的道德意涵教导是非对错、公平正义等价值理念;第四,进一步,法律要在守法者中挑选出极少数充满智慧性格又坚强的人,对他们提出更高的要求,成为国家的立法者,为祖国制定良善法律。

## 一、法治教育的双重目标

法学院之内的法律教育的目的是什么?学者们对此看法一致,即以培养职业和技能为目的的知识教育,通过专业知识的传授培养实用型和专业型人才。[⑥] 但是法学院之外的面向青少年的法治教育的目标是什么?考察发现其目标经历了从知识教育到知识教育与道德教育并重的转变。"一五"普法规划的目标是:"通过普及法律常识教育,使全体公民增强法制观念,知法、守法,养成依法办事的习惯"[⑦]。"二五""三五"普法规范的目标没有变,教育的内容调整为"专业法律知识"和"社会主义市场经济法律知识"。[⑧] 可见,早期法治教育的实践是以知识教育为目的,后来从"法律常识"到"专业法律知识"的变化只是知识的范围和深度的增加,其"通过传播知识培养消极守法公民维护社会秩序"[⑨]的实质目标没有变易。

2000 年之后,法治教育的目标有所变化,在法律知识教育的基础之上,开始提倡法律意识、法律素质和法律文化的教育。[⑩] 也就是说,纯粹的知识教育逐渐不能完全涵盖法治教育的目标,法治教育开始以培养积极守法公民、建设社会主义法治文化为目标,"知识教育"的单一目标被逐渐突破。到 2016 年时,《青

---

⑥ 参见葛云松:《法学教育的理想》,载《中外法学》2014 年第 2 期。

⑦ 1985 年中共中央、国务院转发《中央宣传部、司法部关于向全体公民基本普及法律常识的五年规划》。

⑧ 参见 1990 年中央宣传部、司法部《关于在公民中开展法制宣传教育的第二个五年规划》;1996 年中央宣传部、司法部《关于在公民中开展法制宣传教育的第三个五年规划》。

⑨ 张晓燕:《国家治理背景下的公民身份及法治教育》,载《云南师范大学学报(哲学社会科学版)》2015 年第 5 期。

⑩ 参见 2006 年中共中央、国务院转发《中央宣传部、司法部关于在公民中开展法制宣传教育的第五个五年规划》;2016 年中共中央、国务院转发《中央宣传部、司法部关于在公民中开展法治宣传教育的第七个五年规划(2016—2020 年)》。

少年法治教育大纲》明确了法治教育的总体目标有三个层次:第一层,普及法治知识,养成守法意识;第二层,规范行为习惯,培育法治观念;第三层,践行法治理念,树立法治信仰。第一层次的知识教育是基础,并通过第二层次的观念教育上升为理念教育。其中,观念教育的核心是是非观念,理念教育的核心是公平正义等价值理念。这时,法治教育的目标呈现以知识教育为基础的是非观念的教育和价值理念的教育。如果说是非观念的教育和价值理念的教育是一种道德教育的话,那么30年来中国法治教育的目标经历了从单一知识教育到知识教育与德性教育并重的阶段。

法治教育的目标为什么会发生转变?这得从"法律知识"的属性说起。"法律知识"是一种应用型知识或技能型知识,学习这类知识本身不是目标,我们学习这类知识总有另一个潜在的目标,这个潜在目标才是我们的真正目标,学习技能型知识只是实现这个潜在目标的工具或手段。例如,1985年"一五"普法规划的目标是"通过普及法律常识……养成依法办事的习惯",可以看出,"普及法律常识"不是目的而是途径,是养成依法办事的习惯的手段,普及法律知识是为了达到另外某个目的。在1991年"二五"普法规划中,这个目的是"保证国家政治、经济和社会的稳定发展";在1996年"三五"普法规划中,这个目的是"促进依法治国,努力建设社会主义法制国家"。可见,普及法律知识的手段没有变,但是这个手段所欲实现的目的随时代而变。这是法律工具主义在法律教育领域的体现,法律工具主义认为,法律是一个能承载人们欲望的容器,是可以被操控、施行和利用以实现特定目标的工具。[11] 法律工具主义者不相信法律知识本身含有可追求的目标,法律知识仅仅是为实现其他目标服务,并且,他们也不相信存在法律知识所服务的终极目标(ultimate goal)。因为这个手段也可以成为下一个手段的目的,会无穷倒推下去,永远找不到终极目标。例如,当我们问普及法律常识的目的是什么时,答案是养成依法办事的习惯,但是我们可以进一步追问养成依法办事的习惯的目的是什么,答案可能是形成良好秩序,但是依然可以追问形成良好秩序的目的是什么,总之,可以无限追问下去。因此,任何手段背后的支持性目的都是暂时性、情境性的,它只是无穷倒推的链条中的

---

⑪ 参见[美]布赖恩·Z.塔玛纳哈:《法律工具主义:对法治的危害》,陈虎、杨洁译,北京大学出版社2016年版,第1页。

一个环节。如果把普及法律知识当成法治教育的目的不可避免地导致工具主义的困境,那么,法治教育的目的还可以是什么?

如果我们承认法律作为一套知识体系有自己的价值,如果法治教育的目的是让法律自己的价值得以实现,那么就可避免工具主义的困境。但是,法律有属于自己的独特价值吗?德沃金认为正义、法律和法治等概念不可能通过科学研究来得出,这些概念与物理上的概念的最大不同是它们会涉及对价值的解释。我们也可以把这些概念的价值看成一体的价值,它们与我们对生活的好的兴趣结成一体:我们可能假定它是一种价值,有它所具有的那些特征,因为接受它作为一种具有那些特征的价值,能以某种其他方式提升我们的生活。⑫ 例如友谊,友谊不是作为手段来提升我们的生活,而是构成了我们美好生活的重要组成部分。如果作为一套知识体系的法律就是我们好生活的一部分,展现法律之中的是非观念和正义理念就是展现好生活,那么,是非观念和正义理念就属于法律自身的价值,是非观念和正义理念作为法治教育的目标就避免了工具主义的困境。这也就解释了为什么在法治教育的实践中,法律知识的教育不能成为法治教育的全部,以法律知识为基础的是非观念和正义理念的道德教育逐渐兴起。

所以,法治教育经历了从单一知识教育到知识教育与道德教育并重的转变,而这种转变源于对法律工具主义的超越。法治教育的双重目标直接导致了法治教育的对象呈现多维样态,分别是针对青少年的法律知识教育、针对违法者的惩罚教育、针对守法者的道德教育和针对立法者的提升教育,下面分别论述。

## 二、对普通公民和青少年的知识教育

如果法治教育的目标是双重的,那么,它的内容也应该是二元复合的。对应"知识教育"这一目标的是法律的知识性内容;对应"道德教育"的是法律的道德性内容。

---

⑫ 参见[美]罗纳德·德沃金:《身披法袍的正义》,周林刚、翟志勇译,北京大学出版社2010年版,第180页。

### (一)法治教育的第一层内容:知识教育

在具体讨论法治教育的内容之前,我们先要将其与教育法的内容区分开来。在法体系中,有一些法律被制定的目的是调整和规范教育过程,如《教育法》。进一步具体而言,有专门规范教师的法律,如《教师法》;有规范高等教育过程的法律,如《高等教育法》。这些法律规定了教育者(学校)和受教育者(学生)的权利和义务关系,也确定了权利受到侵犯的救济程序。它们被统称为教育法,它们是"教育中的法"(law in education)。与此相对,法体系中还有另一些法,它们虽然不直接和教育相关,但是有教育的功能。例如,《民法典》第7条中的诚实信用原则亦有着教育的功能;《民法典》第26条规定子女对父母有赡养扶助的义务,这项规定本身就包含有一种对于好行为的鼓励和指引;《民法典》第1134~1136条规定了几种遗嘱的书写方式,这一条款教导公民立遗嘱的正确方式。这些散布在法体系中的规则同时具有规范和教育的功能,它们被统称为"作为教育的法"(law as education)。可见,教育中的法与作为教育的法是两种不同的法,但是二者也有重叠。"教育中的法"的某些规则可以作为知识成为"作为教育的法"的内容。例如,《教师资格条例》中关于如何成为一名教师的规定就可以成为法治教育中知识教育的内容。再如,《教育法》第4条规定,"全社会应当尊重教师"。此条倡导尊师重道,可以成为法治教育中道德教育的内容。

所以,法治教育的内容由两部分构成:一是作为知识教育的法;二是作为道德教育的法。基本上,所有的法律规范都可以成为知识教育的内容,但不是所有的法律规范都能成为道德教育的内容。法律能发挥道德教育作用,是因为人们对这条法律规范的评价是积极的,愿意被它指引,这种评价是一种道德上的正向评价。恶法不可能有道德上的正向评价,不可能具有道德教育的功能。但也不是所有的良法都会产生道德上的正向评价,因为有些法律规范与道德相关,有些法律规范与道德无涉。

以刑法规范为例,像禁止杀人、盗窃和欺诈等规范本身就源于伦理道德,因此它们是与道德有关的刑法规范,对它们的违反叫自然犯。"所谓自然犯,是以社会伦理规范为基础而确立的犯罪,本来与社会伦理规范具有密切的关系。”[13]相反，有一些刑法规范与道德无涉，它们之所以出现要么是为了解决协调问题，要么是为了克服合作难题。[14] 例如，1997 年《刑法》第 343 条第 1 款规定：“违反矿产资源法的规定，未取得采矿许可证擅自采矿的，擅自进入国家规划矿区、对国民经济具有重要价值的矿区和他人矿区范围采矿的，擅自开采国家规定实行保护性开采的特定矿种，经责令停止开采后拒不停止开采，造成矿产资源破坏的，处三年以下有期徒刑、拘役或者管制，并处或者单处罚金；造成矿产资源严重破坏的，处三年以上七年以下有期徒刑，并处罚金。”这条刑法规范是为了协调采矿秩序问题才产生的，与道德无涉。按照著名刑法学家加罗法洛的观点，因违反与道德无涉的法而构成的犯罪并不是真正的犯罪。[15] 这是因为对它们的违反并不同时违反伦理道德，它们的出现是出于社团管理的需要。不同的社团有不同的需要，会制定不同的与道德无涉的法律，所以不是每个国家都会颁布非法采矿罪。但是，与道德相关的法律因为与人类普遍伦理道德相关，会在几乎所有的国家呈现高度一致性，这也是为什么几乎所有的国家都会禁止盗窃，也禁止去他人矿区盗窃矿产资源，但是并不是所有的国家都禁止非法采矿。

可见，所有的法律规范，无论是否与道德相关，都可以成为知识教育的内容；但是，与道德无涉的法律不可能承载法律的道德教育的功能。

### （二）法治教育的第一维对象：普通公民特别是青少年

法治教育的对象是谁？答案似乎毋庸置疑，美国《1978 年法治教育法案》（*Law Related Education Act of* 1978）开篇就言法治教育是让法律外行（nonlawyers）具备法律知识和技能。也就是说，法治教育针对的是除律师、法官、法学教授等职业人之外的非法律职业人。因为职业法律人具有法律知识，无须教鱼游泳，理应被排除在外。中国 30 多年来的法治教育针对的也是法律外行，如“一五”普法规划的教育对象是“工人、农（牧、渔）民、知识分子、干部、

---

[13] ［日］大塚仁：《刑法概说》，冯军译，中国人民大学出版社 2003 年版，第 22 页。

[14] 参见汪雄：《内化法律之路——以内化禁止性规则为切入点》，载《环球法律评论》2011 年第 3 期。

[15] 参见［意］加罗法洛：《犯罪学》，耿伟、王新译，中国大百科全书出版社 1996 年版，第 126 页。转引自米传勇：《阅读加罗法洛——以自然犯、法定犯理论为中心》，载《刑事法评论》2009 年第 1 期。

学生、军人、其他劳动者和城镇居民中一切有接受教育能力的公民”，凡是具有受教育能力的公民都是法治教育的对象，受教育能力指的是识字能力，当时的文盲还占有人口的很大一部分，所以当时的法治教育和“扫盲”运动是同步推进的。鉴于干部和群众的法律知识都严重匮乏，而社会秩序的维护亟须干部甚至司法人员先懂法用法，所以 1991 年“二五”普法规划的教育对象和 1996 年“三五”普法规划的教育对象在“一五”普法的基础上加上干部、司法人员、青少年等为重点教育对象，这一直延续到 2021 年“八五”普法规划。所以，30 多年来法治教育的对象是具有受教育能力的公民，特别是青少年。

法治教育的对象是具有受教育能力的公民，特别是青少年，无论教学手段是情景模拟、角色扮演还是案例研讨，目的都是传授给他们实体法和程序法知识，让他们明晰行为规则，明白什么是对的、应该做的，什么是错的、禁止去做的，让他们知道在日常生活中如何用法、守法。但是，法治知识的教育并不能保证所有人都守法，还有少部分人会知法犯法，他们是违法者。所以，法治教育的第一层对象是普通公民，特别是青少年，面向他们的主要是知识教育。知识教育失败之后会出现守法者和违法者两类群体，他们是法治教育的第二层对象。

## 三、对违法公民的惩罚教育

在知识教育失败的地方，法律就会脱下温情脉脉的面纱展示其威慑和惩罚的一面，威慑和惩罚并不是法律的目的，威慑和惩罚是为了教育违法公民或学生回归到守法者之位。所以，威慑和惩罚也是一种教育，一种针对违法者的教育。其实，威慑和惩罚是迫不得已的选择，在柏拉图看来，刑罚的繁盛是一种耻辱。⑯ 刑罚繁盛、法令滋彰说明国中贤良之士少，佞妄之徒多。

那么，惩罚为何是一种教育呢？这得先从犯罪谈起。《理想国》告诉我们人的灵魂有三个领域，灵魂的健康就是让理性充当领导，因为它拥有智慧，让勇气服从领导，充当理性的盟友。理性制定战略，勇气奋勇出击，并始终坚守理性的

---

⑯ See Plato, *The Laws of Plato*, trans. by Thomas Pangle, The University of Chicago Press, 1980, p. 245.

训示。同时,理性也将凌驾于欲望之上,否则一个人的生活就将被彻底颠覆。[17]而肆心就是欲望或血气(θυμους),摆脱理性的领导,任意驱动行动,这是灵魂的紊乱和疾病。正义的审判就是诊断这类疾病,进而开出药方,这个药方就是惩罚。正如身体出现了伤痛我们会去医生那里看病一样,灵魂出现了凶德就要去法官那儿接受审判,苏格拉底把审判术与医术对比,[18]前者的目的是恢复道德健康,后者的目的是恢复身体的健康。所以,“赚钱术让人摆脱财产上的贫穷,医术让人摆脱身体上的疾病,而正义的审判让人摆脱放纵和不义”[19]。审判就是为了造就更正义的人,从而对受刑者们有利。同样,审判之后作出的惩罚也不会有邪恶的目的,它使受刑的人或者变得较有德性,或者减少了邪恶的程度。[20] 那么,对于一个敬重自己灵魂的人而言,他应该在违法后及时悔改接受医治,因为病态的生活是不值得过的。所以,惩罚是教育和帮助一个违法者回归到守法的状态。

当然,违法只是少数人的行径,大多数人都会遵纪守法,有的是因为害怕惩罚,有的是因为内心接受法律。前一种守法原因是人对恶的回避,是消极的;后一种守法原因是人对善的追求,是积极的。法治国的建设当然希望更多的积极守法公民,更少的消极守法公民。所以,当我们通过惩罚教育纠正了违法行为后,就要对守法者实施道德教育了,这是在知识教育基础之上的道德教育,其目的是引导更多的消极守法公民成为积极守法公民。

## 四、对守法者的道德教育

这时的守法者包含了最初的守法者和通过惩罚教育从违法状态回归而来的守法者(包括青少年),无论针对哪一类,法律的道德教育要做的就是增加他们对是非观念和法治理念的认同,他们越认可法律条文所蕴含的是非观念和法

---

[17] 参见汪雄:《柏拉图思想中“自然”的呈现与“法”的二重张力》,载《首都师范大学学报(社会科学板)》2016 年第 5 期。

[18] [古希腊]柏拉图:《理想国》,王扬译,华夏出版社 2012 年版,第 119 页。

[19] Plato, *Gorgias*, trans. by Joe Sachs, Focus Publishing Press, 2009, p. 65.

[20] See Plato, *The Laws of Plato*, trans. by Thomas Pangle, The University of Chicago Press, 1980, p. 247.

律所树立的公平正义的理念,他们就越认同法律对他们的指引,更自觉地成为守法者。在讨论这个问题之前我们先讨论法律的道德教育何以可能。

### (一)法治教育的第二层内容:道德教育

"通过法律的教育"是否可能?西方法理学家不曾怀疑过这个问题,德国法学家魏德士认为法具有教育功能,它会将特定的世界观强加给它的公民。[21] 文章前面的分析表明,"通过法律的知识教育"是可行的,但是"通过法律的德性教育"是否可能则存在疑问。如果法律通过传播特定的世界观来教化他的公民,那么,为什么不摆脱法律,直接通过特定的世界观来教化公民?例如,我们会认为婚姻自由的观念是婚姻法教导我们的,早在1930年的闽西苏维埃政权时期的《闵西第一次工农兵代表大会婚姻法》第1条就确立了男女婚姻自由的原则:"男女结婚以双方同意为原则,不受任何人干涉"。[22] 后续几十年的婚姻法律法规通过不断地确认和明文规定婚姻自由把婚姻自由的观念教导给了公民。如果这是法治教育的其中一重目标,那么,我们为什么不直接通过教导自由的理念来达到这个目标?这牵涉到法律和道德教育二者的关系问题。

法律具有威慑作用,但是思想家们从来就不认为威慑是法律的最高目的,相反,法律的威慑从来不起作用才是法律的目的。"刑期于无刑,民协于中,时乃功。"[23]这句话的意思是说法律的目的是不用法律,人民都合于中正之道、法律不被启用才是最后的目的。《孔子家语》也说,"圣人之设防,贵其不犯也,制五刑而不用,所以为至治也"[24]。也就是说,在"至治"的理想状态,人民的行为合于中正之道,法律的威慑作用越少起作用越好。至治的状态之下,夜不闭户,路不拾遗,老有所养,幼有所长,讲信修睦,五刑不用,天下大同。这既是法律的理想,也是道德教育的理想。法律的目的和道德教育的目的是高度一致的。

但是,有一些思想家认为这种至治理想不可能在现实社会中实现,相反,现实世界充满尔虞我诈、坑蒙拐骗,提倡至治理想反而会纵容民心,国将不治。这

---

[21] 参见[德]魏德士:《法理学》,丁晓春、吴越译,法律出版社2005年版,第44页。

[22] 韩延龙、常兆儒编:《革命根据地法制文献选编》(下卷),中国社会科学出版社2013年版,第1539页。

[23] (汉)孔安国传、(唐)孔颖达正义:《尚书正义》,上海古籍出版社2007年版,第130页。

[24] 王国轩等译注:《孔子家语》,中华书局2009年版,第237页。

些人以中国传统法家为代表,他们否定道德教育,更反对法律与道德教育相结合。例如,韩非子根本否定了道德在国家中的重要位置,他认为道德反而不利于好的统治。他说:“爱多者则法不立,威寡者则下侵上。是以刑罚不必则禁令不行。”[25]商鞅甚至认为道德教化会导致民纵,会导致奸邪之徒增多,道德教化是国家动乱的源头。“故以刑治则民威,民威则无奸,无奸则民安其所乐。以义教则民纵,民纵则乱,乱则民伤其所恶。吾所谓利者,义之本也;而世所谓义者,暴之道也。”[26]他们从国家治理的角度倡导法律的威慑和惩罚功能,否认法律的道德教育功能。

还有一些思想家不否认道德教育与至治理想,但是反对通过法律来实施道德教育。以汉儒为代表,他们认为,“夫法令者,所以诛恶,非所以劝善。故曾、闵之孝,夷、齐之廉,岂畏死而为之哉? 教化之所致也”[27]。也就是说,他们认为道德教育不能通过刑杀来实现,而要通过教化,但这个教化不应成为法律的功能,法律的功能是刑杀与惩罚。法律与教育各自有其功能,应该相互配合,不应彼此僭越。“法能刑人而不能使人廉,能杀人而不能使人仁。”[28]恒宽记载的这句话直接否定了法律的道德教育作用。

法家否定道德教育,更反对道德教育与法律的结合。汉儒不反对道德教育,但是反对道德教育与法律的结合。法家反对的理由是道德教育与法律的结合会导致纵民与暴乱,汉儒反对的理由是法律与道德教育的功能各异,二者各司其职、相互配合才能更好地治理国家。所以,应该回到荀子的观点上,荀子从配合的角度认为应当结合法律与道德教化,互相取长补短共同治理国家。他说:“故不教而诛,则刑繁而邪不胜;教而不诛,则奸民不惩;诛而不赏,则勤厉之民不劝;诛赏而不类,则下疑俗险而百姓不一。”[29]也就是说,道德教育和刑罚互为补充,没有教化而直接施之以刑罚,则奸邪之徒太多,故罚不胜罚。在时间上要先教而后罚。如果道德教育起到了作用,人们服从正确的教诲,勤勤恳恳做事老老实实做人,那就不需要法律。但这只是理想情况,总会有人财色迷心,干

---

[25] 王先谦:《韩非子集解》,中华书局 2013 年版,第 212 页。
[26] (战国)商鞅:《商君书校注》,张觉校注,岳麓书社 2006 年版,第 73 页。
[27] 王利器:《新语校注》,中华书局 2012 年版,第 75 页。
[28] 王利器校注:《盐铁论校注》,中华书局 1992 年版,第 644 页。
[29] 王先谦:《荀子集解》,中华书局 2013 年版,第 226 页。

邪恶之事,必须动用法律的刑杀功能。法律就成为道德教育失败之后的补充。陈子昂曾在对武则天的上书中很明确地说道:“臣闻古之御天下者,其政有三:王者化之,用仁义也;霸者威之,任权智也;强国胁之,务刑罚也。是以化之不足,然后威之,威之不足,然后刑之。”[30]在道德教育失败之时,法律出场。所以,法律与道德教育是可以结合的,魏晋开始的法律的儒家化过程也是法律包含更多的教化作用的教化的过程。总之,结合了道德教育的法律收敛了锋芒,更容易被接受和遵守;结合了法律的道德教育具有了规范化的表达,更容易达到教化的效果。

### (二)法治教育的第二维对象:守法者

惩罚教育是通过增加违法的成本、提高法律的威慑力来迫使人们守法,这样只能“民免而无耻”,而道德教育是从德性和理念上争取人民的内心认同,这样才会“有耻且格”。前者只能针对少数违法者,针对大多数守法者的法治教育应该是道德教育。也就是说,法律要着眼于道德,人民便会更加顺从道德。所以,人民守法不是因为害怕惩罚,而是因为道德。这样,法律就不仅仅是干枯的言辞命令和威胁,而是切合人心的引导。

同时,法律也要教导青少年何谓正确,奖赏正确的行为,帮助人们拒绝诱惑。人都有意志薄弱的时候,都有激情高涨的时候,我们有时候会受一些情绪的牵引偏离正确的道路,正如绳索牵引着木偶人一样,法律作为正确理性应当随时准备把我们拉回来,以抵制激情和欲望的引诱。人受到好的引导会产生德性,受到坏的引导就变坏。恐惧、法律和正确的理性(ἀληθεῖ λόγῳ)都能抑制欲望。[31] 沉重的肉身代表下坠的力量,人世的快乐时刻诱导我们堕落,在人心惟危之时只有追随法律的指引才能免于堕落。

所以,法律内含的道德首先是正确的引导,这个引导在内在方面就是帮助青少年摆脱恐惧、肆心和莽撞,按正确的理性行事。从外在方面来说,就是法律能正确地引导共同体中的人幸福地生活。无论是个人还是国家都要依照理性

---

[30] 马建石、杨育棠:《旧唐书刑法志注释》,群众出版社1984年版,第42页。

[31] See Plato, *The Laws of Plato*, trans. by Thomas Pangle, The University of Chicago Press, 1980, p. 172 – 173.

所认可的真正法律来生活,最终被法律引向道德的高地。

## 五、对立法者的提升教育

在走向道德高地的途中,充满艰辛,要和自己的欲望和诱惑作斗争,要一次次地否定自己,才能越过坎坷登上高地见到太阳,守法者中只有少数人才能通往这个高地。因此,法治道德教育对国家的至关重要性在于迫使具有优秀本性的少数人转向,登上高地,充分地观察,看到关于法律的真理,看到"美好的理念",成为优秀的立法者,然后再回到群众中,给他们立法,带领他们走上来。所以,针对立法者的提升教育就是帮助他们登向道德高地,只有这样他们才有能力给一个国家立法。否则,他们的目光总是对着下方,精神总是被躯体往下拖,依附于吃喝玩乐和各种梦幻泡影般的快乐。也只有登上道德高地的立法者才能给一个国家制定良善的法律,良善的法律引导青少年成为守法者,教育违法之人回归为守法者,并带领这些守法者向高处挺进,再从中物色少数优秀的公民,特别是优秀的青少年,将他们培养为下一代立法者,其制定的法律将更为良善,形成一个良性循环,在这样的循环教育和引导中,人们不再是消极守法者,而是积极有德之人。

反观2016年《青少年法治教育大纲》和"七五"普法规划致力于教导普通公民守法,忽略了更进一步地对守法者的提升教育以培养优秀的立法者。"提升教育"当然不是教授立法者普通的立法技术和立法知识,而是引导他们上究天理民彝,下察人情世故,以烛情伪之端、祛意见之妄。同时,也教育他们立法德性,教育立法者的目的是将其培养为完整德性之人。教育乃是正确的教养,尽可能把孩子的灵魂从玩游戏的爱欲引领到他必须做的事情上。以使他在职业德性(πράγματος ἀρετῆς)上成为完美之人。教导买卖等单纯的知识不是教育。立法者的教育是让人渴望并热爱成为一名完美的公民,懂得如何依正义行统治和被统治。[32]那么,什么样的守法者才有资格被挑选出来被教育成立法者呢?西方的大哲学

---

[32] See Plato,*The Laws of Plato*,trans. by Thomas Pangle,The University of Chicago Press,1980,p. 23 - 24.

家柏拉图给我们提供了一些线索,他认为这样的人至少需要具备两个条件[33]:一是具有高贵而坚强的本性;二是善于接受教育,他们必须具有敏锐的目光,学习上不感到困难。一般的灵魂遇到艰难的学习就退却,而灵魂向上的艰难程度远甚于体育锻炼。所以,我们必须寻找记性好、不知疲倦、各方面都甘心吃苦的人。否则,他们怎会愿意下苦功锻炼身体又同时完成这么多的学习和研究?

无论是大的法律制度的设计还是小的法律规则的安排,立法者都应该坚决拒斥个人情感,从国家和公民的角度出发来考虑问题。人民要听从立法者的安排,立法者只听从理性和德性。只有理性才能使他拒斥个人情感,只有德性才能祛除内心私欲,才能把整个国家安排好。我国《立法法》第4条明文规定了公共利益和国家利益的首位性。[34] 立法者必须认识到真正的立法技艺照料的不是个人利益,而是公共利益,个人利益撕裂国家,公共利益使国家团结。纵使有某一位立法者明了了这些道理,有着先进的立法技艺,再加上机运使然,他从事着立法的神圣事业,他也绝对无法终其一生把国家的公共利益放在首位。因为必朽的本性始终会驱使他贪得无厌,以私心行事,从而非理性地逃避痛苦、追求快乐。所以,针对立法者的提升教育是一项如履薄冰永不停歇的事业。

## 结论:法治教育的理想路径

实际上,本文在剖析法治教育的双重目标的基础上已经描绘了一幅法治教育的理想路径图:第一阶段是针对普通公民特别是青少年的知识教育,法律通过义务性或禁止性语言教导着我们的行为,这就是法律的知识教育,在行动之前,法律教导我们该做什么、不该做什么。第二阶段是针对违法者的惩罚教育,如果我们没有服从法律的教导,失足成为违法者,法律还用它的惩罚来纠正我们的行为,进一步告诫和教导我们以及社会公众什么是正确的行为。当我们还在儿童时期,法律就开始了这样的教导,并以规则的形式把正确的教导固定了下来,以使我们成为一个行为中正的守法者。第三阶段是针对守法公民的德性

---

[33] 参见[古希腊]柏拉图:《理想国》,王扬译,华夏出版社2012年版,第277页。

[34] 我国《立法法》第4条规定:"立法应当依照法定的权限和程序,从国家整体利益出发,维护社会主义法制的统一和尊严。"

教育,法律通过其蕴含的道德意涵教导公民是非对错、公平正义等价值理念,使得公民不仅仅是因为害怕法律的惩罚而消极守法,而是因为响应法律的道德意涵而积极守法。第四阶段是针对立法者的提升教育,法律要在守法公民中挑选出极少数充满智慧、性格又坚强的人,对他们提出更高的要求,驱使他们走向道德的高地,成为国家的立法者,为祖国制定良善法律。

这四个阶段构成一个自我上升的循环,在优秀立法者制定良善法律之后,更多的公民心甘情愿成为守法者,更多的违法者愿意洗心革面回归为守法者。法律将以其良善德性牵引这些守法者向高地靠拢,把既智慧又有德性的人推向立法者的高位,他们将再一次制定更为良善的法律,此良善法律将更好地教育公民,形成良性循环(详见图1)。在法治的循环教育中,将有越来越多的公民不满足于做消极守法者,而愿意追随法律成为有德之人,这就是法治教育的理想路径,也是法治的理想。

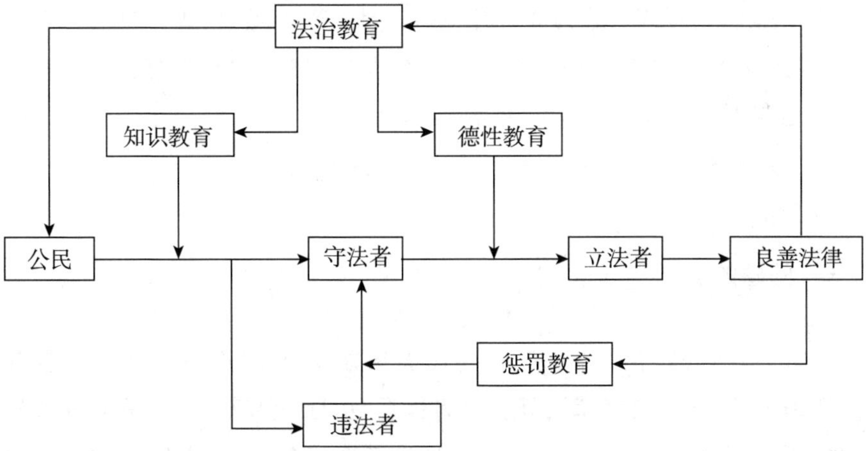


**图1 法治教育循环**

# 青少年法治教育中的教师身份构建与法治认同

张晓冰　胡巧莉*

**摘　要**:在青少年法治教育中,教师理应作为理念的“更新者”及内容的“教化者”,然而从“教”与“学”两个角度分析师资力量和青少年群体的法治认同现状可以发现,目前教师存在缺位问题,具体影响因素包括观念性因素、制度性因素和主体性因素。应当以结构主义理论为视角,将师资力量的自身建设与外部供给相结合,助推师资力量角色的现代化更新和法治教育实践的与时俱进,构建政府、学校、社会、家庭共同参与的青少年法治教育新格局。

**关键词**:青少年;法治教育;师资力量;法治认同

## 一、问题的提出

2016年6月,教育部、司法部、全国普法办联合印发《青少年法治教育大纲》,明确了青少年法治教育在国民教育体系中的目标定位、原则要求和实施路径,并对师资队伍建设中的法治素养与法治意识培育、法治教育能力提升、法治教育机制与职责完善提出了明确要求。师资群体作为青少年法治教育中的引导者与教化者,应与时俱进更新教育理念并创新教育方式,以更好地实现青少年法治教育建设的目标。为此,2020年修订的《预防未成年人犯罪法》第18条充分拓宽师资群体的来源,指出学校应当聘任从事法治教育的专职或者兼职教师,并可以从司法和执法机关、法学教育和法律服务机构等单位聘请法治副校

---

* 张晓冰,中国青少年研究中心青年发展研究所副所长、副研究员,法学博士。
胡巧莉,中南财经政法大学中南司法案例研究中心研究人员。

长、校外法治辅导员。2021 年 9 月发布的国务院《关于印发中国妇女发展纲要和中国儿童发展纲要的通知》(国发〔2021〕16 号)指出要扎实推进青少年法治教育的实践形式多样化,推动形成依法保障儿童权益的良好氛围。同年 12 月最高人民检察院、教育部印发的《检察官担任法治副校长工作规定》和教育部颁发的《中小学法治副校长聘任与管理办法》对法治副校长的选任、职责、评价等机制作出了细致的规定。

但在青少年法治教育的实践中,师资力量是否真正发挥了引导者和教化者的能动作用,是否真正将上述政策与精神落实到每一个青少年身上,仍存在疑问。通过本次针对小学、初中、高中法治教育教师的调研结果可以看出,实践中仍存在青少年法治意识淡薄、学校法治教育配套设施建设不够完善的问题,教师的法治观念与教授内容受限于传统的思政教育、安全教育、预防犯罪教育,法治教育形式存在单一化、缺乏系统化的规划与设计等现实问题。师资作为青少年法治教育中法治思维的培育者与法治知识的传播者,在主观因素与客观因素等多方面的影响下,未能很好地衔接建设社会主义法治国家的宏伟目标与全面提高青少年法治观念和尊法、学法、守法、用法意识的具体目标。

现有文献多将师资作为青少年法治教育的影响因素之一进行讨论①,鲜少有学者系统性地从师资建设的视角探讨如何完善青少年法治教育②。为解决师资力量在青少年法治教育中的缺位问题,充分实现法治教师等主体的资源供给效能和教化引导作用,我们将从青少年法治教育中的身份构建与法治认同这一视角出发,阐明师资群体的身份定位清晰是开展青少年法治教育的主体性前提,师资群体的法治认同即社会个体将对法治观念的理性认知转化为践行法治的具体行动,是促进青少年通过接受法治教育生成法治认同的核心关键。首先,我们将探讨如何准确构建师资在青少年法治教育中的身份,明确其定位、职

① 参见吴会会:《论中小学法治教育制度化困境的破解——基于理念、教材、师资与实践基地的系统建构》,载劳凯声等主编:《中国教育法制评论》,教育科学出版社 2019 年版;晋涛:《中小学法治教育资源的现状、整合与共治》,载《青少年犯罪问题》2020 年第 5 期;雷槟硕:《中小学法治教育实践:难点、成因与突破——以上海市六所中小学法治教育实践探索为例》,载《青少年犯罪问题》2020 年第 5 期。

② 参见张应敏、程林:《中小学法治师资发展现状调查及培育策略》,载《浙江师范大学学报(社会科学版)》2022 年第 2 期;覃淮宇、袁帅:《中小学法治教育骨干教师国培计划培养模式研究——以南宁师范大学培养模式为例》,载《广西师范学院学报(哲学社会科学版)》2019 年第 3 期;王晶晶:《中小学法治教育师资队伍建设的现实困境及解决策略》,载《中国教师》2019 年第 7 期。

责与功能,打破传统教育思维的桎梏。其次,从“教”与“学”两个视角对师资力量和青少年群体的法治认同现状进行分析,在此基础上归纳观念性因素、制度性因素和主体性因素对造成缺位现状的具体影响。最后,在结构主义理论的视角下打通师资力量难以发挥效用的堵点,将师资力量的自身建设与外部供给相结合,助推师资力量角色的现代化更新和法治教育实践的与时俱进,构建政府、学校、社会、家庭共同参与的青少年法治教育新格局。

## 二、师资在青少年法治教育中的定位与功能

在高度分化的社会里,国家作为“元场域”,教育场域是其重要分支,承担了知识生产、传播和再生产的功能。每一场域的行为主体都具有独特的“惯习”,场域制约惯习,惯习构建场域。[③] 师资作为青少年法治教育场域中的关键性主体,应兼具理念“更新者”和内容“教化者”的双重身份构建价值,并与时俱进地更新法治教育思维和教育形式,充分形成符合新时代中国特色社会主义法治教育的惯习,在加强主观能动性的基础上深刻培育师资群体的法治认同,为实现青少年法治教育的目标提供前提性条件。

### (一)从捆绑到独立:师资力量作为理念的“更新者”

总的来说,我国青少年法治教育从附属于思想政治教育体系的地位逐渐走向独立于传统学科教育的定位,在目标与理念上发生了更新。与传统教师的角色定位不同,只要在学校中承担青少年法治教育任务的主体均属于所讨论的师资力量范畴,如法治教育实践中出现的班主任、校长、法治副校长等多重主体。这也意味着青少年法治教育与注重知识培育的传统学科教育并不相同,其核心目标在于普及法律知识、弘扬法律价值、养成法律习惯,培养健全的法治人格,打造具有法治理念、法治精神、勇于担当的合格公民。[④] 师资作为青少年法治教育场域中的理念传播者和影响者,相应的法治教育理念也应该随之更新,摆脱

---

③ 参见黄俊官:《布迪厄“场域—惯习”视域下中学教师身份认同的构建》,载《当代教育科学》2019年第9期。

④ 参见何树彬:《青少年法治教育:目标定位、实施原则与路径》,载《青少年犯罪问题》2016年第2期。

传统教育思维的桎梏,具体表现为以下方面:

第一,从法制教育到法治教育的转变。《中共中央关于全面推进依法治国若干重大问题的决定》指出要"把法治教育纳入国民教育体系",改变了"法制教育"这一称谓,《青少年法治教育大纲》也随之采用"法治教育"的表达。这一概念使用的转向背后隐含着重要的理念更新。法制教育强调静态学习的方法,将"书本上的法律"传授给学生。⑤ 而法治教育是动态习得的过程,强调在具体教育实践中培育法治理念、树立法治精神、锻炼法治思维,从而形成对法律规范体系的内在尊崇。而教育是延续与发展业已生成的法治意识、法治信仰和法治精神的价值媒介,师资群体首先需要正确认识法治教育的性质与目标,其次从刻板的条文教授主义转向更深层次的观念培育,最后在形成法治认同的基础上才能发挥引导青少年的正面效果。

第二,法治素养独立于思想道德素养。长期以来,诸多学者认为法制教育附属于思想道德教育、思想政治教育,即便在出现了法制教育向法治教育的历史性转向后,法治教育的依附性事实依旧存在。⑥ 在师资建设方面表现为法治教育的老师由德育课或者思想政治课的老师担任,并未将法治教育的独立地位贯彻到教育实践中。与我国不同的是,美国《1978 年法治教育法案》就赋予了法治教育独立地位,并规定教师需接受系统的法治教育培训。⑦ 日本的法治教育在很大程度上受到了美国的影响,其引入美国法治教育的目标与设计,并于 2008 年通过《关于改进幼儿园、小学、初中、高中和特殊学校等学习课程的报告》进一步强调法治教育的独特作用,⑧并未将法治教育等同于其他学科教育。⑨

从法理的视角来看,我国法治教育实践出现"未能正确认识法治素养"这一

⑤ 参见刘旭东:《学校法治教育的概念与性质辨析》,载《青少年犯罪问题》2020 年第 5 期。

⑥ 参见张宇恒:《从法制教育到法治教育的转向与进步》,载《上海教育科研》2019 年第 7 期。

⑦ See Leming, Robert S. , *Essentials of Law-Related Education. ERIC Digest*, ERIC Clearinghouse for Social Studies/Social Science Education, p. 1 - 6(1995).

⑧ 参见中央教育審議会「幼稚園,小学校,中学校,高等学校及び特別支援学校の学習指導要領等の改善について(答申)」2008 年 1 月。

⑨ See Kyoko Isoyama, *Law Related Education in Japan-Developments and Challenges*, International Journal of Public Legal Education, Vol. 3:1, p. 96 - 108(2019); 江口勇治「社会科における『法教育』の重要性—アメリカ社会科における『法教育』の検討を通して—」日本社会科教育学会『社会科教育研究』68 号(1993 年),1 頁以下.

问题的症结在于未能正确理解法治与德治之间的关系。人们在共同生活时所需要的价值理想和价值原则,往往会借助外在的制度规范(法)和内在的人格品质(德)加以实现,以实现共同体的"良善"。[10] 法律以规则或原则的形式重新描述了许多道德规范,但将法治教育直接视为思想道德教育的次级组成部分实际上会贬损法治教育的独立性。两者的关系应是相辅相成,形成德法共治的局面,而非包容与被包容的关系。[11] 因此,师资群体需要正确认识法治素养与思想道德素养的区别,加强对自身法治素养的培育,积极参与法治教育的培训,从被动接受青少年法治教育任务的传统态度转变为主动学习和提升自身法治认同的新观念,这样才能更好地投身青少年法治教育实践中去。

### (二)从工具到价值:师资力量作为内容的"教化者"

马克斯·韦伯将合理性(rationality)分为两种类型:工具理性(instrumental rationality)强调的是行动由追求功利的动机所驱使,漠视人的情感和精神价值;而价值理性(value rationality)则是强调动机的纯正和手段的正确性,以主体为中心,注重行为本身所蕴含的实质价值。[12] 师资群体在青少年法治教育中的角色与效果之间的错位,实质原因在于受限于传统的工具理性视角,未能转变为价值理性的视角,将法治教育与一般的学科教育等同,通过"功利化"的视角,用课业成绩、升学率等硬指标作为衡量法治教育目标和效果的尺度,忽视了对青少年主体的精神性价值的关注,从而出现了应然与实然之间的落差。师资群体必须从"教什么"和"怎么教"这两个层面转变理性视角,充分发挥"教化者"的作用。

第一,从"教什么"的层面,实现知识灌输到价值培育的转变。在法制教育阶段,突出强调的是对法律工具性价值的认可。实践中很多学校将法治教育等同于规则教育、安全教育或者预防犯罪教育,让老师讲授法条中的法律常识和如何预防违法犯罪行为,并未积极发掘法治活动中的"育人"功能。以教科书或

---

⑩ 参见[德]伯恩·魏德士:《法理学》,丁晓春、吴越译,法律出版社 2013 年版,第 179 页;叶方兴:《当代中国法治与德治结合的语境分析》,载《中南大学学报(社会科学版)》2022 年第 2 期。

⑪ 关于对法治教育与德育的关系的讨论具体参见谭趁尤:《我国法治教育的性质及其定位》,载《西部素质教育》2019 年第 10 期。

⑫ See Oakes, Guy., *Max Weber on Value Rationality and Value Spheres: Critical Remarks*, Journal of Classical Sociology, Vol. 3:1, p. 27 – 45(2003).

者法律文本为主题的灌输式知识教学往往滞后于社会生活的实际，注重刻板知识而忽略价值传递的路径依赖最终将无法实现培育法治认同的目的。[13] 在法治教育阶段，师资群体需超越这种传统认知，通过教育这一潜移默化的形式注重对法治认同的观念培育，推动青少年在法治教育实践中的学习主动性和行为积极性，突破法制教育工具理性的局限，着重凸显法治的内在价值。通常情况下，根据事物的属性关联我们将价值区分为内在价值(intrinsic value)及工具价值(instrumental value)。内在价值是指某个事物因其自身而是好的[14]，工具价值则指某个事物的好是由于与其他更根本的事物之间的关联。构成性的内在价值是法治得以成立的基础[15]，应当让青少年在批判思维与积极参与中深化对法治价值的讨论，逐渐探索和反思法律对他们社会生活的影响及他们自身对法律适用、法律实践的影响，这是法治教育的一项重要目标。[16]

第二，从"怎么教"的层面，实现外在强制到内在认可的转变。法治的根基在于公民内心的认同。在法治建设中，社会主体对于法律的态度可分为"服从法律命令"和"持有内在观点"两种类型。前者的本质为奥斯丁所主张的"法律命令说"，将法律预设为强制性的手段并附加不利后果，作为制裁或者强制服从，[17]是一种观察者的外在陈述视角。后者则是哈特所主张的人们对于规则持有一种反思性的批判态度，包含了对规则的接受，而并非机械性的服从。[18] "反思"是通过对社会实践的反思认知到存在某项规则这一事实，而"批判"则意味着行动者在意志上接受这项规则作为自己的行动理由，与此同时会思考规则背后的意义、是否负有服从的法律义务，甚至会对其他人的违反加以批评，且这种批评通常不会使人处于压力之中。换言之，内在观点对于理解受法律这种规则指导的行动而言是必不可少的，因此内在观点应当成为理解、解释、说明法律实

---

⑬ 参见张宇恒：《从法制教育到法治教育的转向与进步》，载《上海教育科研》2019 年第 7 期。

⑭ See Noggle R. *Noah M. Lemos*, *Intrinsic Value*: *Concepts and Warrant*, Southwest Philosophy Review, Vol. 14:2, p. 183 - 188(1998).

⑮ 参见陈景辉：《法律的内在价值与法治》，载《法制与社会发展》2012 年第 1 期。

⑯ See Jeffrey W. Cornett & Richard H. Chant, *Educating Youth for Decency and Virtue*: *Law-Related Education and Its Implication for Character Educators*, Journal of Humanistic Counseling Education & Development, Vol. 39:1, p. 26 - 31(2011).

⑰ 参见[英]约翰·奥斯丁：《法理学的范围》，刘星译，北京大学出版社 2013 年版，第 23 页。

⑱ 参见[英]赫伯特·哈特：《法律的概念》，许家馨、李冠宜译，法律出版社 2018 年版，第 147 ~ 148 页。

践的基本出发点。[19] 照此思路，师资群体需要从根本上转变教学思路与路径，不能从外在强制的视角向青少年灌输法律知识，也不能将“标准答案”或者“成绩排名”之类的传统学科教育思维植入法治教育中。教师应首先形成自身对法律规则和法治价值的内在认同，抛却工具理性的功利化和计量化的倾向，然后通过精神价值的熏陶帮助青少年群体产生对法治秩序的“内在观点”和支持性态度并形成正确且完善的公民意识，自觉将法律视为个人的行动理由。

人无法疏离社会而孤立存在，教师身份的自我感知与自我建构必须在社会脉络中展开。当身份始终处于空白、失声、边缘位置时，便会产生反抗力。[20] 因此，师资群体只有具备清晰、准确的身份认知才能构建相应的法治认同，这是师资群体自觉承担教育职责和育人使命的前提条件，也是维系自身职业完整性和发展主动性的内在驱动。但令人遗憾的是，实践调研发现，目前师资群体在青少年法治教育中并未发挥理想效果，在“教”和“学”两个视角均反映出了“青少年法治教育中师资力量缺位”这一重大问题。

## 三、青少年法治教育的现状分析——基于“教”与“学”两个视角

青少年法治教育的有效展开，可以实现青少年从对法律的简单“依从表象”走向内心的“认同内化”，以“他律”为基础，引导个体“自律”，进而形成一种固有的行为规则。[21] 通过在全国东部、中部、西部 7 个省市中抽取学校样本，对小学、初中、高中学生及法治教育教师开展了实证调研，回收有效小学生问卷 863 份、初高中生问卷 3108 份、教师问卷 451 份，调研结果表明目前我国青少年法治教育仍有较大的提升空间。无论是师资群体还是青少年主体都不同程度地缺乏对法治教育的深刻认知与深层理解，由此造成了法治认同的实践欠佳、法治认同的意识淡薄，未能实现教师视角与学生视角的交互性，亦未能达到师资群体应在青少年法治教育中实现的预期目标：掌握法治知识，培育法治意识。

---

⑲ 参见陈景辉：《什么是“内在观点”》，载《法制与社会发展》2007 年第 5 期。

⑳ 参见王强、赵岚：《从工具走向价值：高校教师教育者身份认同的现实困境与理性复归》，载《黑龙江高教研究》2022 年第 3 期。

㉑ 参见孟宪云：《中小学法治教育的价值逻辑与教学实现》，载《中国教育科学（中英文）》2021 年第 4 期。

### (一)"教"的视角:法治认同的实践欠佳

1. 被调查学校法治教育形式呈多样性,但实践性相对较弱

调查数据显示,96.4%的学校会开展主题班会、队会、团会,65.1%的学校会收听、收看广播、电视法治节目,55.0%的学校有普法征文比赛,52.1%的学校会开展宪法日普法活动,46.5%的学校会排演、观看法治文艺节目,23.5%的学校会参观法治教育基地,16.3%的学校会开展模拟法庭,11.9%的学校会参观法院、监狱、管教所、戒毒所。虽然法律已经规定了法治副校长制度,但调查中只有26.0%的学校有法治副校长讲座,35.6%的学校有警察入校讲座。由此看来,法治教育形式主要停留在倾听、观看层面,学生参与的机会较少,实践性仍有待提升。

2. 2/3的教师不清楚所在学校是否有专门的法治教育经费,所在学校性质呈现显著差异

一个学校是否具有专门的法治教育经费对开展相关活动相当重要。16.3%的教师表示所在学校有专门的法治教育经费,15.8%的教师表示所在学校没有,67.9%的教师则表示不清楚是否有专门经费。交叉分析发现,重点学校有经费的占比比其他学校高13.5个百分点左右。卡方检验的结果显示,两组被试老师在所在学校是否有经费上存在显著差异,$\chi2 = 38.489$,$df = 2$,$p = 0.000$。

3. 1/3的学校有专职法治教师,授课教师以政治专业为主

统计数据显示,34.7%的学校有专职法治教师,这些专职法治教师中有61.5%的是政治专业毕业,其他专业包括法律专业(30.8%)、中文专业(15.4%)、历史专业(3.8%)和其他专业(5.1%)。65.3%的学校没有专职法治教师,其法治教育主要由政治老师(55.4%)和班主任(52.6%)承担,其他老师还包括教务主任(17.1%)、语文老师(12.5%)和其他老师(7%)。交叉分析数据显示,其他学校有专职法治教师的占比低于重点学校,但卡方检验的结果显示,两组被试不存在显著差异,$\chi2 = 0.556$,$df = 1$,$p = 0.456$。

4. 超五成的学校有法治副校长,主要来自公安局或派出所,每学期举办活动一次,1/3的教师认为应该每月举办一次

调查数据表明,54.1%的学校有法治副校长,也就是说,仍有45.9%的学校没有。交叉分析数据显示,重点学校有法治副校长的占比高于其他学校,但卡

方检验的结果显示,两组被试不存在显著差异,$\chi2=0.474$, $df=1$, $p=0.491$。从法治副校长的身份来看,64.3%的来自公安局或派出所,35.2%的来自法院或检察院,12.2%的来自司法局(所)、10.7%的来自律师事务所。在活动情况方面,50.6%的法治副校长每学期在学校举办一次法治教育活动,21.5%的偶尔举办一次,17.4%的经常不定期举办,10.5%的每学年举办一次。这些结论从针对初高中生的调研结果中也可以得到印证,除基本的授课和主题班会、队会、团会之外,其他法治教育活动还包括排演、观看法治文艺节目(39.2%),收听、收看广播、电视法治节目(37.7%),警察入校讲座(36.9%),宪法日普法活动(34.2%),普法征文(32.7%),法治教育基地(23.4%),模拟法庭(16.3%),法治副校长讲座(15.8%),参观法院、监狱、管教所、戒毒所(14.6%)。进一步分析可发现,警察,法治副校长,法院、监狱、管教所、戒毒所工作人员等群体参与青少年法治教育的程度并不深入。至于应然上举办活动的次数,35.5%的教师认为应该每月一次,27.8%的教师认为每学期一次即可,24.1%的教师认为应该经常不定期举办,还有12.5%的教师认为应该每两月一次。73.6%的教师认为法治副校长非常好,很有意义,但也有22.3%的教师认为一般,形式大于意义,还有3.4%的教师认为作用不大,0.7%的教师认为没什么用。总的来说,法治副校长制度的实施效果与其是否真实参与到学校法治教育实践之中息息相关,参与程度较深的,好评度更高。

5. 超五成教师认为法治教育的课时不足、学生接受法治教育的主动性不高

超五成教师认为,学校法治教育存在的主要问题是课时不足、学生接受教育的主动性不高,其他问题还包括老师专业性不足(42.5%)、教育方式单一(39.5%)、缺乏权威的统一教材(27.0%)。针对学生的调研也显示,22.7%的青少年不太关注法治教育相关活动,部分青少年“听了”不代表“记住了”,“记住了”不意味着“做到了”。

### (二)“学”的视角:法治认同的意识淡薄

随着时代的发展,学生素养内容日趋丰富,包括思想道德、规则意识、纪律意识、自信心、掌握法律知识的程度、学习法律知识的兴趣、学习法律知识的主动性、权益意识、运用法律的能力、遵纪守法的自觉性、参与法治教育积极性、对我国法律的信任程度等。调查中我们要求教师对学生的以上素养进行评价,1

分为最低,5 分为最高,表 1 数据显示,学生的思想道德平均值为 4.02 分,标准差为 0.98,可见学生的思想道德水平整体较好。平均值最高的为学生对我国法律的信任程度,为 4.41 分,标准差为 0.90。但学生对法律的信任程度高并不是建立在深入了解学习法律的基础上,从教师的打分情况来看,平均值最低的为学生运用法律的能力,为 3.29 分,标准差为 1.28;平均值较低的还包括学习法律知识的主动性(3.39 分)、掌握法律知识的程度(3.40 分)、学习法律知识的兴趣(3.48 分),这也印证了加强青少年法治教育的迫切性和艰巨性。

**表 1 教师对目前学生素养表现的评价("1 分"为最低,"5 分"为最高)**

| 具体素养 | 思想道德 | 规则意识 | 纪律意识 | 自信心 | 掌握法律知识的程度 | 学习法律知识的兴趣 | 学习法律知识的主动性 | 权益意识 | 运用法律的能力 | 遵纪守法的自觉性 | 参与法治教育积极性 | 对我国法律的信任程度 |
|---|---|---|---|---|---|---|---|---|---|---|---|---|
| 平均值(分) | 4.02 | 3.79 | 3.83 | 3.90 | 3.40 | 3.48 | 3.39 | 3.72 | 3.29 | 3.86 | 3.84 | 4.41 |
| 标准差 | 0.98 | 0.99 | 1.02 | 0.99 | 1.18 | 1.21 | 1.24 | 1.14 | 1.28 | 1.12 | 1.12 | 0.90 |

将教师所在学校分为重点(包括省、市重点)学校及其他学校后发现,重点学校的教师给本校学生以上各类意识打 4 ~ 5 分的占比均高于其他学校的教师。卡方检验的结果显示,被试老师在学生思想道德、规则意识、掌握法律知识的程度、学习法律知识的兴趣、学习法律知识的主动性、运用法律的能力、遵纪守法的自觉性、参与法治教育积极性评价方面均存在显著差异,在纪律意识、自信心、掌握法律知识的程度、权益意识及对我国法律的信任程度上则不存在显著差异,具体数据见表 2。

**表 2 重点学校的教师与其他学校的教师卡方检验结果**

| 具体素养 | 思想道德 | 规则意识 | 纪律意识 | 自信心 | 掌握法律知识的程度 | 学习法律知识的兴趣 | 学习法律知识的主动性 | 权益意识 | 运用法律的能力 | 遵纪守法的自觉性 | 参与法治教育积极性 | 对我国法律的信任程度 |
|---|---|---|---|---|---|---|---|---|---|---|---|---|
| χ2 | 10.620 | 19.983 | 8.980 | 7.346 | 8.430 | 15.868 | 16.053 | 4.498 | 22.524 | 29.888 | 17.810 | 3.843 |
| df | 4 | 4 | 4 | 4 | 4 | 4 | 4 | 4 | 4 | 4 | 4 | 4 |
| p | 0.031 | 0.001 | 0.062 | 0.119 | 0.077 | 0.003 | 0.003 | 0.343 | 0.000 | 0.000 | 0.001 | 0.428 |

通过对师资群体的调研结果发现,青少年法治教育的效果不佳可以从“教”和“学”两个层面获知。而“教”与“学”具有十分密切的关联性,正是由于存在法治教育教师对法治教育形式的具体落实程度不够、授课教师的专业性程度和法治教育课时时长不够、学校未能配备相应的师资力量(专职法治教育教师、法治副校长等)和专门的法治教育经费等问题,才会出现学生法治意识淡薄的现状。因此,为了更好地实现青少年法治教育的目标,应从上述问题中抽取对师资力量发挥预期作用的影响因素,通过正向干预助推法治教育实践的正态发展。

## 四、青少年法治教育的影响因素与师资力量的互动型构

师资群体作为青少年法治教育中的重要力量,想要达到培育具备现代化法治观念的新时代青少年的目标,不仅需要师资群体自身过硬的专业素质与深刻的法治认同,还需要外部性因素(如社会风气、制度建设、政策支持等)发挥辅助作用。下文将从观念性因素、制度性因素和主体性因素三个方面分别讨论其如何影响师资力量在青少年法治教育场域中发挥作用。

### (一)观念性因素对法治认同的培育

法治的核心功能不仅仅在于形成“规则之治”,更为重要的是形成人们对法治社会的价值判断和文化认同。法治认同作为社会认同的一部分,需要全社会各个主体共同参与价值培育,营造有利于达成法治共识的认同要素。[22] 因此,为满足培育法治认同的群体性条件,需要师资群体、家长主体、学生以及整个社会形成良好的法治观念与风气,搭建有利于形成法治认同的环境与平台。

首先,在学生法律意识的培养进程中,超六成的教师认为父母对学生的影响非常大(父亲67.4%,母亲63.6%)。家庭环境是影响青少年法治意识的重要场所,父母等主体是否有意识地培育青少年对法治价值的认同很大程度上决定了青少年对“法治”的初步认知。在调研中,法治教育教师认为影响法治教育效果的重要因素是家长素质(51.1%)。家长对青少年价值观内容的培养有一

---

㉒ 参见尹奎杰:《法治认同培育的理性逻辑》,载《北方法学》2016年第3期。

定的“支配性”影响,如果家长未能对法治观念、内容和价值产生内在认同,则在其影响下,青少年也大概率会形成“法治无用论”的淡薄意识。因此,形成尊崇法治、认可法治的家庭氛围对于培育青少年法治观念具有基础性作用,可以为师资群体的法治教育提供良好的前提性条件。

其次,在调研中,法治教育教师认为影响法治教育效果的重要因素之一是法治老师(50.5%)。师资群体的法治意识是影响青少年法治教育效果的直接因素。作为法治教育观念的“更新者”与法治教育内容的“教化者”,师资群体若未能形成对法治价值的范畴认知和自我归类,则不能起到沟通和传递法治价值的桥梁作用,也无法与青少年主体形成基于法治的“群际关系”。因此,师资群体应首先更新自身的法治观念,形成体系化和全面化的法治认同,在清晰构建自身法治认同的基础上才能发挥对青少年的引导和教化作用。

最后,教师认为法治教育效果最主要的影响因素是社会风气(54.6%)。青少年不仅仅受到家庭、学校等小场域中的观念影响,还会受到社会共同体这一大环境的影响。青少年在作为社会主体与其他个体或者群体产生社会交往时,可能会进入不同类型的法律关系。日常生活中较为普遍的是通过购物行为建立的买卖合同关系、父母与未成年人之间的监护与被监护的关系。负面的法律关系则包括未成年人实施的强奸他人,或由刑法规定、因不满法定刑事责任年龄不予刑事处罚的行为,以及严重危害社会的行为,如结伙斗殴,追逐、拦截他人,强拿硬要或者任意损毁、占用公私财物等。如果社会风气的主流在于通过法律“治理”各项社会场域中的法律关系和法律问题,则青少年作为社会关系中的主体,也会受到法治社会的积极影响。因此,在全社会形成良好的法治认同的基础上,青少年才能通过接受法治教育不断向法治认同靠近,从而寻找在法治共同体中的自我归属感,得到其他个体的尊重和承认,在法治的社会场域中实现自我价值的重塑与回归。换言之,良好的法治社会风气可以为师资群体开展法治教育实践提供很好的典型示范作用与辅助影响作用。

### (二)制度性因素对身份构建的供给

制度供给的目的是规范和协调利益矛盾。制度是思想的外化,组织和行为是制度的衍生物,而效率是组织和行为的结果。[23] 制度性因素与法治认同的观念性因素是耦合互动的关系,其对于加强法治教育教师群体的身份构建与认知具有十分重要的作用,也会为法治教育教师开展法治教育实践提供良好的制度环境,激发教师的主观能动性,促使其积极投入到教育实践中去。制度供给的充分性和青少年法治教育的完善需通过政府、教育行政部门、学校等多方主体联动合作才能实现。

首先,在法治教育教师培育方面,在政策层面出台了教育部《关于印发〈全国教育系统开展法治宣传教育的第七个五年规划(2016—2020 年)〉的通知》(教政法〔2016〕15 号)、教育部办公厅《关于印发〈2017 年教育信息化工作要点〉的通知》(教技厅〔2017〕2 号),要求开展青少年法治教育教师培训,实施中小学法治教育名师培育等工程,但由于传统学科教师培育逻辑和学科教育评测体系的束缚,在客观升学压力与教师绩效考评等硬指标的压力下,学校层面并未积极主动地贯彻落实上述政策精神,具体表现为是否存在专门的法治教育经费在重点学校与非重点学校呈现显著差异、是否聘请专职专业的法治教育教师、是否设置法治副校长等。支持性的政策需要与具体化的行动配合才能实现预期的效果,法治教育教师的培育是开展青少年法治教育的重中之重,只有在培育了符合法治教育标准的专业教师的前提下,才能为青少年提供正确法治价值观的引导。欠缺专业的法治教育教师提供观念更新与内容教化作用,青少年法治教育将沦为"无米之炊"。

其次,在法治教育教材设计与适用方面,虽然有统一编写的教材,但是存在不同学校使用率不同、教材内容枯燥无味不够贴近生活、法治教育内容占比等显著低于道德教育和心理健康教育等问题,[24]导致法治教育教材本身的"指导性"作用未能发挥。杜威曾指出,教材的性质是在一个有目标的情境的发展过程中所观察、回忆、阅读和谈论的种种事实以及所提出的种种观念。[25] 依此观点,法治教育教材是法治教育理念、目标、内容及相关事实最直接的载体,不仅

---

㉓ 参见高申鹏:《制度供给的关键性作用——解读赫尔南多·德·索托的〈资本的秘密〉》,载《学术研究》2003 年第 4 期。

㉔ 参见吴会会:《论中小学法治教育制度化困境的破解——基于理念、教材、师资与实践基地的系统建构》,载劳凯声等主编:《中国教育法制评论》,教育科学出版社 2019 年版,第 13 页。

㉕ 参见[美]约翰·杜威:《民主主义与教育》,魏莉译,长江文艺出版社 2018 年版,第 162 页。

能够为法治教育教师提供标准的教学范本,也能为青少年提供准确且全面的学习素材,帮助法治教育教师在教学过程中以教材文本为媒介,与学生之间形成有效沟通与互动,在潜移默化中传播法治观念、培育法治认同。

最后,在法治教育实践性方面,全国人民代表大会常务委员会《关于开展第七个五年法治宣传教育的决议》和国务院《关于印发中国妇女发展纲要和中国儿童发展纲要的通知》等文件强调要加强青少年法治教育实践基地建设、法治资源教师和网络平台建设等,但由于地方财政投入和各个学校重视程度不一,资源与经验的缺乏导致未能实现目标设计与具体实践的统一。法治教育的实践性基地和实践性活动是帮助法治教育教师凸显自身引导者和教化者作用的重要依托,在特定化的实践性场地,也有利于教师形成与法治教育相关的“惯习”。同时,实践性的场域有助于青少年在沉浸式的学习与体验中巩固和加深自身的法治认同感,通过真正的参与跳脱出教材和书本的局限性,充分理解、感受、反思并内化法治的实践魅力,为法治教育教师的教学提供正向供给。

### (三)主体性因素对法治教育的落实

主体是法治教育实践中的重要因素,通过群际关系对青少年的法治认同形成影响。师资群体则是对青少年法治教育成效影响最大的主体类型。师资群体分为专职法治教育教师、法治副校长、非专业的法治教育教师等类型。调研结果显示配备专职法治教育教师的学校占比较小(34.7%),且专职法治教育教师的跨学科素养参差不齐,专业性不足,多为政治专业毕业(61.5%),少部分为法律专业(30.8%)。此外,仍有43.5%的学校尚未配备法治副校长,举办实践性活动的频率也较低。

首先,法治教育的主体必须具备相应的专业性,并能够将法治与教育融汇结合,在保证内容具备专业性的基础上通过妥当的教育方式将法治价值与观念传递给青少年。欠缺相应法学专业知识的班主任或者思政课老师作为法治教育的授课主体则容易导致法治教育成为思想品德教育或者安全纪律教育的“附庸”,无法体现其独立性的地位。当然,具有专业性知识的主体并不一定具备相应的教育学素养、经验和技能,如担任法治副校长的检察官、法官等主体虽然具备专业的法学知识,但在教授青少年法治知识时,可能因欠缺教育技巧,无法很好地利用教学资源而使得法治教育沦为充斥着生僻的法学名词、复杂的法律关系和内容分析的课堂。[26] 因此，法治教育师资必须兼具法学专业知识和一定的教育学知识，以通俗易懂的方式将复杂的专业知识转化为贴近青少年日常生活的表达，以情景式教学取代传统的知识灌输式，让青少年在理解与思考的基础上形成对法治的尊崇与认同。

其次，对于创新性的法治教育主体需要具体化的规则构建，充分贴合青少年法治教育的特点和需求，全面地发挥"教化"和"引导"功能。2021 年 12 月发布的《中小学法治副校长聘任与管理办法》第 8 条明确了每所学校应当配备至少 1 名法治副校长，师生人数多、有需求的学校，可以聘任 2 名以上 5 名以下法治副校长，以更好地完善中小学治理体系，健全学生权益保护机制。但在调研中发现，法治副校长的覆盖面仅为 54.1%，且重点学校有法治副校长的占比高于其他学校，法治副校长的担任主体主要来自公安局或者派出所。法治副校长的配置在地区和学校类型上的差异可能会导致法治资源本身稀缺的学校和地区陷入法治教育效果更加难以改善的境地。法治副校长担任主体的不同也会对法治教育的内容产生限制，如来自公安局或者派出所的法治副校长所讲授的内容会局限于预防违法犯罪和安全教育，而来自法院或者检察院的法治副校长则会注重讲授《民法典》《未成年人保护法》《刑法》等相关知识。受限于法治副校长的不同身份来源，青少年所接触的法治教育可能无法全面地囊括不同类别的法律常识，更遑论意识层面的法治价值观和法治认同感。

最后，师资群体是落实青少年法治教育的关键实践主体，无论是专职还是兼职的法治教育教师，均需具备"法学 + 教育学"的双重知识基础，注重法治教育内容的全面性，摆脱原职业和身份的局限。法治教育的内容不能受限于法学学科教育的"知识点"教授逻辑，其重要的目标在于帮助青少年在日常生活中形成自觉的守法观和法治意识，因此需以青少年的生活场景和关系脉络为主线。法治教育教师需充分发挥主观能动性，在讲授法治知识时紧密贴合青少年的生活主轴，注重知识要素的综合性和实践性，将法学知识的要素融入具体的生活场景中去，利于青少年通过联想和生活体验加深对法治思想的理解。如果只是强调专业知识的灌输，与青少年的日常生活严重脱节，那么，法治教育将沦为

---

[26] 参见雷槟硕：《中小学法治教育实践：难点、成因与突破——以上海市六所中小学法治教育实践探索为例》，载《青少年犯罪问题》2020 年第 5 期。

“空中楼阁”,无法落到实处。此外,各个法治教育教师主体需形成系统性的师资群体格局,共同协力联动参与到青少年法治教育实践中去,仅依靠单个法治副校长或者专职法治教育教师均无法实现培育青少年法治认同的最终目标。

## 五、结构主义视角下完善师资力量建设的途径

帕森斯理论下的系统结构理论包括了维持其存在的各种不同类型的行动系统,而维持这种存在的基本功能分为适应、目标达成、整合和潜在模式维持。[27]在青少年法治教育的场域中,适应功能是指必须结合所处环境利用各项资源,法治教育教师应充分发挥主观能动性,利用宏观政策和学校具体实践提升自我的法治素养。目标达成功能是调动内部资源实现系统目标,使参与者实现和达成其目标,主要强调的是学校方需充分调动向上和向下的资源,以师资力量建设为核心,通过整合功能使各个部分相互协调、相互合作,构建政府、学校、社会、家庭共同参与的青少年法治教育新格局。而潜在模式维持包括模式维持和紧张处理,主要是指每个成员的精神状态及维持系统所必需的规范协同关系,即师资群体必须首先在观念层面形成一致的法治认同理念,才能进一步引导青少年在习得法治理论的同时树立正确的法治价值观。上述分析了对师资力量发挥教育作用的影响因素和不同功能,但完善师资力量建设还需从实践出发提供具体可行的提升路径。

### (一)师资力量的资质专业化

师资力量的专业资质是做好青少年法治教育的关键要素,只有师资力量具备法治教育的专业素养和专业知识,才能以主动积极的姿态引导青少年群体参与并投入到法治教育的理论学习与生活实践中去。提高师资资质专业化程度首先需要对“教师教育”进行严密的顶层设计,通过制度层面的改良体现对法治教育教师的专业发展和继续教育的重视。这不仅要求法治教育的师资群体在大学阶段或者培训机构接受全面完善的法治教育知识,还要求其在担任法治教育教师后继续接受法治教育的专业熏陶,通过自我更新和持续提升的方式养成

[27] 参见孙岳兵:《结构主义视角下法律功能范畴研究》,载《求索》2016 年第 1 期。

自主学习的资质提升体系。

为加强师资力量的学习效果和自主学习积极性，教育部门可针对法治教育教师群体编写配套的研修教材，充分挖掘各学科教学内容的法治内涵，尊重法治教育教师群体关于法治教育实践性知识的形成逻辑，提供继续学习、自主学习的法治课程资源和学习基地，建立中小学法治教育骨干教师培养机制，完善对法治教育教学成果的支持和奖励制度，推动师资群体有序、主动地学习法治教育知识，培育深厚的理论知识基础和强大的科研学习能力。与此同时，教师应将焦点置于教材与学生实际需求及能力的互动上[28]，充分引导学生思考日常生活中的法治场景，培养切己体察的反思批判能力。因为在现实生活中，一些人未必愿意将法律的价值贯穿其中，并内化为学生人格的一部分。[29] 因此，更重要的是，教师必须展示法律的权威性，自己不过是这种权威的传授载体，而不是权威本身，努力引导学生理解法律规范的普遍性、稳定性，逐渐形成法律价值的内化，最终获得对合法性的尊重。[30]

值得各地借鉴学习的是，北京市已经结合《青少年法治教育大纲》的要求，对法治师资群体的专业化资质培训制定了《北京市中小学法治教育名师工作室建设项目管理办法》，实行实践导师和理论导师“双导师制度”，以“理论学习”与“实践提升”作为专题研修内容，开展法学前沿知识、中小学法治教育理论与课程改革理论等读书活动，交流心得体会，提高自身理论修养；开展相关教育教学观摩、专题讲座等名师引领活动，进一步探究教学艺术技巧；推进“工作室”课题研究，辐射、带动工作室成员开展教育教学研究，撰写教学研究论文，促进深化学习研修。各地在展开法治教育师资力量专业资质建设的实践中，可以积极借鉴北京法治教育名师工作室的建设经验，学法理补短板，研教学达共识，打造法治教育业务能力强的青少年法治教育教师队伍。

---

[28] 参见［美］约翰·杜威：《民主主义与教育》，魏莉译，长江文艺出版社2018年版，第164页。

[29] 参见［美］汤姆·R. 泰勒、里克·特林克纳：《孩子为什么遵守规则：法律社会化与合法性发展》，雷槟硕译，上海三联书店2020年版，第225页。

[30] 参见［法］涂尔干：《涂尔干文集（第6卷·教育社会学卷1）：道德教育 教育与社会学》，陈光金等译，商务印书馆2020年版，第165页。

### (二)师资力量的主体多元化

青少年法治教育的师资力量主体不应局限于中小学校内的教师群体,可以通过与高校合作的方式引进高校法学教师、高校法学专业大学生等主体促进青少年法治教育师资力量的多元化。鼓励高校探索青少年法治教育方向研究生培养,尤其是在法律硕士专业中设置法治教育方向,创新机制吸引法学专业毕业生到中小学任教,培养专业化的中小学法治教育师资。完善法治教师继续教育制度,充分利用高校、社会的力量,为中小学法治教育教师培训提供支持。

此外,2022 年 5 月 1 日实施的《中小学法治副校长聘任与管理办法》对中小学法治教育中的法治副校长制度提出了具体要求,规定了法治副校长履职期间的工作内容及法治副校长的担任条件。但问题在于,很多地方的中小学所设置的法治副校长更多在于形式意义的宣示,从公检法司等政法部门聘请的人员在法学理论水平方面良莠不齐,教学技巧欠缺,其兼职身份更决定了他们无法开展具体而持续的法治教育。[31]

因此,为了发挥法治副校长制度的最优效应,必须从以下三个方面着手:第一,在选择标准上,择优将具有丰富法律知识和法治实践经历并热衷于助力青少年法治教育的人员纳入法治副校长人才库。第二,在能力培育上,通过专业培训、业务交流、经验推广等方式,打造高素质、高水平的法治副校长工作队伍。第三,通过激励机制统筹规划法治副校长工作,在落实普法规划、开展青少年法治教育的整体布局中认真研究并解决工作中遇到的困难和问题。对法治教育工作成效突出的法治副校长及其派出单位,在全国或者地方普法先进个人、先进集体评选表彰中予以优先推荐,按照有关规定,予以表彰鼓励,充分调动广大法治副校长和派出单位开展青少年法治教育的积极性。[32]

### (三)师资力量的教育形式多样化

作为一种面向社会实践的教育,法治教育需要教师不断积累形成专业的实

---

[31] 参见晋涛:《中小学法治教育资源的现状、整合与共治》,载《青少年犯罪问题》2020 年第 5 期。

[32] 参见赵晨熙:《我国建立统一的法治副校长制度 法治副校长干什么谁来管怎么聘》,载《法治日报》2022 年 2 月 22 日,第 7 版。

践性知识。研究表明,教师实践性知识主要包括以课堂教学为情境的嵌套式生成、以教师集体教研为情境的拓展式生成、以教师从事科研活动为情境的循环式生成三种机制。[33] 而学生是否实施破坏行为,则更多取决于老师对待他们的方式,如是否得到老师的倾听和理解,学校规则是否得到公平执行,等等。[34] 为了保证青少年法治教育的实践效果,师资群体应当发挥主观能动性,积极挖掘多样化的教育形式,引导青少年参与并投入到法治教育的实践中去,促进学生对规则是什么的理解;应当公平、公正地执行规则,促进学生对正义价值观的坚守。尤其是在数字时代的背景下,师资队伍作为法治教育公共服务供给的核心力量,应当不断提高对智能化教育技术和数字化资源的理解与运用能力,利用新技术推动教学内容和教学方式个性化、多样化,推动教育教学的开放、智慧、多元、协同。[35] 通过翻转课堂、在线教育等现代技术不断充实教育场域,以新的技术"质料"不断构造新的教育形态。[36] 人工智能和大数据在教育中的应用,不仅能够帮助教师群体形成法治意识和法治思维,也能作为新型要素激发青少年投身法治教育。有了智能介入,教师可以从简单重复的劳动中解放出来,将更多的时间和精力用以"育人",借助大数据分析、寻找与青少年生活密切的相关素材并灵活地运用到法治教育的内容中。[37]

为辅助师资群体发挥最佳的教育效果,相关教育部门应当扎实推进青少年法治教育实践基地、法治资源教室和网络平台建设,运用法治副校长、以案释法、模拟法庭等多样化方式深入开展法治教育和法治实践活动。司法裁判具有很强的实践性,其旨在解决社会实践中的种种法律难题,甚至是道德困境,应当充分发挥司法裁判的教育功能。鼓励法院与学校联合开发相关课程,以案例为主线,帮助青少年在思考与探究中深入体验调查取证、分析思考、推理断案的全

---

[33] 参见魏戈:《教师实践性知识的生成》,教育科学出版社 2020 年版,第 207 ~ 218 页。

[34] 参见[美]汤姆·R. 泰勒、里克·特林克纳:《孩子为什么遵守规则:法律社会化与合法性发展》,雷槟硕译,上海三联书店 2020 年版,第 206 ~ 207 页。

[35] 参见刘永林、晋伊斐、金志峰:《数字时代的教育法治:逻辑、境遇与图景》,载《内蒙古社会科学》2022 年第 2 期。

[36] 参见敖峰:《论教师的技术具身:意涵、隐忧与超越》,载《电化教育研究》2022 年第 2 期。

[37] 参见刘永林、晋伊斐、金志峰:《数字时代的教育法治:逻辑、境遇与图景》,载《内蒙古社会科学》2022 年第 2 期。

过程,养成遵守法律的自觉意识和良好行为习惯。[38] 通过此种实践性活动,能够很好地帮助青少年身临其境地研究法律问题,培育法治意识,锻炼法治思维。

### (四)师资力量与其他社会主体的协作

分工塑造了社会活动的重组,分工中的结构失衡则是风险的来源。[39] 为实现青少年法治教育的目标,不仅需要师资力量的建设与提升,还需要其他社会主体的参与,通过社区、家庭和社会法律援助中心的分工协作为青少年法治教育实践共同助力。

首先,社区参与青少年法治教育可以为青少年提供丰富的法治知识和法治实践机会。值得借鉴的制度是美国青少年法治教育中的"课堂中的社区"和"社区中的课堂"的有机融合。前者注重将社区法治问题引入课堂讨论,后者注重利用社区法治资源开展实地考察和实地演练的教育形式。[40] 我国多地(如湖北省武汉市、广东省深圳市等)积极开展社区青少年法治教育实践,通过与公益组织、高等院校合作共建教育基地,以大学生志愿者普法宣传、开展知识竞赛、社区模拟法庭等方式在青少年法治实践等方面取得了良好的效果。

其次,家庭是青少年法治教育中的重要一环。2022 年 1 月 1 日施行的《家庭教育促进法》第 16 条第 2 项将培养未成年人法治意识作为家庭教育的内容之一。家庭成员应主动提升自身的法治素养和法治教育水平,以身作则,遵纪守法,从而形成尊崇法治、认同法治的优良家风。父母对青少年的教育理念应去除"唯分数化",在关注学习成绩等指标的同时更需要关注青少年的权利义务意识、责任意识、守法意识、规则意识等法治观念的培育。此外,未成年人的父母或者其他监护人应当与中小学校、社区密切配合,积极参加其提供的公益性家庭教育指导和实践活动,共同促进青少年法治教育的建设。

最后,相关院校或者教育部门还可以通过与社会法律援助组织的合作,以

---

[38] 参见李法瑞:《面向"真实世界"构建五位一体的青少年法治教育学习空间——上海青少年法庭科学教育中心的创新探索》,载《中国现代教育装备》2022 年第 8 期。

[39] 参见徐亚清、于水:《殊途同归:吉登斯与沃勒斯坦的结构主义社会批判》,载《中南大学学报(社会科学版)》2022 年第 2 期。

[40] 参见何汉斌、郑文清:《中美青少年法治教育方法比较及其启示》,载《中学政治教学参考》2022 年第 7 期。

实践性的法律援助活动为青少年提供亲身参与法治实践的机会，帮助青少年学会如何保护个人合法权益。例如，江苏省法律援助基金会资助的“法援惠民生·泰和青少年普法自护项目”，该项目根据青少年的特点和需求，制定有针对性的普法内容，选择合适的普法方式，以青少年喜爱的方式进行普法教育，传播法治理念，增强法律信仰。以“小手拉大手”的方式，最大限度提升常规活动效果，充分调动青少年学法、懂法的积极性，助力其健康平安成长，更好地推动社会法治建设。

### （五）法治教育质量评估体系的构建

法治教育质量评估体系是检验青少年法治教育成效的重要标杆，只有将教育效果与教育目标相比较，才能不断根据效果调整教育方式、教育内容、教育理念等，在不断完善的过程中实现青少年法治教育的预期目标。从评价主体而言，应摆脱传统的“同体评价模式”，采取“异体评价模式”，以法学专家、法治教育专家、教育部主管部门等作为第三方评价主体，对师资群体所展开的青少年法治教育的成效进行客观公正的评价。[41] 从评价对象而言，师资群体的教育成效不仅需要从学生受教育的角度进行评价，还需要对师资群体的自身建设水平进行评价。对学生受教育的角度进行评价的内容包括学生的法治意识、法治观念、规则意识、权利义务观念、法治认同感等，也包括学生的法治实践能力、个人权益维护能力和适法违法行为的鉴别能力。对师资群体的自身建设水平进行评价的内容包括师资群体的法治教育理念、法治教育专业资质水平、法治教育实践能力、法治教育的教学技巧、知识转化能力等。从评价标准而言，须以《青少年法治教育大纲》中的法治教育目标作为规范标准，在不同的教育阶段匹配不同层级的法治教育目标。从评价后的奖惩机制而言，不能单纯地设置效果评价，应同时构建与评价结果相匹配的奖惩机制，对于各项指标完成较好的学校、机构、教育基地、法治教育教师等主体给予物质性和精神性的奖励，将其作为法治教育的榜样案例扩大宣传并积极推广。对于各项指标尚未达标的主体，则需要设置惩戒性的措施，通过惩戒措施倒逼相关主体积极完善青少年法治教育建设中的不足，努力向青少年法治教育的目标迈进。

---

[41] 参见胡峻：《中小学法治教育评价体系研究》，载《现代中小学教育》2020 年第 5 期。

## 结 语

人之为理性的人,正在于人类理解并运用抽象规则建立意向性的共同体,在语言共同体的社会性活动中创造制度事实、劳动工具和物质关系。各种事实描述和语言表达中均隐含着创制规范和遵守规则的活动。[42] 在我们的生活中,规范性无处不在,我们不只是拥有信念,我们和他人还应当坚持某些信念。[43] 这种规范性和信念在当下社会中即表现为“法治”,具体形式主要体现为宪法及各种法律。不以规矩不成方圆,法治乃国之重器,而法律的生命在很大程度上仍然在于借由意义确定的规则,为社会中的个体提供行动指引。[44] 青少年正处在人生观、世界观和价值观的形成期,进行法治教育,不仅关系着青少年个体的法治意识水平及行动方向,也关系着法治中国建设的进程。[45]

师资力量作为青少年法治教育中沟通法治教育与青少年主体的重要桥梁,是法治理念的“更新者”和法治内涵的“教化者”,应积极承担起青少年法治教育的重担,充分发挥观念性因素、制度性因素和主体性因素的积极效用,与学校、社区、家庭、法律援助组织等多方主体积极协作,以资质专业化、主体多元化、形式多样化的姿态勾勒青少年法治教育实践的美好蓝图。唯有发挥师资力量的关键作用,才能以正确的法治教育力量引导青少年培育良好的法治认同,实现从知识灌输型法治教育到价值培育型法治教育的转变,摆脱外在强制性的传统束缚,构建内在认同的法治根基,使尊法、学法、守法、用法成为青少年的共同追求和自觉行动。

---

[42] 参见韩东晖:《人是规范性的动物——一种规范性哲学的说明》,载《中国人民大学学报》2018 年第 5 期。

[43] 参见[美]克里斯蒂娜·科尔斯戈德:《规范性的来源》,杨顺利译,上海译文出版社 2010 年版,第 1 页。

[44] 参见[英]赫伯特·哈特:《法律的概念》,许家馨、李冠宜译,法律出版社 2018 年版,第 200 页。

[45] 参见肖建国、石展:《习近平总书记关于青年教育重要论述的旨要、价值与践行》,载《江苏大学学报(社会科学版)》2021 年第 2 期。

# 让宪法回归生活:青少年宪法教育的一个路向

张　劲*

**摘　要**:“生活世界”理论被普遍认为是近代哲学转向现代哲学的标志,也是现代教育的重要本体论和方法论基础。“生活化教育”关心受教育对象的主体性,关心现实生活对于教育的生成性,关心教育过程对于生活实践的回应性。以此为价值指引检视我国青少年宪法教育,围绕教育对象的支配、教育内容的剪裁以及去情景化、去回应性的教育方式和过程展开讨论。进而,以主体性回归、行动性体验和回应性展开为基本路向,对青少年宪法教育生活化进行初步探索。

**关键词**:青少年;宪法教育;生活世界;生活化教育

## 引　言

宪法教育是公民教育最重要、最核心的部分。党的十八届四中全会审议通过的《中共中央关于全面推进依法治国若干重大问题的决定》将每年 12 月 4 日定为国家宪法日,并提出了“在全社会普遍开展宪法教育,弘扬宪法精神”。《青少年法治教育大纲》也明确提出,“当前和今后一段时间,要高度重视青少年法治教育工作,加快完成法治教育从一般的普法活动到学校教育的重要内容,从传授法律知识到培育法治观念、法律意识的转变”①。宪法教育是终生的,也是面向全社会的,但最具有基础性、系统性、连续性的还是学校宪法教育。因此,

---

* 张劲,中国政法大学宪法研究所副教授,法学博士。

① 教育部:《青少年法治教育大纲》,载教育部官网,http://www.moe.gov.cn/srcsite/A02/s5913/s5933/201607/t20160718_272115.html。

宪法教育最基本是指学校开展的，以青少年为主体的宪法教育。

总体而言，国家对宪法教育的重视前所未有，相关教育大纲和教材亦体现了现代宪法理念的不断丰盈，宪法教育的实效也在各学校的积极探索中有所提升。但值得注意的是，现实中仍存在宪法教育抽象化、教条化、空洞化、低效②等问题。③ 如何让青少年宪法教育成为以受教育者为中心的教育，如何在情景化结构中让宪法知识转化为意义，如何让宪法教育以问题为导向积极回应生活实在，如何回应上述问题依然具有现实意义。因此，本文以"生活化"为中心进行检视，以期在"生成性"层面审思青少年宪法教育失效或低效的原因，并推动宪法教育的某些"观念性"转变。

当然，"生活世界"的哲学理论、"生活化教育"的理念并不是什么特别新鲜的理论范式，其已经有相当的理论共识。党的十九届四中全会提出，"创新教育和学习方式，加快发展面向每个人、适合每个人、更加开放灵活的教育体系"。所以，本文的主题并不是另辟蹊径的"发现"，而是"面向每个人、适合每个人"的基本教育理念在青少年宪法教育领域的引入，以期观念的共识转化为行动的力量。

## 一、"生活世界"与生活化教育

### （一）何谓"生活世界"

"生活世界"被普遍认为是近代哲学转向现代哲学的标志。一般认为，"生活世界"概念是 20 世纪初奥地利哲学家胡塞尔（Edmund Gustav Albrecht Husserl）在他的《欧洲科学危机和超验现象学》一书中提出的。后来，奥地利学者维特根斯坦（Ludwig Josef Johann Wittgenstein）、德国学者哈贝马斯（Jürgen

---

② 参见苏芮：《互联网时代青少年法治教育途径低效的心理效应分析》，载《预防青少年犯罪研究》2018 年第 1 期。

③ 笔者长期从事高校宪法教学工作，其对象主要是法科大学生，属于"青少年"的范围。但这里的讨论更多围绕中小学的宪法教育而展开。笔者没有从事中小学宪法教育的专门经历，但曾多次参与全国中小学生、大学生的宪法大赛，或作为评委或作为指导老师；也曾参与某高校组织的全国中小学法治师资培训；也曾到一些中学开展过宪法教育活动；等等。这些活动让笔者能够从教育者和被教育者的各自表现中发现青少年宪法的某些问题，也是本文的重要认知基础。

Habermas)都是这一理论的重要支持者。在哈贝马斯看来,“生活世界”存在于“客观世界”“社会世界”“主观世界”之中,但又是这三个世界和谐统一的基础。④ 相对于胡塞尔、哈贝马斯等西方学者对主观世界的关注,马克思主义的“生活世界”理解则更具有实践品格。马克思认为,“全部社会生活在本质上是实践的”⑤,生活对意识有决定作用,“不是意识决定生活,而是生活决定意识”⑥。

由于语境、视域的某些差异,我们很难绝对准确地对“生活”“生活世界”下一个通用的定义。因为“在其存在论意义上,生活的内涵是无法用语言和理论完全揭示出来的,它只能通过自身的实际存在过程得以展示自身,对生活的任何一种界定都将意味着对生活之丰富内涵的遮蔽和消解”⑦。不过,我们至少可以从以下几方面去把握“生活世界”的主旨和追求:(1)“生活世界”关注人的主体性。“生活世界”的发生学背景主要是物质主义、科学主义的宰制,“工具理性”不断膨胀而导致人的主体性遗忘以及人的境况的轻忽。所以,“生活世界”不是自然的世界或人们生活的“环境”,而是人存在于其间的世界,是以人为中心的世界。人的主体性是“生活世界”的基本价值取向。(2)“生活世界”的整体性。人生活的世界是整体的,特定人的生活世界也是整体的。尽管我们常常将生活分为家庭生活、学校生活、社会生活,但它们并不是互不交涉的场域。比如,“物质生活”“精神生活”的划分,虽然有其意义,但“生活中本身并不天然地存在这两种形式。并没有完全剔除精神性的物质生活,也没有完全剔除物质性的精神生活”⑧。事实上,“任何生理性需要的满足都不可能不伴随精神的愉悦,任何创造物质财富的过程也都不可能不借助精神的伴随与引导”⑨。(3)“生活世界”关注现世性与实践性。“生活世界”对现世的关注,也是人的主体性价值取向的延伸。欧洲中世纪以后的文艺复兴、思想启蒙,其反对的恰恰是在神学的笼罩下,把希望寄托于来世,只有彼岸完美、纯洁的肯定,却缺乏此在的现世关怀,宗教就成为人类

---

④ 参见[德]哈贝马斯:《交往行动理论》(第1卷),重庆出版社1994年版,第119页。
⑤ 《马克思恩格斯选集》(第1卷),人民出版社1995年版,第56页。
⑥ 《马克思恩格斯选集》(第1卷),人民出版社1995年版,第73页。
⑦ 唐汉卫:《生活道德教育论》,教育科学出版社2005年版,第68页。
⑧ 高德胜:《生活德育论》,人民出版社2005年版,第15页。
⑨ 胡凯:《思想政治教育生活化研究》,复旦大学2007年博士学位论文,第26页。

天性的控制。(4)“生活世界”关注主体间性。马克思认为，人的本质是“一切社会关系的总和”。[⑩] 人天生是社会的动物，作为主体的人不是孤岛的人，“生活世界”是“行为主体间以理解、走进、认同为指向的非功利性的精神的互动过程”[⑪]。“生活”美好，但并不总是“诗和远方”，其间也不乏主体的冲突和博弈。哈贝马斯的交往行为理论关注人与人的交互性，本身就包括矛盾与冲突。因此，“揭示生活世界的本质，进而改造日常生活模式和人的现实生活，离不开认识这些现实矛盾和冲突的特征和实质”[⑫]。

### (二)生活化教育

在科学主义、理性主义的支配下，规模化、标准化的大工业生产方式潜移默化地支配了人类教育的理念和手段。于是，在统一的教材和大纲、网格化的知识点设计、程式化的教学技术、班级化的教学体制之下，教育“服膺于外在的目的，功利性淹没了教育的内在意义，也不去追思教育的内在意义贯穿教育过程始终的是如何有效地致知，强调知识技能的学习掌握，并不关心知识技能对于人自身的意义，古典人文教化转换成知识技能训练，并且一直兴盛不衰，甚至还随着教育的技术化水平增强而更趋强化热衷于知识点的灌输”[⑬]。此时，“寻求‘如何做的问题’取代了寻求‘教育是什么的问题’。方法论走到了前台，本体论则逐渐被人们忽视。教育理论成为技术之学”[⑭]。最终，教育缺失了“如其所是”的探询、看顾和尊重，学生成了工业化的“产品”，或是机械化农业下一棵棵等待被播种、施肥、浇灌的禾苗。这是“生活世界”的哲学理论引入到教育领域，发展出“生活化教育”的理念的重要背景。

美国学者杜威提出“教育即生活”的主张，就是针对教育和生活实际的脱

---

⑩ 需要说明的是，马克思所讲的人的本质是“一切社会关系的总和”，“主要强调要在社会关系中去理解人的本质，这是一个方法论原则，并不是对人的本质的精确的定义，所以，不能作为一个定义而到处乱使用”，不能机械地理解为马克思主义对人的主体性的否定从而导致社会淹没个人的后果。参见谢龙编：《中西哲学与文化比较新论》，人民出版社 1995 年版，第 190 页。

⑪ 胡凯：《思想政治教育生活化研究》，复旦大学 2007 年博士学位论文，第 26 页。

⑫ 孙正聿：《寻找“意义”：哲学的生活价值》，载《中国社会科学》1996 年第 3 期。

⑬ 刘铁芳：《人、世界、教育：意义的失落与追寻》，载《教育研究》1997 年第 8 期。

⑭ 曹永国、刘江岳：《何谓教育理论联系实践——一个现象学的考察》，载《安徽师范大学学报(人文社会科学版)》2016 年第 3 期。

节,并强调生活世界对于教育的建设性意义。同时,杜威也提出"教育即改造",这既要求教育者贴近生活、贴近实际去担负塑造新人的使命,也意味着接受教育的过程并不是被动的规训,而是受教育者在生活实践基础上对知识的过滤、思辨和选择,从而"主动改造社会、驾驭生活、绽放生命的充实意义"⑮。我国的人民教育家陶行知先生从另一个维度提出了"生活即教育"。他认为,"教育的根本意义是生活的变化。生活无时不变即生活无时不含有教育的意义。因此,可以说,'生活即教育'"⑯。其实,无论是"教育即生活",还是"生活即教育",都是殊途同归,都主张教育回归生活,使教育在生活世界的恒久性、基础性中获得意义和可靠性。20 世纪 90 年代之后,"生活化教育"成为中国教育学比较流行的新的理论话语,"它在不知不觉中渐渐代替了 80 年代在教育学基本理论研究中占绝对主导地位的'实践'话语"⑰,成为中国教育理论的重要本体论和方法论基础。

简单来说,"生活化教育"主张,生活是人行动的母体,是教育认知的真实泉源。生活之于教育具有本体性地位,要以生活为基点来思考教育的理念、原则和方式。它关心受教育对象的主体性,关心现实生活对于教育的生成性,关心教育过程对于生活实践的回应性。总之,"教育向人的生活世界的回归意味着学校教育要关心学生的生存与发展状态,关注学生的价值与需要,关怀人的现实与理想,从而彻底改变教育的工具理性价值,面向学生的生活世界,实现教育的内在价值与外在价值的统一"⑱。在我们看来,"生活化教育"在社会科学领域比自然科学领域更重要,因为社会科学不是像自然科学那样可以通过知识授受和认知开发。特别是社会科学中的思想政治教育、道德教育、法治教育,因其政治性、抽象性以及较强的说教特征,而成为公认的教育难点和痛点。这也可以从这些教育领域普遍表现出的教条化、过度政治化、空洞化、理想化中得到部分验证。因此,"生活化教育"在这些领域显示出它尤为不可或缺的性质。

当然,我们说教育回归生活世界,不是让教育的过程完全沦为生活现实的解释。实际上,教育并不是绝对地等同于生活现实。生活中有善恶美丑,教育

⑮ 张云:《教育:向生活世界回归——杜威教育哲学的启示》,载《探索与争鸣》2005 年第 4 期。
⑯ 《陶行知全集》(第 2 卷),湖南教育出版社 1985 年版,第 633 页。
⑰ 谭斌:《论教育学中关于"生活世界"的话语》,载《南京师大学报(社会科学版)》2001 年第 1 期。
⑱ 孙伟霞:《生活世界理论与新课程改革的价值取向》,载《思想理论教育》2003 年第 12 期。

的任务是弘扬真善美，让真善美在生活中被发现、被感知。恶也是生活，我们不能遮蔽生活中的不完善，否则教育就活在童话的世界里。陶行知先生说："千教万教兮，教人求真；千学万学兮，学作真人。"[19]教育应该做的，不是遮蔽，而是发挥它的评价功能去指引。总之，教育从生活中获取源头活水，但又以高于生活的身姿去指引生活、改造生活。

## 二、青少年宪法教育的"生活化"检视

在《义务教育道德与法治教材法治专册介绍》中，其"法治教育专册的编写思路"包括三项，即"以宪法精神为主线""从学生生活出发""将知识、观念与行为选择融为一体"。[20] 这说明青少年法治教材的编写者已经有了鲜明的"生活化教育"的意识，这是一个显而易见的观念进步。为此，笔者也建议，我们从事相关教育教学的老师都应该认真阅读和理解这个"编写思路"。这样，我们才能整全地从精神层面把握青少年宪法教育的过程。这也说明当下青少年宪法教育的主要问题，不是观念问题而是观念和行动的距离。以下将从几个方面予以检视。

### （一）被支配的教育对象

无论是杜时忠教授对于"非人"教育的历史性反思[21]，还是鲁洁先生所指出

---

⑲ 《陶行知全集》(第1卷)，湖南教育出版社1984年版，第922页。

⑳ 《义务教育道德与法治教材法治专册介绍》关于"法治教育专册教材的编写思路"的表述是：(1)以宪法精神为主线。坚持党的领导、人民当家作主、依法治国有机统一，通过对公民与国家关系的探究，将公民的基本权利和义务、国家基本制度、国家机构等内容贯穿起来，使之成为一个整体，更好体现宪法精神，即规范国家权力的运行，保障公民权利的实现。(2)从学生生活出发。将宪法的规定与生活中常见的社会事务结合起来，从学生的经验出发，引导学生对宪法地位和宪法精神的理解和认同，从而真正从内心认同法治，树立法治信仰，践行法治精神。(3)将知识、观念与行为选择融为一体。注重法律知识向日常实践的延伸，强调法律知识的获得、公民素养的养成和法律的应用融会贯通，引导学生在掌握法定的权利与义务等基本法律知识的基础上，通过活动体验和参与，提升正确判断、选择、行动的能力。参见教育部：《义务教育道德与法治教材法治专册介绍》，载教育部官网，http://www.moe.gov.cn/jyb_xwfb/xw_fbh/moe_2069/xwfbh_2017n/xwfb_20170828/sfcl_20170828/201708/t20170828_312493.html。

㉑ 杜时忠教授在对人类教育史的考察中，对"非人"的教育进行了历史梳理和反思。在武力征伐时代，教育被作为培养战争机器的工具；在强调宗教信仰的时代，教育是培养上帝的仆役的手段；在民族国家时代，教育成为维护国家利益的工具；在经济主义的逻辑之下，教育是从属于经济的教育；在某些集权国家，教育成了政治的思想宰制工具；等等。参见杜时忠：《德育十论》，黑龙江教育出版社2003年版，第26～27页。

的教育过程中“人学的空场”[22]，都说明既往教育中普遍存在的对人的主体性存在的遗忘。人是目的而不是手段，不能把人作为人力资源或生产力要素，教育不是支配而是人的促进。正如瑞士教育学家裴斯泰洛齐（Johann Heinrich Pestalozzi）所认为的，“教育是对人的一切天赋能力或力量的和谐发展的一种促进”[23]。

然而，我们的教育，特别是政治、法律、道德层面的教育，却常常失去了这种主体性关怀，我们热切地想要把孩子们塑造成我们所期待的模板化的样子。或许，中文的“教育”二字本身就容易给我们一种单向性、传递性的错觉。师者负责“教”与“育”，是为“教育”，学生负责“学”与“习”，是为“学习”。教育之“育”，如抚育、培育，也带有较为明显的单方意志性。于是，在“师—生”“教—学”“育—习”的关系结构中，教育活动具有了强烈的支配性。特别是在面对青少年的时候，我们这些成年的教育者，无论是体型、知识还是经验，都有显而易见的优势，这种支配性就更可能表现为一种凌驾性。尤其是现代的教育者都经历了师范院校的专门化训练，教育者具有了更强的贯彻自我意志的能力和手段。渐渐地，青少年的“可塑性”成了“支配性”的修辞。被支配的青少年宪法教育有什么问题？问题在于受教育者把接受宪法教育当成老师或学校要求的“任务”，他们会背诵宪法的条文，会参加宪法知识竞赛，会热情洋溢地进行宪法演讲，但体会不到宪法对于他们自身的意义。简言之，“支配”会带来青少年不同程度的“迎合”，却不能让孩子们获得感同身受的能力，也很难交换他们对宪法的真诚和信赖。因此，从人的目的性对待去思考和展开宪法教育，才是教育获得实效的根本之途。具体来说，教育者需要考虑不同年龄阶段的孩子能够在何种层次上接受宪法，什么样的宪法教育内容更可能激发他们的宪法共鸣，什么样的教育方式更符合他们的认知特点和规律等。

---

[22] 鲁洁先生认为“当我们站在发展了的时代中，用对于人的新的理解去审视我们的教育和教育学时，发现这里真的存在着一个‘人学的空场’”。“以往的教育和教育学或是把人当作没有自我发展生长能量的‘物’，把人的变化或发展只看作是外力支配和推动的结果。为此教育注重的是外部影响，注重的是‘施教’，注重的是灌输和强制；或是把人看作是与其他生命体没有区别的存在。”王啸：《教育人学》，江苏教育出版社2003年版，“导言”第37页。

[23] 谢兰荣：《试论“教育”概念的界定及其方法论问题》，载《教育理论与实践》1994年第5期。

### (二)被剪裁的教育内容

在青少年宪法教育过程中,我们非常看重"正能量"。什么是"正能量"?在笔者看来,它本身包含两个方面:一是"正",是方向性概念;二是"能量",是效果性概念。也就是说,教育想要达致的"正能量"必须同时考虑两个方面的要求。没有"能量"的"正",并不坚实,也不持久,会沦为"正确的废话",甚至会因为说教而引发抵触。有研究者在2015—2016年针对首都大学生的宪法意识进行调查,"调查结果显示,43.5%的大学生是通过电视、视频、报刊了解到宪法的,33%在学校学过,14.3%是通过他人了解,9.2%是通过其他途径了解"[24]。大学生在中小学阶段应该都是接受过宪法教育的,但有接近70%的学生对中小学阶段的宪法教育没有印象。当然,学生对学校宪法教育没有印象的原因也可能是有的学校的宪法教育课被主科占用了,并且这一调查的样本具有有限性,并不足以说明全部情形,但这也部分说明中小学宪法教育的效果并不理想。

那么,为什么青少年对宪法教育缺乏印象呢?原因之一就是我们把宪法中最具有身边性意义的部分剪裁掉了。"生活世界"是整体性的,教育者不能剪裁生活,不能主观地在生活中精挑细选,把一些明明在生活中存在的遮蔽掉。宪法教育尤其是中小学宪法教育,剪裁宪法内容的最主要表现就是把"公民基本权利"部分简略化或删除。由于历史的、观念的诸多原因,人们对宪法的理解长期集中于政治层面、国家层面。我们的青少年宪法教育主要是以"责任""义务"为中心的教育,而不是以"权利"为中心的教育。实践中,青少年宪法教育的内容主要是爱国主义、集体主义、责任意识、纪律观念。这一情形在过去更为突出。有研究者比较了2000年、2002年针对中小学生的《社会》《品德与社会》教材,发现爱国主义教育分别占到21%和17%,权利意识或自由平等意识则分别占到3%和1%。[25]

---

[24] 王东红:《首都大学生宪法意识现状的调查与思考》,载《思想教育研究》2016年第6期。

[25] "人民教育出版社2000年出版的4~6年级《社会》和2002年出版的《品德与社会》,发现公民意识教育在旧版所占比例为30%,而在新版所占比例为42%。就公民意识教育内容本身,两版教科书也存在明显差异。在旧版教科书中,爱国主义教育所占比例高达21%,民主意识2%、遵纪守法2%、权利意识3%、合作意识3%;而在新版教科书中爱国主义教育下降为17%,民主意识上升为5%,增加了3%的积极参与意识、2%的理性权责观、4%的全球意识以及1%的自由意识、平等意识等。"张宁娟:《当代中国公民教育的三大助推力》,载《中国德育》2011年第11期。

今天的情形有了很大的改变,但由于思维的惯性,这一问题并未成为过去时。以《青少年法治教育大纲》为例。它强调“以宪法教育为核心,以权利义务教育为本位。法治教育要以宪法教育和公民基本权利义务教育为重点,覆盖各教育阶段,形成层次递进、结构合理、螺旋上升的法治教育体系。要将宪法教育贯穿始终,培养和增强青少年的国家观念和公民意识;将权利义务教育贯穿始终,使青少年牢固树立有权利就有义务、有权力就有责任的观念”㉖。其中的“以权利义务教育为本位”“将权利义务教育贯穿始终”等都体现了很大的观念进步,也说明了教育主管部门宪法理念的更新。但该大纲终究还是没能明确提出“权利教育”的中心地位,基本权利的意义依然在“权利义务统一论”“正确行使权利论”之中体现。

宪法教育要立足于生活,教育者要帮助青少年建立起宪法的生活性关联,帮助青少年发现宪法维护自身利益的直接意义,这样宪法教育才能够获得真正的“能量”。马克思说:“思想一旦离开‘利益’,就一定会使自己出丑。人们总是追求利益并为此奋斗,人们为之奋斗的一切,都同他们的利益有关。”㉗最可靠、最经常实现生活性联系的,恰恰是基本权利教育。所以,我们需要在国家层面去阐释宪法,更需要在个人层面去靠近宪法;我们需要在责任层面去维护宪法,更需要在权利层面去沐浴宪法的守护;我们需要在政治、政权、政体层面去领悟宪法,更需要在个人的自立、自主、自觉层面去践行宪法。我们当然需要防止权利被滥用,但必须明确宪法权利之运用是本源性的,滥用是派生性的。

在近几年的一些宪法演讲大赛中,笔者多次观察和指导学生的比赛选题和内容,学生层次包括小学、初中、高中、大学等各层次。同学们的选题最多的是围绕爱国主义、集体主义等责任和使命意识而展开,内容大多是战狼、利比亚撤侨、汶川地震、改革开放宏观成就等。这些选题无可厚非,但选题高度集中于有限领域本身就表现出宪法教育被剪裁的后果。笔者在指导过程中亦深切地感受到,学生们缺失对宪法的感同身受,也缺乏讲好身边宪法故事的能力。

---

㉖ 教育部:《青少年法治教育大纲》,载教育部官网,http://www.moe.gov.cn/srcsite/A02/s5913/s5933/201607/t20160718_272115.html。

㉗ 《马克思恩格斯选集》(第1卷),人民出版社1995年版,第187页。

### (三)去情景化的教育过程

认知心理学认为,人的认知是具有结构性的。这种结构性常常被解释为新知识和旧知识的结构性联系,即以“个人已有的知识结构来接纳新知识,新知识为旧知识结构所吸收,旧知识结构又从中得到改造与发展”[28]。在笔者看来,认知的结构性还包括知识不是简单地从书本到头脑的观阅和记忆,而是在情景化结构中感知、体验,进而选择、判断,并最终转化为认知。“情景化”看重的是可视性、可体验性、可反复验证性,它是外部信息转化为内部认知的枢纽,也是教育获得生动性的桥梁。自然科学如物理学、化学都非常重视实验,那些抽象的物理公式和化学属性才得以情景化呈现。

《青少年法治教育大纲》其实是比较重视教育情景化的,它强调在义务教育阶段,“要注重教学内容和方式的形象、生动,贴近学生实际,利用案例教学、实践教学,从生活实践中提炼案例,注重将核心理念、重要概念与学生生活实践能够接触的事件相结合,与学生的理解能力相适应”[29]。遗憾的是,在我们的诸多宪法教育活动中,宪法知识被 PPT 演示却没有被体验,宪法逻辑被推论却没有身边的活灵活现,教育者过于相信理性的指引,而轻视了宪法知识情景化的必要过程。然而,宪法意识、宪法信仰不是单靠理智、推论可以获得的。正如贺麟先生谈道德信仰之养成,“主要是基于生活、行为、经验和阅历,而很少出于抽象的理智的推论”[30]。

因此,如何把社会主义核心价值观的抽象概念转化为生活的日常?如何把人民当家作主的宪法原则呈现为身边性的可靠感知?如何把公平公正的宪法理念投射到无时不在的学习生活之中?如何让学生真切地理解到,理性的规则与其说是约束毋宁说是一种保护?这些问题并不存在唯一正确的答案。但可以确定的是,宪法教育应该在周遭生活环境中展开,宪法意识只能在社会生活

---

[28] 魏纪林、董杰:《认知、观念与信仰:法制教育的三个维度及其衔接机制》,载《思想政治教育研究》2008 年第 5 期。

[29] 教育部:《青少年法治教育大纲》,载教育部官网,http://www.moe.gov.cn/srcsite/A02/s5913/s5933/201607/t20160718_272115.html。

[30] 宋志明编:《儒家思想的新开展——贺麟新儒学论著辑要》,中国广播电视出版社 1995 年版,第 446 页。

交往中生成,宪法信仰只能在反复证立的生活实践中内化。笔者深知,达到这样的效果并不容易。它需要教育者“情景化”理念的念兹在兹,也需要教育者技术和能力的配合。

### (四)去回应性的教育方式

新时代法治建设的一个重要思维是“问题导向”。这既要求中国的法治建设要针对社会运行中的病灶(问题),因此“坚持问题导向”不是盲目的“点赞式”法治,是以直面问题、解决问题为中心的法治,是与时俱进的、回应性法治。及时提供法治化的解决方案,也要求我们不断检视法治建设自身的缺陷和不足,在不断自我完善的过程中提高法治回应社会变迁的能力。

从“问题导向”出发,我们也可以反观青少年宪法教育中的某些问题。在一次全国中小学法治师资培训中,笔者曾观察学员们的教学展示。尽管 PPT 的内容比较丰富,教学手段也比较多样化,但基本上是从宪法文本的“应然”去理想主义地呈现,而不会提及宪法“实然”的不尽如人意。也许,我们从事青少年宪法教育的老师们,始终担心生活中的负面信息会影响学生正确宪法观念的形成,始终担心伤害宪法的神圣性。殊不知,没有错误的映照,正确又怎么能坚实呢?没有反思性鉴别,又怎能激发学生学宪、护宪、行宪的不竭动力呢?我们的宪法并没有处在一个理想的到达点上,而始终处于一个不断接近理想的过程中。过于理想化的宪法教育,只能沦为虚幻,并将在社会现实面前被击穿。我们只有肯定宪法的进步,又同时直面宪法问题,特别是回应生活中的宪法事件,宪法教育才回归了它应有的真实。事实上,公民宪法意识的提高本身依赖于实践中的互动,“而宪法事件所展现的制度缺陷和公民宪法意识提高所发生的舆论呼声,二者之间的合力又会直接或间接地对现行制度的完善产生不同形式的影响,从而推动制度的完善与创新”[31]。2019 年年末以来的新冠肺炎疫情,就涉及非常多的宪法问题,如隐私权与疫情管控的张力,信息公开与社会稳定的考量。这些问题并不是简单的是非对错可以概括的,带着这些问题去阐释宪法,特别是在冲突性的场景中去理解宪法,才是生动鲜活的宪法教育,也才是具有

---

[31] 韩大元、秦强:《社会转型中的公民宪法意识及其变迁——纪念现行宪法颁布 25 周年》,载《河南省政法管理干部学院学报》2008 年第 1 期。

回应性的宪法教育。

宪法教育缺乏回应性,还体现在对学生的真实困境缺乏关心。具有回应性的宪法教育,是回应孩子们真实诉求的宪法教育。笔者相信,如果宪法教育能够让孩子们发现,可以运用它去改变家长训斥、棍棒的粗暴教育方式,孩子们一定会喜欢宪法。如果宪法教育可以让学校因此而杜绝体罚,让管理更具有人性化,孩子们一定真诚拥护宪法。反过来,如果宪法只是约束和负担,而没有看得见的好处,谁会乐意成为它的仆役呢?当然,我们不是要绝对地让孩子一切以自我为中心去思考问题,但教育者不能简单化地对学生提出要求,要具备冲突的解释能力,如家长监护权与孩子隐私权的冲突,学校管理权与个性选择权的冲突等。教育者最应该懂得,教育的宝贵时机蕴藏在个人困惑、利益冲突的时刻,而不是在那些无关痛痒的事件之中。在宪法的教育者了解孩子们的真实诉求,解答他们的生活困惑的回应性过程中,宪法才从知识转化为意义,否则,宪法走不进孩子们的心里。

## 三、青少年宪法教育的"生活化"展开

青少年宪法教育的"生活化"展开,没有绝对统一的范式,笔者在此做的亦不过是一种仅供参考的有限探索。但在方向性层面,笔者基本同意如下见解:"所谓生活世界,就是人作为一种动态的存在得以延续和发展的现实场域和场景……以宪法为重要载体的法律代码实现了系统的整合,这种整合不再是源于政治系统的施加,而是源于生活世界的沟通,基于交往理性的商谈,出于法律承受者的真实意愿"㉜。以下将从三个方面予以讨论。

### (一)主体性的回归:被动的宪法到主动的宪法

现代化是工业化,是科学技术的现代化,更是人的现代化。人的主体性回归是现代教育的基本要求。这意味着"不是以科学的方式研究人,而是以哲学的方式对人的思考,所思考的不是人的生理或心理的某个方面,而是人的整体

---

㉜ 陈佑武、张晓明:《宪法哲学:公民生活与宪法完善的有效连接》,载《法学杂志》2010 年第 8 期。

和人的本性"[33]。否则,教育将成为"诸多外在目的的手段和工具。在预设的、固定的、孤立的终极目的的统治下,教育中的目标(Aims)和手段(Means)受到割裂、易位"[34]。在笔者读到的诸多关于宪法教育、法治教育的论文中,"落实""贯彻""培养""塑造""树立""增强""提高"这类的语词充斥在文章之中。单从这些语词,我们就可以感受到书写者的俯视、凌驾和支配。因此,如何让宪法教育的过程成为"主体在需要驱动下自觉自为进行建构活动的结果,不是简单地被动地对客体的应答过程"[35]就成为思考宪法教育路向的一个关键,也是宪法教育从被动的宪法转为主动的宪法的关键。

宪法教育为什么要坚持人的主体性?这本身就是宪法精神品格的内在要求。现代宪法的基本价值预设,是公共权力控制和公民权利保障。甚至公共权力控制的目的也是实现公民权利。一如李慎之先生所说:"宪法是规定和限制政府权力的,是保护全体人民的,是保证国家长治久安的";"公民教育所要传播的首先是宪法的知识。每一个公民第一要懂得自己在宪法中的地位,政府在宪法中的地位,自己与政府的关系"。[36] 既然宪法的核心精神是以人为中心的终极关怀,宪法教育亦当如是。偏离了这样的宪法认知,宪法教育就缺失了定准之锚。

进而言之,以人的主体性为中心的宪法教育首先应该是权利教育。列宁说:"宪法是写着人民权利的一张纸。"法国《人权宣言》指出:"凡权利无保障的社会就没有宪法",其《1791 年宪法》把《人权宣言》作为序言。世界上第一部社会主义宪法——1918 年苏俄宪法,也将《被剥削者劳动人民权利宣言》作为它的开篇。这说明宪法的重心是权利保障。可以说,"权利保障"才是宪法信仰生成的可靠途径,因为"法的权利观念较之法的义务观念于主体者更能激发其主动精神、自觉和民主精神。因此,必须将群体权利的保护转到对公民个体权利的保护上来,以此强化人们的权利意识和法律权威的信念,形成对法律信仰的

[33] 冯建军:《关于建构教育人学的几点设想》,载《华东师范大学学报(教育科学版)》2017 年第 2 期。

[34] 张云:《教育:向生活世界回归——杜威教育哲学的启示》,载《探索与争鸣》2005 年第 4 期。

[35] 魏纪林、董杰:《认知、观念与信仰:法制教育的三个维度及其衔接机制》,载《思想政治教育研究》2008 年第 5 期。

[36] 李慎之:《修改宪法与公民教育》,载《战略与管理》1999 年第 3 期。

内驱力”[37]。

宪法教育首先是权利教育，并不是否定责任、义务教育，从而导致个人中心主义膨胀，竞争淹没了合作，并“在不知不觉中塑造了人类对待自然的‘人类中心论’和个体对待他人的‘个人中心主义’的心态”[38]，而是说，从权利出发才能更好地理解责任。“义务实际上是权利的引申和派生物，当立法者发出禁令，要求人们承担起普遍的义务时，只有当它是从权利中被合理地引申出来的，它才能成为一种合理的存在。”[39]易言之，义务是为了权利实现的需要而被设定，是为了他人的权利、集体的福祉而具有正当性，这是必须明确的权利和义务的主次关系。归根结底，我为什么要承担社会责任，为什么要尊重别人的权利，根本上不是缘于道德性，而是因为我的权利得到他人的尊重和社会的保障。

人的主体性回归，还意味着受教育者不是宪法知识填充的“容器”，意味着教育者不能站在讲台上俯视，而需要站在被教育者之中去思考。什么内容是主体最关心的？什么方式是主体最可能接受的？什么描述是特定群体容易理解的？比如，美国关于宪法教育有专门的人权法案的儿童适用版，在这个版本中，没有艰深晦涩的专有名词、历史背景，而是通过孩子们的语言提供通俗易懂的讲述。例如，把晦涩的《人权法案》第 1 条，用儿童化的语言表述为：“国会不能就你的宗教信仰制定任何法律，或者阻止你信仰自己的宗教，阻止你说你想说的话，或者不准你发表你想发表的东西（例如在报纸和书籍中）。国会也不能阻止你和平地集会，要求政府去改变某个事情”。[40] 再如，美国公民教育中心所编写的四册公民教材，该教材分为四个主题——权威、隐私、责任、正义。丰富的宪法内容被高度凝练地纳入这四个主题之中，反映了编写者对宪法的深刻理解和高超的概括能力。并且，整个教材中大量选用生动的宪法案例并提供行动指南，既方便相应年龄段的孩子们理解抽象的宪法理念，也提供了丰富的实践策略。

---

[37] 魏纪林、董杰：《认知、观念与信仰：法制教育的三个维度及其衔接机制》，载《思想政治教育研究》2008 年第 5 期。

[38] 冯建军：《主体教育理论：从主体性到主体间性》，载《华中师范大学学报（人文社会科学版）》2006 年第 1 期。

[39] 郑成良：《权利本位论——兼与封日贤同志商榷》，载《中国法学》1991 年第 1 期。

[40] 程映虹：《美国儿童是如何学习宪法的》，载《教师博览》2017 年第 7 期。

### (二)行动性的体验:文本的宪法到行动的宪法

许多实证调查表明,青少年对法律重要性的认知,是跟自己生活的联系紧密程度和使用频度相关的,“使用的频次越高,法的重要性就越突出,使用频次不高的法律其重要性自然得不到重视”[41]。韩大元教授在2007年主持了一项公民宪法意识调查。“调查结果显示,76%的民众认为民法是与生活联系最密切的法律,选择宪法仅有10%……在有些民众的心目中,宪法普遍被认为是高高在上的,可望而不可即的,与日常生活更是相隔甚远,正是因为宪法与日常生活的遥不可及造成了公民宪法意识的淡薄。”[42]这种情形既是因为许多人没有意识到民法、刑法的诸多精神价值源自宪法,也是因为我们的宪法教育富于观念性而缺乏行动性,富于知识性而缺乏实践性。

1994年,美国颁布了国家层面的公民学课程指导纲要——《公民与政府国家标准》(*National Standards for Civics and Government*)。该标准明确阐述了美国公民教育的目标、原理以及不同阶段的学生应学习的内容和标准。这些内容和标准包括公民知识、公民技能和公民品性三大部分。这也说明从知识到品性不能绕越关键的“技能”环节。这些技能包括智力技能和参与技能。智力技能即进行批判性思考的能力,具体要求学生“能对某一政治问题或公共事件进行批判性的思考,能自主掌握识别、描述、解释、评估、选择立场、辩护等具体方法”。“参与技能指公民有效、负责任地参与政治及公共生活应具备的能力,具体包括合作技能、关注技能和影响技能。”这些公民技能就是通过情景化设置,让学生能够在生活的烟火气中体验宪法,在行动性的过程中提高公民技能。[43]英国《1998年教育改革法案》之公民教育也很重视根据儿童的不同年龄特点,让孩子们去体验和经历。这样的情景化、行动性主张,在我国的《青少年法治教育大纲》中也有体现。《青少年法治教育大纲》提出,“注重知行统一,坚持落细

---

[41] 郭庆、李远龙:《广西青少年学生宪法意识调查研究》,载《黑河学院学报》2019年第6期。

[42] 韩大元、秦强:《社会转型中的公民宪法意识及其变迁——纪念现行宪法颁布25周年》,载《河南省政法管理干部学院学报》2008年第1期。

[43] 参见乐先莲、邹燕:《美国公民学课程国家标准探析——兼论我国公民教育课程的设计》,载《中小学德育》2015年第8期;任京民:《美国学校公民教育课程的三次变革及其启示》,载《外国中小学教育》2013年第8期。

落小落实;要更多采取实践式、体验式、参与式等教学方式,与法治事件、现实案例、常见法律问题紧密结合,注重内容的鲜活,注重学生的参与、互动、思辨,创新形式,切实提高法治教育的质量和实效”[44]。但相对来说,我们的《青少年法治教育大纲》和相关教材较为原则,在具体实践中的展开还是有较大的偶然性。

如何将宪法的文本转化为行动,是理念问题也是技术问题。例如,“民主”是重要的宪法原则。如何让民主生活化为实践的过程?我们当然可以讲人民代表大会制度,但更重要的是善于将人民当家作主的原则转化为身边的生活经验。教育者只有让学生真切感受到,“民主”不是未来的事情,而是能够基于自己的条件对身边的、利益攸关的事情发挥积极作用,“民主”才获得了可靠性。再如,“公平公正”是基本的宪法理念。我们如何让“公平公正”的价值去指引生活?举例来说,我们的班级如何安排座位就很考验公平公正。我们首先需要去了解,学生是否存在一种较为普遍的共同位置偏好?如前排、中间或是靠窗等。如果有,但不能满足所有人的要求,我们就能让学生感受到“个人欲望最大化满足与社会资源有限性的张力”。正是因为这样的张力,公平公正的问题才被提出。接下来是如何实现公平公正。“轮流”是比较常用的公平的办法。但“轮流”是否需要照顾到性别的特征?因为不同年龄段男女生会有身高上的总体差异。座位安排是否需要对个子矮小、视力差的同学予以特殊照顾并单独考虑?如何去跟高个子且视力好的同学解释,他们为什么要有所牺牲?小小的座位安排,关涉的公平公正的考量还有很多。通过这些实践性行动,孩子们对客观条件的限制以及诸多公共选择的难题就有了真切的感知,尊重多数人意愿与照顾特殊群体的利益也得到理解,形式平等、实质平等的抽象原则亦有了生活基础。

生活本来就是“在一定历史条件下的外在制约性和内在能动性的统一”[45]。知识只有在交往性的世界中才能得到真切认知和体验,所以生活化教育一定是结合实践的教育,是行动中的教育。

---

[44] 教育部:《青少年法治教育大纲》,载教育部官网,http://www.moe.gov.cn/srcsite/A02/s5913/s5933/201607/t20160718_272115.html。

[45] 胡凯:《思想政治教育生活化研究》,复旦大学 2007 年博士学位论文,第 35 页。

### （三）回应性的展开：知识的宪法到思辨的宪法

在中文的表达中，我们比较偏好“既要……又要……”的句式，如“既要尊重个人权利，又要树立集体意识”。这本不是什么问题，但当它成为一种范式的时候，实际上就成了回避矛盾的调和主义。为了同时满足“既要”和“又要”，我们的宪法课堂就充满了一致性关系的描述，充满了青少年“应当如是”的劝诫，似乎利益冲突根本就不会发生，我们也不需要回应。

苏格拉底说，未经反思的生活，是没有意义的生活。同理，有意义的宪法教育，一定是思辨的宪法教育。那么，如何让思辨的宪法贯穿教育的过程呢？以美国公民教育中心的《责任》教材为例。编者以“什么是责任”“承担责任有什么利弊”“在相互冲突的责任之间如何作选择”“谁应该承担责任”来展开责任话题。[46] 整个教材不是让学生背诵“责任”的概念和内容，而是创设情境让学生去理解和体验“责任”，尤其是重视将“责任”纳入冲突的情境中去选择。教育者的任务就是回应这些冲突，并启发学生去思辨。人人承担责任，有利于促进合作、安全、效率和可预见性，自己也从中获益。但教育者也要坦言，责任并不总是带来利益和荣誉，在某些情形下也会带来负担，如时间、精力和物质的消耗。教育者还要让学生理解到，许多问题并没有线性的绝对化判断，而是一个利益衡量的过程。学生的思辨性就在其中生长。如“禁烟”的问题，其实，我们的老师也经常讲这个问题，未成年人有责任不吸烟，有责任劝阻他人在公共场所吸烟。但我们往往单向地从吸烟有害自身健康，公共场所吸烟侵犯他人健康等方面来讲。我们并没有回应以下更可能成为困扰的问题：为什么成年人可以吸烟，而未成年人则不可以？既然吸烟有百害而无一利，国家为什么还要许可烟草的生产和销售？这里面关涉诸多的宪法原理，个人自由与公共健康的关系问题，烟草行业的税收以及特定群体的就业问题，禁烟法律控制的方式和尺度问题，青少年特殊保护的原理问题。可以说，这本《责任》教材有很好的问题意识，也非常注重思辨性的训练。

我们的教育实践，在提倡学生的思辨思维方面多少有些缺失。“现实生活

---

[46] 参见胡春娜：《美国中小学的责任意识教育——美国公民教育中心〈责任〉教材解析》，载《教育科学研究》2013 年第 5 期。

中有争议的问题往往不敢让学生深入讨论，害怕学生思想发生迷乱；生活中尖锐的矛盾及其一些阴暗面不敢引导学生去揭示，害怕学生判断是非能力不强而失去对国家和社会的信任；对于敏感的问题如性教育等更不敢让学生去直面，害怕学生出现‘自由化’。”[47]负责任的教育者，应该以勇气和真诚，积极推动思辨的宪法教育，并在其中发挥引导作用，而不是回避。

## 结 语

本文基本上采用了一种“理念—问题—对策”分析框架。青少年宪法教育的诸多问题，不过是教育“生活世界”整体生态在中国的投射。李慎之先生说：“如果一个人真的还有下辈子的话，那么，我的最大愿望就是能在下一辈子当一辈子的中学公民教员，传授宪法知识。因为千差距、万差距，缺乏公民意识和宪法意识，是中国与先进国家的最大差距。”[48]此言不谬！在这个意义上，宪法不单是一个学科，而是共和国法治的拱顶石；宪法教育不是一个任务，而是成就共和国公民的途径。

卢梭说：“一切法律制度之中最重要的法律不是铭刻在大理石上，也不是铭刻在铜表上，而是铭刻在公民的内心。”[49]习近平总书记也强调，“宪法的根基在于人民发自内心的拥护，宪法的伟力在于人民出自真诚的信仰”[50]。这实际上就为宪法教育指明了方向。什么样的宪法教育有利于形成人民对宪法真诚的信仰？“生活化”宪法教育将搭建一座桥梁。当我们的青少年宪法教育体现出对主体性的尊重，重视行动性体验和思辨性回应，宪法一定能从知识转化为生活的意义。在从认识到实践再从实践中再认识的螺旋式上升过程中，宪法意识将在孩子们心灵中集腋成裘；在对宪法价值关怀的生活性感同身受中，宪法信仰将会在孩子们的心灵中聚沙成塔。

---

[47] 胡凯：《思想政治教育生活化研究》，复旦大学2007年博士学位论文，第70页。

[48] 李慎之：《修改宪法与公民教育》，载《战略与管理》1999年第3期。

[49] [法]卢梭：《社会契约论》，何兆武译，商务印书馆1980年版，第20页。

[50] 习近平：《在首都各界纪念现行宪法公布施行30周年大会上的讲话》，载《人民日报》2012年12月5日，第2版。

# 青少年民法典教育研究

## ——学习贯彻习近平总书记关于民法典的重要论述

郭开元　张晓冰　刘宗珍　刘宇轩*

**摘　要**:民法典对人身自由、财产权益、监护、收养和婚姻家庭等制度的规定是青少年权益保护的重要内容。习近平总书记强调要把民法典纳入国民教育体系,加强对青少年民法典教育。为贯彻落实习近平总书记关于加强青少年民法典教育的讲话精神,开展青少年民法典教育研究具有重要的理论和实践意义。梳理青少年民法典教育的重点内容,在此基础上探讨青少年民法典教育的具体实施路径,以期对我国青少年民法典教育的实践有所助益。

**关键词**:青少年;民法典教育;民事权益;法治教育;共青团

## 引　言

2020 年 5 月 28 日,第十三届全国人民代表大会第三次会议审议通过了《民法典》,这是我国第一部以“法典”命名的法律,是我国新时代社会主义法治建设的重大成果。习近平总书记指出,“民法典在中国特色社会主义法律体系中具有重要地位,是一部固根本、稳预期、利长远的基础性法律,对推进全面依法治

* 郭开元,中国青少年研究中心青年组织研究所所长、研究员,法学博士。
张晓冰,中国青少年研究中心青年发展研究所副所长、副研究员,法学博士。
刘宗珍,中国青少年研究中心助理研究员,法学博士。
刘宇轩,中国青少年研究中心助理研究员,法学博士。

国、加快建设社会主义法治国家,对发展社会主义市场经济、巩固社会主义基本经济制度,对坚持以人民为中心的发展思想、依法维护人民权益、推动我国人权事业发展,对推进国家治理体系和治理能力现代化,都具有重大意义”[①]。在我国,作为人民权益的重要内容,青少年依法享有生命权、健康权、财产权、隐私权等民事权利,并且民法典规定了侵犯上述权利的救济方式和民事责任。因此,民法典对依法平等保护青少年权利具有重要意义,青少年需要准确地掌握民法典的重点内容,尤其是关于青少年权益的重要内容。习近平总书记指出,要“加强民法典重大意义的宣传教育”“加强民法典普法工作……广泛开展民法典普法工作,将其作为‘十四五’时期普法工作的重点来抓……把民法典纳入国民教育体系,加强对青少年民法典教育”[②]。为贯彻落实习近平总书记关于加强青少年民法典教育的讲话精神,开展青少年民法典教育研究具有重要的理论和实践意义。

## 一、青少年民法典教育的重要意义

《民法典》是我国经济社会取得长足发展、全面建成小康社会的重要成果,是全面实现依法治国的必然要求,也是坚持以人民为中心的重要体现。《民法典》由原《民法总则》《合同法》《婚姻法》《收养法》《继承法》等民事基本法律编纂而成,体系性更强,精神内核凸显。相较于多部法律,《民法典》在规范民事法律关系方面所传达的理念系统性、逻辑性更强,国家运用法律进行国家治理的态度也更加明确。

除在规范相关经济行为、推动经济健康发展方面积极发挥作用外,《民法典》还注重保障人民的合法权益。《民法典》是人民的法典,与人们的生活密切相关,规范着自然人“从出生到死亡”可能发生的所有民事法律关系,青少年时期作为自然人一生中重要的成长阶段,关乎着青少年能否成长为对社会有用之人,且考虑到此阶段青少年天然的弱势地位,《民法典》对青少年合法权益的保

---

① 习近平:《充分认识颁布实施民法典重大意义 依法更好保障人民合法权益》,载《求是》2020 年第 12 期。

② 习近平:《充分认识颁布实施民法典重大意义 依法更好保障人民合法权益》,载《求是》2020 年第 12 期。

护更加强化。

### (一)民法典对青少年权益保护的重要意义

《民法典》被誉为“送给未成年人最好的礼物”。

第一,《民法典》对青少年的保护更加全面。《民法典》将对自然人权益的保护提前到了胎儿时期,虽然胎儿尚不能被称为民法意义上的“自然人”,但是涉及财产继承、接受赠与等方面的民事权利时,胎儿被视为具有民事权利能力。而未成年人遭受性侵,则在其成年后才开始计算诉讼时效,给予未成年人最充分的权利保护期限。《民法典》将人格权独立成编,凸显尊重人的尊严和价值,注重保护未成年人的个人尊严、个人信息,对有损伦理道德、有害公序良俗的人体基因、胚胎等科学实验的限制也作了规定,传递出国家对“人”的全面保护态度。

第二,《民法典》坚持最有利于未成年人原则,未成年人对自身的成长有一定的决定权。《民法典》的婚姻家庭编中增加了有关已满 8 周岁子女在父母离婚时可以选择跟随哪一方的规定,并使用了“应当尊重其真实意愿”的表述方式。“应当”显示出国家在立法上遵循“最有利于未成年人”原则,未成年人对自身的成长环境有一定的决定权,有一定的监护选择权。而《民法典》对于父母或监护人对未成年人的侵权行为有连带责任、负有赔偿义务的规定,也使得未成年人能清楚地认识到人都应当对自己的行为负责,责任意识也相应增强。

第三,《民法典》给青少年提供更稳定的成长环境。《民法典》中新增的“临时生活照料措施”是对此次新冠肺炎疫情的思考,完善了未成年人的监护制度,进一步明确了社会监护和国家监护的情形,最大限度地维护未成年人的合法权益,不使未成年人出现无人监管的状态。《民法典》新增家风建设相关内容,增加居住权规定,增加收养人的条件限制,增加收养评估制度,确保未成年人能够在健康的环境中成长。可以说,《民法典》对于监护制度、收养制度、婚姻家庭的规定给青少年的健康成长提供了客观的稳定环境。

第四,《民法典》聚焦青年问题,注重弘扬社会主义核心价值观。《民法典》在婚姻家庭编中亮点很多,婚姻冷静期的规定在社会上引起热烈讨论,强调婚姻非儿戏,引导青年尊重婚姻关系。新增的日常家事代理权、夫妻债务“共签共负”、婚内财产分割等规定,积极回应当前青年婚姻中的争议焦点问题,维护双方合法权益不受损害。此外,《民法典》将社会主义核心价值观写入其中,实现了权利本位和社会本位的交融结合。③

### (二)青少年民法典教育的重要意义

习近平总书记在《求是》杂志发表重要文章《充分认识颁布实施民法典重大意义 依法更好保障人民合法权益》,文章要求把民法典教育纳入国民教育体系中。青少年是国民教育体系的最主要受众人群,这是党和国家对青少年民法典教育提出的明确要求,因此对青少年开展常态化的民法典教育势在必行。

第一,对青少年开展民法典教育是依法治国的必然要求。《民法典》是调整人与人最基本关系的法律,是一部充满了烟火气息的法律。它的编纂不是凭空而立,而是建立在公序良俗之上,蕴含着道德与规则,也包含着国家对于人们参与社会治理的期许,是国家治理的重要方式。在青少年群体中尽早地开展民法典教育有助于培养青少年的法律意识,指导他们能够正确地处理人与人之间的关系,应对各种法律关系、维护自己的合法权益,也能尽快地帮助青少年完成社会参与,参与社会治理。

第二,对青少年开展民法典教育是法治教育的必然要求。2016 年 4 月,全国人大常委会表决通过了《关于开展第七个五年法治宣传教育的决议》,法治教育被纳入国民教育体系,决议指出青少年是法治教育的重点目标人群。适逢《民法典》颁布之际,在青少年群体中宣讲《民法典》、教导青少年用好《民法典》是维护青少年合法权益的重要步骤。《民法典》是中国特色社会主义法律体系的重要组成部分,是法治教育的核心内容,对青少年开展民法典教育是将民法典教育纳入国民教育体系的重要目的。开展青少年民法典教育能够培养青少年的法治思维和法治理念,掌握法律常识,规范个人行为,参与法治实践,这与《青少年法治教育大纲》的总体要求是相契合的。

第三,对青少年开展民法典教育是增强青少年公民意识、权利义务意识的必然要求。民法典坚持以人民为中心,强调人民的公民身份,对青少年开展民法典教育有助于使青少年认识到人民是国家的公民,树立公民意识就应当自觉

---

③ 参见张平华:《〈民法典〉的制度传承、宏观模式与重要创新》,载《山东大学学报(哲学社会科学版)》2020 年第 5 期。

维护社会主义核心价值观,坚持平等、自愿、诚信、绿色等民事法律原则,认真领悟民法典的价值理念和基本规则;应当积极维护社会稳定、和谐,维护自身和他人的合法权益,不做损害他人利益的事情,主动维护公序良俗,坚守传统美德。对青少年开展民法典教育有利于青少年明晰个人权利义务,坚守个人权利底线,运用法律手段守护自己的权利,对于法律义务要尽责履行,不逃避、不回避,做有担当的社会公民。

## 二、青少年民法典教育的内容及方式

民法典的规范范围广泛,既有对生命健康等人格权益的保障,也有大量关于物权、合同等财产权益的维护。选择哪些内容作为青少年民法典教育的基本内容,关系着教育的目标和价值能否顺利实现。本次《民法典》的出台增加了很多关于青少年权益保护的规定,这部分内容理应是青少年民法典教育的重点。此外,关于个人人身权益和财产权益的一些重要规定和核心规范,也应当纳入教育的范围。习近平总书记指出,聚焦民法典总则编和各分编需要把握好的核心要义和重点问题,阐释好民法典关于民事活动平等、自愿、公平、诚信等基本原则,阐释好民法典关于坚持主体平等、保护财产权利、便利交易流转、维护人格尊严、促进家庭和谐、追究侵权责任等基本要求,阐释好民法典一系列新规定新概念新精神[④]。因此,为贯彻落实习近平总书记讲话的精神和要求,加强青少年民法典教育,要侧重于《民法典》的核心要义和重点问题,向青少年阐释《民法典》的新规定、新概念和新精神,并结合适合青少年身心发展规律和接受程度,分阶段逐步深入推进。

### (一)民事权利能力、行为能力和监护制度的教育

1. 教育内容

(1)民事权利能力和民事行为能力的认定

民事权利能力是民法上的一个基本概念,是民事主体依法享有民事权利、

---

④ 习近平:《充分认识颁布实施民法典重大意义 依法更好保障人民合法权益》,载《求是》2020 年第 12 期。

承担民事义务的能力或资格。一般认为,自然人的民事权利能力始于出生,且具有不可剥夺的属性。民事权利能力对于青少年依法享有民事权利具有非常重要的意义,未成年人的民事权利能力始于出生,且不得以任何理由予以剥夺。实践中较为容易引起争议的是关于胎儿民事权利能力的认定。《民法典》第16条规定,涉及遗产继承、接受赠与等胎儿利益保护的,胎儿视为具有民事权利能力。但胎儿娩出时为死体的,则其民事权利能力视为自始不存在。本条从法律上明确胎儿自其母亲怀孕之时即被视为具有民事权利能力,即便其未出生依然可以享有继承、接受赠与等权利,除非其出生后为死体则自始不具备民事权利能力。

民事行为能力是民事主体通过自身的行为享受民事权利或承担民事义务的能力或资格。由于行为能力是需要通过"自身的行为"来获得某些权利或承担某种义务的能力,因此对行为人的意志自由有所要求。而低龄未成年人存在心智方面不成熟等情况,因此其民事行为能力是受限制的。根据《民法典》的规定,不满8周岁的未成年人没有民事行为能力,不能单独实施民事法律行为,应由其法定代理人代理。8周岁以上的未成年人是限制民事行为能力人,实施民事法律行为经法定代理人代理或者法定代理人同意、追认方为有效。但是,未成年人可以独立实施纯获利益的或者与其年龄、智力相适应的民事法律行为。实践中,如何认定未成年人单独实施的购买商品或服务行为的法律效力,需要视情况而定:8周岁以下的未成年人没有民事行为能力,其单独购买商品或服务是没有法律效力的。8周岁以上的未成年人是限制民事行为能力人,他们所实施的民事行为需要父母或监护人同意或追认才具有法律效力。这里有一个例外规定,即纯获利益的或者与其年龄、智力相适应的民事法律行为,未成年人可以单独实施,不受上述条件的限制。

(2)最有利于被监护人原则的监护制度

监护制度关系着青少年的健康与安全,是与未成年人日常生活关系最为密切的基础制度。《民法典》对监护制度的详细规定,在我国基本确立了"以家庭监护为基础,社会监护为补充,国家监护为兜底"的具有中国特色的监护制度体系。此外,民法典还拓展了监护支持、干预的相关制度及特殊情况下监护责任的确定问题。《民法典》对监护制度的规定,为未成年人的健康成长织就了一道紧密的安全防线,有利于最大限度地保护未成年人成长环境的稳定与安全。

民法典专门增加了紧急情况下如何保障未成年人的监护权益问题。《民法典》第 34 条第 4 款规定,在紧急情况下,监护人暂时无法履行监护职责,被监护人的生活处于无人照料状态的,被监护人住所地的居民委员会、村民委员会或者民政部门应当为被监护人安排必要的临时生活照料措施。这一规定有效弥补了突发情况下或紧急情况下未成年人的监护漏洞,排除未成年人因特殊情况丧失监护时留下的隐患。

(3)遭受性侵未成年人损害赔偿请求权的特殊保护

近年来,未成年人遭受性侵案件不时地见诸报端,引发社会关注和热议,未成年人身心健康和性安全成为一个不容回避的话题。《民法典》的出台有效回应了遭受性侵未成年人的救济问题。在诉讼时效制度中,新增了一条关于遭受性侵害未成年受害人的损害赔偿请求权的诉讼时效期间起算时间的规定。在遭受侵害时,受制于各种条件的特殊性,未成年受害人不能或不敢实施权利救济。[⑤] 在这种情况下,《民法典》规定,未成年人遭受性侵害的损害赔偿请求权的诉讼时效期间,自受害人年满 18 周岁之日起计算。如此一来,可以有效保障未成年受害人的权利救济权。

2. 教育方式:以多元化的教学方式夯实教育实效性

当前,我国青少年法治教育普遍存在重知识宣讲轻理念培养的现实问题。[⑥] 法律是一门实践性科学,民法典教育因其强烈的“生活性”而更加要求“实践性”。青少年民法典教育的目标是,既要使青少年具有基本的民事主体意识,具有自由、平等等民事理念,又要使青少年学会用这部法律为自己争取权利或使被侵犯的权利获得救济。在教学方式上,可以通过情景剧、模拟法庭、现实权益维护、法庭旁听等形式,使他们直观地感受民法典是如何与他们的现实生活发生关联的,从而加深他们对民法典的认识,加深对自身权利的认识,并且培养他们学法、用法的意识和能力。

---

⑤ 参见刘宗珍:《加强青少年民法典教育 维护未成年人合法权益》,载《人民法院报》2020 年 11 月 1 日,第 2 版。

⑥ 参见靳玉军:《加强青少年法治教育的若干思考》,载《教育研究》2015 年第 4 期。

### (二)隐私权和个人信息保护的教育

《民法典》的出台将人格权独立成编,为我国公民人格权益的保障搭建了基本的制度框架。人格权编是维护个人人身权益、保障个人人格尊严的最核心的基础制度。对未成年人的人格权益的保护,要在坚持儿童最大利益原则、特殊保护原则、专门保护原则、最小授权原则等基本原则的基础上,理解和适用《民法典》人格权编的基本规定。

1. 教育内容

(1)青少年权益维护确立了广泛的请求权基础

《民法典》以独立一编专门规定人格权的各项具体权利,对未成年人人格权益的保障具有重要意义,为青少年人身权益和人格尊严的保护提供了请求权基础。首先,人格权独立成编,彰显了我国民法典对人的独立性价值这一价值理念的维护。实践中,无论是在家庭内还是在学校环境内,侵犯未成年人人格权益的案件时有发生,独立的人格权编为各类侵权行为设立了清晰的法律边界,为追究侵权人的法律责任提供了明确的规范依据。其次,人格权独立成编,为未成年人人格权的专门保护以及特殊保护提供了基本的保障。从历史上看,我国未成年人人格权的独立性保障,经历了从无到有、从普通保护到特殊保护的发展历程。[⑦]《民法典》的人格权编明确了未成年人人格权益的独立性、特殊性,有利于最大限度地保护未成年人的人格权益。

(2)回应时代发展,规范个人信息的保护

互联网时代的来临,给未成年人的生活环境带来了革命性的变化。处于互联网时代的未成年人,既享受着科技发展带来的红利,同时网络空间的一些特质也给青少年的健康成长埋下隐患。比如,人脸识别技术使得青少年个人信息的使用应如何进行特殊保护,从线下转移到线上的网络欺凌、网络暴力等行为如何进行有效规制,都是需要关注的重点问题。

在人格权编,《民法典》以专章形式规定了个人信息使用的规范及要求,能够为未成年人个人信息权益提供有效的保障。《民法典》以列举的方式将自然

---

⑦ 参见刘宗珍:《用好民法典人格权编 保障未成年人个人信息安全》,载《人民法院报》2020 年 7 月 8 日,第 2 版。

人的姓名、出生日期、身份证件号码、生物识别信息、住址、电话号码、电子邮箱、健康信息、行踪信息等信息均纳入保护范围,对这些个人信息的使用和处理均需要权利人的同意或授权。同时,对于何为“处理”行为,《民法典》也作了明确的规定。对个人信息的“处理”,不仅包括收集、存储、使用、加工等行为,也包括传输、提供、公开等情境。因此,《民法典》出台以后,任何组织或个人对未成年人个人信息的处理,必须征得本人或其监护人的同意。此外,《民法典》还规定了处理个人信息所应坚持的原则,即应当遵循合法、正当、必要原则,不得过度处理。个人信息处理原则是处理个人信息行为的边界和底线,一旦对个人信息的处理不符合合法、正当、必要原则,权利人可以依法追究信息处理人的法律责任。

2. 教育方式:以生活化的语言培育权利意识

首先,在理念层面,要加强未成年人的权利意识,使其知悉民法所保障的人格权范围和基本内容。其次,对具体的人格权的教育,应避免填鸭式教学,即不应采取知识灌输的方式进行人格权的教育,而应当将民法典中的“法言法语”转换为未成年人能够理解的生活内容,应当在生活中使其认识到人格权益的基本内容和个人的人格权保障对于自身的重要意义。[8] 因为只有对于自身能够理解和体悟到的权利内容,权利人才能真正感知到权利的重要性,也才能从根本上尊重和维护法律的规定,从而具有知法、守法、用法的自觉。再次,以体验式的教学教会未成年人通过法律途径维护自身的合法权益。应将法律教育的课堂从校园环境解放出来,从课堂走入检察院、法院等司法机关,使其了解个人维护权益的基本程序,从而能够在自身合法权益受危害或受威胁时通过法律途径维护自身的合法权益。最后,在互联网应用日益渗透进未成年人日常生活的今天,应提高未成年人的网络风险意识,培养其在网络空间下的隐私权意识。当下,未成年人对个人信息安全的保护意识明显不够,在使用游戏软件或应用小程序时随便暴露个人信息会留下大量隐患。因此,应加大网络隐私权的宣传与教育,使未成年人认识到《民法典》所保护的个人信息的范围,并告知其个人信息处理方的责任和义务,注意培养未成年人的个人信息自主权,以避免青少年

---

⑧ 参见苏芮:《互联网时代青少年法治教育途径低效的心理效应分析》,载《预防青少年犯罪研究》2018 年第 1 期。

在网络空间中随意处置个人信息，过分曝光个人的隐私，给自身权益带来威胁。

### （三）婚姻家庭关系中最有利于未成年人原则的教育

《民法典》开启了婚姻家庭法的新纪元，相关内容基本上是以原婚姻法为框架，并将收养法吸纳进来，名称上也从婚姻法演变为婚姻家庭编。在价值理念方面，性别平等、婚姻自主权、家庭观念贯穿本编始终。该编包括五章：一般规定、结婚、家庭关系、离婚、收养，各章均进行了不同程度的修订。一般规定章删除了计划生育原则，增加了最有利于被收养人原则、近亲属概念等；结婚章修订了登记、禁止结婚理由、重大疾病如实告知、损害赔偿请求等内容；离婚章增设了冷静期、修改了哺乳期规定等；收养章增加了禁止买卖、收养评估等规定。以下将予以历述。

1. 教育内容

（1）最有利于未成年人原则

婚姻家庭编修订的一大亮点是增设了最有利于未成年人原则，具体体现在收养、离婚等领域，如“收养应当遵循最有利于被收养人的原则，保障被收养人和收养人的合法权益”“已满两周岁的子女，父母双方对抚养问题协议不成的，由人民法院根据双方的具体情况，按照最有利于未成年子女的原则判决”。该原则是《儿童权利公约》提倡的儿童最大利益原则的本土化表达，要求国家、政府、社会、学校、父母等主体均应当最大限度地保护未成年人，强化了儿童的权利视角。

（2）重新规范的家庭关系

在民法典之前，婚姻家庭受国家保护的条款仅存在于宪法之中，《民法典》将其明确写入了民法典，强化了国家的保护责任。第一，在家庭关系方面，规定了“家庭应当树立优良家风，弘扬家庭美德，重视家庭文明建设”，家庭文明建设入法相当有意义。第二，增设了日常家事代理的规定，强调了夫妻双方对子女平等享有权利，共同承担义务，增加了亲子关系异议的基本规则，强化了家庭责任的要求。第三，界定了亲属、近亲属、家庭成员的概念范畴。亲属包括配偶、血亲和姻亲；近亲属包括配偶、父母、子女、兄弟姐妹、祖父母、外祖父母、孙子女、外孙子女；家庭成员包括配偶、父母、子女和其他共同生活的近亲属。

(3)修改调整的婚姻制度

《民法典》对婚姻关系作了较大的调整,对青年会产生一定的影响。一方面,删除了婚前患有医学上认为不应当结婚的疾病且婚后未治愈的婚姻无效之规定,并增设了重大疾病告知义务,未告知的可以申请撤销婚姻。这一修改旨在尊重婚姻当事人的婚姻自主权,将原有的禁止结婚疾病的决定权下放给当事人,如一方有重大疾病,对方知情且愿意与之结婚的,法律予以同等保护。《民法典》保护个体的婚姻自主权、健康权、隐私权,三个权利之间的博弈在此凸显而出。另一方面,增加夫妻共同债务认定规则,明确了共同债务应以家庭日常生活需要为基础,并将劳务报酬纳入夫妻共同财产范围,取消了离婚家务劳动经济补偿的前提条件,将离婚经济补偿的适用范围从财产协议的夫妻扩大到所有夫妻,明确了家务劳动的经济价值,增设了重大过错的兜底条款,进一步彰显性别平等的价值观。

(4)离婚时未成年人权益的保护

在离婚方面更加注重保护未成年人的权益。首先,明确了离婚后不满两周岁的子女由母亲直接抚养的原则,取消了原来"哺乳期内的子女"这一明确度较低的表述。其次,对探望权进行了规定。《民法典》第 1086 条规定:"离婚后,不直接抚养子女的父或者母,有探望子女的权利,另一方有协助的义务。行使探望权利的方式、时间由当事人协议;协议不成的,由人民法院判决。父或者母探望子女,不利于子女身心健康的,由人民法院依法中止探望;中止的事由消失后,应当恢复探望。"由此可见,民法典将探望权视为父母的权利。最后,增设了协议离婚的冷静期,要求 30 天的冷静期及 30 天审核期,减少冲动型离婚,降低对未成年子女的外部负面效应。在理解这一条款时,应该将其与两个新增条款结合起来,即"婚姻家庭受国家保护""家庭应当树立优良家风,弘扬家庭美德,重视家庭文明建设"。新时代的家庭伦理已经产生变化,家庭不再是个体之事,国家有责任、有义务、有权利来保护家庭这一社会单位。根据最高人民法院统计的全国离婚纠纷一审审结案件情况,2014—2016 年,96% 的案件涉及子女抚养,[⑨]2013—2017 年,全国法院依法审理的抚养关系纠纷、抚育费纠纷、监护权

---

⑨ 参见最高人民法院信息中心、司法案例研究院:《司法大数据专题报告:离婚纠纷》,载最高人民法院官网,http://www. court. gov. cn/upload/. le/2019/11/22/14/27/20191122142707_21939. pdf。

纠纷、探视子女纠纷等民事案件增长趋势十分明显,年均增长率高达10.89%,家庭因素对未成年人权益保护的影响不断增强。[⑩] 这说明当初的离婚协议书比较草率,未成年人的生活环境相当不稳定,处于动荡之中。而这与民法典所倡导的最有利于未成年人原则相冲突,离婚冷静期的设置可以让双方更理性、成熟地商谈离婚协议的内容,减少此类纠纷,最大限度地降低对未成年人的不良影响。

(5)重塑完善的收养制度

《民法典》对收养制度进行了重塑,除在一般规定中增加了收养应当遵循最有利于被收养人的原则之外,还放宽了被收养人的年龄,取消了被收养的未成年人需"不满十四周岁"的年龄限制,同时将征得被收养人同意的年龄由10周岁修改为8周岁;提高了对收养人的要求,在收养人的条件中增加了"无不利于被收养人健康成长的违法犯罪记录",有助于保护被收养的未成年人利益;配合二胎政策,明确了可以收养子女的数量,并修改了性别差异规定,进一步彰显性别平等观念;规定民政部门应当依法进行收养评估,此举强化了政府在婚姻家庭尤其是收养制度中的导向作用和监督功能。

2.教育方式:以日常生活为载体进行婚姻家庭编教育

在民法典中,婚姻家庭是最立体、与日常生活最贴近的部分,青少年婚姻家庭编教育可以以父母、教师为主体,以身边案例为载体,将以上法律常识贯穿其中。比如,针对社会上频现的"丧偶式育儿"或传统男主外女主内的现象,父母可以指出法律对家务劳动的承认,以及法律规定父母双方共同承担育儿义务,以此来说明父母双方的权利义务分配及平等的家庭地位;针对出轨现象,可以用家风建设、重大过错赔偿等条款来塑造子女的情感观念、道德观念;针对儿童自杀等极端案件,学校可以从父母责任、学校责任、国家责任等方面来分析,在此过程中树立未成年人的权利意识及义务观念;针对社会上出现的重男轻女、歧视私生子等现象,可通过法律规定的非婚生子地位、性别平等等来防止青少年形成观念偏差;针对部分家庭出现的巨额债务现象,可以分情形来告知青少年债务的性质,如因病致贫,因彩礼致贫,因吸毒、赌博欠债等,不同情形对应不

---

⑩ 参见中国司法大数据研究院:《从司法大数据看我国未成年人权益司法保护和未成年人犯罪特点及其预防》,载最高人民法院官网,http://www.court.gov.cn/fabu-xiangqing-99402.html。

同的返还义务。在离婚冷静期方面,父母可以通过周边草率离婚对子女造成不良影响的案例,来教育青少年应当树立理性、健康、文明的婚恋观,慎重处理与之相关的决定,但是冷静期并不意味着放纵家暴、强奸等违法犯罪行为的发生。应当提醒青少年,在家暴问题上,协议离婚并不能真正解决家庭暴力问题,离婚后遭受家庭暴力的情形并不鲜见。公安、法院等公权力机关的介入与干预,才可以真正保护受害人的人身权利不受损害。[11] 但也要注意到法律的有限性,法律政策应当对冷静期期间的权利义务关系予以明确,如发生人身性伤害或者债务、侵权责任等财产性问题时的法律回应。此外,各学校团委可以通过举办生动讲座、剧情模拟来推动青少年的婚姻家庭编教育,引导青少年建立健康的父母子女关系、学会处理亲子矛盾,在恋爱过程中应当积极沟通、文明相待,在结婚、生子、离婚等关键问题上都要保持冷静,充分、谨慎、周全地考虑与衡量之后方可作出决定。

## 三、共青团开展青少年民法典教育的工作路径

在青少年民法典教育中,共青团要充分发挥组织优势和社会教育优势,通过青少年事务社工和青年志愿者,拓展教育渠道,有针对性、有侧重点地开展青少年民法典教育内容。

### (一)开展宣传青少年民法典教育专题活动,宣传民法典有关青少年权利保护的内容

各级共青团组织开展民法典法治宣传周活动,把民事法律知识的宣讲与培养青少年的法治意识、法治观念结合起来,面向青少年做好民法典宣传教育。普法宣传与法律服务相结合,经常性宣传教育与实践体验相结合,着力在青少年中弘扬社会主义法治精神,教育引导青少年学习有关民事行为能力、监护制度、人格权等民事法律规范,帮助青少年认识到民事法律在经济社会发展中的规范、引导、保障作用,培养青少年遇事找法的习惯,提高青少年自我保护的意识和能力。根据青少年的认知特点和教育规律,区分年龄阶段、身份职业等,分

---

⑪ 参见李许坚:《全面维护人与家庭权益》,载《中国纪检监察报》2020 年 5 月 26 日,第 3 版。

层分类开展宣传教育，充分发挥网络新媒体的传播引导作用，用形式新颖、生动活泼的法治文化产品吸引青少年广泛参与。利用“两会”召开、“国家宪法日”等契机，广泛开展法治课堂、网上普法大赛、公益讲座、法律咨询等宣传教育活动，宣传与青少年权益保护密切相关的民事执法、司法、法律监督和法律服务等法治实践，侧重于权利和义务的教育，提升青少年行使权利和履行义务的意识和能力，增强青少年学习、遵守和运用民法典的自觉性和主动性。

（二）加强青少年法治宣传教育的阵地和队伍建设，通过法律咨询和法律服务开展教育

加强青少年民法典宣传教育阵地建设，注重维护“12355 青少年权益维护热线”网络平台，规范在线咨询、个案转接等工作流程，针对有关青少年民事权益的热点问题和典型个案积极稳妥地发出声音。依托青年之家、青少年宫等团属阵地，建立青少年法治教育基地，配合教育部门规范法治副校长、法治辅导员工作，形成学校、社会、家庭相结合的法治教育网络。积极参与政府购买社会服务，通过项目合作培育、联系法治宣传类社会组织，把普法纳入青少年事务社工工作范畴。充分发挥共青团在志愿服务方面的组织和动员优势，把普法宣传志愿者队伍建设和青少年社工队伍建设结合起来，积极整合资源、汇聚力量。

（三）拓展法治教育的载体，使民法典走到青少年身边和心里

结合基层服务型团组织建设，依托青少年之家、青年汇、青年中心等场所，通过“社工 + 志愿者”方式开展青少年民法典教育，发挥电视、广播、报刊等传统媒体优势，广泛设立以案说法、专家解读、案例分析等青少年法治宣传教育专门栏目。广泛运用网站、微博、微信、APP 等新媒体，有机融入时尚元素，增强青少年民法典教育的新颖性和传播力，使民法典真正走到青少年身边。运用模拟法庭、知识竞赛、情景剧等互动性强、参与度高的教育载体，引导青少年通过参与式体验感受到在日常生活中民事法律规范对权利保护的作用，使民法典真正走到青少年心里。

（四）强化家庭的法治教育功能，加强对重点青少年群体的民法典教育

各地共青团组织积极配合教育部门办好家长学校，开展“争做合格家长、培

养民事法律意识”家庭教育宣传实践活动，邀请法治副校长或者法治辅导员开展民事法律专题讲座，提高青少年学生家长的民事法律意识。通过送法上门、精准法律服务等形式加强对留守未成年人、流动未成年人、流浪未成年人等重点青少年群体的民法典教育，增强未成年人及其监护人的权益保护意识，预防性侵、性骚扰、监护不到位等权益受侵害现象的发生。

# 青少年民法典教育的理性价值及实现路径

许瀛彪*

**摘　要**:民法典蕴含着对青少年的人文关怀与特别保护,加强青少年民法典教育可引导青少年形成正确的人生观、世界观与价值观,形塑当代青少年的法治思维与法治习惯,培养青少年的权利意识,激发青少年的创新精神,为国家治理现代化提供人才保障。加强青少年民法典教育,应注意青少年法治教育中民法典教育与宪法教育及其他部门法教育的关系,青少年民法典教育实施中学校课堂教育与其他形式教育的关系,青少年民法典教育与义务教育、高中教育、高等教育不同阶段关系。在“理性价值—教育理念—关键环节”的实现路径中,应树立青少年民法典教育理解性教学理念,在各阶段法治教育教材体系中融入民法典知识,系统培训各层次民法典青少年教育一线教师,针对青少年与民法典的特点讲求教学方法开展青少年民法典教育。

**关键词**:青少年;民法典教育;法治教育

## 一、引言

《民法典》的颁布是举国之大事、法治之盛事、人民之幸事。《民法典》在实现人民美好生活方面具有基础作用,在提振社会文明风尚方面具有引领作用,在推进国家治理体系和治理能力现代化进程中具有保障作用。《民法典》具有民族性、时代性、专业性,对《民法典》进行深入理解、科学阐释、生动宣传是当前

* 许瀛彪,中国法学会法治研究所与中国社会科学院法学研究所联合培养博士后,法学博士。

的重要任务。

《民法典》颁布翌日，中共中央政治局就“切实实施民法典”举行集体学习，习近平总书记的重要讲话涉及实施民法典的方方面面，其中值得注意的是单独提及对青少年这一年龄阶段群体的民法典教育，即习近平总书记提出，“把民法典纳入国民教育体系，加强对青少年民法典教育”①。这体现出党中央对青少年民法典教育的高度重视，同样这也对青少年法治教育提出新要求。围绕“青少年民法典教育”这一崭新命题将有大量富有意义的理论与实践工作需要展开。青少年民法典教育是一个系统工程，本文就青少年民法典教育的理性价值加以分析，剖析青少年民法典教育可能涉及之问题，进而对其实现路径进行探讨，希冀有利于当前青少年民法典教育的实际工作。

## 二、青少年民法典教育的理性价值

首先应予以说明的是，青少年年龄范围界定不一。心理学上所指“青少年”是年龄范围介于童年到成年的过渡时期即青春期的人群，如此定义语境下该年龄阶段群体主要处于中学学习阶段，一般并不包括义务教育的小学阶段与高等教育阶段。《中长期青年发展规划（2016—2025 年）》所定义的青年年龄范围为 14～35周岁，从字面意义上看“青年”与“青少年”亦有所迥异。我国现有的《青少年法治教育大纲》对青少年并无明确定义，但该大纲所涉内容囊括国民教育各阶段，包括义务教育阶段、高中教育阶段与高等教育阶段。② 在“把民法典纳入国民教育体系”的背景下，青少年民法典教育应是青少年法治教育的重要有机部分，青少年民法典教育应与《青少年法治教育大纲》保持一致，即包括义务教育阶段（含小学、初中）、高中教育阶段与高等教育阶段。在此框架下，青少年与未成年人的概念存在大量交叉。广义而言，青少年民法典教育包含了青少年

---

① 习近平：《充分认识颁布实施民法典重大意义 依法更好保障人民合法权益》，载《求是》2020 年第 12 期。

② 《青少年法治教育大纲》是为贯彻落实党的十八大和十八届三中、四中、五中全会精神，推动法治教育纳入国民教育体系，提高法治教育的系统化、科学化水平而制定。由教育部、司法部、全国普法办于 2016 年 6 月 28 日联合印发实施。分学段的教学内容与要求中包括义务教育阶段、高中教育阶段与高等教育阶段。

民法典家庭教育、青少年民法典社会教育与青少年民法典学校教育。[③] 青少年民法典教育应当是一个以学校教育为主导、家庭教育与社会教育相互协力配合的系统工程,立足于“把民法典纳入国民教育体系”之前提,学校教育应为主要渠道,并以课堂教育为主要场景,故本文将青少年民法典学校教育作为主要探讨对象。青少年民法典教育与法学教育中的民法学课程学习不同,法学教育主要针对法学专业学生,以培养法官、检察官、律师等专业法律工作者为目标,其中民法学是其重要的核心课程之一。青少年民法典教育是指在义务教育阶段、高中教育阶段与高等教育阶段贯穿引入民法典相关知识,通过课程讲授等方式以期青少年认识与学习民法典。一个“典”字即已表明《民法典》在我国法律体系中的重要地位,《民法典》通过翌日中央政治局就“切实实施民法典”举行集体学习表明中央对民法典的高度重视。在切实实施民法典的诸多方面中,习近平总书记提及加强对青少年群体的民法典教育饱含深意。笔者认为,青少年民法典教育蕴含以下三个层次的理性价值。

### (一)民法典蕴含着对青少年的人文关怀与特别保护

民法典是一部具有人文关怀的法典,除对社会大众的普遍性规定外,民法典对青少年中的未成年人予以特别关怀,全方位呵护未成年人健康成长,[④]为青少年健康幸福成长保驾护航。作为被特别关怀对象理应重视学习民法典,此为加强青少年民法典教育的直接原因。考虑到未成年人处于“弱势”地位,民法典践行关注未成年人、保护未成年人的理念,从概念、规范、制度、原则到理念上加强涵盖对未成年人的家庭、学校、社会和司法等各方面的保护。目力所及,《民法典》直接与未成年人有关的内容有:关于限制民事行为能力与无民事行为能力的规定、未成年人监护制度、单列的未成年人遭受性侵害的特别诉讼时效期间、学校等单位防止和制止性骚扰的规定、婚姻家庭编最有利于未成年人原则、优良家风条款、未成年人收养制度、未成年人的抚养权和探望权、校园侵权责任等。除此之外,《民法典》第 128 条规定,法律对未成年人等的民事权利保护有

---

③ 参见姜永红:《我国青少年宪法课堂教育的困境与出路》,载《预防青少年犯罪研究》2020 年第 3 期。

④ 参见虞浔:《民法典全方位呵护未成年人健康成长》,载《光明日报》2020 年 8 月 1 日,第 7 版。

特别规定的,依照其规定。笔者认为,民法典对人的关怀延绵人之一生,民法典调整对象涵盖人身关系与财产关系两大社会关系,为满足人的物质需要与精神需求、实现人的全面发展提供法治保障,其所蕴含的对青少年的人文关怀与特别保护是青少年民法典教育这一系统工程的出发点,相关特别规定应放置于青少年民法典教育重要地位,如在法治教材编订中须以重点融入,在学校课堂教师授课中予以重点讲述。

### (二)民法典可引导青少年树立正确的人生观、世界观与价值观

亚里士多德在《政治学》中论述了立法与公民行善的关系,提出立法家运用其才能引导公民纳入行善的良轨,人民所由成德达善者,出于三端,禀赋、习惯、理性,而习惯与理性必经培养而得发展,所以立法家应当特别重视教育。⑤ 良好的法律引导人、教育人、塑造人,作为市民社会基本法、社会生活百科全书、全民族的教科书的民法典与青少年品格形成、美德培养、全面发展息息相关。青少年时期是人生观、世界观、价值观形成的关键时期,民法典教育就是在青少年时期撒下民法典精神的种子,在未来人生中生根发芽。习近平总书记向来高度重视培养社会主义建设者和接班人,强调将立德树人作为教育的中心环节,同样立德树人也是青少年民法典教育的核心要旨。民法典源于生活,贯穿着平等、自愿、公平、诚信、守法与公序良俗、绿色等重要理念,蕴含着丰富的为人处世、待人接物、求真善美的基本道理,包含着青少年观照自身、对待他人、拥抱家庭、审视社会、热爱祖国、保护生态等基本看法。借助对民法典具体内容及相关经典案例的学习可以让青少年了解纷繁的生活百态,引导青少年早日建立符合民法典价值判断的是非观,形成社会责任感,积极向上向善。民法典具有浓厚的伦理性,是社会价值的缩影、民族精神的标记、国家文明的凝练。民法典的基本原则以及许多具体规范本身就是对道德规范的记录、凝练与升华。在我国法律体系中,《民法典》与道德规范关系最密切,与社会主义核心价值观最贴近,最能体现"以法治承载道德观念,以道德滋养法治精神"。民法典将"弘扬社会主义核心价值观"作为重要立法目的,以社会主义核心价值观塑造民法典的精神灵魂,民法典的基本原则与具体规范都与社会主义核心价值观息息相关,通过对

---

⑤ 参见[古希腊]亚里士多德:《政治学》,吴寿彭译,商务印书馆2017年版,第462页。

民法典的学习可引导青少年早日建立符合民法典价值判断的道德观,推动青少年自觉践行社会主义核心价值观。

### (三)青少年民法典教育为国家治理现代化提供人才保障

法治是国家治理体系和治理能力的重要依托,国家治理现代化必须以法治现代化为基础,法治现代化有赖于社会法治观念普遍形成与法律制度供给完善,法律制度供给完善仍有赖于人这一要素的推动和实施。从这层意义上说,青少年法治教育意义重大,对当代青少年的法治教育将深刻影响未来国家治理现代化的实现,具备法治素养、法治思维的现代化人才可为国家治理现代化提供源源不断的智力支持。以宪法为核心,民法、刑法、行政法等部门法共同实施宪法是现代法律体系基本框架,无论公法与私法都以实现限制公权、保障私权为要旨。其中,民法是实施宪法中最重要、最基础的部门法。[⑥] 然而,审视当前我国青少年法治教育现状,其中不乏存在"重刑轻民"之倾向,从教材课本中体现的刑法内容比重再到现实中参观禁毒展览等不一而足,此种法治教育震慑力较强,带给青少年对法的畏惧感与距离感。在青少年法治教育中,强调法的强制作用是有必要的,然而法律并非只有严肃的一面。针对当前青少年法治教育"惩戒教育"的特点,加强青少年民法典教育可实现增加我国当前青少年法治教育的"权利教育"的比重。著名法学家耶林在《为权利而斗争》中就曾精辟指出国民私权教育对一国发展之重要性,"对国外要发扬国家的声望,对国内要建立强国的基础,莫贵于保护国民的权利感情;且应施以教育,使国民的权利感情能够滋蔓"[⑦]。民法典源于生活,具有生活面相,给人以亲近感。青少年阶段的思维方式、行为习惯可塑性较强,加强青少年民法典教育可科学全面地形塑当代青少年的法治思维与法治习惯。民法典以权利为主线,对民法典私权神圣与私法自治的理念的理解有利于培养青少年的权利意识,激发青少年的创新精神。对于青少年来说,不仅要懂得民法典的有关知识,更重要的是要养成法治理念,学会运用法治思维和法治方式来思考和解决问题。[⑧] 可以预期,在民法典精神

---

⑥ 参见张力:《民法典"现实宪法"功能的丧失与宪法实施法功能的展开》,载《法制与社会发展》2019 年第 1 期。

⑦ 王泽鉴:《民法总则》,中国政法大学出版社 2001 年版,第 10 页。

⑧ 参见戴菁:《把握青少年民法典教育的三个着力点》,载《学习时报》2020 年 6 月 5 日,第 6 版。

理念的熏陶启蒙下，当代青少年法治思维的养成将深刻影响我国未来国家法治现代化的程度以及国家治理现代化的高度。

## 三、青少年民法典教育应注意的三个关系

加强民法典青少年教育是既定的目标、前进的方向，蕴含丰富理性价值，实践挑战亦不乏存在。青少年民法典教育涉及面广，当前任务紧迫且繁重。通过分析，笔者认为当前加强青少年民法典教育中应注意以下三个关系：

### （一）青少年法治教育中民法典教育与宪法教育及其他部门法教育的关系

从体系上看，青少年民法典教育应是青少年法治教育的重要组成部分，青少年民法典教育应当如何融入当前青少年法治教育是摆在我们面前的首要问题。对这一问题的思考与回答，必须回到我国法律体系上来。我国法律体系以宪法为核心，宪法是国家的根本大法，故此宪法教育在青少年法治教育中最为核心、最为根本，此已被《青少年法治教育大纲》所明确规定。宪法的生命力在于实施，需要民法、刑法、行政法等部门法具体实施。在理论划分上，各部门法中民法为私法，刑法、行政法为公法。在法治范畴中公法与私法有不同的调整范围与调整方式，二者需要协力配合，共同实现“限制公权、保障私权”的法治精义。因私法倾向于自治，故私法的发展程度往往与一国之社会文明程度密切相关。[⑨] 民法典因其特质，在实施宪法的各部门法中具有基础性地位，在校园生活、家庭生活、社会生活中均具有重要作用。青少年可以一辈子都不跟刑法打交道，却每天都生活在民法的关怀之中，故而具有生活底色、自治特色的民法典教育是青少年法治教育的重要基础内容。德国著名法学家耶林在《为权利而斗争》中一针见血提出：“不是公法而是私法才是各民族政治教育的真正学校。”[⑩] 笔者认为，青少年法治教育要坚持宪法教育为核心，此外，须以民法典教育为基础，改变“重刑轻民”的青少年法治教育现状，在教材中大力补充民法典相关知

---

⑨ 参见许瀛彪：《从民法典编纂看国家治理现代化》，载《民主与法制时报》2020 年 5 月 14 日，第 7 版。

⑩ ［德］鲁道夫·冯·耶林：《为权利而斗争》，胡宝海译，中国法制出版社 2004 年版，第 73 页。

识,在教学中加强对民法典的相关规范及原则精神的学习,让青少年切身感受到民法典在实现人民美好生活方面的基础作用,让青少年更好理解在宪法根本大法下公法与私法具有不同的功能、任务、目标及手段。让青少年更好理解以刑法为代表的公法倾向于管制,以民法为代表的私法倾向于自治,但无论公法还是私法都旨在约束公权与保障私权。对于公权力而言,“法无授权不可为”;对于私权利而言,“法无禁止即自由”。值得注意的是,为了保护青少年的健康成长,我国先后制定了《未成年人保护法》《预防未成年人犯罪法》等关于青少年的专门法律,这些法律不同于围绕民事权利展开的《民法典》,立法目的各有侧重且专门性与综合性较强。这些专门立法会涉及对未成年人的民事权利特别保护的内容。就此,《民法典》专设衔接性规定,《民法典》第 128 条规定:“法律对未成年人、老年人、残疾人、妇女、消费者等的民事权利保护有特别规定的,依照其规定。”在青少年民法典教育中,应当让青少年理解《民法典》基础性更强,而《未成年人保护法》等专门立法针对性更强,二者分工配合并接轨统一于青少年保护的系统工程之中。

### (二)青少年民法典教育实施中学校教育与其他方面教育的关系

民法典融入国民教育体系后,青少年民法典教育自应以学校教育为主导,在学校教育外的家庭教育与社会教育分工配合可达致“锦上添花”之效。民法为生活之法,民法典家庭教育方面主要是家长言传身教地教育青少年树立契约精神、尊重公序良俗、维系优良家风等,有条件的家长还可通过选购相关书籍进行家庭阅读、选择律政题材电影全家观看等方式对青少年进行引导教育,方式不一而足,本质上优良家风是最好的青少年民法典家庭教育。民法为社会之法,在《民法典》颁布后各单位都紧锣密鼓地推进民法典学习工作,一系列关于民法典编纂电视采访节目播放,各类网络平台开展民法典宣讲公益直播,专业人员陆续到基层、学校、机关对民法典进行宣讲,相关单位相继推出漫画及普法小视频,公众场所发布民法典公益广告海报,还有城市改造建设民法主题公园等,这些多元社会教育资源对青少年民法典教育亦起到加强作用。然而,以上资源如专业人员进学校宣讲在各地区差异较大,比如,在沿海地区或城市学校所获资源较多,在西部地区或乡村学校所获资源较少,再者由专业人员进学校宣讲难以实现常态化,亦有可能流于形式,对青少年民法典教育仅有蜻蜓点水之效,故此在全国范围内加强青少年民法典教育立基于学校教育、扎实推进学校教育乃为根本。值得注意的是,青少年民法典学校教育中亦有两种模式:一是基础性质的课堂教学;二是课堂教学外延展。良好的课堂教学有赖于教学理念、教学教材、教学师资、教学方法等相互配套。课堂教学外延展主要是教师引导青少年自学特别是到生活中去学、在同学互动活动中学,引导学生开展民法故事会、民法典知识竞赛等,条件允许下还可带领学生实地参观法院旁听民事审判等,开拓这些体验式教育资源可以寓教于乐,达致青少年民法典教育有趣性与实用性相结合。青少年民法典教育应以学校教育为主要渠道且以课堂教育为主要场景,但青少年民法典教育本质是多元开放的,家庭、学校、社会须携手让民法典精神在青少年心中生根发芽。

### (三)青少年民法典教育与义务教育、高中教育、高等教育不同阶段关系

青少年民法典教育内容繁多,深度与层次各有不同。国民教育体系义务教育、高中教育与高等教育可以分别对应青少年民法典教育的初阶、中阶、高阶三个阶段,三个阶段各有任务,循序渐进,层层递进。依照青少年不同年龄阶段的诉求和民法典内在逻辑性,学校应科学设计学生的学习目标、学习内容,构建层层递进、有效衔接的青少年学习民法典的知识体系。[11] 总体而言,青少年民法典教育须以民法典常识、民法典制度、民法典原则、民法典理念、民法典文化为核心,围绕青少年成长各阶段特点与需求,结合青少年与自身、他人、家庭、学校、社会、国家的关系,分阶段、系统学习《民法典》总则编、物权编、合同编、人格权编、婚姻家庭编、继承编、侵权责任编的核心要义与重要内容,结合具体条文、经典案例理解民法典平等、自愿、公平、诚信、公序良俗及绿色等基本原则,让青少年普遍深切感受到民法典的历史渊源与精神积淀这一"厚度",民法典的生活底色与社会面相这一"广度",民法典的人文关怀与民生情怀这一"温度",民法典的私法精神与深刻原理这一"深度",让民法典精神在青少年心中生根发芽、茁壮成长。具言之,在青少年民法典教育初阶,初步了解生活中的民法常识及民法典对未成年人保护的特别规定,侧重了解民法典是什么;在青少年民法典教

[11] 参见张振芝、张莹惠:《同心协力加强对青少年民法典教育》,载《辽宁日报》2020年8月26日,第5版。

育中阶,认识民法典在我国法律体系中的地位,学习理解民法典的基本原则,认识民法典与私权保护的关系,侧重了解民法典有什么用;在青少年民法典教育高阶,理解民法典的私权神圣与私法自治理念,理解民事权利的保护与救济、民法典与法治政府建设的关系,理解民法典的性质及对生命健康、财产安全、交易便利、生活幸福、人格尊严等保护原理,认识民法典以人为本理念与推进国家治理体系和治理能力现代化的重要意义,侧重了解民法典怎么用。

## 四、青少年民法典教育理性价值的实现路径

前已述及,民法典蕴含着对青少年的人文关怀与特别保护,可引导青少年形成正确的人生观、世界观与价值观,为国家治理现代化提供人才保障。为此,需构建起青少年民法典教育"理性价值—教育理念—关键环节"从抽象到具体的实现路径,下文围绕教学理念、教学教材、教学师资、教学方法等展开分析。

### (一)树立青少年民法典教育理解性教学理念

教学理念是教学活动的灵魂,其在教学实施中占据重要地位,影响教育活动的方方面面,在青少年民法典教育中首先应当明确科学的教学理念。笔者认为,青少年民法典教育是常识教育、品格教育、权利教育、创新教育,青少年民法典教育的理性价值决定了青少年民法典教育的理解性教学理念。理解性教学理念是指开展青少年民法典教育要以学生理解为主,使青少年民法典教育的理性价值贯穿实际教学活动中并加以生动阐释,使民法典实质精神走进青少年心中。在我国,但凡法治教育或法学教育的教学内容与考试分数挂钩,就难免在一定学生群体中异化为纯粹背诵式学习。尽管通过死记硬背法律概念、法律条文可以取得相当成绩,然而只知"实然"不知"应然"、只学"形式"不学"实质"的方式令法治理念难以在这些学生心中生根发芽。为贯彻中央全面深化改革委员会第十四次会议提出的"落实立德树人根本任务,遵循教育规律,针对不同主体和不同学段、不同类型教育特点,改进结果评价,强化过程评价,探索增值评价,健全综合评价,着力破除唯分数、唯升学、唯文凭、唯论文、唯帽子的顽瘴痼

疾，建立科学的、符合时代要求的教育评价制度和机制”的要求[12]，加强青少年民法典教育应倡导理解性教育理念，基于民法典概念、规范、制度、原则发展出具有理性价值的民法典教育，使青少年学生知其然亦知其所以然，教师在讲授民法典相关知识方面应注重有趣性与实用性的结合，增加启发、引导思考、重视理解，把握民法典源于生活、贴近生活的特点，借助生活点滴、名人名言、经典案例等教学以体现民法典的生活底色，从而使青少年深刻理解民法典对于其成长、成才、成家等均意义重大。与此同时，应处理好青少年民法典教育中学习内容增加与课业减负之间的关系，在倡导理解性教学理念下考核方式应予同步配套，尽可能创造条件让学生摒弃纯粹背诵式学习方式，更好地让民法典常态化、生活化地走进青少年心里，让民法典精神在青少年心中生根发芽。

### （二）在各阶段法治教育教材体系中融入民法典知识

现有《青少年法治教育大纲》对青少年法治教育的方方面面进行指引，并指出要以宪法教育为核心。将民法典纳入国民教育体系后，《青少年法治教育大纲》势必需要进行一定修改。笔者认为，基于民法典之性质与地位，《青少年法治教育大纲》宜在明确以宪法教育为核心的前提下明定以民法典教育为基础。推行全国青少年民法典教育需编订合理科学的教材，一方面须将民法典知识体系融入现有法治教育教材；另一方面可单独编订青少年民法典教育辅导读物《青少年民法典教育读本》作为课外学习资料。目前，我国在义务教育阶段的法治教育教材为《道德与法治》，在高中教育阶段的教材为《思想政治》[13]，在高等教育阶段的教材为《思想道德修养与法律基础》。在义务教育阶段，可在《道德与法治》教材中介绍生活中衣食住行的民法常识，介绍重要的人身权利与财产权利，包括姓名权、健康权、身体权、生命权、所有权等，以及《民法典》对未成年人保护的相关特别规定，让学生初步理解民法典是社会生活的百科全书。在高

---

[12] 《习近平主持召开中央全面深化改革委员会第十四次会议强调　依靠改革应对变局开拓新局　扭住关键鼓励探索突出实效》，载中央人民政府官网，http://www.gov.cn/xinwen/2020-06/30/content_5522993.htm。

[13] 普通高中《思想政治》全套教材共7册，其中必修教材分《中国特色社会主义》《经济与社会》《政治与法治》《哲学与文化》4册，选择性必修教材分《当代国际政治与经济》《法律与生活》《逻辑与思维》3册。

中教育阶段《思想政治》全套教材中必修2《经济与社会》、必修3《政治与法治》等必修教材与选择性必修2《法律与生活》教材中，宜介绍民法典的性质与地位、基本原则与重要理念，民法典在人身关系、财产关系等方面的保护原理，让学生理解民法典是民事权利宣言书。在高等教育阶段《思想道德修养与法律基础》教材中，宜规定《民法典》各编的重要制度，让学生理解私权神圣、私法自治、权利救济等原理，认识民法典以人为本理念及民法典对我国经济建设、政治建设、文化建设、社会建设与生态文明建设的意义。在教材编订中针对有趣性与实用性的结合，可多引用关于民法典的名人名言与经典故事，穿插具体生活案例及评析。青少年民法典教育也应注重传统法治教育课程外的其他课程渗透，相应地在其他课程教材（如高中历史教材）中宜将我国历次民法典起草、编纂的历史以及民法典的历史意义加以融入。

### （三）系统培训各层次青少年民法典教育一线教师

教师队伍是青少年民法典教育开展的基础与教学质量的保障。当前及未来的青少年民法典教育工作开展效果如何，与所在学校是否具备一支良好的、专业的一线师资队伍密切相关。在高等教育阶段，在现有青少年法治教育框架中加强青少年民法典教育，师资队伍一般不成问题，担任高校法治教育课程的教师中一般具有法学专业背景，甚或有教师本身就是民法学方向硕士或博士。但在义务教育阶段与高中教育阶段，原有中小学青少年法治教育教师队伍专业化程度便不高，故加强青少年民法典教育给现有教师队伍带来一定难题与挑战。在青少年民法典教育理解性教学理念指引下，要让学生能够理解民法典精神，教师本身必须真学弄懂民法典的内容与实质。鉴于此，从短期来看，须对在职教师作青少年民法典教育的系统培训，且培训不可停留于一般意义的接受宣讲学习，而是较长时间的专业系统培训，包括但不限于集中培训、继续教育与学历提升等，以针对不同需求使各类教师具备胜任的民法典教学基础与能力。有条件的学校可争取引进民法学背景的毕业生担任与兼任教职，形成骨干教师牵头的集体备课制度。此外，组织编写针对义务教育阶段、高中教育阶段与高等教育阶段不同阶段的《青少年民法典教育教师读本》进行配套，以利于教师在系统培训外时间加强学习。从长远角度看，在职前教育阶段，对于师范专业的课程应注重民法学学习，把民法学纳入师范类教育专业学习课程，在现有研究生培养机制中探索民法学与教育学交叉特色培养计划。

### (四)针对青少年与民法典的特点讲求教学方法开展青少年民法典教育

开展青少年民法典教育须讲求教学方法,而针对性的教学方法须重视青少年与民法典的特点。青少年思想上处于半幼稚半成熟的过渡阶段,个性相对活泼甚或叛逆,创造力强但抽象思维尚未形成,课堂学习注意力难以集中,而民法典作为法律本身具有专业性与抽象性但同时具有生活底色。对此,要开展好青少年民法典教育就必须针对青少年与民法典的特点采取多元化、针对性的教学方法。其一,结合青少年的认知规律,注重青少年民法典教育中情理法的统一,力求教学从情理到法理推演,抓住民法源于生活的特点,把握生活中柴米油盐、衣食住行等教学素材来源,从日常生活切入以朴素生活情理聚焦深刻民法法理,以此提升教学过程的递进性,在此过程中让青少年形成遇事懂法、遇事找法的习惯。其二,结合青少年的思维特点,注重青少年民法典教育中具象与抽象的统一,从社会热点事件切入,以热点鲜活案例生动揭示民法典原理,以形式阐释实质从而提高教学活动的生动性,并在此过程中引领青少年积极向上向善,争做有理想、有道德、有文化、有纪律的社会主义新人。其三,结合青少年的年龄阶段特点与需求,侧重于民法典是什么、有何用、怎么用不同层次的理解,提升教学过程的针对性,最终让青少年理解民法是写满权利之法典,使青少年懂得利用民法典赋予的权利保护机制,既尊重自己的权利也尊重他人的权利。其四,结合青少年的性格特点,注重青少年民法典教育中直接讲授与启发自学相结合。摒弃课堂填鸭式教育,倡导课堂交流式、引导式教育,提升教学的启发性,让青少年懂得民法是自治之法,使青少年理解在私法活动场域中民事主体秉持意思自治理念通过自主协商决定权利义务关系,理解民法典既保护各类人身财产权利,也保障社会成员积极创新、全面发展的空间。在理解性教育理念下,教师可通过确立具体课堂教育目标,调动学生兴趣设计学习任务,组织、引导学生进行生活简单案例讨论,善于运用多媒体教学方式并注重课堂外延展,引导青少年自学特别是到生活中去学习民法,与民法典青少年家庭教育、社会教育进行有效衔接。

# 网络社会化视阈中青少年法治教育的问题及对策

郭开元*

**摘　要**:在网络社会,青少年法治教育是实现青少年网络社会化的重要路径,同时网络社会化影响青少年法治教育的实效。基于调查数据,从网络社会化的视角分析,青少年法治教育在内容和路径方面存在不足,亟待完善和优化。通过加强网络法律知识教育、培养青少年网络规则意识,注重权利教育、提高青少年网络权利意识,增强法治教育内容的针对性、提升青少年网络权益维护意识,增强法治教育内容的情境化、提升青少年的网络法律素养,以此来完善青少年法治教育的内容;通过采取多元化的教育方式、注重唤醒教育,凸显教育主体的草根化、注重生活化教育,强调教育过程的互动性和个性化、注重自主性教育,遵循认知发展规律、注重递进式教育,以此来优化青少年法治教育的路径。

**关键词**:网络社会化;青少年;法治教育;场域

随着互联网的发展,人类社会进入信息时代,信息技术重塑了人们的生活场域。网络已经成为青少年学习生活的重要场景,网络能够满足青少年学习、休闲娱乐、人际交往等多元化需求。在网络社会化过程中,青少年作为网络主体的真实身份、行为状态等都以数字化编码的形式呈现,具有虚拟性特征。青少年容易割裂现实社会与虚拟社会的联系,通过现实社会化形成的法治观念在虚拟的网络社会容易被弱化,致使部分青少年实施网络诈骗、网络欺凌等网络

* 郭开元,中国青少年研究中心青年组织研究所所长、研究员,法学博士。

失范行为。同时,由于青少年网络权益维护意识和能力不足,当遭受网络行为侵害时,他们也不能有效维护权益。此外,青少年法治教育被裹挟进“互联网+”场域,互联网深刻影响法治教育的内容和形式,给传统法治教育带来新的问题和挑战。鉴于此,在网络社会,完善青少年法治教育具有重要意义。本文运用社会学、教育学、法学等学科理论,基于实证调查数据,从网络社会化的视角分析青少年法治教育面临的新问题和挑战,进而探讨网络社会化背景下青少年法治教育的完善路径。

## 一、网络社会化背景下开展青少年法治教育的意义和原则

社会化是人类生存和发展的必要前提。所谓社会化,是指作为个体的人在与社会的互动中,逐渐养成个性和人格,并通过社会文化的内化和角色规范的学习,适应社会生活的过程。[①] 社会化对青少年的生存和发展具有重要意义,通过特定形态和路径的社会化使青少年建构社会身份和角色规范,从而适应社会生活。

### (一)青少年法治教育是实现青少年网络社会化的重要路径

在信息时代,网络社会化是青少年社会化的特定实践形态,主要指青少年在网络空间接受网络社会文化影响和熏陶的社会化过程[②],其时代内涵主要是数字化的网络生活给青少年社会化带来的影响。在网络社会,互联网作为社会交往平台,深刻改变了青少年的社会生活。网络生活为青少年的社会化创设了新的社会条件[③],青少年社会化的方式和机制发生了深刻变化。互联网实现了虚拟世界与现实世界的有机结合,延展了青少年的社会性,拓宽了青少年社会化的范围。在网络社会化中,青少年改变了传统社会化中的被动地位,可以自主地选择社会化内容,主动学习社会规范,内化社会责任。另外,在网络社会化过程中,由于互联网缺乏对社会化内容的筛选和过滤机制,社会化内容没有年

① 参见郑杭生主编:《社会学概论新修》,中国人民大学出版社2013年版,第116页。
② 参见何明升主编:《网络社会学导论》,北京大学出版社2020年版,第102~103页。
③ 参见李一:《网络社会化:网络社会治理的“前置要素”》,载《浙江社会科学》2019年第9期。

龄段的界分,而青少年正处于社会化的初始阶段,理性判断力不足,接触到网络不良信息时容易引发价值观混乱,从而实施网络失范行为。由此可见,青少年网络社会化面临着新的问题和挑战。

在社会化理论中,青少年的社会化主要是通过教育实现的,教育对青少年社会化具有树立范型、传授知识、创造条件和矫正模式等功能。[④] 法治教育是现代教育范畴中青少年教育的重要内容,通过对青少年开展法治教育,培养青少年的法治意识,提升青少年的法治素养。在网络社会中,互联网的普及和广泛运用生成了大量的网络社会关系。这些网络社会关系需要网络法律规范予以调整,而青少年对这些网络法律规范的习得需要通过法治教育来实现。另外,由于青少年的可塑性强,在青少年时期更容易内化规则,在此年龄段有针对性地开展网络法治教育可以更好地促进青少年将网络法律规范内化为法律意识,养成依法实施网络行为的习惯,从而达到青少年网络社会化效果的最大化。因此,在网络社会,青少年法治教育是实现青少年社会化的重要路径。

### (二)网络社会化背景下开展青少年法治教育的原则

#### 1. 青少年法治教育的内容要契合网络社会化的要求

从社会学角度分析,个体社会化的具体内容包括教导基本生活技能、学习社会行为规范、掌握社会角色、灌输生活目标和培养价值观念。[⑤] 在网络社会,网络社会化内容既要符合传统社会化的规律和内容的要求,又要受网络空间运行规律和网络行为规范的影响。具体地说,网络社会化涵括以下内容:(1)习得网络行为规范。网络空间是互联网技术创造的全新空间,要重新诠释其行为规则及运作机制,不能简单地从传统社会规范的视角去看待网络空间中的规则。在网络空间,法律法规、技术准则和道德规范都起到了维持网络秩序的作用。青少年网络行为的自由度凭借网络技术得到较大提升,需要理性地区分"能够做"和"应该做"所蕴含的不同行为导向,即在技术层面上"能够做"的网络行为,在道德规范、法律法规等社会文化规范的意义上予以考量,却未必真正"应

---

④ 参见王振宇等:《儿童社会化与教育》,人民教育出版社 1992 年版,第 43 页。

⑤ 参见刘中起、风笑天:《虚拟社会化与青少年角色认同实践研究》,载《黑龙江社会科学》2004 年第 2 期。

该为之”。[⑥] 因此,为了规范网络行为,青少年要学习网络道德、网络法律法规等网络行为规范,并予以内化,在网络生活中以自律的方式遵守行为规则,维护网络秩序。(2)扮演网络角色。青少年在社会化过程中需要社会角色的扮演,而角色扮演是以角色学习为前提的,角色学习则是通过实施社会行为来掌握知识和技能,习得社会规范。在网络空间,青少年所实施的学习、聊天交友等网络行为交织在一起,共同构成了网络生活的整体图景。在参与网络生活的过程中,青少年通过不同角色的学习体验来了解、熟悉和适应网络生活的运行规则。(3)提升网络素养。基于互联网而建构的网络空间,成为青少年展开网络生活的“场域”。“在网络上,每个人都可以是一个没有执照的电视台。每一种技术或科学的馈赠都有其阴暗面。数字化生存也不例外。”[⑦]在网络空间要防范各种阴暗面的出现,减少其可能造成的危害,就要培育网络理性,提升青少年网络素养。目前,网络素养教育的内容主要是提升青少年正确使用网络的意识和能力,包含网络行为规范、网络安全保护意识、甄别网络信息等内容。总之,与网络社会化内容相适应,青少年法治教育不仅要求青少年学习掌握网络法律知识,还要求其具备良好的网络素养,尤其是网络法律素养。这是传统的青少年法治教育内容无法实现的,需要契合网络社会化的要求不断完善。

2. 青少年法治教育的路径要因应网络社会化的场域特质

在社会学中,“场域”是一个关系性范畴。法国社会学家布尔迪厄提出“场域”概念,取代了“结构”概念,并从场域的角度切入社会分析。[⑧] “场域”与“社会化”结合生成社会化场域。在信息时代,互联网与人的耦合是一个双向建构的过程,互联网建构的数字化空间为人类提供了一种独特的社会文化生活空间。[⑨] 这意味着在物理空间之外为青少年构建了另一个特定的社会生活场域。随着移动互联网的快速发展,互联网对青少年社会生活的影响更加广泛和深远。网络社会的虚拟性使其具有跨越地域边界和在线实时开放等优势,青少年

---

⑥ 参见何明升主编:《网络社会学导论》,北京大学出版社 2019 年版,第 106 ~ 107 页。

⑦ [美]尼古拉·尼葛洛庞帝:《数字化生存》,胡泳、范海燕译,海南出版社 1997 年版,第 205、267 页。

⑧ 参见刘生全:《论教育场域》,载《北京大学教育评论》2006 年第 1 期。

⑨ 参见冯鹏志:《数字化的“泡沫”:网络社会张力及其表现形式》,载《天津社会科学》2000 年第 3 期。

社会化的场域也随之拓展。基于此,青少年网络社会化因应其场域的特质而具有明显的特征:(1)虚拟性。虚拟性是网络空间的本质特征。网络社会化是在传统社会化基础上的虚拟社会化,出现了范式的变化:虚拟的“网络互动”场域,有助于青少年建立新型的社会关系,拓展社会化范围;有助于青少年对多种角色规范的习得,加速社会化的进程。[⑩] (2)平等性。在网络空间,青少年通过互联网相互交流信息,彼此之间是平等的。青少年在网络上交往无须考量彼此的社会地位、社会身份和生活背景等因素,也不必顾忌现实的利益冲突,从而扩大了平等、自由交往和互动的范围。另外,互联网解构了地域、城乡的社会化差异,不同地域的青少年可以利用相同的网络资源,即网络社会化的内容和机会趋于平等。(3)自主性。互联网消解着传统的青少年社会化模式,社会化的实体流程让渡于虚拟现实的交互过程,青少年的“受化”方式明显改变。[⑪] 网络的开放性带来了信息接受的自主性,青少年作为社会化的接受者在网络空间可以相对自由地选择和获取知识信息,独立地对事物进行判断。因此,在网络社会化过程中,青少年改变了传统社会化中的被动接受,在选择社会化方式和内容方面具有自主性。因此,网络技术使青少年社会化的“受化”方式产生变化,使青少年的主观能动性得以真正发挥。[⑫] 另外,网络使青少年社会化的导向难以控制,青少年容易受到网上不良信息的影响而偏离社会化的正确方向。这是青少年网络社会化应该避免的偏差问题。(4)便捷性。青少年社会化的核心内容是学习扮演社会角色,即青少年依照社会对人的要求和标准学会承担特定的社会角色,实现角色期待与角色实践的整合。[⑬] 在社会生活中,青少年具有多重的社会属性和社会关系,决定了其扮演角色的多重性。不同的角色蕴含着不同的权利义务关系,社会的期待和要求也各有差异,需要青少年不断地进行角色学习和角色整合。网络社会化的虚拟环境突破了地域和时间的限制,青少年可以进行不同角色扮演的实践,从而深化和调整对角色规范的理解。总之,基于青

---

⑩ 参见廖龙辉:《网络对青年社会化的效应及其对策分析》,载《中国青年政治学院学报》2001 年第 6 期。

⑪ 参见王卫:《网络时代青年社会化范式的转型》,载《青年研究》1999 年第 12 期。

⑫ 参见刘毅:《网络时代:青少年社会化面临的挑战》,载《西北师大学报(社会科学版)》2002 年第 6 期。

⑬ 参见[美]乔纳森 · H. 特纳:《社会学理论的结构》,邱泽奇、张茂元等译,华夏出版社 2001 年版,第 46 页。

少年社会化场域的变化,网络社会化呈现虚拟性、平等性、自主性和便捷性等特征,这意味着传统社会化模式和路径的变化,也蕴含着青少年法治教育的路径要因应网络社会化的场域特质而予以优化。

## 二、网络社会化背景下青少年法治教育存在的问题

基于中国青少年研究中心的"青少年法治教育研究"课题组实证调查数据,从青少年网络社会化的内容要求和场域特质的视角分析,青少年法治教育在内容和路径方面存在以下问题:

1. 青少年网络法律知识的认知不足

在法治社会,网络空间也存在法律规范和法律秩序,青少年需要遵守网络法律规范,树立网络法律意识。目前,我国制定颁布了一系列有关网络安全和秩序的法律法规,为网络健康有序发展提供了有力的法律保障。通过法治教育青少年掌握这些网络法律知识是提升青少年网络法律意识的前提和基础,这也是实现青少年网络社会化的内在要求。但是,目前青少年对网络法律法规的认知不足。调查数据显示,仅有 68. 4% 的被调查青少年知道《网络安全法》,37. 0% 的知道《信息安全等级保护管理办法》,35. 2% 的知道《互联网信息服务管理办法》。这说明在青少年法治教育中有关网络法律法规教育的内容不足。

2. 青少年的网络权利意识薄弱

在网络空间,青少年应当树立权利意识,既要保护自己的网络权益,又要尊重和保护他人的网络权益。但是,在传统法治教育中,有关权利义务关系的教育突出强调了青少年应履行的法律义务,淡化了法律权利的教育。调查研究发现,青少年的网络权利意识薄弱,缺乏对网络隐私权、网络知情权等权利的认知。诸如在隐私和个人信息的权益保护方面,调查数据显示,35. 2% 的被调查青少年赞同"父母可以随便在微信朋友圈发未成年子女的照片",15. 7% 的赞同"父母可以翻看未成年子女的手机"。关于"哪些信息可以提供给陌生网友"问题的调查数据显示,46. 5% 的被调查青少年认为可以提供姓名,18. 3% 的认为可以提供照片,11. 4% 的认为可以提供手机号码,甚至有 3. 2% 的认为可以提供身份证号码。由此可见,青少年的网络权利意识薄弱,致使青少年的网络权益容易遭受侵害。

3. 青少年的网络权益维护意识淡薄

权益维护意识是法治意识的重要内容，网络权益维护意识是指青少年在网络权益受到侵害时，能否运用法治方式维护自身权益的行为和态度。网络权益维护意识的强弱反映了青少年的法治意识水平。调查数据显示，针对网络色情信息的侵害，69.4%的被调查青少年选择投诉或举报，运用法律的方式维护权益；针对网络诈骗信息的侵害，50.3%的被调查青少年选择投诉或举报。这在一定程度上说明青少年在网络空间的权益维护意识淡薄，需要通过有针对性的知识教育和技能训练予以提高。

4. 当前的法治教育主要通过讲授灌输的方式开展，容易使青少年缺乏学习法治知识的主动性和自主性

传统青少年法治教育主要是灌输式教育，注重知识的传授而忽视精神素养的塑造和实践能力的培养；采取单向的知识讲授，缺乏与青少年之间的互动，使青少年缺乏学习的主动性和自主性，不符合青少年的认知规律，未能有效唤醒青少年学习法律的兴趣。[14] 在网络空间学习，青少年可以自主地对网络信息进行选择、判断和整合。这充分说明传统法治教育方式已不适应青少年网络社会化的要求。

5. 当前运用网络新媒体开展青少年法治教育的程度也存在一定的不足

网络技术为青少年法治教育提供了更加丰富的载体和资源，打破了课堂教学的时空界限，青少年作为受教育者可以随时随地接受法治教育，提高了法治教育的效率。但是，目前在青少年法治教育中，运用新媒体开展法治教育的程度不足。调查数据显示，32.7%的被调查青少年的法治知识或信息的获取渠道是微信，23.9%的是微博，25.0%的是网页、网络新闻，20.6%的是手机软件等网络新媒体。

## 三、网络社会化背景下青少年法治教育的完善路径

网络生活给青少年的社会化带来深刻影响。为提升青少年法治教育的实效，有必要立足于青少年网络社会化的内容要求和场域特质，优化青少年法治

---

⑭ 参见樊红霞、张万红：《我国高校法治教育的问题和路径》，载《煤炭高等教育》2015年第2期。

教育的路径。

### (一)网络社会化背景下青少年法治教育的内容完善

1. 加强网络法律知识教育,培养青少年网络规则意识

网络规则意识是青少年法治教育的重要内容。青少年的网络规则意识是青少年在学习网络行为规则的基础上接受规则对行为的约束,并将规则内化为网络行为准则的意识,即青少年对网络行为规则的认知、认同、尊重和信仰。在现实社会中,法律基于“惩罚—威慑”运行机制塑造青少年的规则意识。但是,在虚拟的网络社会中,法律的运行机制发生了变化,导致青少年面对网络领域的法律法规缺乏敬畏心。[15] 因此,要加强青少年网络法律知识的教育,围绕青少年在网络空间需要处理的法律关系,使青少年树立权利义务相一致的观念,领悟网络法律知识背后的价值理念,树立底线意识。

2. 注重权利教育,提高青少年网络权利意识

对权利的认知是提高权利意识的基础。青少年作为权利主体,既享有宪法规定的公民一般权利,也享有《未成年人保护法》《预防未成年人犯罪法》《义务教育法》等专门法律规定的权利。在网络空间,青少年享有信息知情权、网络表达权、知识产权和隐私权等权利。青少年法治教育的重要功能就是对青少年进行上述权利的教育,在权利认知的基础上提高权利意识。所谓权利意识,是指特定的社会成员对自我的利益和自由的认知、主张和要求,以及对他人的认知、主张和要求的社会评价。[16] 在网络社会中,青少年网络权利意识不仅包括对自身网络权利的意识,还包括对他人网络权利的认同和尊重。在法治教育中要加强青少年网络权利意识教育,教育青少年正确认知网络权利和义务的关系,在网络空间依法行使网络表达权、信息获取权和隐私权等权利,防止权利的滥用,抵制网络诈骗、网络暴力等违法犯罪行为。

3. 增强法治教育内容的针对性,提升青少年网络权益维护意识

青少年权益维护意识是指青少年在自己的合法权益被侵犯时如何维护权

---

[15] 参见刘琅琅、陈九龙:《公民意识在互联网中的发展探析》,载《西安交通大学学报(社会科学版)》2014 年第 1 期。

[16] 参见夏勇主编:《走向权利的时代:中国公民权利发展研究》,社会科学文献出版社 2007 年版,第 33 页。

益的态度和能力。在网络社会中,提升青少年通过正当途径维护自己合法网络权利的意识和能力是法治教育的重要内容。调查数据显示,目前青少年遭受过的网络风险主要有网络诈骗(48.2%)、网络色情(38.7%)、个人信息泄露(30.4%)和网络暴力(21.3%)等。这些网络风险严重影响了青少年的健康成长,需要通过提升网络权益维护意识予以防范和化解。一方面,在青少年网络权益遭受侵害时,教育青少年要有权益维护的意识。进行法治教育,使青少年了解网络诈骗、网络色情、网络暴力和个人信息泄露等网络风险类型,并结合具体案例使青少年知悉各种类型网络风险的表现形式、危害性、法律责任和防范措施,当网络违法犯罪行为发生时,青少年能够运用所掌握的网络法律知识认知到自身的网络权益受到了侵害,准确地判断何种权益受到侵害。另一方面,在青少年网络权益遭受侵害时,教育青少年要有选择合法权益维护路径的意识和能力,而不是采取以暴制暴或者退缩、忍让的态度。调查数据显示,29.3%的被调查青少年不主动维护权益的原因是不知道如何维护权益。为此,要通过法治教育,教育青少年及时为合法维护权益收集和保存必要的证据,尤其是在网络空间电子证据具有转瞬即逝的特征,如果不及时收集就会灭失。总之,青少年获得以上的意识和能力源自有针对性的法治教育。

4. 增强法治教育内容的情境化,提升青少年的网络法律素养

在教育学范畴中,知识的学习是在情境化的活动中提升发现问题、分析问题和解决问题的能力。所谓情境,是"情景、环境"的合成词,是个性化学习的具体场域。美国教育家杜威认为,向青少年传递信念、情感和知识必须通过情境教育来实现,情境让个体在参与唤醒并强化某些冲动、具有某些目的并要求承担某些后果的活动中,塑造出他们在行为中的精神倾向和情感倾向。[17] 调查研究发现,传统法治教育的教育方式单一,参与性不足,难以激发青少年的法治情感。因此,青少年法治教育要注重教育内容的情境化,结合案例创设问题情境,将法律规范的传授镶嵌在情境中,通过互动构建符号认知与社会生活意义的连接。目前,在网络法治教育中,可以运用虚拟现实、增强现实等网络技术创建拟真的教育情境,将法治教育内容予以情境化,使抽象的知识概念变得可视化和

---

⑰ 参见李业富编:《经验的重构:杜威教育学与心理学》,华东师范大学出版社 2017 年版,第 367 页。

具象化,在模拟情境中体验法律知识的实践运用,感受法律的权威性和守法的意义,注重教育的沉浸性和交互性,引导青少年参与式寻求解决问题的方案,在情境中获得真切的身心体验,对情境中的行为规则、程序规则进行移情性理解,通过体验来反思自身的行为和态度,将法律知识予以内化,从而提升青少年的网络法律素养。

### (二)网络社会化背景下青少年法治教育的路径优化

#### 1.采取多元化的法治教育方式,注重唤醒教育

教育主要是人的灵魂的教育,而非理智知识和认识的简单堆集。教育通过知识内容的传授、生命内涵的分享以及行为举止的规范,使年轻一代舒展自由的天性。[18] 基于此,青少年法治教育的重要任务是唤醒青少年对公平、正义等价值理念的情感认同。调查发现,传统的法治教育方式侧重于法条讲解和知识灌输,内容抽象和生硬,难以激发青少年的学习兴趣,忽视人文精神的培养。在网络空间,通过文字、图片、音视频等符号的组合,采取多元化和立体化的教育方式,使法治教育内容声色俱全、图文并茂,法律知识的呈现形式鲜活生动,契合青少年的认知规律和心理特点,容易产生思想共鸣,更能唤醒青少年的学习兴趣,使法治教育内容更具吸引力。在法治教育中,要充分利用微博、微信、短视频等新媒体,注重对青少年的唤醒教育。

#### 2.凸显法治教育主体的草根化,注重生活化教育

传统法治教育的主体是学校的教师。在“传授—接受”教育模式中青少年没有话语权,处于被动接受的地位,影响了法治教育的实效性。调查发现,在网络法治教育中,通过微博、微信、短视频等新媒体传播的法治教育内容多数源于日常生活,与青少年成长的环境密切相关。这标志着网络法治教育场域中话语权的改变,法治教育的主体更加草根化和平面化,法治教育内容更接近青少年的生活实际,所普及的法律知识更具有实用性,这在本质上是一种生活化的教育。在生活化教育中,将资料、素材等生活化元素融入法治教育内容,可以唤醒青少年的生活经验,促进法律规范的内化。另外,可以通过网络技术模拟场景

---

[18] 参见[德]卡尔·雅斯贝尔斯:《什么是教育》,童可依译,生活·读书·新知三联书店2021年版,第3~4页。

来展现青少年生活中的法律问题,筛选发生在青少年身边的案例,设计逻辑递进的问题,组织青少年讨论,吸引青少年深度参与其中,准确理解法律知识的含义和精神,并训练青少年运用法律知识解决实际问题的能力。

3. 强调法治教育过程的互动性和个性化,注重自主性教育

在社会学理论中,青少年的社会化是社会教化和自主内化的结果,是教化与内化相互作用的过程。在青少年社会化过程中,习得社会规范的过程就是将社会规范内化为自我人格内涵的过程。⑲ 在社会规范的内化阶段,青少年个体自愿遵守社会行为准则,愿意将这些准则作为自己的价值准则,以自律的方式严格要求自己按照这些准则实施行为。因此,青少年社会化不仅是教化者运用一定的文化价值观、行为模式、道德和法律规范等教化、塑造受化者,更是作为受化者的青少年积极参与社会生活,能动地内化社会价值和社会规范,发展自己的社会性。在网络法治教育中,青少年被赋予自主权和选择权,提倡自主学习和自主探究,通过对法律知识的多元理解达成共识,完成对知识的自主建构。通过规则运用提升青少年判断合法与否的理性能力,而这种判断力是青少年自主教育的重要体现。同时,网络法治教育的教育者要由传统的讲授者变成辅导者和引导者,知识传授模式由传统的单向传播变为双向互动,受教育者可以通过互联网及时反馈意见,便于教育内容的改进。另外,可以利用网络技术分析不同青少年群体的法治需求,进而分类设计法治教育的目标、内容和路径,探索菜单式法治教育方式,以实现青少年法治教育的个性化。

4. 遵循认知发展规律,注重递进式教育

青少年的法治意识不是自发形成的,需要长期的、有计划的教育和培养,并遵循青少年认知发展的基本规律。从心理学的角度分析,人的认知发展是有阶段的,依次经历感觉运动阶段、前运算阶段、具体运算阶段和形式运算阶段。⑳ 首先,在感觉运动阶段,个体的认知主要是依靠感觉和动作,通过本能反应达致目的,没有界分主体与客体的能力。其次,在前运算阶段,认知的象征功能开始出现,不能形成正确的概念,思维具有主观性。再次,在具体运算阶段,个体可以依据具体的经验思维,开始认识到物质世界的逻辑稳定性,但个体思维需要

---

⑲ 参见徐梦秋等:《规范通论》,商务印书馆2011年版,第373页。

⑳ 参见[瑞士]皮亚杰:《发生认识论原理》,王宪钿等译,商务印书馆2009年版,第134页。

以具体的实物为支撑。最后,在形式运算阶段,个体具备抽象思维能力,能够进行假设和推理。基于上述认知发展规律,青少年网络法治教育内容的设定和网络法律意识的提升要呈现阶段性、顺序性特征。一方面,网络法治教育内容的设定要与不同年龄段的青少年的认知发展水平相符合。例如,初中阶段未成年人的思维方式以具体运算为主,网络法治教育应注重网络空间发生的实际案例分析,以实物为载体呈现权利义务关系。高中阶段未成年人的思维方式则是以形式运算为主,有思维能力和判断能力,网络法治教育应注重抽象逻辑推理,通过分析"行为、权利、义务、责任"之间的关系提升权利意识和责任意识。另一方面,网络法治教育内容的设定要结合认知发展的顺序建立有效的联系和内容衔接。小学阶段、初中阶段、高中阶段的未成年人的认知发展顺序依次是由前运算阶段到具体运算阶段再到形式运算阶段,与这三个阶段相对应的法治教育内容的设计要具有递进性、顺序性的特征,从简单到复杂,从具体到抽象,并建立有效的联系和内容衔接。美国心理学家奥苏伯尔(D. P. AuSubel)强调,新知识所代表的符号或观念与学习者原有知识结构之间产生联系,在新知识与原有知识结构之间建立一个有效的联结,促进有意义学习的产生。[21] 有意义学习理论启示我们,在青少年法治教育中要注重法治教育内容的递进性和衔接性,即在新法律知识学习与原有知识结构之间建立有效的联系和衔接,帮助青少年运用新知识学习与原有知识结构之间的联系来促进学习,优化学习效果。鉴于此,不同年龄阶段的青少年网络法治教育内容的设定应具有递进性和衔接性,不能孤立和割裂。

---

㉑ 参见[美]奥苏伯尔:《教育心理学——认知观点》,佘星南、宋钧译,人民教育出版社 1994 年版,第 26 页。

# 犯罪"低龄化"趋势下的青少年法治教育

徐　爽　陈泽宇*

**摘　要**：青少年犯罪问题一直是世界各国关心的重大问题。近年来我国刑事犯罪领域出现犯罪"低龄化"趋势，青少年犯罪问题严峻，青少年法治教育具有很强的现实紧迫性。本文选取城市地区、农村地区及少数民族地区青少年法治教育的个案，分析当下青少年法治教育存在的问题，提出以学校为主体的青少年法治教育应当"下沉"到小学低年级，从小开展并持续推行；针对青少年犯罪的地域性、群体性分布不均衡的情况，因地、因时制宜，在坚持标准化、统一化的同时，实施更灵活有效的方案。学校要加强能力建设，完善法治教育体系、丰富法治教育手段、营造校园法治文化，在家长和社会的共同努力下，通过多种途径培养青少年的法治素养，为青少年健康成长创造良好的环境。

**关键词**：青少年；预防犯罪；法治教育

## 一、引言

2018年12月，湖南沅江市发生一起未成年人杀母案。凶手吴某某年仅12岁，在家抽烟被母亲发现，遂与母亲发生激烈冲突。吴某某被愤怒冲昏头脑，对其母疯狂砍杀20多刀，致母亲当场死亡。[①] 这一案件引发社会各界震惊。《预

---

* 徐爽，中央民族大学法学院副教授，法学博士。

陈泽宇，中央民族大学法学院宪法学与行政法学研究生。

① 参见红星新闻：《12岁少年弑母后漠然问道：学校不可能不让我上学吧?》，载微信公众号"红星新闻"2018年12月10日，https://mp.weixin.qq.com/s/Bd2pVqIv3DA9Hm9M7PSSIQ。

防未成年人犯罪法》《未成年人保护法》两部法律开始修订时，正值全国人大常委会审议该两部法律修正草案期间，大连市又发生一起 13 岁男孩蔡某某强奸杀人案。多次尾随女性的蔡某某残杀 10 岁女孩并将其抛尸，被收容教养三年，再次触痛全社会的神经。[②]

青少年是祖国的未来，是民族的希望，承担着建设国家、实现中华民族伟大复兴的重任。青少年应当严格要求自己，努力成长，实现自我的人生价值。如何教育和培养好青少年，这是社会、家庭和学校需要共同思考的问题。但在现实中，青少年"低龄化"犯罪的趋势引起社会各界高度关注。尤其近几年，青少年犯罪不仅呈现"低龄化"特征，而且恶性程度增强，涉及包括故意杀人、强奸等在内的严重犯罪。

要遏制这一苗头，对青少年进行法治教育具有重要价值。青少年法治教育是预防青少年犯罪工作的重要组成部分。青少年正处在人生观、世界观、价值观形成的关键时期，在青少年教育中加入法治教育内容，使他们初步掌握法律知识，形成"尊重法律、遵守规则"的意识，培养"知法、守法、用法"的能力，并最终转化为日常自觉行为，这是现代社会全人教育的组成部分，[③]也是有效预防、遏制青少年犯罪的重要途径。法国文豪雨果曾说，"多建一所学校，就少建一间监狱"。这固然是一种形象的说法。从青少年培养和教育的角度看，来自学校、家庭和社会各界的守法引导与法治教育贯穿青少年群体的成长过程，普及法律知识、渗透规则意识，使得青少年群体具备法治素养，将法治内化为自身的行为方式，成为理性、宽容、守法、负责的一代新人，这是从源头上预防和减少犯罪的"治本"之途。法律素养是现代社会公民健康成长、参与社会、幸福生活的核心要素之一。[④]而青少年群体的法治素养，本身也是衡量社会文明程度和法治建设进程的重要标志。

党的十九大报告指出，全面依法治国是国家治理的一场深刻革命，必须坚持厉行法治，推进科学立法、严格执法、公正司法、全民守法。党的十八届四中全会

---

② 参见计为民：《低龄化犯罪倒逼立法与时俱进》，载《人民之声》2019 年第 11 期。

③ 参见刘宝存：《全人教育思潮的兴起与教育目标的转变》，载《比较教育研究》2007 年第 9 期。

④ 参见教育部、司法部、中央综治办、共青团中央、全国普法办：《关于进一步加强青少年学生法制教育的若干意见》（教政法〔2013〕12 号），载教育部官网，http://www.moe.gov.cn/srcsite/A02/s7049/201308/t20130801_170521.html。

强调,要推动全社会树立法治意识,深入开展法治宣传教育。根据《青少年法治素养评价体系》课题组在全国大中学生中展开的调查,86.25%的青少年是从学校课堂获得法治知识的。[⑤] 这印证了一个基本事实,即学校尤其是中小学校是对青少年开展法治教育的最重要的基地。党的十八届四中全会审议通过的《中共中央关于全面推进依法治国若干重大问题的决定》要求,“把法治教育纳入国民教育体系,从青少年抓起,在中小学设立法治知识课程”[⑥]。目前,我国多地中小学校都开设了法治教育课程或开展了相关的教育活动,青少年法治教育体系正在逐渐形成。然而,这一体系还存在一些问题,如相关主体分工不明确、学校法治教育主题活动部分流于形式,对在校生遇到的法律疑难问题缺乏专业解答等。这些问题影响了青少年法治教育应当发挥的成效,制约了青少年法治素养的形成。

面对严峻的犯罪“低龄化”态势,如何整合青少年法治教育资源,提高教育质量,以有效地培育青少年法治素养,减少青少年犯罪的发生,是本文探讨的主题。本文将简要分析近年来我国青少年犯罪“低龄化”现象及特征;进而检索现行法律政策规定,厘清青少年法治教育的规范依据;结合我国城市、乡村及少数民族地区青少年法治教育的典型个案分析当下青少年法治教育体系建设的问题,提出完善青少年法治教育的一些新思路,探索提升法治教育质量、有效预防青少年犯罪的进路。

## 二、我国刑事犯罪领域“低龄化”的趋势及特点

### (一)犯罪“低龄化”成为新趋势

青少年作为一个国家人口的重要组成部分,对国家和民族的发展起着至关重要的作用。青少年犯罪问题一直都是世界各国关心的重大问题。[⑦] 近年来,

---

⑤ 参见马抗美、袁芳:《当前中国青少年群体法治素养的整体图景》,载《光明日报》2020年5月8日,第11版。

⑥ 《中共中央关于全面推进依法治国若干重大问题的决定》,载中国政府网,http://www.gov.cn/zhengce/2014-10/28/content_2771946.htm。

⑦ 参见张戈曦:《青少年犯罪现状及预防探讨》,载《犯罪研究》2019年第3期。

青少年犯罪问题受到国际社会普遍关注,被列为继吸毒、环境污染后的第三大公害。犯罪低龄化,是青少年犯罪中出现的一种现象。青少年是指处于少年儿童到青年这一过渡阶段的特定群体,既包括我国法律规定的 14 ~ 17 周岁的未成年人,也包括 18 ~ 25 周岁刚刚成年不久的青年人。根据我国刑事政策及青少年犯罪研究,青少年犯罪主要指已满 14 周岁但不满 25 周岁的人员实施的犯罪行为,[⑧]具体可细分为不满 18 周岁青少年犯罪和 18 ~ 25 周岁青少年犯罪。对国家统计局、最高人民法院、公安部等部门的数据进行梳理后,我们发现:虽然 2001 年至 2019 年我国青少年犯罪的人数、在犯罪总人数的比重略微下降,但青少年犯罪类型向多样化发展,[⑨]且暴力型犯罪更加集中,呈现严重化趋势[⑩],可以说是"量降质升"。以校园暴力案件为例,2015—2017 年,校园暴力案件中有 57.5% 的为故意伤害案件,11.59% 的案件受害人死亡,31.87% 的案件受害人重伤,38.54% 的案件受害人轻伤。[⑪] 这就是说,青少年犯罪中典型的在校生暴力案件,有超过一半是故意为之,且导致接近一半的受害人重伤或死亡。这样的犯罪危害程度是相当大的。从 2016 年到 2017 年,未成年人涉及寻衅滋事罪与聚众斗殴罪的数量亦有所上升。[⑫] 更为严峻的是,2019 年,全国检察机关共受理审查起诉涉未成年人犯罪 106,614 人,其中未成年人犯罪 61,295 人,同比上升 5.1%,[⑬]这个上升的变化势头应予以重视。

此外,还需注意的是,由于目前实行的司法分流刑事政策,尽量将未成年人非犯罪化处理,这种做法还可能减少了未成年罪犯的统计数量。比如,2013—2015 年,全国检察机关决定附条件不起诉 1.1 万多未成年犯罪嫌疑人。[⑭] 2018 年至 2019 年 4 月,全国检察机关对涉嫌轻微犯罪的未成年犯罪嫌疑人依法从

---

⑧ 参见谭鹏阳:《青少年犯罪的新特点及其法律成因分析》,载《法制博览》2020 年第 9 期。

⑨ 参见衣力努尔·艾则孜:《青少年犯罪现状、成因和防治措施》,载《法制博览》2019 年第 9 期。

⑩ 参见管伟康:《未成年人犯罪防治研究》,载《预防青少年犯罪研究》2019 年第 2 期。

⑪ 参见中国司法大数据研究院:《校园暴力司法大数据专题报告》,载最高人民法院官网,https://www.court.gov.cn/upload/file/2019/11/22/11/10/20191122111056_72113.pdf。

⑫ 参见中国司法大数据研究院:《校园暴力司法大数据专题报告》,载最高人民法院官网,https://www.court.gov.cn/upload/file/2019/11/22/11/10/20191122111056_72113.pdf。

⑬ 参见最高人民检察院:《2019 年全国检察机关主要办案数据》,载最高人民检察院官网,https://www.spp.gov.cn/spp/xwfbh/wsfbt/202006/t20200602_463796.shtml1。

⑭ 参见彭波、马文静:《如何避免迷途少年一错再错》,载《人民日报》2016 年 8 月 24 日,第 19 版。

宽处理,不批准逮捕1.27万人,不起诉1.42万人。[15] 但这仅仅是对未成年罪犯数量的影响,不会影响到事实上未成年人违法犯罪问题的严重程度。

### (二)青少年犯罪呈现的特点

#### 1. 犯罪主体低龄化态势明显

在青少年犯罪中,犯罪低龄化趋势尤为明显。14~18周岁青少年犯罪的规模和比重在青少年犯罪总体中不容小视,且犯罪手段、方法等倾向暴力化、多样化。最高人民检察院的统计数据显示,从2018年至2019年4月,全国检察机关共对罪行较重的未成年犯罪嫌疑人批准逮捕3.89万人,起诉3.17万人。[16] 从未成年人首次犯罪年龄来看,自20世纪90年代以来,青少年违法犯罪的初始年龄比70年代提前了2~3岁,[17]这个态势一直在向更低年龄蔓延。对比前面所述弑母案,统计显示:截至2020年,未成年犯罪者平均年龄从17岁下降到13岁左右,尤其在2018年至2020年,年龄下降趋势尤其明显。李玫瑾、靳高风团队对当前我国未成年人犯罪形势所作的调查表明:未成年犯罪人年龄集中在15~17岁,犯罪青少年化、而青少年犯罪进一步向低龄化转移的态势十分明显。[18]

#### 2. 犯罪手段暴力化、"成人化"和"专业化"

在未成年人犯罪呈现低龄化趋势的同时,还表现在犯罪暴力化方面。[19] 造成未成年人犯罪暴力化特征的原因是多方面的,随着社会快速发展,青少年在生理、心理上早熟,渴望人格上的独立和自主,部分青少年不愿受管束,这种心理随年龄的增长会越来越强烈,特别是当他们具有一些不良行为而被管教时,轻则反感、抵触、对抗,重则予以报复。[20] 与此同时,青少年处于快速成长、尚未定型的时期,易受外部环境影响,模仿同化很快。近年来网络媒介飞速发展,一

---

[15] 参见彭波、朱战缘:《检察机关积极推动建立罪错未成年人临界预防机制》,载《人民日报》2019年5月28日,第11版。

[16] 参见《最高检:2018年以来共批准逮捕侵害未成年人犯罪5.42万人》,载中国青年网,http://news.gouth.cn/gn/201905/t20190527_11965459.htm。

[17] 参见鞠青:《中国青少年犯罪演进的定量分析》,载《青少年犯罪问题》2007年第5期。

[18] 参见李玫瑾、靳高风主编:《未成年人犯罪与少年司法制度创新》,中国人民公安大学出版社2015年版,第5页。

[19] 参见胡燕华:《犯罪低龄化的冷思考》,载《人民论坛》2017年第29期。

[20] 参见傅涛:《青少年犯罪心理成因分析及对策探究》,载《河西学院学报》2009年第4期。

些严重刑事犯罪案件以及影视作品、网络游戏中的严重犯罪手段、情节不断被暴露、传播，在一定程度上助长了青少年犯罪手段的“升级”。除常见的酗酒等越轨行为及盗窃等无被害人的轻罪外，青少年严重犯罪的趋势在增长，暴力化特征明显。

北京市第一中级人民法院2017年发布的《未成年人案件综合审判白皮书》显示：在犯罪类型上，未成年人刑事犯罪的类型较为集中，故意杀人罪等暴力犯罪案件占案件总数的40%以上；抢劫罪等财产型犯罪以及强奸罪等性侵犯罪案件分别占案件总数的20%以上。[21] 如本文前述所引案件，年仅12岁的吴某某只因母亲的严厉管教，竟亲手杀害了自己的母亲。经法医鉴定，其母每处刀伤都命中要害部位。13岁蔡某某奸杀受害者后抛尸一案中，作案过程非常流畅，用时很短，抛尸地点选择也极其隐蔽，可见其对整个局势把控自如，犯罪手段和流程完全逼近于成人化，甚至超过了成人。

3. 犯罪呈现明显的地域性和群体性

青少年犯罪在地区分布和群体分布上存在很大的差异性。根据最高人民法院司法数据研究院2018年6月公布的《从司法大数据看我国未成年人权益司法保护和未成年人犯罪特点及其预防》，在2015—2016年的未成年人犯罪案件中，初中生占比达到62.63%，为高发群体。[22] 2016—2017年，农村地区未成年人犯罪占未成年犯罪总数的82.06%，除此之外，流动、离异等家庭的未成年人犯罪也占有较大比重。[23] 由此得知，青少年犯罪在地区、群体和所属家庭类别方面的分布是很不均衡的，犯罪率较高的地域在农村，而初中生和流动、离异家庭的青少年则是犯罪的主要群体。这样一些特点增加了预防青少年犯罪工作的复杂性，法治教育也更需要因地、因时、因人制宜，在坚持标准化、统一化的同时，实施更灵活有效的方案。

---

㉑ 参见《北京一中院发布未成年人案件综合审判白皮书显示遭性侵未成年人低龄化明显》，载法制日报官网，http://www.legaldaily.com.cn/index_article/content/2017-06/19/content_7209373.htm?node=5955。

㉒ 参见司法大数据研究院、司法案例研究院：《司法大数据专题报告：未成年人犯罪》，载最高人民法院官网，http://www.court.gov.cn/upload/file/2019/11/22/11/04/20191122110454_15048.pdf。

㉓ 参见中国司法大数据研究院：《从司法大数据看我国未成年人权益司法保护和未成年人犯罪特点及其预防》，载最高人民法院官网，http://www.court.gov.cn/zixun-xiangqing-99402.html。

## 三、青少年法治教育的法律政策依据及实施状况

### (一)实施青少年法治教育的法律政策依据

一直以来,全国人大及其常委会十分重视未成年人保护工作,形成了较为完备的法律制度,为未成年人健康成长提供了法律保障。[24] 目前已建立起以《未成年人保护法》《预防未成年人犯罪法》《义务教育法》等专门立法为主,以《校车安全管理条例》《关于依法惩治性侵害未成年人犯罪的意见》《关于依法处理监护人侵害未成年人权益行为若干问题的意见》等法规规章、司法解释为具体支撑,辅以《民法典》《刑法》《刑事诉讼法》等相关规定的未成年人法律保护体系,使得未成年人保护和预防未成年人犯罪工作有法可依。[25]

我国《未成年人保护法》把未成年人保护分为家庭保护、学校保护、社会保护、司法保护几种类型,在第 6 条第 2 款规定:“国家、社会、学校和家庭应当教育和帮助未成年人维护自身合法权益,增强自我保护的意识和能力。”这明确了国家、社会、学校和家庭教育未成年人维护自身权益的义务,体现了法律对于保护和教育未成年人的重视。而对于如何履行这一义务,《预防未成年人犯罪法》第 18 条和第 16 条作出了具体规定:“学校应当聘任从事法治教育的专职或者兼职教师,并可以从司法和执法机关、法学教育和法律服务机构等单位聘请法治副校长、校外法治辅导员。”“未成年人的父母或其他监护人对未成年人的预防犯罪教育负有直接责任”。这两条规定对进行青少年法治教育的主要主体作了界定,即学校和父母。尤其是作为青少年教育主责机构的学校来说,需要专门聘请教职人员或辅导员开展法治教育。

为此,教育部、司法部和全国普法办于 2016 年联合印发了《青少年法治教育大纲》,对青少年法治教育进行了总体规划,并且从小学低年级(1 ~2 年级)、小学高年级(3 ~6 年级)、初中、高中到大学阶段作出了分学段要求和指导,使

---

[24] 参见阚珂:《未成年人保护已形成较为完备的法律制度》,载《民主与法制时报》2014 年 1 月 23 日,第 2 版。

[25] 参见田相夏、王志民:《我国未成年人法律体系的现状、问题及完善构想》,载《南昌大学学报(人文社会科学版)》2019 年第 6 期。

学生通过持续性的法治教育，逐步了解公民的基本权利义务、法治理念与原则，了解个人成长和参与社会生活必需的基本法律常识，具备以法治思维和法治方式维护自身权利、参与社会公共事务、化解矛盾纠纷的能力。这为以学校为主导的青少年法治教育提供了系统化、科学化的政策依据、目标定位和行动指南。

## (二)青少年法治教育的实施状况

《青少年法治教育大纲》中明确规定了以宪法教育为核心，把法治教育融入学校教育的各个阶段，全面提高青少年法治观念和法律意识，使尊法、学法、守法、用法成为青少年的共同追求和自觉行动的总体规划。[26] 目前，我国青少年法治教育取得长足进展，学生尊法、学法、守法、用法意识明显增强，依法维护权益的自觉性和能力进一步提升。[27] 由于我国幅员辽阔，城乡发展较不平衡，东、西部经济社会发展差距较为明显，而西部多是少数民族的主要聚居地，为全面准确掌握我国青少年法治教育的实施状况，我们分别选择J省N市、H省Y区和G省X县作为城市地区、农村地区及民族地区的个案，来考察我国青少年法治教育的实施状况。

### 1. N市：青少年法治教育的实施

N市作为我国东部地区较发达的城市，一直高度重视青少年普法教育工作。该市人大常委会在2014年即通过了《关于进一步加强法制宣传教育的决议》及《法治宣传教育行动计划》，对青少年普法提出重点目标要求。市司法局联合普法责任单位，利用多种形式推进法治进校园、进课堂、进家庭，构建全方位、多渠道、立体式的青少年法治教育网络。在网课等新型课堂不断推出的情况下，N市研发、推广青少年网上学法软件。根据不同年龄青少年身心特点采取分段普法，用活泼生动、寓教于乐的形式吸引青少年学法。目前，已有615所学校5.1万多名学生参与其中。该市在小学设立了青少年法治宣传教育基地，用以案说法的形式指导青少年学法、用法，帮助他们增强法治意识；又在高校举办大学生模拟法庭大赛，从最初4所高校辐射影响了省内外42所高校共同参

---

[26] 参见教育部：《青少年法治教育大纲》，载教育部官网，http://www.moe.gov.cn/srcsite/A02/s5913/s5933/201607/t20160718_272115.html。

[27] 参见马楠：《新时代青少年法律意识现状以及法治思维培养的重要性》，载《法制博览》2018年第34期。

与。法治微创大赛吸引了近千名大学生参加,征集法治微电影、小说共400部。

N市青少年法治教育在取得一系列创新成果的同时,也存在一些带有普遍性的问题。比如:不少学校在升学压力及教育功利化思想影响下,法治教育课程并未有效开展。[28] 在教育方式上,中小学法治教育上课形式单一和机械化,忽略法治思维的培养。此外,家庭、学校、社会之间未能形成合力,降低了法治教育的效率。

2. Y区:农村青少年法治教育的实施

Y区是H省在2016年“撤县改区”设立的新区,青少年法治教育的基础还是过去县上农村学校的底子。Y区青少年法治教育是从中学阶段铺开的,目前未开设专门的法治教育课程,也没有专门法学教师师资,教育内容主要置于常设的思想品德课程中。为加强对青少年的法治教育工作,自“七五”普法工作开展以来,Y区教育局、检察院、法院等相关部门与本地农村中学不定期联合开展法治讲座、模拟法庭等青少年普法活动,开展预防校园犯罪法律知识讲座、法治文化电影进乡村等活动。但从法治教育采取的方式来看,相关课外法治教育开展不够活跃,法治讲座举办的次数较少。2020年春季开始,为落实《H省中长期青少年发展规划工作要点及实施方案》,Y区教体局聘任区法院48名干警兼任中小学法治副校长,[29]为构建学校、家庭、社会“三结合”青少年法治教育网络作出实质性推动。

3. X县:少数民族地区青少年法治教育的实施

X县位于G省西南部,是一个藏族、回族、蒙古族、汉族等多民族聚集的农牧县,藏族人口占绝大多数。因其特殊的地理位置和宗教影响,当地开展了“双语”(汉语和藏语)青少年法治教育。虽然《中共中央关于全面推进依法治国若干重大问题的决定》中指出要“加强边疆地区、民族地区法治专门队伍建设”,但X县在“双语”教学中,教育经费投入不够,“双语”教学过程中的法治教育课程设计也不尽合理,青少年法治教育水平参差不齐,法治教育资源体系配置有待

---

[28] 参见罗震宇、黄仕军、金乐乐:《N市青少年法治宣传教育实践与探索》,载《中国司法》2017年第5期。

[29] 参见《区法院与区教体局共同举行法治副校长聘任仪式》,载Y区法院百度专区,https://baijiahao.baidu.com/s?id=1666735989909225036&wfr=spider&for=pc,最后访问日期:2022年6月20日。

完善。从家庭方面来看，X 县当地部分家长观念较为陈旧，认为孩子上学需要不断投入人力、物力和财力，而法治教育则会花费大量时间，“不合算”，法治教育的价值难以得到认同。从语言环境上看，双语授课老师寥寥无几，当地学校使用的“双语”教材中藏语教材是“汉语”的“翻译”版本，法治教育部分内容很长时间没有更新，[30]教材容量的限制使得法治教育大打折扣。

（三）实施状况小结

从上述地区来看，从城市到农村，尤其是少数民族地区，青少年法治教育实施还未达到理想的效果，需要改进的地方还有很多。总的来说，通过以上对比可知，城市地区开展青少年法治教育的条件要好于农村和少数民族地区。以 N 市为例，全方位青少年法治教育活动已有序开展，形式多样，参与人数较多，但学校迫于升学压力，一定程度上使得法治教育流于形式，家庭和社会的参与度不够。而以 Y 区为例的农村地区法治教育形式问题则比较突出，法治讲座的举办次数远未满足学生的需求，没有形成系统化、常态化的工作机制。但司法机关与学校展开的法治教育合作共建举措显出可喜的发展。在以 X 县为例的少数民族地区青少年法治教育中，学校重视程度不够，教材编写不到位，很多学校没有专门的法治教育课程教师，政治教师兼任法治教育课程教师的情况较多。

## 四、青少年法治教育实施中存在的问题

### （一）学校法治教育力量较为薄弱，教育方式流于形式

1. 缺乏专门化师资

我国青少年法治教育在师资上严重不足，专业素养较低。实践中，中小学和一般高校法治老师普遍由思想品德老师兼任。[31] 在一些中小学，即使开设了法治课程，授课老师往往是思想品德老师或其他文史老师，或者“半路出家”、或

---

[30] 参见石鹏飞、李迎财、陈磊：《民族地区青少年法治教育融入“双语”教学的路径探讨——以甘南州 X 县“双语”教学开展情况的调研为视角》，载《预防青少年犯罪研究》2017 年第 6 期。

[31] 参见滕长江、周亮亮：《青少年法治教育问题探析》，载《河北青年管理干部学院学报》2019 年第 4 期。

者因陋就简,缺乏专业的法学老师进行授课。

2. 法治教育机械化,效果不理想

全国各地中小学都应开设法治教育课程,但目前部分学校法治教育主要是采取教师满堂灌、学生被动接受的方式,[32]单一枯燥的说教形式只是把法治教育局限在课堂内,与青少年日常生活联系不够密切,未能充分考虑学生生理、心理的特点和接受能力。[33] 长此以往,会造成学生学习兴趣的丢失,法治教育难以达到理想的成效。实践中,不少中小学校把法治教育的内容安排在思想品德课中讲授,法治教育课没有独立的教材。[34] 部分学校只重视学生的成绩和升学,对法治教育课以敷衍、应付的手段为主,法治教育课时不多且分量极为有限,无法保证青少年系统学习相关的法律知识。[35]

3. 校园“法治文化”尚待培育

中小学法治教育最为关键的是让学生明白自己享有什么权利,如何在法律允许的范围内行使权利,以及法律规定哪些行为是禁止的,学会用法律的思维方式去看待和分析生活周遭的各种现象,接受一个更加包容、多样、相互合作并解决冲突的自己和社会,以正确的理念培养正确的认知,以正确的认知塑造正确的行为,从而更有效地预防学生走上违法犯罪的道路。而这些都需要学校给予学生明确的教育,并且通过多元化的途径和方式来传导、渗透。学校不光要提升法治教育课程本身的质量,还要注重营造校园法治文化,让学生置身其中即可感受理性、宽容、尊重、友善的氛围。但现实中,很多学校校园法治文化元素、特色展现不够,导致学生对法律学习感到乏味,难以真正在内心认同法治精神,最终储存在头脑里的只是理论上的法律知识,“润物细无声”的教育理想难以实现。

### (二)政府、学校和家庭三方的管理教育未能协同

1. “罪错青少年”缺乏足够的家庭法治教育

对于大多数未成年犯而言,追溯他们的犯罪原因,不可无视其家庭教育尤

---

[32] 参见关爱:《两岸青少年法治教育比较研究》,载《吉林省教育学院学报》2019 年第 6 期。

[33] 参见韩文强:《让宪法精神走进青少年心灵》,载《中国德育》2014 年第 22 期。

[34] 参见张登科:《切实增强青少年法治教育的实效性》,载《甘肃农业》2019 年第 9 期。

[35] 参见王键:《海南青少年法治宣传教育的实践与思考》,载《中国司法》2018 年第 3 期。

其是法治教育方面的影响。家庭是孩子的第一课堂,对孩子的影响是潜移默化的。儿童会吸收父母传导的法律观、行为表现,加工转化为自己的法律观、行为选择。在这一方面,如果来自家庭的经验是负面或者病态的,容易导致青少年行为偏差甚至更恶劣的后续反应。

尤其值得注意的是,近年来,随着城市化进程和人口流动的加速,打工家庭和留守儿童家庭现象日益突出。流动儿童、留守儿童的家庭教育、法治教育与青少年犯罪率之间的关系问题引起越来越多研究者、青少年工作者的重视。2015 年,研究者在对《江苏省预防未成年人犯罪条例》进行立法论证所作的跟踪调研中,发现在该省 A 市所有的未成年人犯罪原因分析中都能找到不健康家庭的影响因素。并且,有接近一半的未成年人犯罪案件受到流动打工家庭或留守儿童家庭的影响。[36] 在流动儿童的家庭,父母自身的文化素质、生存压力和工作负担等严重影响了他们对子女进行必要的法治教育,为流动儿童可能出现的行为失范埋下隐患。中国青少年研究中心于 2016 年在北京市打工子弟学校开展的一项调查研究中,受访的流动儿童父母中,有 74%"希望对孩子进行法治教育,但是不知如何着手"。[37] 这反映出相当比例的流动儿童父母对家庭法治教育是有心无力的。有学者多次呼吁,对于出现轻微行为问题的少年,应当令其父母去读"家长学校",因为只有改变他们的行为,才可能改变孩子的行为。[38]

2. 政府部门、学校和家庭的监管教育缺乏协调配合

目前,我国尚未出台《预防未成年人犯罪法》的实施条例或解释,对于各级政府如何统一组织领导、由政府哪个具体部门负责未成年人犯罪预防没有法律规定。[39] 法治教育和犯罪预防工作涉及部门众多,公安机关、法院、检察院、教育行政部门、社区居(村)委会等都有义务对青少年进行法治教育,对罪错青少年进行重点帮扶,但上述部门中缺少一个青少年犯罪预防的专门管理机构,关于部门之

---

[36] 参见刘艳红、李川:《江苏省预防未成年人犯罪地方立法的实证分析——以 A 市未成年人犯罪成因和预防现状为调研对象》,载《法学论坛》2015 年第 2 期。

[37] 参见郭开元:《社会化视野下的流动儿童家庭法治教育》,载《预防青少年犯罪研究》2017 年第 2 期。

[38] 参见李玫瑾:《构建未成年人法律体系与犯罪预防》,载《法学杂志》2005 年第 3 期。

[39] 参见张小华、梁敏、陈立毅:《家庭教育对未成年人违法犯罪行为的影响——反社会倾向和心理健康的中介作用》,载《预防青少年犯罪研究》2019 年第 5 期。

间怎样进行资源共享和工作配合,法律没有明确规定,在实践中尚未形成有效的协同机制。无论是教育行政部门还是司法机关多是按照自身的经验去管理,没有明确、统一的管理标准,甚至会出现互相推卸责任的情况,造成法治教育和犯罪预防工作的漏洞。从技术上讲,各预防主体间没有共享统一的数据平台、通道,各主体的预防工作彼此脱节。目前,我国青少年法治教育和犯罪预防工作正在摸索一套多元化的分工管理体系,建立由教育部门牵头,司法部门、共青团和有关部门、组织等共同参与的青少年法治教育工作机制,联合制定青少年法治教育工作规划,明确责任分工,确定工作步骤,协同推进青少年法治教育。[40]

## 五、加强青少年法治教育的新思路及建议

### (一)青少年法治教育要“下沉”到小学低年级阶段

犯罪“低龄化”和青少年犯罪“低龄化”的双重态势,增加了加强青少年法治教育的紧迫性;并且,也提出了从小开展法治教育的必要性。人都有善恶之心,随心智增长逐渐习得判断是非曲直,处理个人与他人、与社会关系的能力。但法治素养并非天生就能形成,需要家庭、学校、社会长期持续地教育与渗透,使受教育者产生尚法守法的自觉意识,并最终固化为行动。这一过程主要是一个“由外而内”的社会化过程。说到底,法律观念、法治素养是培养出来的。在儿童进入学校教育体系之初即开展法治教育,这是一个关键时期。如果这一阶段没有种下法律观念的“种子”,那么长大以后,他的平时表现可能是选择性地为适应社会需要而“演戏”,法律难以真正对他的内心起约束作用。这样的人相较于从小受过法治教育的人更容易犯罪。

《青少年法治教育大纲》对于义务教育制定了分学段的教育目标、内容和要求。其明确指出,在小学低年级(1～2 年级)就需介入法治教育,以受教育者能够理解和接受的方式,使其“初步建立对家庭关系的法律认识。初步建立规则意识,初步理解遵守规则、公平竞争、规则公平的意义与要求。初步建立法律面

---

[40] 参见教育部:《青少年法治教育大纲》,载教育部官网,http://www.moe.gov.cn/srcsite/A02/s5913/s5933/201607/t20160718_272115.html。

前人人平等的观念,为节约资源、保护环境做力所能及的事”。这些守法守规则、融入社会共同体的基础内容,可以通过道德与法治课程、班群活动或者班主任早会等多种方式融入课堂和校园活动中,为受教育者一进入系统化的国民教育即设下良好的“初始”程序。

低年级的法治教育目标和内容对于农村地区、少数民族地区的教育行政管理者和实施者团队的要求更加必需且紧迫。考虑到我国现阶段教育资源和程度发展不均衡的现状,农村地区、少数民族地区小学撤校并校的变动使当地小学更为集中且数量缩减,学校教育的影响对于受教育者更为重大。本地教育行政管理者和实施者团队从低年级即开展法治教育的责任亦更为重大,需要明确地意识到这是本地,这是教育现代化中不可或缺的部分。

### (二)持续推进以宪法为核心的法治宣传教育

法治教育的内容庞杂,层次多样,从宪法到普通法律到各级规范性法律文件,在这么复杂的内容中,必须提纲挈领、找到重心。法治教育的重心就是宪法。宪法是我国的根本法,是一切国家机关、公民团体的最高行为准则。对青少年进行宪法普及教育,最重要的是提升青少年的宪法认同感,做到内心崇尚宪法、遵守宪法。为此,教育部发起了第四届全国学生“学宪法 讲宪法”活动。[41]广泛开展尊崇宪法、学习宪法、遵守宪法、维护宪法、运用宪法的宣传教育,推动宪法教育全面覆盖,组织引导青少年诵读和学习宪法原文,普及宪法常识。“学宪法 讲宪法”活动以“弘扬宪法精神 礼赞我的祖国”为主题,面向广大教师和高校学生征集“我与宪法”微视频,大力宣传我国现行宪法的基本内容、主要精神、核心要义和重大意义,宣传新中国社会主义法治建设取得的重要成就。除此之外,活动期间,全国学校举办“学宪法 讲宪法”演讲比赛、开展国家宪法日“宪法晨读”活动。

全国人民代表大会宪法和法律委员会成立以后,扩展了推动宪法实施、开展宪法解释、配合宪法宣传等职责。由此,全国人民代表大会宪法和法律委员会也成为对青少年进行法治教育的指导和主责单位。在广泛组织宪法学习的

---

㊶ 参见教育部办公厅:《关于举办第四届全国学生“学宪法 讲宪法”活动的通知》,载教育部官网,http://www.moe.gov.cn/srcsite/A02/s5913/s5914/201905/t20190509_381315.html。

基础上,各地区学校根据实际,围绕宪法,结合诚信规则意识、交通安全、校园欺凌、毒品犯罪、自我保护等内容,组织开展青少年法治知识竞赛,履行好自身的宪法普及和宣传的职责。

### (三)学校要加强法治教育能力建设

青少年法治教育,尤其是中小学学段开展的教育,不同于法律专业的职业教育或法学学科的研究型教育,它是一个多主体、多形式、多途径合力作用的综合性教育工程。作为教育工程主体的学校要不拘一格、善用各种手段来提升自身的法治教育能力,始终以培养健全的、优秀的人才为目标,逐步使法治文化成为校园文化的有机组成部分,让学生在课堂内外都能获得知识的增长与法意的指引。

1. 完善青少年法治教育体系

法治教育不是片面地进行法律知识的传授、行为习惯的规范和法律常识的普及,而是一个由浅入深、循序渐进、潜移默化,从一般的守法活动到学校教育,从观念认同到尊法、学法、守法、用法的自觉行动的过程;更是从传授法律知识到培育法治观念,培养青少年自觉守法、依法解决问题意识,养成依法解决问题行为习惯的过程。[42] 对于学校来说,要从教育体系和制度层面去加强青少年法治宣传和教育,根据青少年身心发展的特点去编制符合其理解能力的教材,增强教材的适用性和生动性,使得青少年使用时易于理解、易于记忆,防止出现偏难的内容,另外在课时上还要单独分配法治课时。

2. 配备专业的法学教师、用好法治副校长制度

优秀的教育来自优秀的教育提供者。为强化中小学法治教师的专业能力,所聘任的法治老师应当具有法学专业背景,让学生接受全面、准确的法律知识及理念资源,为师生提供一个良好的校园法治环境的目标。教育部办公厅《关于全面加强教师法制教育工作的通知》中确立了将法治教育纳入“国培计划”,省级教育行政部门组织专门的法治课骨干教师、专任教师培训班。[43] 除此之外,法治副校长制度正在全国中小学校逐渐铺开。根据 2020 年《最高人民

---

[42] 参见陈昭娣:《对创新青少年法治教育的几点认识》,载《宁夏教育》2019 年第 2 期。

[43] 参见邵望玉:《基层中小学的法治教育探讨》,载《科教文汇(中旬刊)》2016 年第 3 期。

检察院工作报告》,2019 年全国检察系统共有 3 万余名检察官担任中小学法治副校长。[44] 法治副校长可发挥其“活教材”的专业优势,逐步引导青少年树立规则意识、契约精神,尊崇公序良俗,让法治观念和法治精神的种子在广大青少年心中萌芽生长。[45]

3. 丰富法治教育手段、提升校园法治文化

教师应采用形象的“案例展示法”来提升受教育者的学习兴趣,通过分组进行法律情景模拟展示,学校可考虑举办“法律漫画展示大赛”,为比赛设置奖项,举办法治知识黑板报比赛,并进行统一评估,或出版法治小报。教育团队亦可以案释法、因材施教,开发编写符合青少年认知特点,实用性强、趣味性足的法治教育读本、课件、音像资料等教学资源。[46]

另外,学校应广泛开展法律法规宣传、校级班规宣传等法治宣传教育活动,加强校园橱窗、宣传栏、电子显示屏等固定宣传阵地建设,举办“法律知识讲座”,邀请法学专家进校园进行普法宣传,走进课堂,近距离和学生沟通,解答法律疑难问题。2020 年年初,新冠肺炎疫情期间,很多学校采取了线上教学模式。宪法及法律教育也抓住网络课程的机会,整合推送网络优质资源。[47] 这样的网络教育为教育方式的多样性提供了新的途径。另外,我们可以借鉴国外的宪法教育模式,根据宪法内容让儿童做填字游戏,印刷“儿童适用版人权法案”,为中小学生提供明白易懂的宪法法律解释。[48]

### (四)加强家庭法治教育

父母是孩子的第一任老师,也是终身老师。父母对未成年子女的法治教育意识影响着青少年法治素养水平。因此,加强家庭法治教育,是提升青少年法治教育水平的重要举措。笔者认为,加强家庭法治教育应从以下几个方

---

[44] 参见张军:《最高人民检察院工作报告》,载最高人民检察院官网,http://www.spp.gov.cn/spp/gzbg/202006/t20200601_463798.shtml。

[45] 参见本报评论员:《法治副校长为青少年法治教育提供新助力》,载《惠州日报》2018 年 10 月 22 日。

[46] 参见陈秀蓉、肖萱:《新形势下青少年法治宣传教育工作现状的调查与思考——以福建省福州市为例》,载《中国司法》2018 年第 10 期。

[47] 参见杨金勇等:《疫情期间在线教学实践与经验》,载《中国电化教育》2020 年第 4 期。

[48] 参见叶卿:《青少年宪法教育,从何处着手》,载《亚太教育》2015 年第 3 期。

面着手进行:首先,本着"教育者应受教育"的原则,要提高父母的法治意识,转变家庭教育方式。父母作为未成年子女的监护人,应充分了解未成年子女应当享有的权利,家长不仅要注重自我法律素养提升,更要以身作则,知法、懂法、守法、护法,给孩子以榜样示范力量。[49] 其次,父母的教育是子女法律知识的重要来源。[50] 父母应当告知子女法律的性质和功能,向子女进行法律知识的普及,教育其子女将法律和自身生活紧密结合起来,在做到自身守法的同时更要学会保护自我,采取未成年人易于接受的方式,从而使家庭法治教育得以顺利展开。最后,未成年子女合法权益受侵害时,父母应积极引导,并通过合法途径维护子女合法权益。

### (五)开放的法治教育场所和技术

#### 1. 有效开展青少年法治教育实践和培训

美国纽约市在开展青少年法治教育时创建的特色项目值得借鉴,如暑期青少年警校(The NYPD Summer Youth Police Academy)。本地警察分局与学校联合开办青少年警校,利用暑期就执法、行为科学、抵制毒品、防范校园凌霸等,进行讲授、角色扮演、操作展示。对于参与活动的青少年,由警察分局提供午餐、制服衬衫以及组织外出考察参观;参加活动的青少年学员也要进行军事训练,被安排到警察实战部门考察参观。[51] 上述费用全部由政府财政开支,这样的公益活动能让青少年深度接触、参与执法活动,对于社会法务运作形成客观而实际的认识,更能在日常行为中理性选择、防止失范并增强对社会的责任感。

上海市自20世纪90年代至今,走出了一条由政府提供资金,聘请具有专业教育资质、受过专业训练的法律工作者建立社会工作站,为青少年校外社会生活提供咨询、训练、矫治等帮助的发展道路。其他地区可借鉴"上海经验"在城乡设立"青少年心理咨询站",对遇到心理问题的青少年给予专业化解答,帮

---

[49] 参见姚建涛、牟昱凝:《青少年法治教育:现实考察与理性回归》,载《社科纵横》2020年第3期。

[50] 参见郭开元:《社会化视野下的流动儿童家庭法治教育》,载《预防青少年犯罪研究》2017年第2期。

[51] 参见浦建兴、吴杰丽:《浅析纽约市校园安全防范工作和青少年法治教育》,载《当代教育实践与教学研究》2020年第5期。

助其化解成长中遇到的困惑、障碍;另外,站点工作人员根据平日咨询的问题总结青少年涉法诉求,开展法律讲堂,进行专门的讲解。国家亦要求有关部门在履职过程中切实关注青少年成长动态,做好包括法治教育在内的青少年权益保障工作。[52]

2. 推动青少年法治教育数据化发展

在大数据时代,打造创新"移动客户端"之下的新型普法传播模式可以突破学校、家庭等物理空间的限制,拓展"开放教育"的可能。[53] 比如,进行青少年线上法律知识竞赛,定期开展名师法律讲堂的直播互动,充分利用网络法治教育资源,丰富教学形式和内容,利用学校网站、官方微博、微信等平台及教师、班主任或辅导员的个人社交平台进行法治宣传,增强网络法治教育的吸引力,引导学生正确理解法律规范,理性思考和正确认识法治事件、现实案例,构建学校、社会、家庭共同参与的立体教育网络。[54]

## 六、结语

总体来说,当前我国青少年法治教育虽然已经铺开,也取得了一定成效,但还是有很多不足之处,如学校对法治教育重视度不够充分、宪法和法律的普及不够、社会主体分工不明确、推进不力等。青少年法治教育是一个巨大而长期的系统工程,不能寄希望于取得立竿见影的成果,必须要在《青少年法治教育大纲》的部署之下,以各级学校为主体,家庭、社会各方配合协同,解决好前述问题才能促进青少年法治教育体系的整合与发展,培养出一代具有法治素养、具有健全的社会观念与社会行动能力的新人,使社会继续朝着和谐稳定的方向发展。

而在学校普及青少年法治教育方面,除前述的思路和建议、做好"加法"之外,也需要注意适当做"减法",整合已有的课内、课外教育资源,通过优化法治

---

[52] 参见国务院《关于印发〈"十三五"推进基本公共服务均等化规划〉的通知》(国发〔2017〕9 号)、《关于建立健全基本公共服务标准体系的指导意见》等。

[53] 参见林凌:《新媒体普法传播模式创新研究》,载《当代传播》2018 年第 5 期。

[54] 参见教育部:《青少年法治教育大纲》,载教育部官网,http://www.moe.gov.cn/srcsite/A02/s5913/s5933/201607/t20160718_272115.html。

教育方法来提升法治教育的时效性，减轻学生的学业负担，[55]建立长效机制。不管是大的社会环境，还是小的家庭环境，我们都有责任和义务对青少年进行教育和引导，为他们的成长之路营造一个健康的外部支持环境，助力他们的成熟与成才。[56]

---

[55] 参见何树彬：《青少年法治教育：目标定位、实施原则与路径》，载《青少年犯罪问题》2016 年第 2 期。

[56] 参见刘永飞：《当前形势下青少年犯罪的成因及预防对策》，载《法制博览》2019 年第 24 期。

# 新时代中小学"多元共教"预防犯罪教育体系的建构

肖姗姗*

**摘　要**:预防犯罪教育是预防未成年人犯罪的重要举措,中小学是预防犯罪教育的黄金阶段。在未成年人罪错行为分级的新时代背景下,应当结合犯罪预防理论,将传统的犯罪控制转向罪前预防。在此基础上,明确预防犯罪教育对象,规范教育行政部门、家庭、学校和社会在预防犯罪教育中的责任,丰富预防犯罪教育形式,建构"多元共教"的中小学预防犯罪教育体系。

**关键词**:预防犯罪教育;多元共教;罪错分级;罪前预防

犯罪学研究表明,教育与犯罪二者之间紧密相连,接受良好教育的人实施违法犯罪的概率相对较低。① "与其将经费用来改造罪犯,不如将经费投入到预防犯罪教育中"②,"与其将研究视角置于犯罪后的法律规范,不如研究犯罪前的预防教育"③,预防教育在犯罪预防中的地位与作用已然获得了学者们的普遍认可。预防犯罪教育在一般预防、临界预防与特殊预防中发挥着至关重要的警戒作用。

纵观各国未成年人专门性立法,我国预防犯罪教育为国际先河。1999 年

---

* 肖姗姗,湖南师范大学法学院讲师,法学博士,中南财经政法大学东盟刑事法研究中心研究员。

① See Katayoon Majd, *Students of the Mass Incarceration Nation*, Howard Law Journal, Vol. 54:2, p. 343 – 395(2011).

② Eric Blumenson & Eva S. Nilsen, *Howto Construct and Underclass, or How the Waron Drugs Became a Waron Education*, Journal of Gender Race and Just, Vol. 6, p. 61 – 109(2002).

③ Michael Smith, *Crime Prevention through PLE*, Resource News, Vol. 3(1982).

《预防未成年人犯罪法》便已将此予以专章规定,2021 年实施的《预防未成年人犯罪法》从未然犯罪出发,以罪前防范为目标,尝试从预防犯罪教育的主体、形式和内容等方面探索该制度的体系性建设,力图使未成年人尽可能地少违法、尽可能地少犯罪,进而在“罪错分级”的基础上推动我国未成年人司法的现代化与法治化建设。然而,结合实际情况来看,当前我国的预防犯罪教育主要还停留在《预防未成年人犯罪法》的个别条文之中,教育的内容、主体、方式等仍存在诸多留白之处。如何从未然犯罪出发,构建中小学预防犯罪教育学科体系,成了新时代法治教育的一项重要内容。本文以中小学预防犯罪教育的规范特征为基础,采用系统论的研究方法,力图从以下四个层面探讨如何理解并构建“多元共教”的新时代中小学预防犯罪教育大格局。

## 一、现行规范的整体性省思

从现有法律规范来看,我国未成年人犯罪综合治理的理念为“提前预防,以教代刑”,并试求从多元教育主体、丰富教育内容与多样化教育方式等领域探索预防犯罪教育的开展与实施。但是,结合实际情况来看,其仍存在以下几个方面的问题:

### (一)法律规范内容单薄

从当前世界主导的未成年人立法模式来看,有以美国为代表的刑事司法一元化模式,以日本为代表的儿童福利法、少年法二元模式,也有以瑞士、挪威等国家为代表的福利模式。新中国成立以来,我国不断探索未成年人立法模式,民法与刑法均将年龄视为责任能力的重要考量因素,对未成年人民事、刑事责任能力予以规定。20 世纪末,《预防未成年人犯罪法》《未成年人保护法》这两部专门法的制定实施,打破了未成年人相关事务由刑法和民法笼统规定的传统做法,我国未成年人立法开始走向“福利法 + 司法法”二元模式。在司法的这一分支体系中,以应对未成年人犯罪为主要内容。在当前对未成年人罪错行为予以分级化处理的新时代背景下,2020 年我国较为系统全面地修订了《刑法》与《预防未成年人犯罪法》,由此我国已形成了以刑法为基础,以《预防未成年人犯罪法》这一专门法为支撑的罪错未成年人二元立法模式。

预防犯罪教育为未成年人司法中必不可少的一部分,《预防未成年人犯罪法》主要作了原则性规定,除涉及较为多元的预防犯罪教育主体规定外,预防犯罪教育的内容、对象、方式等具体内容并未有明确规定。在其他相关法律规范中,仅有 2021 年最新修正实施的《教育法》第 40 条明确规定:"国家、社会、家庭、学校及其他教育机构应当为有违法犯罪行为的未成年人接受教育创造条件。"立法内容单薄与立法形式单一,使得我国预防犯罪教育的开展与实施面临困难。如何从立法层面为预防犯罪教育提供法治保障与规范性指引,是当前急需解决的问题。

### (二)各教育主体之间缺乏衔接

虽然《预防未成年人犯罪法》规定了较为多元丰富的教育主体,但从具体的条文规定与实际操作来看,还缺乏有效的衔接机制。研究表明,未成年人预防犯罪教育往往容易被忽视的主要原因之一在于各教育主体之间职能分工不明确,缺乏有效的衔接联动机制。④

从教育行政部门与学校预防教育规定的内容来看,多将两者混为一谈,各自的分工与职能并不明确。例如,《预防未成年人犯罪法》第 17 条规定,两者均应将预防犯罪教育纳入学校教学计划;第 22 条规定,两者均应当通过举办讲座、座谈、培训等活动,介绍科学合理的教育方法,指导教职员工、未成年学生的父母或者监护人有效预防未成年人犯罪。然而,这些规定并未能彰显出教育行政部门的组织、领导与管理职能,也未强调学校为预防犯罪教育的直接教育主体,分工的不明确将导致预防犯罪教育工作难以开展。

家庭预防犯罪教育与学校预防犯罪教育之间的衔接机制有待加强。结合我国家校合作的历程来看,家庭的作用已然由传统的"辅助配合"转向"与校协同",家庭教育也由私人领域转向公共事务,家庭教育走向制度化发展。⑤ 对于家庭教育,既要充分尊重父母或者其他监护人的自主性,也要有效发挥政府、学

---

④ See Denise C. Herz, Joseph P. Ryan & Shay Bilchik, *ChallengesFacing CrossoverYouth: An Examination on Juvenile-Justice Decision Making and Recidivsm*, Family Court Review, Vol. 48:2, p. 305 – 321(2010).

⑤ 参见边玉芳、周欣然:《我国 70 年家校合作:政策视角下的发展历程与未来展望》,载《中国教育学刊》2021 年第 3 期。

校和社会的促进作用,必要时进行国家干预,从而加强家庭教育的价值引领和教育功能,促进未成年人德智体美劳全面发展。⑥ 预防犯罪教育既是家庭教育的新领域,也是家校合作的新领域。但从现有规定来看,家庭在这一特殊教育中并未实现角色转化,而是仍停留在辅助配合学校预防犯罪教育的层面。例如,《预防未成年人犯罪法》第16条虽然将未成年人的父母或者其他监护人规定为预防犯罪教育的直接责任人,但该法第19条第2款、第22条第2款均强调未成年学生的父母或者其他监护人在预防犯罪教育中的配合作用。父母或者其他监护人既是家庭预防犯罪教育的特殊主体,也是直接责任人,但其在预防犯罪教育中的主体作用并未得以彰显。

预防犯罪教育离不开学校与家庭,两者的有效协同能进一步加大预防犯罪的效果。如何有效发挥家庭教育在预防犯罪教育中的作用,进而强化家校之间的预防犯罪教育协作亦成为这一领域的一项新议题。

### (三)对象范围不明确

新修订实施的《预防未成年人犯罪法》是在未成年人罪错分级处遇的背景下产生的,通过预防犯罪教育,对未成年人的罪错行为予以提前干预和介入,是最有利于未成年人原则的基本要求。预防犯罪教育是一项系统工程,其中最为关键的要素之一即为教育对象。结合《预防未成年人犯罪法》的行为分级来看,教育对象可以分为不良行为、严重不良行为与犯罪行为的未成年人。基于特殊预防理论,这三大行为主体理所应当为预防犯罪教育的对象。然而,不容忽视的是,应当结合一般预防犯罪理论,将并未涉罪涉错的未成年人纳入预防犯罪教育的对象范围。以何种标准确定预防犯罪教育的范围,也是构建预防犯罪教育体系的重点与难点之一。结合当前的规定来看,预防犯罪教育并未明确是应当以教育场域为主要标准界定对象范围,还是以教育对象的年龄范围为界限确定范围。《预防未成年人犯罪法》主要规定的是各预防犯罪教育主体的职责,教育主体依据场域的不同开展预防犯罪教育,教育场域主要包括家庭、学校、社区及其他社会活动场所。作为专门法,《预防未成年人犯罪法》规定的预防犯罪教

⑥ 参见赵祯祺:《家庭教育法草案首次提请审议:给孩子讲好“人生第一课”》,载《中国人大》2021年第4期。

育的对象范围当为所有的未成年人,即未满 18 周岁的我国公民。但是,从未成年人这一群体的实际情况来看,年龄范围不同致其所接受预防犯罪教育的场域也不同。例如,学前低龄儿童,接受预防犯罪教育的场域当为家庭;未成年中小学学生,接受预防犯罪教育的主要场域当为学校;18 周岁以下辍学、失学的未成年人,或已就业且具有完全民事行为能力的未成年人,接受预防犯罪教育的场域当为家庭、社区或其所在的工作单位。

教育对象不明确影响了各教育主体之间的分工与有效衔接。如何结合未成年人身心发展的特点及生活学习场域的不同,明确核心的预防犯罪教育对象,也成为预防犯罪教育体系建构的重要内容。

## 二、新时代预防犯罪教育的目的转向

从犯罪基础理论来看,犯罪控制与犯罪预防紧密相连。虽然犯罪学中通常将两者融合为"犯罪预防"这一概括性术语来使用,但两者是不同的具体研究范畴,且在概念、术语和应用对策上存在严格区别。犯罪控制是指在犯罪行为发生后或者过程中采取的不使犯罪行为继续发生或再次发生,并防止犯罪现象的数量与质量超出正常范围(或称为社会所能容忍的范围)的硬性抑制手段。犯罪预防是指对犯罪的事先防范活动,具体是指消除犯罪原因,避免犯罪发生的各种社会组织与管理、建设与发展的活动。由此可见,犯罪控制的运行特征更具主动性,整体上是一种积极的治理措施,是对犯罪的积极避免和主动出击,而犯罪预防的运行特征在整体上具有一定的消极被动性,是对犯罪的被动防守和事后处置。⑦

从现有的未成年人司法体系来看,我国《刑法》第 17 条关于未成年人犯罪的实体法规定和《刑事诉讼法》关于未成年人犯罪的程序法规定,均聚焦于未成年人已然犯罪,强调犯罪控制。针对这一情况,《预防未成年人犯罪法》结合罪错分级的方式,重点关注未然犯罪,强调一般预防与临界预防的重要性。从现行的未成年人司法体系建构来看,我国对于未成年人的罪错行为倡导犯罪预防

---

⑦ 参见张小虎主编:《中国犯罪学基础理论研究综述》,中国检察出版社 2009 年版,第 272 ~ 273 页。

与犯罪控制“二元论”。但需要强调的是,预防犯罪教育作为犯罪预防的重要手段,它属于罪错前预防,即在罪错发生之前,采取积极措施对罪错行为进行预防。与不良行为、严重不良行为未成年人的临界预防(或称罪错中的预防)不同的是,预防犯罪教育的重点在于强调犯罪的一般预防作用,将预防未成年人犯罪的视野提前,不再将预防对象局限于已然罪错的未成年人。

预防犯罪教育属于犯罪预防的重要手段之一,是实现预防犯罪的重要工具,旨在防止和减少犯罪的发生,针对犯罪形成的原因及其作用于犯罪心理的外化过程,选择和设置防治犯罪的工具及其措施。具体而言,在预防犯罪模式下,预防犯罪教育应当以预防犯罪为目的,并应当具有以下功能:其一,教育功能,即通过对中小学生开展人生理想教育、道德情操教育、法治观念教育和文化知识、劳动技能教育与培训,通过塑造人们的心灵,达到预防犯罪的目的;其二,排除功能,即排除可能产生未成年人罪错行为的社会因素及其对未成年人的消极影响,以防止未成年人形成犯罪意识;其三,疏导功能,即对罪错前的征兆,既不能消极地堵塞漏洞,更不能只着眼于事后的承办,而是将未成年人的反社会情绪扭转或引导到维护社会安宁上,减轻甚至避免某些消极因素对未成年人的影响以防止犯罪意识形成或被强化。预防犯罪教育应当以犯罪预防为目的导向,其具有保护性预防的性质,应当调动和组织一切社会力量,采取有效措施,为中小学开展预防犯罪教育提供保障。

## 三、分级化处理教育对象范围

预防犯罪教育体系构建,应结合未成年中小学生的身心发展特点及行为特征,对教育对象范围予以分级化、明确化规定。

### (一)未成年人罪错行为特征

未成年时期的罪错行为依不同年龄而有不同特点,其发展规律大致如下:一是劣迹的程度逐渐加深,一般分为萌芽阶段、试探阶段、发展阶段、加剧阶段与下水阶段;二是未成年人罪错行为的高发期为10~16周岁;三是罪错行为的年龄分布即综合性罪错发展顺序规律,如同样是以非法侵占他人财产为目的的违法犯罪行为,小年龄的未成年人在体能上处于弱势而采取秘密的方式窃取,大年龄的未成年人则倚仗体能上的优势采取公开抢夺的方式攫取。整体而言，未成年人罪错行为的特点主要体现为突发性、凶狠性、腐蚀性、复杂性、二重性、隐蔽性及反复性。[⑧] 近年来，未成年人罪错行为也呈现出了低龄化、暴力化及团伙化等特征。

### （二）从年龄入手限定预防犯罪教育范围

结合未成年人罪错行为的发展规律，不宜设置中小学预防犯罪教育的年龄上下限，应当有针对性地合理调整预防犯罪教育的适用范围。具体而言，应当从以下两个方面入手。一是将 18 周岁以下的中小学生均纳入预防犯罪教育的对象范围。从我国刑事责任年龄的规定来看，年满 16 周岁的未成年人为完全刑事责任能力人，但从犯罪预防的角度来看，16 周岁以上 18 周岁以下的未成年人身心尚未成熟，其可塑性极强。从犯罪预防的角度而言，不应当将这一年龄阶段的未成年人排除在中小学预防犯罪教育的对象范畴之外。二是不设置年龄下限，将所有中小学适龄未成年人均纳入预防犯罪教育的对象范畴。虽然我国《刑法》规定最低刑事责任年龄为 12 周岁，但结合未成年人罪错行为的低龄化趋势及犯罪预防的需要，小学阶段的未成年学生亦需纳入预防犯罪教育的对象范畴。

### （三）从行为入手设置教育对象范围

预防犯罪教育应当结合中学生与小学生身心发展的特点未规定预防犯罪教育的内容，同时满足中小学生差异性的需求，结合犯罪预防理论，予以层次化处理。一是对于已经实施犯罪行为，但未达到刑事责任年龄的未成年人，若是未接受专门教育矫治，仍在中小学接受教育的未成年学生，应当以特殊预防教育为重点，旨在防止其再犯。二是对于已经实施不良行为、严重不良行为的未成年人，在接受惩戒矫治的同时，中小学应当加大临界预防教育，预防中小学生的不良行为或严重不良行为恶化升级为犯罪行为。三是对于尚未实施罪错行为的中小学生，应当加大预防犯罪教育中的法治教育，通过典型案例等阐释罪错行为后的严重后果，强调一般预防的重要性。

---

⑧ 参见许肇荣：《犯罪预防学》，吉林大学出版社 1995 年版，第 181 ~ 187 页。

## 四、“多元共教”预防犯罪教育大格局建构

从现有的预防犯罪教育法律规范来看，政府、学校、家庭、社区及各社会团体组织均已被纳入“多元共教”预防犯罪教育主体。因此，应在以教育行政部门为主导、家庭为基础、学校为重要媒介、社区及其他社会组织为重要补充的基础上，构建“多元共教”的预防犯罪教育大格局。

### （一）以教育行政部门为主导

“亲权”始于直系血亲关系。“国家亲权”则意味着超越传统的血缘关系，“国家”取代传统“父母”的角色，基于未成年人利益保护的考量，对与未成年人相关的监护、教育、继承等事宜予以干预。国家亲权理论虽然源于英美法系，但从我国最新修订的《预防未成年人犯罪法》和《未成年人保护法》来看，这一理念已成为我国未成年人立法的重要理论支撑之一。[⑨] 基于此，作为国家在教育领域的公权力化身，教育行政部门需要结合未成年人身心发展的特点，在犯罪预防教育体系中发挥统筹与指导作用。

教育行政部门应当积极承担国家责任，充分发挥主导机能。其一，将预防犯罪教育纳入学校教学计划，即教育行政部门应当将预防犯罪教育纳入学校教学计划，指导教职员工结合未成年人的特点，采取多种方式对未成年学生进行有针对性的预防犯罪教育。其二，会同有关部门建立学生欺凌防控制度。其三，积极引导社会工作者参与犯罪预防教育工作，鼓励和支持学校聘请社会工作者长期或者定期进驻学校，协助学校开展道德教育、法治教育、生命教育和心理健康教育，参与预防和处理学生欺凌等行为。其四，教育行政部门通过举办讲座、座谈、培训等活动，介绍科学合理的教育方法，指导教职员工、未成年学生的父母或者其他监护人有效预防未成年人犯罪。其五，充分发挥考核职能。教育行政部门应当将预防犯罪教育的工作效果纳入学校年度考核内容。

同时，教育行政部门还应当建立健全政策法规。政策法规是教育行政部门

---

⑨ 参见王广聪：《以公益诉讼促进实现未成年人保护国家责任》，载《检察日报》2020 年 11 月 16 日，第 3 版。

依法行政、督导学校，使各主体积极参与预防犯罪教育的重要保障，是“多元共教”协同机制民主化、规范化和法治化的重要前提。关于预防犯罪教育的立法完善，应当从以下几个方面入手：一是从法律上明确各教育主体的地位、具体的职责；二是明确预防犯罪教育的主管部门、机构及其职责，完善预防犯罪教育的工作机制与管理机制[⑩]；三是明确学校预防犯罪教育与家庭预防犯罪教育的界限，促使监护人积极参与学校预防犯罪教育，学校积极引导家庭预防犯罪教育；四是明确各预防犯罪教育主体的指导服务提供者；五是明确预防犯罪教育的评估机制及具体的法律后果；六是明确预防犯罪教育的经费保障制度。

（二）父母及其他监护人作为第一责任人

与未成年人犯罪研究密切相关的一般控制理论与社会控制理论均提及了对父母教养的要求。一般控制理论的提出者戈特弗里德森（Michael R. Gottfredson）和赫希（Travis Hirschi）认为，有效的父母教养是未成年人得以有效自我控制的主要原因。[⑪] 父母主要通过对子女行为监督，对子女不良行为、严重不良行为的认知和惩处来有效预防未成年人实施罪错行为。社会控制理论从依恋、奉献、参与、信仰四个社会控制键入手，分析人为什么不会犯罪。其中，赫希在《少年犯罪的原因》中明确提出，未成年人之所以不犯罪，是在社会化过程中形成了上述四种社会控制机制的结果。通过研究发现，对父母高度依恋的未成年子女，实施违法犯罪的行为要低很多。[⑫] 由此可见，父母通过对未成年人的行为引导、监督和管教，可有效预防未成年人实施罪错行为。

基于父母角色在预防犯罪中的重要性，父母或其他监护人在积极履行监护职责的同时，应当积极履行多重预防犯罪教育职责。其一，积极引导职责，父母或其他监护人应当树立良好家风，培养未成年人的良好品行。其二，监督职责，父母或其他监护人应当对未成年人心理异常或行为异常的情形予以及时了解、教育、引导和劝解。其三，充分配合学校的预防犯罪教育工作。父母或其他监

---

⑩ 参见李明舜、党日红：《家庭教育的立法进程》，载孙云晓主编：《中国家庭教育蓝皮书（2017—2018）》，湖南教育出版社2019年版，第49页。

⑪ 参见［美］迈克尔·戈特弗里德森、特拉维斯·赫希：《犯罪的一般理论》，吴宗宪、苏明月译，中国人民公安大学出版社2009年版，第92页。

⑫ See Travis Hirschi, *Causes of Delinquency*, Routledge, 1969, p. 132.

护人作为连接学校与未成年人的重要媒介,在预防犯罪教育工作中要求其积极与学校沟通,积极配合学校对未成年学生进行有针对性的预防犯罪教育,从而进一步提升家校联合的效果。

为充分发挥家庭在预防犯罪教育中的作用,对家庭预防犯罪教育的专业化指导与服务能有效提高家庭的预防犯罪教育能力与水平,这是预防犯罪教育现代化、法治化的实质性要求。对此,应当整合现有资源,加大预防犯罪教育家庭指导与服务专业化建设,主要从专业化队伍建设入手,建立专门的预防犯罪教育指导队伍,通过资格认证、岗前培训、监管评估等制度,规范专业队伍建设。同时,应当制定预防犯罪教育的家庭指导与服务标准,包括指导与服务的时间、地点、评价机制等,为家庭预防犯罪教育提供专业化高素质的指导与服务。当然,父母或者其他监护人作为第一责任人,预防犯罪教育的权利与义务不能“让渡”给他人。法律规范应当在规定具体法律责任的同时,应当激发父母或者其他监护人的主观能动性,积极学习和吸收预防犯罪教育知识,摒弃传统的“唯成绩论”观念,更加关注未成年子女的身心健康发展,从源头上预防和治理未成年人的罪错行为。

### (三)学校作为重要媒介

20 世纪 70 年代,英国学者克拉克(Ronald v. Clarke)将研究视角集中于被害人所处环境与犯罪的关系,在此基础上提出情境犯罪预防理论。该理论强调犯罪受情境因素的影响,通过环境设计和管理遏制潜在犯罪人的犯罪之决断来达到犯罪预防的目的。

学校作为未成年人接受教育的主要场所,是国家教育方针政策的具体实施单位。除传统的理论知识教育外,学校应当结合预防犯罪教育的需要,通过营造良好的学校环境,落实预防犯罪教育工作。一是丰富教学计划与教学队伍,如通过聘任从事法治教育的专职或者兼职教师,从司法和执法机关、法学教育和法律服务机构等单位聘请法治副校长、校外法治辅导员,配备专职或兼职的心理健康教育教师等措施,将道德教育、法治教育、生命教育与心理健康教育落到实处。二是结合情境犯罪预防理论,营造良好的学习生活环境。作为预防未成年人犯罪的重要防线,学校应当加强日常安全管理,完善学生欺凌发现和处置的工作流程,严格排查并及时消除可能导致学生欺凌行为的各种隐患。三是充分发挥对未成年学生的父母或者其他监护人的指导职能。学校可通过举办讲座、座谈、培训等活动,向未成年学生的父母或者其他监护人介绍科学合理的教育方法,指导其学习有效地预防未成年人犯罪。四是积极履行告知职能。学校应当将预防犯罪教育的计划告知未成年学生的父母或者其他监护人,从而有效地推动家庭协助配合预防教育工作的开展。

创新预防犯罪教育形式,培养未成年学生树立远离犯罪的健康心理,掌握预防犯罪的技能技巧,学以致用,是预防犯罪教育的终极目标。学校教育应当在教育行政部门的规范指引之下,整合学校资源与社会资源,将多种社会力量运用至中小学预防犯罪教育中。例如,将法治副校长的职责履行到实处,邀请法院、检察院、公安机关等办理未成年人罪错案件的专门机关委派办案人员定时定点进行法律法规解读、以案说法;充分发挥家长委员会的作用,举办家长读书会或家长学习会,定期为家长提供专业的课程培训与指导,就未成年中小学生的在校学习情况与身心健康发展情况及时沟通,在发现未成年人有不良行为或严重不良行为之际及时反馈以共商解决方案等。

### (四)整合社会预防犯罪教育资源

作为我国社会预防犯罪的总方针,综合治理要求国家、社会、家庭、社区等多元组织参与到未成年人犯罪预防工作中。预防犯罪教育工作并非仅将责任归于国家、家庭与学校。根据《预防未成年人犯罪法》的规定,未成年人学习、生活所在的居(村)委会、社区,以及与他们的活动密切相关的共青团、少年先锋队、青少年宫、儿童活动中心等组织或场所也应当充分发挥其在预防犯罪教育工作中的辅助性职责。

学校预防犯罪教育、家庭预防犯罪教育与社会预防犯罪教育为“交叠关系”,三者根据场域的不同,所承担的预防犯罪教育职责具有差异性,但三者在共教中又存在诸多相互协同合作的关系。[13] 对此,应在厘清三者边际的基础上加大三者的合作机制,如社会团体组织应当定期联合学校开展公益活动,将分散的、自发的社会预防犯罪教育资源充分运用起来。同时,也应当重视社会力量的参与,教育行政部门可设置专门经费款项购买社工服务,为未成年中小学

---

[13] 参见谭轹纱、简天凤:《劳动教育的家校社协同育人实践》,载《中国教育学刊》2021 年第 5 期。

生提供专业化的预防犯罪教育。

### (五)预防犯罪教育内容多元化设置

预防犯罪教育是指以培养未成年人守法意识和对犯罪防范意识为目的的教育,它既是法治教育的重要内容,也是预防和减少未成年人犯罪的基础工作。在法治教育被纳入国民教育体系的同时,对未成年人的法治教育也应从内容、主体、形式等方面予以具体落实,对预防犯罪教育的内容、形式等加以规范和指导。

预防犯罪教育的目的具有法治与教育双重性质。通过教育使未成年人懂得违法和犯罪行为对个人和家庭、他人和集体、社会造成的危害,懂得实施违法犯罪行为应当承担的法律责任,从而抑制和消除犯罪冲动,减少犯罪的发生。

中央宣传部、司法部《关于开展法治宣传教育的第八个五年规划(2021—2025年)》明确指出,将法治教育纳入国民教育体系,加强青少年法治教育,制定青少年法治教育新格局目标,要求政府、司法机关、学校、社会、家庭共同参与到这一目标中来,通过法治教育培育中小学生的社会主义核心价值观和法治观念,使未成年人树立遵纪守法和防范违法犯罪的意识,提高自我管控能力。

预防犯罪教育不仅以法治教育为内容,还应当充分结合其他教育内容,开展预防犯罪教育。道德教育是我国中小学教育中必不可少的内容之一,2017年教育部出台的《中小学德育工作指南》指出,应当将中小学德育内容细化落实到各学科课程的教学目标之中,融入渗透到教育教学全过程,通过道德教育提高中小学生的道德觉悟和认识,陶冶道德情感,锻炼道德意志,树立道德信念,培养道德品质,养成道德习惯,帮助未成年人树立正确的社会主义核心价值观,成长为有助于社会的新时代公民。心理健康教育是指导未成年人健康发展的必备教育内容之一,其主要目的在于通过心理健康教育,向中小学生传授培育心理健康的知识和方法;它强调教育主体从良好的氛围出发,与教育对象产生有效的互动,从而了解其心理现状,分析所存在的问题,进而提出对应的心理治疗方案。此外,未成年学生的自我控制教育、伦理教育、生命健康教育也是预防犯罪教育的重要内容。

# 第三编

# 从国内到国外:经验考察与借鉴

# 德国青少年法治教育镜鉴

仇平安*

**摘　要**：青少年法治教育既是国家教育体系的重要内容，亦是建设法治国家的必由之路。作为大陆法系之标杆，德国青少年法治教育体系亦极为完善。德国开创了"基础教育与职业教育并重"的教育模式，在联邦教育法案之下，各州对其青少年法治教育可以分别予以规定，在鼓励青少年发展的总目标下具有灵活性的特点，各州可根据其教育发展阶段及特色制定青少年教育政策。学校教育中重视对青少年的价值培养和权利保护，强调权利教育；德国联邦教育与科学部设有专门经费支持家庭法治教育，并通过家庭法院对父母的抚养教育进行监督；德国形成了规范的"校外教育"体系，同时强调阅读对于青少年法治教育的重要性。德国法治教育具有极高的专业性，体现为各种教育方式下专业法律人士的深度参与。尽管我国青少年法治教育取得了一定成就，但其仍然存在诸多不足，德国的青少年法治教育模式为我国青少年法治教育的未来发展可以提供有益借鉴。

**关键词**：德国青少年教育；法治教育；家校社联动

## 一、引言

法治人才是法治建设的生力军，青少年时期是个人价值观念以及行为养成的人生关键阶段，而教育具有"维护和复制现有秩序、支持政府权威和引导民众

* 仇平安，武汉仲裁委员会仲裁秘书，法学硕士。

遵守法纪的‘再生’作用”[①],是最好的形成法治意识的方式。在个人层面上,法治教育对于青少年个人性格养成、价值观塑造及终身发展等都影响巨大。法治教育是国民教育、人才培养、法治建设的重要内容。对青少年法治思维、法治理念的培养是国民教育的重要任务,亦被程式化为一项基本权利,即青少年的受教育权受法律保护。[②]

“法治就是本身制定得良好的法律成立生效后获得人们普遍地尊重服从”[③],从亚里士多德对于法治概念的经典论述中可以看出,人的法律行为系从“良法”到“善治”之间的重要因素,在有良法的基础之上,法治意识的培育与塑造亦极为关键。是故,青少年法治教育不可局限于普法,即简单地使青少年知悉法律条文的存在,而无法治理念、法治精神的培育。从法制教育到法治教育的转变是法律从国家治理之工具转变为法律具有至高属性之转变。[④]

青少年法治教育并非简单地向青少年灌输法律条文与知识,即法制教育,而需要上升至法治精神的培育与法治理念的教育。法治教育的内容并非法制、法律知识的简单传授与接纳,而是培养青少年权利意识与法治观念,使其理解权利义务之边界,从而成为尊法、守法、学法、用法的人,促进社会正义与和谐社会的进步。青少年的法治教育旨在使青少年先知法,明白自己的权利义务,进而守法、用法,并形成良好的法律素质和法治观念。[⑤] 换言之,需要完成从一般普法活动转变为使青少年法治教育成为教育的重要内容,从而培育青少年的法治观念、法治意识。

2016 年《青少年法治教育大纲》要求在中小学建立法治知识课程,意味着青少年法治教育作为一项基本的法治启蒙工程在国家层面的正式启动。[⑥] 在我国传统的“法制教育”模式下,青少年对法律更多的是畏惧,而非信仰。故而,在

---

① 马长山、李金枝:《青少年法治教育中的公民性塑造》,载《上海师范大学学报(哲学社会科学版)》2018 年第 4 期。

② Vgl. Maunz & Dürig, Grundgesetz-Kommentar, 2015, § 7 Rn. 74.

③ [古希腊]亚里士多德:《政治学》,吴寿彭译,商务印书馆 1983 年版,第 184 页。

④ 即“rule of law”和“rule by law”的区别。

⑤ 参见教育部:《青少年法治教育大纲》,载教育部官网,http://www.moe.gov.cn/srcsite/A02/s5913/s5933/201607/t20160718_272115.html。

⑥ 参见马长山、李金枝:《青少年法治教育中的公民性塑造》,载《上海师范大学学报(哲学社会科学版)》2018 年第 4 期。

法治教育模式下,必须重视青少年积极的法感情培养。法律并非冷冰冰的理性工具,而是经过升华的最低限度的道德,法律之中亦有情理与构成其正当性的逻辑支撑。2019 年中共中央、国务院出台的《关于深化教育教学改革全面提高义务教育质量的意见》第 3 条提出了强化学生良好行为习惯和法治意识养成。此外,《未成年人保护法》《预防未成年人犯罪法》等的修订都有助于实现青少年法治教育的进一步发展。

在肯定法治教育工作的进步的同时,必须重视的是,我国的法治教育仍然存在诸多问题,如学校法治教育以功利性的分数考核为导向、青少年犯罪率偏高等问题。纵观欧洲教育法治史,"不是文本阐释的法制史,而是过程与文本辩证统一的实践性教育法治史"⑦,其中,法学的繁荣兴盛及国民义务教育的普及使德国青少年的法治教育在欧洲独领风骚。德国法学的发展和教育一直影响着中国,而德国对于青少年的法治教育历史悠久,其在青少年法治教育上累积了大量做法以及经验,对于加快法治建设背景下的中国青少年法治教育,德国的教育模式颇具借鉴意义,值得我国予以学习和借鉴。然而,德国青少年法治教育有着鲜明的民族特色,应在结合我国具体国情与实际情况的基础上进行借鉴。我们拟在展示德国青少年法治教育的构架和特色的基础之上,就中国的法治教育现存问题,从比较法的视野出发,从学校、家庭、社会三个层面提出建设,以期为建设中国特色青少年法治教育体系提供可能的发展方向。

## 二、德国青少年法治教育的整体架构

### (一)青少年法治教育之依托:义务教育与儿童福利制度

德国是世界上第一个实行义务教育法的国家,1717 年的《义务教育规定》即明文确定所有未成年人,不分男女和贵贱都必须接受义务教育。《德国基本法》(Grundgesetz für die Bundesrepublik Deutschland)第 5 条第 3 款规定:首先,艺术与科学,研究与教学是免费的;其次,教学自由不能免除忠于宪法的责任。⑧

---

⑦ 王云龙:《欧洲教育法治史简述》,载《外国问题研究》2016 年第 1 期。

⑧ Artikel 5 Absatz3 des Grundgesetz besagt,1Kunst und Wissenschaft,Forschung und Lehre sind frei. 2Die Freiheit der Lehre entbindet nicht von der Treue zur Verfassung.

在德国,教育作为一项基本权利,由《德国基本法》对家庭、学校等的教育义务及其责任进行规定,对青少年接受教育进行法律保障,原则性地规定不得拒绝任何人受教育的权利,[⑨]且早在 18 世纪初期,普鲁士王国就已经开始实行义务教育,《普通学校宪章》规定对干涉子女入学的家长将会予以惩戒。其保障国民教育的更好实行,同时也裨益于法治教育更为全面深度地进行。例如,在《巴伐利亚州义务教育法》(Schulpflichtgesetz)中,即规定了在国民义务教育体系中,法定监护人、学生、学校的义务。相较于我国,德国的义务教育体系更为完善。一方面,义务教育持续 12 个学年;另一方面,义务教育统括范围更广,包含义务学校、义务职业院校,以及特殊义务学校。[⑩] 对于成年青年主体,德国学校教育(Schulausbildung)提供一般的通识教育(Allgemeinbildung),而技术和大学教育(Fach-und Hochschule)则重在应用型人才之培养。德国一般将青少年离开双亲之家庭的时间视为青少年的结束时间,一般情况下为 25 周岁左右。[⑪] 此外,如德国《儿童与青少年援助法》(Kinder-und Jugendhilfegesetz)第 7 条与第 11 条,将青少年限制在 27 岁以内。对于已经成年的大学生而言,其处于青少年的晚期,对于其法治教育应当予以重视。相较而言,我国对于青少年的范围界定就稍显模糊,在研究中,往往不注重区分青少年与未成年人的区分。

重视对青少年进行法治教育的重要方面是,强调政府对于青少年教育的财政支持。例如,德国具有专门的儿童津贴(Kindergeld),对于 14 周岁以上的青少年,补贴金额最高可达每月 478 欧元。[⑫] 甚至强调在新冠病毒流行之际,提供一定的儿童娱乐金以更好促进青少年成长。[⑬]

### (二)法治教育体系:基础教育与职业教育并重

德国对于青少年的学校教育一般通过教育法及州立法进行规范。德国进行青少年法治教育建立在实行国民义务教育的前提之上,依据《德国基本

⑨ Vgl. Maunz & Dürig, Grundgesetz-Kommentar, 2015, § 6 – 7, Rn. 74.

⑩ Vgl. Artikel 1, Artikel 3, Artikel 15 des Schulpflichtgesetz.

⑪ 参见沈国琴:《德国教育目标变迁与青少年价值观之转变》,载《德国研究》2011 年第 2 期。

⑫ Artikel 6a desBundeskindergeldgesetz besagt, Kinderzuschlag.

⑬ Artikel 6d desBundeskindergeldgesetz besagt, Kinderfreizeitbonus aus Anlass der COVID – 19 – Pandemie für Familien mit Kinderzuschlag, Wohngeld oder Sozialhilfe.

法》,德国的文化教育事业各州享有立法权,但德国联邦层面亦存在教育方面的立法。《德国基本法》未对青少年法治教育进行直接规定,但其中的制度设计却构成青少年法治教育体系之基础。一方面,基本法对教育事业作了原则性规定;另一方面,联邦层面有一些职业教育,如《联邦高等教育扶助法》(Bundesausbildungsförderungsgesetz)规定,各州对于其教育的安排具有极高的自主权,能够通过州法律予以规定,如《黑森州儿童和青年福利法》(Hessisches Kinder-und Jugendhilfegesetzbuch)即对本州教育进行专门规定。

法治教育的实施阶段不同,其侧重点也有所区别。德国国民教育包括初等、中等、高等、职业和成人教育等部分,而不将学前教育涵盖在体系范围之内。而国民教育体系内,所有学校皆是免费的,根据《德国基本法》之规定,国家负责监督整个学校教育事业的发展,同时也鼓励私人办学。国家实行九年制普通学校义务教育(个别州为10年),《德国基本法》赋予青少年自由发展修改并按照各自的爱好与能力自由选择学校的权利,使每个人终身都应有机会在个人、职业、政治等方面得到发展。是故,在选择职业化的法律专业学习之前,并不需要入学考试。

德国没有对青少年法治教育进行立法,但其公民教育中就包含了基本的法治精神教育。[14] 德国的法治教育依据其教育阶段可分为两种,一种系在上大学之前,侧重于法治观念的培养,涉及统筹规范所有类别教育之教育法,另一种是专业化的"法学教育",受以专业的法律教育为内容的法律职业法调整,即在大学之后,采用分轨制的教育方式,将法律知识的理论学习与职业教育并重。

此外,德国并没有各州统一的法治教育法,而是由各州分别制定。例如,在德国《汉堡州法律教育法》中即规定,法律教育(Jurisitischen Ausbildung)的任务在于为所有法律职业(Juristischen Beruf)做准备,[15]即旨在通过对法律知识的专业学习,培养专门的法律人才。此外,《萨尔州法律培训法》将职业法制教育分为大学学习与准备服务。在第一次法律考试中,对受教育者是否掌握了法律知识进行考核,而第二次法律考试则考核准备服务中是否具备法律实践技能。[16]

---

⑭ 参见马金祥、宋秋英:《加强青少年法治教育　建设新时代法治强国——访北京师范大学法学院副院长、北京教育法治研究基地副主任袁治杰》,载《世界教育信息》2019年第21期。

⑮ Artikel 1 desHamburg Juristenausbildungsgesetz besagt, Aufgaben der juristischen Ausbildung.

⑯ Artikel 1 desSaarland Juristenausbildungsgesetz besagt, Die juristische Ausbildung.

### (三)法治教育目标

法制教育在德语中被表述为 Juristische Ausbildung,一般是指专业的法律职业培训,即法学教育,如讨论法律方法在法制专业教育中对于律师思维与工作方法的作用。法制教育的目标由各州分别确定,如《汉堡州法律教育法》第 1 条即明确了该州法制教育培训之目标,其旨在使受"法制教育"者应透彻了解法律法规内容及其发展、法律系统的相互关系以及掌握法律方法的使用,最终在于为司法、行政、法律咨询和法律实践服务,掌握诸如谈判、对话、修辞、争端解决、调解、审讯和沟通技巧。[17] 而法治教育则一般被表述为 Rechtsstaatliche Ausbildung,主要侧重于法治精神教育。青少年法治教育应以培育法治理念、传播法治精神为本旨。权利与义务是法律的永恒命题。青少年法治教育亦不能将两者割裂开来。德国青少年法治教育的中心在于权利义务相统一,换言之,使青少年知悉法律对其何种利益予以保护和救济,何种行为受法律调整、规制甚至制裁。

在德国传统法律文化中,崇尚国家主义即团体主义,[18]是故,相应地,对于青少年的法治教育也以培育服从意识及义务观为主导。在"二战"失败的时代背景下,原本的以服从社会权威及履行义务为主导的观念,受美国的再教育计划,即以美国自由民主之法治教育为模板的影响,德国的法治教育观念逐步发生了变化,更加加强了民主法治的建设,强调人权。[19] 德国的教育培养体系及文化政策日益引起公众关注,其政策目标及立法涉及科学、研究、教师、学校、媒体等诸多领域,目的在于实现对宪法权利及社会生活秩序的回应。[20]

从德国近代教育改革来看,受卢梭自然观念影响,学校教育以培育有知识、乐观健康、自由发展的人为教育目标,注重对国民进行法治观念的培育。而父母在对青少年进行家庭层面的法治教育时,旨在将其培养成一个具有自我意识及个性,但同时能够正确行使权利、履行义务并对他人能够予以理解的人,[21]从而"促

---

[17] Artikel 1 desHamburg Juristenausbildungsgestz besagt, Aufgaben der juristischen Ausbildung.

[18] 参见夏新华:《德国法律文化的特性》,载《德国研究》2005 年第 4 期。

[19] 参见沈国琴:《德国教育目标变迁与青少年价值观之转变》,载《德国研究》2011 年第 2 期。

[20] Vgl. BaduraMaunz & Dürig, Grundgesetz-Kommentar, 2015, Rn. 74.

[21] 参见沈国琴:《德国教育目标变迁与青少年价值观之转变》,载《德国研究》2011 年第 2 期。

进青少年子女精神和心灵之发展,培养其独立性、社会生活能力以及经济的自立”[22]。与法治教育相对应,专业化的法学教育以培养通才型的“统一法律人”为目标,一个国家未来的法治建设与法治前景与其青少年的法治教育状况息息相关。

法治教育归根结底服务于法治建设,青少年法治教育旨在培养有权利意识以及法治精神的守法青少年,[23]盖因人性的本质特征在于其自由的可能性,而教育的意蕴在于加强基于心灵的道德性培养与塑造,从而实现青少年服从法律的强制与积极运用法律相统一,并最终成为自我立法、守法、用法的行为主体。[24]法治教育作为教育的重要内容,仍是为了促进个体全面发展,且对于青少年而言,法治教育的目标并非使其成为专业理性的“法律人”,而是“全面提高青少年法治观念和法律意识,使尊法学法守法用法成为青少年的共同追求和自觉行动”。[25] 从个人层面来说,法治教育的目的在于促进青少年的全面发展,使其具有权利意识,富有理性思辨能力和法治精神。对于社会治理而言,法治教育有助于引导青少年做出正确行为,预防青少年违法犯罪,创造和谐友爱的法治氛围。对于国家而言,法治教育一方面是培养守法公民的必由之路,另一方面是培养专业的法治人才队伍的有效方式。

值得注意的是,在青少年法治教育总目标下,不同阶段的青少年法治教育各有其侧重和阶段目标。德国早期基础教育注重独立能力、独立性格的培养,以及对于社会生活知识的掌握,如参观警察局、法院政府办公室等,了解相关机构的职能、如何报警等;同时注意个人素养的培养,如怎样借书还书、图书馆需要保持安静。是故,我国应在培养“守法、懂法、知法、用法”的青少年的总目标下,结合其具体的年龄阶段再进行细化。例如,对于小学生而言,应注重培养其规则意识,学会互相尊重等法治思维;对于中学生来说,则可以培养其宪法意识、帮助塑造正确的权利义务观念。

---

[22] [德]迪特尔·施瓦布:《德国家庭法》,王葆莳译,法律出版社2008年版,第259页。

[23] 此种意义的“守法”并非简单指称“遵守法律”,而是包括使用法律行使权利、履行义务、承担责任以及尊重法律等在内。

[24] 参见刘睿:《自由与强制的有机统一——康德论未成年人规则意识培养》,载《教育学报》2019年第1期。

[25] 参见教育部:《青少年法治教育大纲》,载教育部官网,http://www.gov.cn/srcsite/A02/s5913/s5933/201607/t20160718_272115.html。

### (四)特有之教育模式:校外教育

德国教育中重视德育、体育、美育、劳动教育相结合,主张激发学生的兴趣,如禁止单纯学习知识的学前教育,发展“半日制教学模式”。校外法治教育是青少年法治教育的有机组成部分,是学校法治教育与家庭法治教育的延伸与补充。[26] 依据《儿童与青少年援助法》,德国业已建立独立于家庭教育、学校教育、职业教育并行的校外教育模式(Auβerschulische Jugendbildung)。德国校外教育作为青年援助的独立部分,主要针对 12 岁以上 27 岁以下的青少年,旨在创设一种寓教于乐的新型教育模式,其涉及领域非常宽泛,涵盖政治、文化、职业教育、体育、生态、健康等多个方面。[27] 校外教育旨在预防犯罪,培育文明素养与实践精神,从而促进其全面发展,而这一功能定位与青少年法治教育之宗旨相契合。德国联邦颁布的《德国基本法》《儿童与青少年援助法》与各州相关法共同构成了促进青少年校外法治教育的法律规范体系。根据该规范体系,青少年校外教育旨在“通过法律引导与干预,青少年能够自主认识到个人与社会的关联性与互动性,并对此展开相关的探讨研究,进而主动参与和影响社会发展进程”[28]。

此外,德国对于青少年校外教育主体在呈现多元化的基础上,具有严格的审核标准,且由州行政机关最终确定非公共教育机构是否符合青少年校外教育的资质。联邦政府设有“教育与研究”部和“家庭、老年人、妇女与儿童”部,它们是负责管理青少年校外教育的主要部门,而在各州亦分别设有相应的青少年援助事务主管机关,并设有校外教育的统筹协调机关,如不来梅州即设有专门的青少年教育专家咨询委员会。[29]

德国青少年校外法治教育的总体目标及原则由联邦法律规范确定,并由各州法律在其基础上进行明确和细化。例如,《不来梅州家庭促进法》中即规定,该州

---

[26] 参见翟巍:《论德国青少年校外教育法律规制及对我国借鉴意义》,载《青少年犯罪问题》2015 年第 5 期。

[27] Artikel 13 des Bremisches Kinder-, Jugend-und Familienförderungsgesetz.

[28] 翟巍:《论德国青少年校外教育法律规制及对我国借鉴意义》,载《青少年犯罪问题》2015 年第 5 期。

[29] Artikel 7, Artikel 11 des Kinder-und Jugendhilfegesetz.

青少年校外教育旨在使青少年成为拥有自我决定能力(Selbstbestimmung),知道(Rechte kennt)且能维护自己权益(Interessen wahrzunehmen)的人,对自己行为负责(Handluzu verantworten),尊重他人权利(die Rechte anderer achtet),在社会上具有团结意识(solidarisch in der Gesellschaft verhält),承担和接受社会的义务(Verpflichtungen gegenüber der Gesellschaft erkennt und akzeptiert),并最终能够以有效且兼具弹性和批判性的方式参与公共生活,从而在无暴力的情况下了解、改变或发展其行动模式,控制和克服社会冲突,减少社会背景、社会发展造成的不平等和不平等的教育关系(ungleiche Bildungsverhältnisse entstandenen Ungleichheiten abzubauen und Toleranz)。[30]

## 三、德国青少年法治教育之镜鉴

青少年是国家未来的主人,是祖国和民族的希望。对于个人而言,青少年时期是价值观形成和塑造的关键时期,是成长成才的关键阶段。在任何一个法治国家,青少年法治教育都极为重要。而青少年法治教育的欠缺无论对于青少年个人及其家庭,抑或是国家及社会,都可能是一个灾难。轻则,青少年难以成为具有现代法治观念和法治思维之才;国家难以形成法治氛围,建设法治社会。重则,青少年难以维护自身权益,或做出违法犯罪行为,家庭亦需承受苦痛,而更不利于社会稳定与和谐。

德国的青少年法治教育以学校教育为主导,辅以社会和家庭为主体所进行的法治教育,《德国基本法》第 6 条从基本权利的角度出发,对学校关于教育、教学责任进行国家监督,相关社会团体以及公共机构予以支持和配合。德国青少年法治教育的突出特点是专业法律人士及团体的参与,且其国家机构承担了繁重的法治教育任务。例如,德国议会就设立了专门的机构负责接待市民和学生团体,讲解其民主法治运行体系。[31] 德国的司法机关也承担法治教育的宣传义

---

㉚ Artikel 13 des Bremisches Familienförderungsgesetz besagt, Ziele und Aufgaben der außerschulischen Jugendbildung.

㉛ 参见马金祥、宋秋英:《加强青少年法治教育 建设新时代法治强国——访北京师范大学法学院副院长、北京教育法治研究基地副主任袁治杰》,载《世界教育信息》2019 年第 21 期。

务,德国联邦从事政治教育研究的工作机构的名册足有500多页。[32]

本土的青少年法治教育作为国民教育的重要分支,归根结底要落实到中国本土语境,中国青少年法治教育的发展是中国特色社会主义法治体系建设的重要一环,直接指涉学校教育、家庭教育、社会教育的共同参与。新时代下,本土青少年法治教育体系的建构应当是多主体、多渠道、多形式、全方位的变革,必须在吸收外来先进教育经验的基础上,扎根于本土实践,在本土化的基础上对青少年法治教育进行更为清晰的体系化建构。

### (一)学校法治教育层面

德国具有重视法学发展的历史传统,而普及的国民义务教育使得校园成为青少年接受教育的主要场所。对于青少年而言,学校不仅是学习知识的主要场所,同时也深刻影响着青少年的世界观的养成。是故,一般认为,学校法治教育是对青少年进行法治教育的主要渠道。相对于家庭教育、社会教育而言,学校教育是青少年法治教育的主战场。一方面,学校教育具有集中教育青少年的天然优势;另一方面,其法治教育更具专业性。德国对于学校教育的主体具有严格的控制,依据《德国基本法》第7条第4款,对于设立的私立学校,要求具有不逊色于公立学校的教学设备及师资力量,且需要得到州政府的批准,并接受州法院的约束。[33] 在德国的学校教育系统中,政治课作为必修课程,并在联邦政府及州政府均设立相应的政治教育中心。[34]

所谓师者,传道授业解惑也。对于学校法治教育的主要承担者来说,由于法律学科的内在逻辑性,其要求一定的专业性。德国职业的法律教育原则上由教授担任,且"宽进严出"的教学理念为法律人才提供了保障。在德国的青少年法治体系中,如在预防青少年暴力的法治教育中,德国通过设立教师及青年教育工作者示范培训班,培育优秀的能够对青少年暴力行为进行法治教育的师资

---

[32] 参见卢淦明、李俊宏:《德国职业教育法律制度对我国的启示》,载《广东行政学院学报》2016年第2期。

[33] Artikel 7 Absatz 4 des Grundgesetz besagt, Das Recht zur Errichtung von privaten Schulen wird gewährleistet. Private Schulen als Ersatz für öffentliche Schulen bedürfen der Genehmigung des Staates und unterstehen den Landesgesetzen.

[34] 参见郝明亮:《中学生法制教育有效性研究》,南京航空航天大学2018年硕士学位论文,第27页。

力量，同时，以期将所取得的法治教育经验进行移植和传递。[35]

相形之下，我国学校法治教育资源不足，水平较低。

一方面，在课程设置上把法治教育课嵌入思想品德课程，改变了法治教育原本应有的高度。且青少年法治教育散见于不同年级、不同学期，许多内容只是在不同教育阶段的简单重复，且其教授课时、课程内容安排都不存在具体而明确的标准，未形成知识逐步递进的科学教育体系。虽然个别学校邀请了法律专业人士进行法治教育，但其基本上是以"讲座"的形式开展，无论是在教学时间还是内容安排上都很难完成教学目标法治教育评价机制。在传统的中国青少年法治教育层面，一般以德育为主，注重培育青少年的传统美德和优秀美德，从我们目前的教育体系来看，对于中小学生而言，多将法治教育融入"政治课"的教学内容中。其体现为小学开设思想品德课、初中开设道德与法治课程、高中阶段开设思想政治课程，从开设课程的类型来看，对于青少年的法治教育尚不充足，法治教育教材略显单薄。

即时性、碎片化的学校法治讲座缺乏体系上的逻辑性和递进性。在德育、政育、法育三元构造的传统教育体系下，德育占据主导，而法育缺乏独立性，处于被吸纳地位，三元结构的失衡导向法治精神、法治文化要素之欠缺。[36] 是故，《青少年法治教育大纲》中也进一步明确，应根据青少年教育阶段不断提高法治教育的教学内容占比，实现三元结构的整合与融通。

另一方面，我国缺少相应的中小学法治教师人才，既未开设相关专业，教师人才亦由思想教育专业教师担任，很少参与系统的法治培训，欠缺专业的法律理论及相关的法律实践经验。这就导致了法治教育教师资源"先天畸形，后天不足"的特点。是故，对于青少年的学校法治教育多照本宣科，既缺乏案例的分析，使青少年产生法治离日常生活很遥远的感觉，难以发现法律背后的精神实质，也难以使课堂法治教育产生趣味性。但从现状来说，我国师资队伍的法治专业化水平尚待提高。首先，可在相关高等院校开设法治教育专业，为青少年法治教育储备充足的师资力量，或亦可对教师进行法治教育的培训与考核，使

---

[35] 参见姜大源：《德国教育界对青少年暴力活动的反思与对策》，载《德国研究》1996 年第 1 期。

[36] 参见马长山、李金枝：《青少年法治教育中的公民性塑造》，载《上海师范大学学报（哲学社会科学版）》2018 年第 4 期。

授业教师成为兼具法治素养与教学水平的新时代下的新型教师。其次，可邀请律师、法官、检察官等进校园开展“以案说法”教育活动，以增强其专业性以及智趣性。[37] 只有施教者对法治进行深入的学习与理解之后，才能掌握法治教育之精髓，更好地进行“法治教育”，而非局限于传统意义上的“法制教育”，从而保障校园法治教育的质量及专业化。

德国校园教育重视学生平等及其权利的保护和尊重。一方面，不存在辅助教师管理班级的班干部，而代之以由学生自主选举的学生代表向老师或者学校提交建议等。另一方面，德国青少年教育注重对于学生隐私权的保护，始自小学，学生的考试成绩便属于个人隐私的权利范围，学校不得公开并进行排名，甚至以成绩评定学生等级。这种教育模式在中国是难以想象的。但是，不可否认的是，这种教育理念有值得学习之处。德国注意保护青少年学生隐私的教育将保护及促进学生的自尊心与心理健康作为其重要目的之一。德国教育不以功利性的分数为导向，如德国的小学教育即以教师评价作为学生成绩是否优异的考量标准。

此外，德国教育内容、教育方式更为丰富。不同于中国对于青少年中学校园教育更强调文化知识学习，德国中学独特的“项目方案作业”（Projekt Arbeit），使青少年在中学阶段需要独立或以小组分工的形式确定选题、查阅资料、进行报告，这种模式无疑有助于提高青少年的独立思考及团队合作能力。青少年法制教育亦可结合新媒体开展形式更加多样化、更加生动有趣的教学模式，如组织开展校园法治日活动、法治辩论、模拟法庭、法治情景剧等活动。

良好的法治教育必须与德治教育相结合，青少年的道德教育一定意义上对于其法治思维和法治素养的提高有所裨益。“法律是最低限度的道德”，法治教育和德治教育相辅相成，难以将两者精确切割。很难想象一个不具有社会主义道德的人会是一个具有法治精神的人，故而在重视法治教育的同时，德治教育的作用依然不可忽视。从某种意义上来说，法治教育是促进青少年道德内化的结果。然而，与德治教育更多强调义务与约束不同，法治教育亦侧重于对青少年的权利教育，不仅尊法、守法，还能用法去维护自身的合法权益。

---

[37] 参见马金祥、宋秋英：《加强青少年法治教育 建设新时代法治强国——访北京师范大学法学院副院长、北京教育法治研究基地副主任袁治杰》，载《世界教育信息》2019 年第 21 期。

## （二）家庭法治教育层面

家庭法治教育并非学校法治教育的附庸。家庭独特的团体性及亲子关系的本质使父母成为未成年子女利益的最佳保护人、人生的第一任老师，家庭亦是最有利于未成年子女成长和生活的环境。[38] 父母抚养教育子女是实现子女人格形成和个性之目的性工具，[39]根据北京师范大学中国教育与社会发展研究院等发布的《全国家庭教育状况调查报告(2018)》，学生最崇敬对象中父母位居首位，青少年对于父母积极的认可和敬爱态度也为更好开展家庭教育奠定了良好基础，但家庭的日常交流状况却不容乐观，其中，约 1/4 以上的青少年报告父母几乎从不讲授日常生活的法律常识。[40] 而《2020 年中国家庭教育现状调研报告》显示，疫情隔离增加的父母子女的相处时间让家长进一步意识到包含培养子女规则意识、独立意识在内的家庭教育的重要性，优秀的评价标准以及家庭教育方式也更加多元。

家庭生活的特殊性使家庭教育具有基础性、终身性之特点，并得以成为整个教育体系之基础，对青少年的法治教育产生难以磨灭的影响。中共中央、国务院《关于深化教育教学改革全面提高义务教育质量的意见》第 24 条即建议重视家庭教育，2021 年 10 月通过的《家庭教育促进法》进一步细化了规定。法治教育作为基础教育的重要内容，应贯穿家庭教育之始终。家庭教育对于法治公民的培养不可或缺，例如《民法典》第 1043 条“优良家风条款”，凸显了家庭教育对青少年教育及成长之重要性。[41] 由家庭对子女进行法治教育，一方面，能够促使子女形成正确的法律观念，有利于子女个人之利益保护；另一方面，使青少年子女能够得以正确把握权利义务的界限，预防和矫治青少年的不良行为，有助于预防未成年人犯罪，实现其良性发展与健康成长，亦是整个教育体系的重要部分，裨益于国家优秀人才的培养。

---

[38] 参见薛宁兰、谢鸿飞主编：《民法典评注：婚姻家庭编》，中国法制出版社 2020 年版，第 283 页。

[39] 参见[德]迪特尔·施瓦布：《德国家庭法》，王葆莳译，法律出版社 2008 年版，第 259 页。

[40] 报告指出，其中父母几乎从不讲法律常识的八年级学生报告人数比四年级增加了 10.2 个百分点，其原因在于八年级学生对于基本法律常识有所掌握以及中学期间学习任务加重，除学习及成绩外其他内容的沟通时间均有所减少。

[41] 《民法典》第 1043 条第 1 款规定：“家庭应当树立优良家风，弘扬家庭美德，重视家庭文明建设。”

相较于学校所提供的更为专业的法治教育,青少年的父母欠缺专业的法治教育知识与教育经验。而德国家庭教育更强调法治教育的专业性。一方面,家长需要学习相关的法律,提升法律素质;另一方面,家庭法治教育亦可在家庭法院等专业机构的指导之下进行。德国对于青少年的家庭法治教育亦极为重视,联邦教育与科学部即有专门经费支持举办"德国家长参议会",通过举办专题报告及讲座等形式,促进父母对子女的法治教育。㊷ 家庭教育和家庭外教育合力对青少年进行教育,互相补充。㊸《德国家庭法》就设置了家事法院对于父母的抚养教育义务的履行进行监督,以保障青少年的权利,完善青少年家庭法治教育。对于家庭对青少年的法治教育,根据《德国基本法》第 6 条第 2 款规定,照料和教育子女既为父母之自然权利,亦为其自然义务,并受国家监督。《德国基本法》第 6 条第 2 款明确了父母的首要职责在于照顾及教育其子女,并由州社区对其活动进行监管。㊹ 从而,实现青少年法治教育家庭层面与社会层面的互动。

2020 年修订的《未成年人保护法》则更为强调家庭教育的专业性,包括父母或其他监护人应学习家庭教育知识,以及政府应为家庭教育提供相关指引。㊺政府对于家庭法治教育的支持指导可借助于包含幼儿园、学校、居住地基层群众性自治组织等各阶段对于青少年负有特定工作职责的机构以及依法登记从事家庭指导教育的社会性服务机构。㊻ 此外,地方财政应当为家庭法治教育提供经费支持,进一步提高对于家庭教育的财政投入。㊼

推动世界的物是摇摇篮的手,青少年尚未形成独立的"三观",其行为模式在一定程度上是对父母行为的模仿,极富可塑性的青少年由于其"野性",其多

---

㊷ 参见姜大源:《德国教育界对青少年暴力活动的反思与对策》,载《德国研究》1996 年第 1 期。

㊸ 参见[德]迪特尔·施瓦布:《德国家庭法》,王葆莳译,法律出版社 2008 年版,第 259 页。

㊹ Artikel 6 Absatz 2 des Grundgesetz besagt, Pflege und Erziehung der Kinder sind das natürliche Recht der Eltern und die zuvörderst ihnen obliegende Pflicht. 2Über ihre Betätigung wacht die staatliche Gemeinschaft.

㊺ 《未成年人保护法》第 82 条规定:"各级人民政府应当将家庭教育指导服务纳入城乡公共服务体系,开展家庭教育知识宣传,鼓励和支持有关人民团体、企业事业单位、社会组织开展家庭教育指导服务。"

㊻ 参见林建军:《家庭教育法的调整对象及其逻辑起点》,载《河北法学》2021 年第 5 期。

㊼ 参见刘丽、邵彤:《我国家庭教育地方立法的经验与不足——兼评〈中华人民共和国家庭教育法(草案)〉》,载《湖南师范大学(教育科学学报)》2021 年第 3 期。

依赖家庭内部的他律以及父母的教育输出,以促进其自律及实现学习成长的更好保障。[48] "家庭以爱为其规定性"[49],家庭对青少年进行法治教育,首要的是家庭中父母对于子女正确行使监护权利以及履行抚养义务。在家庭教育中以子女为中心并强调子女的最大利益,尤其体现在离异家庭中对子女的利益保护和教育问题上。根据"儿童利益最大化"原则[50],一般情况下,在父母未达成合意情况下,由最有利于子女成长一方进行抚养,并且子女有权获得无暴力教育。[51] 其次,作为社会交往与生活的基本准则,规则意识构成法治文化的重要内核,[52] 规则意识的培养包含三种层级:遵守规则的认知,法治思维下的规则思维,以及最终将规则内化为自身行动的理由。[53] 在青少年时期,父母的榜样作用对于子女的行为养成具有极其重要的影响。在家庭生活之中,父母与子女盖已形成教养照顾的生活共同体。父母的行为在潜移默化中影响着子女,青少年观念、性格、习惯的养成都与其家庭教育密不可分。规则意识的培养要求青少年的父母以身作则,良好地遵守法律,践行法治观念,为青少年提供表率。家庭的法治教育蕴含于青少年的生活之中,即对青少年进行"生活化法治教育"。[54] 该种教育模式更多强调父母的一言一行潜移默化地对青少年产生影响。如父母不闯红灯、遵守交通规则,在人际交往中诚实守信,对于子女的规则意识、诚信善良观念的养成极其重要。家庭法治教育作为法治教育体系中的重要分支,通过父母对青少年进行遵守社会规范观念的朴素教导,有利于防范未成年人犯罪行为,增强青少年法治意识。我国传统的家庭法治教育与家庭伦理教育结合密切。

---

[48] 参见林建军:《家庭教育法的调整对象及其逻辑起点》,载《河北法学》2021 年第 5 期。

[49] [德]黑格尔:《法哲学原理》,范扬、张企泰译,商务印书馆 2017 年版,第 199 页。

[50] "儿童利益最大化"原则强调关于儿童的一切行动,均应以儿童的最大利益为首要考虑。参见《儿童权利公约》第 3 条第 1 款。

[51] 德国法上,无暴力教育为"儿童利益最大化原则"的重要判断要素。参见[德]迪特尔·施瓦布:《德国家庭法》,王葆莳译,法律出版社 2008 年版,第 322 页。

[52] 参见刘睿:《自由与强制的有机统一———康德论未成年人规则意识培养》,载《教育学报》2019 年第 1 期。

[53] 参见雷槟硕:《教育惩戒权行使的目标:培育规则意识》,载《复旦教育论坛》2019 年第 4 期。

[54] 如《江苏省家庭教育促进条例》第 9 条第 2 款规定:"父母或者其他监护人应当加强自身道德修养,增强法治观念,树立正确的家庭教育理念,掌握必备的家庭教育知识和科学的家庭教育方法,提高家庭教育能力。"《浙江省家庭教育促进条例》第 7 条第 1 款规定:"父母应当加强自身修养,注重言传身教,以健康的思想、良好的品行、适当的方法教育和影响未成年人。"

### （三）社会法治教育层面

法治意识具有强烈的社会属性。尊法、守法、用法都体现在社会生活中，而日常生活中的尊法、守法、用法亦能促进法律知识的学习。我国《民法典》虽然明确了家庭文明建设与父母之抚养教育义务，但具体如何操作仍是家庭内部之范畴，随着家庭功能的变化，青少年的一部分教育权利已经转移给国家和社会。[55] 若期望更好实现青少年最大利益之保护及家庭法治教育之开展，社会与国家之合力不可或缺，社会法治教育的参与使法治教育从家庭、学校的作业范围扩展到社会公共领域的向度。[56]

青少年具有极强的可塑性，其价值观念、评价体系都需要在社会中予以发展修正。此外，从校园、家庭所接受的法治教育应当在社会生活中予以践行。故而，社会法治教育是青少年法治教育中极为重要的环节。如何让法治教育融入青少年的日常生活，并内化为一种思维和意识，就需要在生活语境下，更关注人的主体性，注重价值取向在现实的运用及其结果。[57] 而正确的青少年法治教育方式，应该着眼于权利观的形成，只有明确自己所享有的权利及其权利边界，知道如何维护合法权益，才能更好地意识到他人的权利边界。

我国以全日制教育作为青少年校园教育的主要模式，直接照搬德国校外教育制度既不现实也无必要，不能将法治教育与素质教育以及应试教育相脱离。但德国校外教育制度无疑给青少年法治教育的发展方向提供了灵感，法治教育应是法律知识、法治思维以及法治实践三者的结合。而要将法治教育融入课堂教学和社会实践之中，不应仅强调课堂教育本身，而更应当关注青少年学习法治知识对其行为之影响以及自身之意义，实现“知行合一”。对于学校层面的青少年教育，其重点在于对学生进行法治思维、法治意识的培养。然而，对法律意识的培养，并不是仅局限于应试教育。换言之，不应使应试教育的功利性目的淹没法治教育的内在追求，即培育“知法、懂法、守法、用法”的青少年群体。

---

[55] 参见薛宁兰、谢鸿飞主编：《民法典评注——婚姻家庭编》，中国法制出版社 2020 年版，第 284 页。

[56] 参见林建军：《家庭教育法的调整对象及其逻辑起点》，载《河北法学》2021 年第 5 期。

[57] 参见张劲：《让宪法回归生活：青少年宪法教育的一个路向》，载《预防青少年犯罪研究》2020 年第 3 期。

首先,社会必须给予青少年法治教育以足够的重视,青少年法治教育有赖于社会良好的法治氛围和法治环境。文学艺术作品在德国青少年法治教育中亦扮演着重要角色,如德国联邦教育与科学部组织青少年参与创作了以反对歧视、排外与暴力的《艺术与暴力》的系列作品。[58] 值得一提的是,法律文学作品,并非简单指向专业的法律教程或者法律读本,还包括幼儿法律绘本、泛法律文学作品等。从外部环境方面着手,为青少年营造一个良好的法治氛围。例如,提供有利于对青少年进行法治教育的艺术文化作品,如法律绘本。文字是青少年法治教育的重要方式[59],积极的法律图书对于青少年的法治教育具有不可替代的内生效能。法治教育与法律图书都能通过文字形式使青少年加以阅读、理解,并内化为个人精神的部分。故而,法律文学作品是青少年法治教育的重要工具。但是,目前我国仍欠缺优秀的法律文学作品。在鼓励优秀法治文学作品创作的基础上,还需要对其进行大量推广。

其次,社会必须对于不利于青少年健康成长的行为予以严格管控或禁止,《未成年人保护法》中即明确了一些诸如禁止未成年人进入网吧以及禁止向未成年人售卖烟、酒,网络平台限制未成年人打赏、消费,不得开通未满 16 周岁未成年人的网络直播等的管控措施。同时,应当积极开展社会青少年法治教育服务活动,使司法机关、当地政府、群众组织、共青团、妇联等在社会法治教育中发挥重要作用,在民主参与、亲身感受中提高青少年的法治素养、培育法治精神,通过家庭、学校、社会法治教育的共同参与,实现法治教育的责任共担,以期打造符合中国本土语境的多元形式的法治教育体系。

青少年是国家和民族的希望,法治教育是建设法治国家之内在要求,而对于青少年的法治教育是培养专业法律人才以及培育法治公民、建设法治社会之最好途径。青少年法治教育的学校教育、社会教育、家庭教育并非互不牵连,而是相互关涉、互相影响,青少年在不同维度的环境下扮演着不同的角色,这些身份对法律的理解与运用共同构成了其法治理念的源泉。故而,需将学校、社会、家庭之间的法治教育进行整合,形成法治教育合力。

---

[58] 参见姜大源:《德国教育界对青少年暴力活动的反思与对策》,载《德国研究》1996 年第 1 期。

[59] 参见饶世权:《论青少年法制教育的文学方式》,载《青少年犯罪问题》2012 年第 5 期。

## 四、结语

法治教育是青少年教育的重要组成部分,对于青少年个体而言,其对青少年法治意识的形成以及终生权利义务观念的塑造都至关重要。而对于国家而言,它是国家教育体系的重要内容,关系着国家人才的培养,同时对于整个国家及民族的法治进程影响重大,密切影响着法治社会、法治国家的建立。

家庭教育是青少年法治教育的基础,对于青少年行为及法治观念的形成产生潜移默化的影响;学校法治教育是青少年法治教育的关键,教书育人是学校的本职;社会教育是青少年法治教育的延伸,良好的法治氛围是青少年法治教育的保证。只有“家校社”三方联动进行法治教育,方能走出一条中国特色的科学的青少年法治教育之路。

# 日本青少年法治教育经验考察

欧阳晨曦　项　彦*

**摘　要**：日本的法治教育体系较为完善，在不断改革探索过程中形成了独特完备的法治教育体系。虽然日本没有将法教育设为单独的科目，但是在社会科等原有科目中增设了单独的法教育课程内容，而且将其融合在道德、消费者教育等诸多课程之中。其独具特色之处在于针对各年龄段因材施教并循序渐进地进行不同内容及类型的法治教育，教学方式上重视学生的参与性，通过各类利益冲突案例培养学生的法律思维。我国可以借鉴日本法教育的可取之处，扩充法治教育实施主体的多元性，增强教育形式的实践性和体验性，丰富教育题材的可操作性，推动法治教育从知识型应试教育向思考型素质教育的转变。

**关键词**：日本；青少年；法治教育；经验启示

## 引　论

在全面推进依法治国的进程中，法治教育的重要性不言而喻。我国法教育经历了从“法制教育”到“法治教育”的转变，从侧重法律常识和基础知识的传播过渡到法律文化与精神的传播。① 亚里士多德认为法治是良法之治，法治教

---

* 欧阳晨曦，中南财经政法大学硕士研究生。
项彦，中南财经政法大学硕士研究生。

① 参见王树荫、房玉春：《试论从“法制教育”到“法治教育”的转变》，载《甘肃社会科学》2017年第2期。

育强调公民权利保护与民主自由,宣扬法律的正当性价值。教育理念和目标的发展历程变化符合我国法治国家的建设要求,贯彻了宪法至上、国家课程等原则,[②]体现了对于提升法治思维、培养法律意识的关注,法治教育的最终目标是使广大人民享有广泛真实的权利和自由。[③] 易言之,法治教育的内容理应包括法律、人权、民主等内容,这不仅仅是书本上的知识,更是一种价值观,依托于教育和生活来不断形成,这也是法治教育的意义所在。[④]

青少年是祖国的未来和民族的希望,法治教育关键要着眼于青少年时期,增强青少年的法治观念。尽管各国公民教育因其需求和信念不同而有所差异,但其均注重对于青年的教育。[⑤] 良好的法治教育体系旨在培养社会主义合格的接班人,青年强则国强,青少年是促进社会发展的后备力量,其自身发展与社会进步息息相关。全国人民代表大会常务委员会《关于开展第七个五年法治宣传教育的决议》指出,法治宣传教育需坚持从青少年抓起,制定青少年法治教育大纲。2021 年 6 月发布并实施的全国人民代表大会常务委员会《关于开展第八个五年法治宣传教育的决议》亦明确:“大力加强青少年法治教育,全面落实《青少年法治教育大纲》,推动法治教育进课堂,教育引导青少年从小养成尊法守法习惯。”切实推进青少年法治教育,将法治教育纳入国民教育体系,力求使青少年从小树立法治观念,并将法治观念融入思维习惯和行为方式,是加快建设社会主义法治国家的必经之路。

我国法治教育体系不断完善之际,更需要批判地吸收和借鉴域外青少年法治教育的一系列先进举措,为我国青少年法治教育建设添砖加瓦。日本的青少年法治教育体系已经较为完善,其法治教育改革进程中有一系列的理念和路径值得学习与深究,通过总结其法治教育措施的优势,进而结合我国国情在本国予以借鉴和运用,有利于优化现有法治教育体系。

---

② 参见许晓童:《从法制教育到法治教育的历史意蕴及实践策略——基于〈青少年法治教育大纲〉视角》,载《教育评论》2017 年第 4 期。

③ 参见王树荫、房玉春:《试论从“法制教育”到“法治教育”的转变》,载《甘肃社会科学》2017 年第 2 期。

④ 参见靳玉军:《加强青少年法治教育的若干思考》,载《教育研究》2015 年第 4 期。

⑤ See Jasmine B-Y. Sim & Murray Print, *Citizenship Education in Singapore: Controlling or Empowering Teacher Understanding and Practice?* Oxford Review of Education, Vol. 35:6, p. 705 – 723 (2009).

## 一、日本青少年法治教育体系考察

### (一)日本青少年法治教育之目标定位

日语中与我国法治教育内涵相一致的专有名词是“法教育”(下文的法教育均指法治教育),这一术语来源于美国的《1978 年法治教育法案》(Law-Related Education Act of 1978),从 Law-Related Education 翻译得来。⑥ 法教育不同于高等教育阶段的法学教育:第一,针对的人群不同。法教育是面向除法律人士之外的普通人的一般教育,包括学校教育和社会教育。⑦ 第二,教育的内容和目的不同。法教育主要帮助普通人尤其是青少年群体理解法律、司法制度、法律基础价值以及掌握法律的思考方式,⑧是引导他们思考法律规则背景下的价值观和司法制度的功能、意义的思考型教育,是让普通人意识到参与社会重要性的社会参与型教育。⑨ 法教育的目标是培养支持自由和公平社会的人力资源,通过加深人们对法律和规则对于定分止争和调节社会人际关系的重要性的理解,培养他们在互相理解他人的主张的基础上,通过协调各方意见以达成共识,并根据法律和规则妥善解决问题的能力⑩。近年来,由于 2016 年日本公民投票年龄从 20 岁下调至 18 岁,以及 2022 年 4 月正式实施成年年龄的下调,日本社会对法教育的需求日益增加。

### (二)日本青少年法治教育之内容

1. 法教育四大内容及其实施主体

法教育作为推动日本司法体制改革的重要组成部分,受到法务省的高度重视。法务省和文部科学省、最高法院、日本律师联合会等有关机构合作,共同推

⑥ 橋本康弘「『法教育』の現状と課題:官と民の取組に着目して」総合法律支援論叢 2 号(2013 年)47 頁参照。

⑦ 大村敦志「特集法教育と法律学の課題はじめに」ジュリスト1404 号(2010 年)8 ~9 頁参照。

⑧ 小粥太郎「法教育の近況とビジネス・ロー」ジュリスト1508 号(2017 年)63 ~67 頁参照。

⑨ 橋本康弘「『法教育』の現状と課題:官と民の取組に着目して」総合法律支援論叢 2 号(2013 年)47 頁以下参照。

⑩ 日本法务省『法教育リーフレット』,载日本法务省网,https://www. moj. go. jp/housei/shihouhousei/index2. html,最后访问日期:2022 年 1 月 10 日。

进法教育的普及工作。法教育的主要内容分为四大方面：一是制定规则，涉及法律和规则的意义、作用，让学生在模拟的生活纠纷情景中体验达成协议的过程，以培养其未来制定规则化解纠纷的能力；二是私法和消费者保护，涉及契约自由的原则等私法的基本原则，通过学生身边的契约知识学习私人自治的思想；三是宪法的意义，体会平等、自由等作为法律基础的基本价值，学习与生活相关联的宪法和立宪主义的意义；四是司法，涉及司法的作用和审判的特质。⑪为了落实这四方面的教育目标，日本面向青少年开展的法教育按实施主体的不同可以分为：以教师为实施主体的相关学校课程教育、以法律实务人员为实施主体的诸如法律讲座等法教育派送课程（出前授業⑫，不同主体负责与本职工作相关的授课内容，例如：法务局职员负责讲解合同相关内容，检察厅职员负责组织模拟审判体验，监狱和少年院的讲授内容则主要围绕如何防止犯罪⑬等）、法务省等官方编写的法教育教材、示范教学案例（モデル授業例）及知识宣传册。此外，还有很多幕后工作，如法务省成立的法教育推进协议会进行的专项会议研讨、法律学者的研究成果、各项调查研究等。这里主要介绍青少年所直接接受的法教育内容。

2. 法教育教材的学习内容

2017年，文部科学省公布了中小学最新的学习指导要领。新学习指导纲要针对不同年级，提纲挈领地规定了中小学法教育在社会科、公民科、家庭科、道德和特别活动⑭的不同的教育目标⑮。法务省提供法教育教材以供各地学校开展法治教育课堂的老师们使用。在法教育推进协议会中，法务省邀请法律领域和教育领域专家共同编写了适合小学、初中和高中不同阶段的法教育教材。教

---

⑪ 日本法务省『法教育研究会「報告書」』（2006年），载日本法务省官网，https://www.moj.go.jp/shingi1/kanbou_houkyo_houkoku.html，最后访问日期：2022年1月10日。

⑫ 日语“出前授業”是一种比喻，“出前”是“外卖”的意思，如果把法律课当作“外卖”，那么可将法律人士带着法律讲座到学校授课的活动类比成“送外卖”，本文翻译为“课程派送”。

⑬ 日本法务省『出前授業の実施機関及び主な実施内容』，载日本法务省官网，https://www.moj.go.jp/housei/shihouhousei/houkoku02.html，最后访问日期：2022年1月10日。此即对派送课程的人员分工。

⑭ 在日本学制中，从小学到高中的教育课程，均由各学科、道德科和特别活动组成。

⑮ 日本文部科学省「小学校学習指導要領（平成29年告示）解説総則編（平成29年7月）付録6『法に関する教育（現代的な諸課題に関する教育等横断的な教育内容）』」による，216～217頁参照，载日本文部科学省官网，https://www.mext.go.jp/component/a_menu/education/micro_detail/__icsFiles/afieldfile/2019/03/18/1387017_001.pdf。

材主要分为册子教材和配套的视听教材两大类,视听教材是动画形式,有利于学生更好地消化册子教材的内容。这些教材遵循了学习指导纲要的主要标准,并更加细化和具体。为了适应各年龄层青少年认知水平和实际法律需求的不同,各阶段的教材内容具有显著差异,同时也呈现循序渐进、承上启下的动态关系和一脉相承的教育理念。

(1)纵向维度之册子教材教学目标的阶段性分异

以册子教材为例,纵向对比小学、初中和高中的法教育内容如下:日本小学的法教育册子教材《规则是谁的? 大家一起思考的法教育》[16]包含四部分内容,从低年级到高年级依次需要学习:朋友之间的争吵及其解决;作出承诺,遵守承诺;解决纠纷:公民参与司法和制定规则;信息社会中的言论自由和知情权:作为信息的接收者和发送者。通过这些课程的学习,小学生能够明辨是非,养成遵守社会生活中的规定的习惯,理解他人的立场和观点并相互支持,理解法律和规定的意义并积极遵守。

类似地,中学的法教育册子教材《为什么我们需要法律和规则? ——我们和法》[17]也包含四部分内容:一是制定规则,通过思考常见的如设立垃圾收集所的生活纠纷,学习用制定规则来解决纠纷;二是私法和消费者保护,通过佐佐木先生在商店的促销活动中购买包包的事例,学习合同的成立时间、合同解除的要件、契约自由等民法基本原则和消费者保护等,理解公正的法律价值;三是宪法的意义,通过班级会议上的少数服从多数的表决原则,理解人民主权、基本人权和三权分立;四是司法,通过交通事故等民事审判,理解基于法律的公平审判的结构和功能。

接着,由于 2018 年颁布了新的高中学习指导纲要,以及为了适应成年年龄的降低,高中的法教育在公民科中新设了"公共"内容。[18] 主要以未来公民的维

---

[16] 日本法务省『ルールは誰のもの? ~みんなで考える法教育~』,载日本法务省官网,https://www.moj.go.jp/housei/shihouseido/housei10_00036.html,最后访问日期:2022 年 1 月 10 日。

[17] 日本法务省『法やルールって、なぜ必要なんだろう? ~私たちと法~』,载日本法务省官网,https://www.moj.go.jp/housei/shihouseido/housei10_00037.html,最后访问日期:2022 年 1 月 10 日。

[18] "公共"是公民科中的必修课,修完"公共"之后,为增加学习深度,设有"伦理"和"政治・经济"供学生选修。日本文部科学省「『平成 30 年改訂の高等学校学習指導要領に関する Q&A』<公民に関すること>」による,载日本文部科学省官网,https://www.mext.go.jp/content/1422372_001.pdf,最后访问日期:2022 年 1 月 10 日。

度，着重培养以事实为基础，多方面、多角度地考察判断的能力，以及在达成共识和参与社会的视野下讨论社会构想的能力。因此，高中的法教育册子教材《开拓未来的法教育——为了自由公正的社会》[19]包含三个主题：一是制定规则（对规则本身的思考），强调规则既有约束作用也有解决纠纷等多面性的特点，培养高中生主动制定和利用规则的意识；二是私法和契约，理解作为契约自由原则的例外，合同的解除是为了保护经济和社会弱势群体，并谋求实质上的平等；三是作为争端解决方式的司法，通过法院对纠纷解决程序的模拟体验，从第三方的角度客观公平地看待当事人的说法，理顺争议焦点，培养依法解决纠纷的能力，并使其切身感受司法的意义、作用以及民事审判和刑事审判的特点。

（2）横向维度之法教育课程的渐进式教学

除了纵向对比册子教材，还可以横向对比青少年法教育课程内容。日本没有将法教育设为与国语科、数学科平行的单独科目，而是将法教育的课程内容融入现有学科。以中学的社会科为例，其授课内容主要有地理、历史和公民这三部分，法教育相关的内容即存在于“公民”这一部分中。[20] 其中，中学生需要学习的法教育内容又分为四大类：一是我们和现代社会，基于少子老龄化、信息化和全球化的现代社会特色，需要认识日本现代社会运行模式和框架，理解效率、公平等法律价值。同时，理解个人尊严、两性实质平等、契约的重要性和守约的重要性及责任。二是我们和市场经济，在理解第一部分现代社会特点和基本法律价值的基础上，着眼于学习市场经济中的劳动者保护，劳动者的权利和义务、工会的意义以及劳动法基本精神等。三是我们和政治，以尊重和保障基本人权为中心，理解宪法和法律的基本原则，在民主政治和政治参与中，了解民主主义和培养自治意识，认识审判的定分止争、保障权利的作用，依法维护公正的审判。四是我们和国际社会，着眼于增加世界和平和人类共同福祉，理解国家主权、联合国工作等基本事项，培养在对立冲突中谋求合意与合作的思维方式。[21] 不难

---

[19] 日本法务省『未来を切り拓く法教育～自由で公正な社会のために～』，载日本法务省官网，https://www.moj.go.jp/housei/shihouseido/housei10_00038.html，最后访问日期：2022 年 1 月 10 日。

[20] 日本文部科学省「中学校学習指導要領（平成 29 年告示）」による，载日本文部科学省官网，https://www.mext.go.jp/content/1413522_002.pdf，最后访问日期：2022 年 1 月 10 日。

[21] 日本文部科学省「『社会編』中学校学習指導要領（平成 29 年告示）解説」による，载日本文部科学省官网，https://www.mext.go.jp/component/a_menu/education/micro_detail/__icsFiles/afieldfile/2019/03/18/1387018_003.pdf，最后访问日期：2022 年 1 月 10 日。

看出,横向维度的青少年法教育课程也存在循循善诱的渐进式特点。首先,为他们构建基础法律价值观,作为后续学习中基础的思考工具;其次,着眼于国内的政治和经济两大方面,引导学生在先前学习的法律价值观之下去理解和评价现存的政治、经济等社会现象;最后,开拓学生的国际视野,在思考国际社会相关知识时活用先前所学的所有分析方法和思维工具,进行综合训练。

### (三)日本青少年法治教育的特点

#### 1. 实施主体的多样性

日本诸多政治机构和社会机构均与学校进行合作,其整合学校、家庭、社会、网络等多位一体的教学模式,共同推进法治教育的实施。

首先,就政府和社会机构而言,不同的职能机构发挥着不同的作用。日本最高法院、法务省和律师联合会积极协调合作,积极推动法治教育的实施。其一,法务省承担着让国民更好地理解法律的任务,其需要采取各种措施,如通过专员讲解方式推进学生对于法律制度的理解。其二,法院的工作在于使国民了解司法、审判制度、法院及法官的工作内容。其通过派遣法官去学校讲演和回答疑问的方式,对自身工作进行说明,使学生能够更加了解。针对初中生,可以介绍有关民事、刑事基本问题,对时事有关问题进行解说,还可以根据不同需求编排授课内容、安排实施法庭旁听等工作。其三,律师协会则以初高中生及广大市民为对象进行司法教育实践,针对消费者问题、家庭问题、一般民事问题等方面,通过讲义、模拟审判、旁听等方式开展工作。其四,司法书士协会也开展法教育实践活动,引导学生作出正确的判断和决定,培养其法律上的判断能力和人权意识。[22] 以身边的法律问题为视角,注重消费者教育,为避免消费纠纷,在学生走入社会之前就进行相关社会生活必要的基本法律知识的传授,事先预防纠纷的发生。

其次,家庭的作用亦不容忽视。以往的法治教育过分强调学校和政府的责任,然而父母对于子女的影响是潜移默化的,家庭在法治教育中的地位应予以重视。在日本,父母或者其他监护人有义务保证子女接受九年义务教育,否则

---

[22] 参见史景轩、李文英:《日本中小学法律教育体系的构建与实施策略》,载《河北大学学报(哲学社会科学版)》2013 年第 4 期。

会丧失相关权利。[23] 与此同时,父母亦需进行家庭教育,家庭教育体现为父母或者其他监护人对子女所实施的教育,家庭教育对于培养儿童基本生活习惯及能力和判断是非对错的能力发挥着重要作用。[24] 在法治教育方面,家人可以通过系列形式的教学设计与安排参与子女法治素养养成工作,如日本的学校成立了"家长与教师联合会",共同承担法治教育的重任。[25]

2. 教育形式的互动性、实践性和体验性

首先,"公共"科目的教学过程中伴随着统一的实践教学逻辑,其价值观教育的第三阶段即为实践能力的育成阶段,基于之前形成的价值判断能力与知识能力来引导青少年进行社会参与。[26] 其次,日本高校会专门聘用具有法务经验的人士参与教学,通过小班形式积极同参与者进行互动,同时会借鉴苏格拉底式教学方法、案例教学以及法律诊所学习,培养学生的法治思维及处理问题的能力。[27] 能够高度发挥学生能动性的教学方式得到了广泛认同,主体—对话式的深度学习模式可以使得学生对于所学内容具有高度参与感,提升学习效率。再次,日本学校会提供"综合学习时间",如组织学生旁听法院审判,其会选择有针对性的案件提前进行背景介绍,旁听后对青少年违反犯罪的原因及危害进行解析,使学生意识到不可触碰法律红线。[28] 或者由学生自己创建模拟法庭,自导自演,以及通过辩论赛等形式让学生在第二课堂中了解法律。[29] 最后,日本学校亦针对学生开展一系列特别活动,集体活动的形式可以培养学生的成员意识,对集体中个人的责任形成自我见解,有利于其决定能力和生存能力的发展。[30]

---

[23] See Satoshi Minamikata, *Family and Succession Law in Japan*, Wolters Kluwer Law and Business, 2015, p. 29.

[24] 参见和建花:《法国、美国和日本家庭教育支持政策考察》,载《中华女子学院学报》2014 年第 2 期。

[25] 参见邓映婕:《域外高校大学生法治教育先行经验考察》,载《河北广播电视大学学报》2016 年第 2 期。

[26] 参见孙成、唐木清志:《日本中小学价值观教育:途径、理路与困境》,载《外国中小学教育》2019 年第 1 期。

[27] 参见邓映婕:《域外高校大学生法治教育先行经验考察》,载《河北广播电视大学学报》2016 年第 2 期。

[28] 参见汪蓓:《日本青少年法治教育改革经验及其启示》,载《学校党建与思想教育》2015 年第 19 期。

[29] 参见邓映婕:《域外高校大学生法治教育先行经验考察》,载《河北广播电视大学学报》2016 年第 2 期。

[30] 参见蔡璐:《日本中小学职业生涯教育及启示》,载《外国中小学教育》2017 年第 7 期。

为了促进学校现场法教育教学的实践，推动法治教育的进一步普及，法务省以实践报告的形式公布了使用法教育教材开展教学的实践内容及其成果以供教师参考。以2019年6月18日在冈山芳泉高中开展的“刑事模拟审判：被告人是犯人吗？”[31]这一示范教学为例，介绍高中法教育的课堂形式。该课堂采用了剧本型授课模式，以学生为主体，选出1人扮演审判长，2人扮演检察官，1人扮演辩护人，1人扮演被告，根据剧本进行模拟审判，且全体学生都需要以小组为单位扮演陪审员发表评论（饰演上述角色的学生在模拟审判结束后，也作为陪审员参加评议）。在小组评议中，学生需要讨论被告有罪、无罪及其根据，并以世界咖啡馆[32]的形式掌握其他小组的想法，然后再由各组进行评议，最终派出代表发言，教师只作为类似主持人和最后总结升华的点评人的角色。通过对审判程序的模拟体验，学生可以亲身感受刑事审判的意义，有利于加深他们对刑事审判中如何保障基本人权的理解。此外，全程以世界咖啡馆的形式，围绕犯罪证据进行活跃的讨论，增强了学生的主观能动性、学生之间的互动性、亲历性和真实感，这样生动的法教育课堂更有利于调动青少年学习的积极性，以获得更好的教育成效。

3. 教育题材切合实际、可操作性强

法教育从学前教育一直延续到成人阶段，是涵盖全社会各人群的普及教育。直接讲解法律术语和法律原理对于学识尚浅的小学生来说或许较难理解，而且现实的司法案例对涉世未深的他们来说可能也较为复杂。因此，如何生动形象地为儿童讲解法律并培养其法律素养是值得思考的问题。日本小学的法教育课堂取材于小学生的日常生活，教育题材不是晦涩难懂的法律术语，而是以“朋友之间因弄脏了借来的书而引发的争吵”[33]这样生活化的情景，配合视听

---

㉛ 法教育推進協議会教材作成部会委員加納隆徳＝法教育授業実施者黒田和義『法教育授業実践報告』（高校生向け法教育教材－紛争解決・司法－指導案「刑事模擬裁判～被告人は「犯人」なのか～」），载日本法务省官网，https://www.moj.go.jp/content/001317608.pdf，最后访问日期：2022年1月10日。此为法务省官网的示范教学示例。

㉜ 世界咖啡馆是一种讨论方式，旨在让参与者能够放松、轻松、自由地互动，就像在咖啡馆里一样。它将人群分为数个小组（桌子），并使参与讨论的个人频繁更换讨论组（桌子），并被新讨论组的“组长”介绍给其他组员。为了促进讨论的进行，讨论的环境被赋予一种咖啡厅的气氛，故名为“世界咖啡馆”或者“知识咖啡馆”。

㉝ 日本法务省『ルールは誰のもの？～みんなで考える法教育～』中的教材1『友だち同士のけんかとその解決』，载日本法务省官网，https://www.moj.go.jp/content/001285117.pdf，最后访问日期：2022年1月10日。

教材引导小学生学习争议解决的方法,如当事人之间的谈判和解以及第三方调解等,由此培养其解决争端所需的正确心态。此外,会熟练使用社交媒体的五、六年级的小学生需要学习《信息社会中的言论自由和知情权:作为信息的接收者和发送者》[34],该教材则引入以社交媒体和互联网为题材的案例,深入浅出地讲解言论自由、知情权的意义和隐私权。同时,教材还通过游戏借贷纠纷的案例,使小学生理解作出承诺和遵守承诺的重要性;并通过讨论学校值日倒垃圾是否为偷懒的案例,引导小学生思考如何准确评估事实,并使其认识到根据事实作出公正判断的重要性。取材于生活的法教育,既有利于拉近法律与青少年的距离、激发学习兴趣,从而使受众更好地消化知识点,也有利于青少年将法律知识熟练应用于日常生活中,在实践中巩固知识,锻炼法律思维。

4.因材施教的阶段性教学

在统一法教育制度的指引下针对受众的不同发展阶段进行差异化知识的传授。教育不得不考虑各个年龄段的学生在心智发育和知识接受程度方面的个体差异性。日本学校注重因材施教,尊重个体在年龄及发展方面的不同,有的放矢地设计相关教学内容。在小学阶段,其法教育的内容便是培养学生的公德心,重视自己和他人的权利,凸显换位思考的重要性,让学生学会站在别人的立场上进行思考。[35] 公德心教育亦可以通过培养儿童及学生的道德情操,进而增强其与人进行心灵交流的能力,且对防止校园欺凌现象的发生有所裨益。[36]在初中阶段,则侧重原理的理解,理解法律是人们生活中相互尊重的准则,知悉自己所享有的权利以及应当履行的义务,并宣传司法救济的意义。这就要求初中生具备辨别是非的能力,尊重多样化的立场,注重事物的过程,不可只关注结果。正确判断的前提离不开具有说服力的论据。在高中阶段,则需要引导学生掌握论证过程,能够用自己的判断及理由去说服他人。在消费教育方面,也体现了因材施教的思想。例如,在小学,对低年级与中年级的学生的法教育不涉及消费内容

---

[34] 日本法务省『ルールは誰のもの? ~みんなで考える法教育~』中的教材4『情報化社会における表現の自由と知る権利-情報の受け手・送り手として-』,载日本法务省官网,https://www.moj.go.jp/content/001285117.pdf,最后访问日期:2022年1月10日。

[35] 参见史景轩、李文英:《日本中小学法律教育体系的构建与实施策略》,载《河北大学学报(哲学社会科学版)》2013年第4期。

[36] 参见刘旭东:《法治视阈下校园欺凌的治理路径——以日本实践经验为借鉴基础》,载《当代青年研究》2018年第6期。

的了解,而是从道德层面理解金钱与劳动的意义;针对高年级学生才开始初步培养正确的消费观和金钱观,认识法律规则对于社会正常运行的重要作用。[37]

与此同时,日本与韩国都采取了在法治教育的内容选择上考虑学生实际需要的策略,根据专业的具体需求以及特定的职业类型提供专门的法治教育课程。[38] 比如,在高校法治教育过程中,对于想通过司法考试从事法律职业的学生,必须提供专业的知识教育,对于从事与法律无关的职业的学生,法律知识的传授意在使其成为"自立市民"。[39]

### (四)日本青少年法治教育的最新动态

日本的成年年龄从明治九年(1876 年)以来,一直是 20 岁,2022 年 4 月正式将成年年龄降低到 18 岁,这主要对十八九岁的青年群体产生了影响,尤其是 2022 年第一批刚刚成年的青年群体,他们的准备或许还不够充足。一方面,青年人自主支配的范围被扩大了,如可以自己决定高考志愿、订立合同等,这有利于他们更早地参加社会实践活动;另一方面,由于十八九岁的年轻人订立的合同不能再以未成年人为由被撤销,因此与成年年龄下调之前相比,新成年的青年人可能会受到更多损失。同时,当缺少监护权的保护时,一些虽然在法律上已成年但自立能力较弱的青年人,可能面临更多困境。目前,日本主要通过修订学习指导方针和利用实践性消费者教育教材等,加强消费者教育方面的努力。

法务省开设了一个特别网站"成人之路"[40],通过漫画和测验,对即将成年的或者已经成年的青年人进行相关的法教育。教育漫画有 12 集,搭配 12 套试题,内容分别为合同、劳动法、消费、税收等 12 个法律专题。每套试题设置 5 道

---

[37] 参见吴璇、王宏方:《关注生存力培养与可持续发展:日本中小学消费者教育探析》,载《比较教育研究》2020 年第 10 期。

[38] 参见邓映婕:《域外高校大学生法治教育先行经验考察》,载《河北广播电视大学学报》2016 年第 2 期。

[39] 参见邓映婕:《域外高校大学生法治教育先行经验考察》,载《河北广播电视大学学报》2016 年第 2 期。

[40] "成人之路"网站是「大人への道しるべ」,网址为 https://seinen. go. jp/。具体可以参见日本法务省宣布该网站正式开通的公告,日本法务省「成年年齢引下げ特設ウェブサイト『大人への道しるべ』を公開しました!」,载日本法务省官网,https://www. moj. go. jp/MINJI/minji07_00213. html,最后访问日期:2022 年 1 月 10 日。

题目,既包括法律的知识问答题,也包括贴近生活实际的情景问答,目的在于考察新成年的青年人是否具备法律思维以及独立处理生活中相关的法律事务的能力。

### (五)小结

日本法教育旨在实现个人自由与社会公正,为此展开了诸多措施以完善法治教育体系。注重法律基础知识与其他教育课程的融合,以道德和公民科教育为主,辅之以其他课程,形成了明确而完整的教育体系,共同培养青少年的法治观念,最终为社会发展贡献力量。而且,其教育过程中注重对于学生解决问题能力的培养,以身边问题为基础培养法治观念。其最具特色之处便在于日本法治教育体系覆盖各个阶段,并且针对各个年级的教育内容层次分明,契合青少年身心发展特点,各个阶段的法治教育目标有所不同,以最适合的方式塑造健全人格。

## 二、中日青少年法治教育现状之差异

### (一)法治教育实践与目标的偏离

日本律师协会明确指出,法教育是教育儿童了解法律和司法系统的基本思想,并培养他们作为自由、公平、民主社会的个体对法律的看法及想法。[41] 其法教育不是纯粹的知识型教育,而是重视思考型的教育,即注重"掌握法律性的思考方式"。青少年法治教育并非着眼于知识的传授,而是传达法律思维方式,培养"法律上的想法",是思考法律和规则背景下的价值观及司法制度的功能、意义的思考型教育,是意识到参与社会重要性的参与型教育。只有这样,才可培养构建自由、公正的社会的态度和积极性。前文已提及日本法治教育册子通过多种题材使学生参与到规则的制定过程中。在"海水浴场"案例中,因游客的增加而导致作为人气观光地的海水浴场出现了各种各样的问题,书中列举了居

---

[41] 参见日本弁護士連合会『法教育とは』,载日本弁護士連合会网,https://www.nichibenren.or.jp/activity/human/education/purpose.html,最后访问日期:2022 年 1 月 10 日。

民、经营者、游客等各个利益相关者的利益诉求，如居民会有投诉、经营者会担心顾客的流失、顾客会担心场所的安全性等，青少年学生则需要思考如何制定海水浴场的使用规则以解决问题。[42] 围绕诸如此类包含两难问题的事件展开争议性教学及社会参与活动可使学生站在对方的角度思考问题。[43] 可见，日本法教育重视学生的参与性。就规则教育而言，其并非机械传授知识，而是让学生自己制定相关规则，明晰规则对于利益、冲突调和的重要性。

观之我国青少年法治教育理念及实践，对于培养青少年法治意识仍有欠缺。传统的应试教育理念根深蒂固，尚未形成统一的法治教育课程体系；且中小学教育通常只关注与升学密切相关的科目，法治教育课程往往处于副课地位，没有得到充分重视。升学压力日渐加重的同时，如何提升法治教育等课程的重要性值得关注。而且在副课部分，也多是为了完成任务而进行教学，教师很少教给学生制定规则的基本原则和思考方法，教学形式单一，无法使学生充分理解相关法律知识，更无法运用法律知识在各种情境下来保障自己的权利。故而，法治教育流于形式的现象较为突出，无法实现其应有的效益。概言之，我国虽逐步重视青少年法治教育，但实效并不显著，从教师到学生均无法达至现有法治教育的目标，知识型教育的现象较为普遍。在教学过程中需要让学生不断思考法律基本原理，在何种情形下应运用何种法律规则来解决问题，若一味将现有规则强加于学生，则容易使其丧失独立思考的能力。[44] 为实现法治教育目标，需明确认知现有法律教育体系的局限性，为法治教育发展指明方向。

### （二）法治教育渠道的单一化

日本法教育形成了完备的多方参与型教育体系，法教育渠道并非局限于学校教育，社会力量的参与为法治教育添砖加瓦，且取得了一定实效。观之日本法务省官网，可见法教育协会及地方各法律组织均实质性参与了青少年的法教

---

[42] 参见日本法务省『法教育リーフレット』，载日本法务省官网，https://www.moj.go.jp/content/001311522.pdf，最后访问日期：2022 年 1 月 10 日。

[43] 参见沈晓敏：《立足法治思维的日本法教育——在解决冲突中体悟规则（法律）的意义与作用》，载《教育发展研究》2021 年第 6 期。

[44] 参见沈晓敏：《立足法治思维的日本法教育——在解决冲突中体悟规则（法律）的意义与作用》，载《教育发展研究》2021 年第 6 期。

育并推动其发展。模拟审判锦标赛等活动深入各省,且成果显著。我国青少年法治教育也在不断革新教育方式,然而法治教育渠道仍体现出单一化的特点,对学校教学的依赖度过高。

一方面,学校教育居于较高的战略地位。《青少年法治教育大纲》高度重视学校的教学作用,明确了义务教育、高中教育、高等教育等分阶段的教学要求,呈现以学校教育为主的较为单一的格局状况。[45] 与日本相比,我国缺少来自社会和家庭渠道的实践性法治教育。另一方面,学校所实施的法治教学形式较为单一,依托于理论教学。老师在课堂中较少通过多种形式的教学方式、课堂互动或者实践活动等来激发学生学习的兴趣。在仅依靠学校进行法治教育的情形下,由于自身教育体系的不完善,以及开展理论学习的实践形式不够丰富,教育实效易受削减。尽管红领巾法学院、"彩虹伞"法治教育、"亲青帮"青年法治辩论赛、"调小青"矛盾调解、千名青年仲裁员服务万家企业等品牌项目,取得了一定的法律效果和社会效果,[46]但仍存在参与度不够、渗透率不广和偏形式主义的问题,尤其是偏远地区的中小学校,法治教育的实践活动更是缺乏。

### (三)法治教育内容的片面化

日本并未针对法教育开设单独的课程,其法教育贯穿于社会科、道德科等各类课程中,法教育内容涵盖规则领域、私法领域、消费者保护领域等。例如,面向小学生的教学内容包括朋友之间的争吵及解决、承诺与守诺、纠纷解决、信息化社会中的自由等。尽管无专门的法教育科目,但其法治教育内容全面深入,契合各个年龄段的理解力,如小学阶段的解决争吵的教学,通过让学生进行角色扮演来对吵架进行交涉与调停,学生充分参与教学内容,因其年龄较小不适合学习司法制度,但此种形式的教学可以为中学阶段司法制度学习奠定基础。[47] 我国对

---

[45] 参见段凡:《推进青少年法治教育体系及法治教育能力现代化》,载《上海师范大学学报(哲学社会科学版)》2021 年第 3 期。

[46] 参见李猛、杨宝光:《坚持为党育人 持续提升青少年法治素养》,载《中国青年报》2022 年 1 月 6 日,第 2 版。

[47] 日本法务省『友だち同士のけんかとその解决』,载日本法务省官网,https://www.moj.go.jp/content/000122242.pdf,最后访问日期:2022 年 1 月 10 日。

于青少年法治教育愈加重视,然而法治教育内容仍存在诸多问题。

其一,法治教育课程过分依赖道德课程。我国青少年在中小学阶段,其获得法律知识的途径大多通过思想品德课类课程,2016 年起,原小学和初中阶段的品德与生活、思想品德教材已统一更改为道德与法治课程,政治教育作为升学考试科目其重要性不言而喻,相比之下,法治教育缺乏独立性。虽然我国《青少年法治教育大纲》明确了中小学需开设法治课,且应增加专门课时,但现实中对于其落实情况不太理想。相关调研显示,有些学校并未开设单独的法治课程,无法保证学生获取充分的法律知识。[48] 法治教育与道德教育是相辅相成的,对于学生的日常生活均有所裨益,然而仅依托道德教育无法满足法治教育的目标要求。就学校教育而言,我国法治教育凸显出教学内容不够全面且无针对性的特点。

其二,法治教育内容疏离于日常生活。日本针对青少年法教育设置了一系列小册子,其中通过各种贴切生活的案例来达成法教育的目标。中小学生可以轻松理解学习的内容。然而,我国法治教育课程更多体现出被动教学的特征,长期以来的应试教育理念使得教师为完成教学任务而被动传授书本上的法治教育内容,学生自身对于法治教育亦是被动地接受。如果学生缺乏一定的主动性与积极性,其法律知识仅停留在记忆层面,会导致其深入思考能力以及利用理论解决问题的知识运用能力的缺乏。[49] 虽然教育部全国青少年普法网[50]分别为小学、中学和高中的老师提供了普法教育动画素材,如民法典普法系列,但是观其内容,仍然属于知识型教育,与日本推行的思考型教育还有一定差距。即使采用了动画为载体,其传递的还是单一的法律条文规定,专业性有余但可学性和实用性有待提高。这方面可以借鉴日本法教育的题材,将深奥的道理通过熟悉的生活场景深入浅出地表达出来,[51]并引导学生利用法律思维解决生活中的实际问题。

---

[48] 参见王键:《海南青少年法治宣传教育的实践与思考》,载《中国司法》2018 年第 3 期。

[49] 参见张强、刘墨馨:《影视剧与青少年法治教育融合的路径研究》,载《预防青少年犯罪研究》2020 年第 6 期。

[50] 教育部全国青少年普法网的网址为:https://qspfw.moe.gov.cn/html/teacher/,最后访问日期:2022 年 1 月 10 日。

[51] 参见沈晓敏:《立足法治思维的日本法教育——在解决冲突中体悟规则(法律)的意义与作用》,载《教育发展研究》2021 年第 6 期。

其三,从师资力量来看,中小学法治教育依托于道德教育的占比达80%以上,无法凸显其重要性,而传授道德知识的教师一般未接受过专门的法律教育,教师自身缺乏相应的法律专业基础,无法达到法治教育所欲实现的真正目的。法治教育课程内容的设置、师资力量及学生的学习能动性对于法治教育而言均是必不可少的。针对此问题,日本法教育方式值得借鉴,深化教材改革有益于缩短法律与日常生活之间的距离。

(四)法治教育主体的多元性探索

从"1996年7月,广东省阳江市首创法制副校长制度"[52],到"2002年的《关于加强青少年学生法制教育工作的若干意见》提出要完善兼职法制副校长和法制辅导员制度"[53],再到2016年,教育部等部门印发《青少年法治教育大纲》,将"法制副校长"正式更名为"法治副校长"。我国一直在实践中探索法治副校长和校外法治辅导员的新模式,截至2021年年底,全国共3.9万名检察官在7.7万所中小学校担任法治副校长。[54] 但法治副校长制度的实施基本靠学校自发进行,在发达地区可能已成惯例,而在偏远山区可能还处于探索阶段。并且其履职形式和时长并无统一规定,也无相关的考核标准对其工作进行约束。因此,为进一步规范中小学法治副校长聘任与管理,教育部颁布了《中小学法治副校长聘任与管理办法》并于2022年5月1日起施行。有望在全国范围内实现法治副校长进校园,这是将公检法司人员纳入法治教育主体的一次积极探索。

然而,日本青少年法教育是由家庭、社会和学校三方面的多主体共同推进。在社会层面,日本除了吸收公检法司人员参与法教育,还通过律师协会和司法书士协会号召法律实务工作者参与其中,即将法律职业共同体均囊括在内。反观我国,法治副校长制度确实是吸收社会主体参与法治教育的一次创新,但是最新的《中小学法治副校长聘任与管理办法》第3条将该办法所称的法治副校长主体限定于公检法司公职人员群体,对法学教育和法律服务机构等单位的法

---

[52] 陈慧娟、靳昊:《法治副校长:在青少年心中播撒法治种子》,载《光明日报》2020年8月5日,第7版。

[53] 赵晨熙:《法治副校长干什么谁来管怎么聘》,载《法治日报》2022年2月22日,第7版。

[54] 参见张军:《最高人民检察院工作报告》,载《人民日报》2022年3月16日,第2版。

律从业者未作明文要求。此外,家长在法治教育进程中的作用被忽视,未能充分调动来自家庭的教育资源。

## 三、日本青少年法治教育经验对我国的启示

依上,我国青少年法治教育虽然处在不断改革的进程中,但仍有诸多不足之处。域外国家可以为我国青少年法治教育体系建构提供思路。日本与我国在历史上便存在诸多交流,其法治教育体系的可圈可点之处值得我们借鉴。是故,通过对日本青少年法治教育体系的分析,可知我国青少年法治教育体系的发展与完善应从以下几个方面展开:

### (一)法治教育多渠道展开

日本法治教育过程中,社会力量的重要性不言而喻。法务省相关人员(包括法务局、检察厅、少年院、保护观察所等)会进入学校及社区传授法教育课程。[55] 其中,法务局的授课内容包括契约(如买卖或借贷)等,检察厅的授课内容则涵盖陪审员制度、模拟审判体验、刑事程序流程等方面,少年院等授课内容则为防止不良行为和犯罪,社会机构依其不同专业领域传授不同方面的法律知识,极大地促进了法治教育的实施效果。

教育是一种社会性存在,社会资源的整合可为法治教育发展创设协同环境。[56] 我国《未成年人保护法》第5条指明,国家、社会、学校和家庭有义务对未成年人进行法治教育。但我国对于青少年法治教育未形成统一的目标任务,学校、家庭和社会合力不强。[57] 构建“四位一体”的法治教育体系,是协同推进法治教育的重要手段。其一,国家机关需将法治教育任务逐层下推,公检法等部门可就自身专业领域展开法治教育,依托于普法活动、法律援助等教学形式,如学生可以通过旁听法院庭审了解司法审判制度的流程及意义。其二,除国家机关外,社

---

[55] 日本法务省『法教育リーフレット』中『法務省職員による出前授業の実施』的版块内容,载日本法务省官网,https://www.moj.go.jp/content/001311522.pdf,最后访问日期:2022年1月10日。

[56] 参见孟宪云:《中小学法治教育的价值逻辑与教学实现》,载《中国教育科学(中英文)》2021年第4期。

[57] 参见王键:《海南青少年法治宣传教育的实践与思考》,载《中国司法》2018年第3期。

会组织亦可发挥其作用。法治教育实践基地在各地的成立亦体现了国家对于社会力量的重视。其三,所谓父母是子女的第一任老师,家庭法治教育在青少年法治教育体系中发挥着重要作用,父母需要提升自己的法律素养,向子女普及法律知识,积极引导子女。例如,相关校园欺凌发生率影响因子研究结果显示,父母教养方式与青少年遭受校园欺凌被害显著相关,尤其是母亲的温暖和关爱,可以有效培养子女的自尊心、幸福感以及解决问题的能力。[58] 父母给予子女基本的关爱,并与其保持交流和联系是有益于子女的。[59] 父母对于孩子的管控过于严厉且没有创造一个温暖的家庭环境时,子女往往缺乏自主性,不利于其与同伴进行交流,久而久之就可能使子女成为校园欺凌的受害者。

就现有学校法治教育而言,可以充分调动外部力量,如引入专门的法律工作者来讲授相关法律知识等。法治教育是法学与教育学相融合的体现,从事法治教育的教师亦应具备以上两种基础知识。《预防未成年人犯罪法》第18条也明确规定,学校应当聘任从事法治教育的专职或者兼职教师,并可以从司法和执法机关、法学教育和法律服务机构等单位聘请法治副校长、校外法治辅导员。法治副校长等制度无不彰显了我国对于青少年法治教育的重视,也表明了努力的方向。专业人士可以将法律理念等通过鲜活的案例融入学校的法治教育实践,为现有法治教育师资力量不足的问题提供一定的解决思路。但该制度如何发挥其应有的作用有待实践之检验。此外,学校亦可定期对法治教育老师提供培训,增强其法律专业知识,发挥学校和社会的合力作用。例如,上海市所实施的主课渗透型法治教育效果明显:为无法治专业背景的老师提供定期培训、法律研讨会等以提升其法律素养,并逐渐过渡到法治副校长制度。[60]

### (二)法治教育多角度渗入

日本原有“现代社会”科目中的课程内容包括法律知识部分的内容,主要内

---

[58] 参见井世洁、陈玉莹:《父母教养方式对初中生遭受校园欺凌的影响研究》,载《预防青少年犯罪研究》2020年第5期。

[59] See Kate Standley, *Family Law*, Macmillan Press Ltd, 1997, p. 154.

[60] 参见雷槟硕:《中小学法治教育实践:难点、成因与突破——以上海市六所中小学法治教育实践探索为例》,载《青少年犯罪问题》2020年第5期。

容是关于法与规范的意义、契约与消费者的权利义务和司法参与的意义,[61]现已纳入独立的"公共"科目范畴。其中,私法与消费者保护等亦体现在家庭科的教学中。各个学校都会开设法律常识或者法律基础课程,内容强调规则的重要性,在某种意义上,法律就是规则,学校需要让学生了解规则如何产生,其背后的法理如何,而不是简单地进行教学。在了解规则的基础上,凸显权利主体意识,肯定个人存在的意义与价值,个人可以自由参与社会管理,由此加深对国家与个人关系的理解。此外,彰显法律的公正性,主要体现在程序公正方面,通过学校相关司法知识的传授,以期学生可以切实体验司法审判的公正。总体而言,根据日本小学校学习指导要领,其法治教育内容聚焦于三个方面,即形成规则意识方面的内容、私法和消费者保护方面的内容以及宪法意识教育。[62] 学校法律教育内容基本围绕以上几个部分展开,培养其规范意识。

在我国,法治教育仅体现于道德与法治课程,未体现出跨学科的视野。一方面,需改变主科、副科区别意识下所形成的法治教育缺位的现象,在道德教育主导的副科中也需凸显法治教育的重要性。传统道德领域中的伦理、公正、诚信观念是法治教育的思想文化基础,对于法治观念的培养具有重要现实意义。在道德教育占据主导地位的情形下,需要通过提升师资力量、优化课程内容设计等手段来推进法治教育的融合。另一方面,法治教育亦需要充分体现在其他课程教育之中。不同学科的教师均需关注法治教育,将该学科相关部分与法治教育有机融合。[63] 国务院办公厅《关于加强中小学幼儿园安全风险防控体系建设的意见》明确指出,需要将安全教育与法治教育有机融合,全面纳入国民教育体系,把尊重生命、保障权利、尊重差异的意识和基本安全常识从小根植在学生心中。国务院《关于印发中国妇女发展纲要和中国儿童发展纲要的通知》同样强调理想教育、道德教育、法治教育、劳动教育的地位,养成良好道德品质、法治意识和行为习惯,形成积极健康的人格和良好心理品质。

---

[61] 参见孙成、唐木清志:《"公共"科目:日本学校公民教育课程新发展》,载《外国教育研究》2019年第9期。

[62] 参见汪蓓:《日本青少年法治教育改革经验及其启示》,载《学校党建与思想教育》2015年第19期。

[63] 参见吴璇、沈晓敏:《日本青少年法教育资源开发理念、原则与借鉴》,载《青少年犯罪问题》2021年第6期。

### (三)促进理论与实践的融合

除多渠道开展法治教育外,法治教育内容的设置亦影响其实施效果。学校是青少年法治教育的主渠道。日本法治教育的特色之一在于其参与式的教学方式,也即法治教育不可限于理论知识教学,且我国多配套以考试形式的考核方式,较难达到引导学生积极用法律规则思考和解决问题的教育实效。理论需融合在具体实践中才能发挥更多的效果,寓教于乐的教学形式也是现代教学所提倡的。就法治教育而言,理论与实践融合离不开教学与学习两个环节。

就教学方面而言,体验式教学方式值得借鉴。因为不同年龄段的学生理解能力存在差异,所以针对各个年龄段的学生进行教学应循序渐进,设计不同的教学内容,而不可采取一刀切的方式。而且,需避免灌输式的教学方式,毕竟法治教育并非为了使每个人都成为法律专家。体验式教学手段充分激活了学生参与的动力,对于提升法治教育的趣味性、多元化、互动性与体验感意义重大。[64] 体验式教学的前提是教学内容可以使学生充分参与,教材内容需围绕日常生活展开,如消费者保护、契约订立等与生活息息相关的内容。日本的系列冲突式教学案例为我国教学内容的设计提供了思路,太学术性、专业化的知识教学并不生动形象,甚至超出其认知范围。多让学生参与到规则的制定过程中,更有利于使其明白规则设置背后的意义之所在。主动学习与体验式学习的教学方式的引入对于我国法治教育而言具有必要性,具体形式诸如情景剧、微电影、角色扮演等。[65] 由此可避免法治教育流于形式,激发学生在具体情形下的共鸣与认同感。[66]

## 结　语

加强和改善青少年法治教育体系是建设社会主义法治国家的必要举措,由

---

[64] 参见雷槟硕:《中小学法治教育实践:难点、成因与突破——以上海市六所中小学法治教育实践探索为例》,载《青少年犯罪问题》2020 年第 5 期。

[65] 参见张冉:《践行法治:美国中小学法治教育及对我国的启示》,载《全球教育展望》2015 年第 9 期。

[66] 参见晋涛:《中小学法治教育资源的现状、整合与共治》,载《青少年犯罪问题》2020 年第 5 期。

此需要从法制教育转向法治教育,将思维能力的培养成效转化为在实践中解决问题的能力的应用,凸显实践式、参与式与体验式学习方式的重要性。我国法治教育发展在不断进步中,但仍有一些问题亟待解决,虽然域外国家与我国国情不同,教育方式和习惯也不尽相同,但其教育目标基本上一致。对日本青少年法治教育体系进行考察,取其精华、去其糟粕,可为我国青少年法治教育发展提供路径参考。

# 附　　录

# 青少年法治教育之小学生调查问卷

亲爱的同学：

您好！非常感谢您参与此次问卷调查，这份问卷旨在了解我国青少年法治教育实施的现状。您的真实回答对我们非常重要，请按照要求认真填写。问卷主要采用匿名形式，我们将严格保密问卷内容。对于您的合作与支持，我们表示衷心的感谢。

问卷填答说明：

(1)请在所选的选项上打“√”，或将序号填在对应的括号内，或在________处填写相应内容。

(2)题后写明“可选多项”的，可以选择多个答案；其他题目只能选择一个答案。

青少年法治教育研究课题组

2020年10月

**一、个人基本情况**

1. 您的性别：(1)男　　(2)女

2. 您的年龄：________周岁

3. 您的民族：(1)汉族　　(2)少数民族

4. 您的现住地：(1)城市　　(2)农村

5. 您所在的年级：(1)五年级　　(2)六年级

6. 您是否是独生子女？(1)是　　(2)否

7. 在家庭内，平时与您生活在一起的是：(可选多项)

(1)生父　　(2)生母　　(3)继父　　(4)继母

(5)兄弟姐妹　(6)祖父母/外祖父母　(7)亲戚　(8)邻居

(9)一般朋友　(10)其他(请写明)________

**二、法治意识状况**

8. 请您对自己下列方面按1~10分进行打分:(1分表示很弱,10分表示很强)

A. 平等意识________　B. 权利意识________　C. 守法意识________

D. 自我保护意识____　E. 权益维护意识________

9. 您对下列法律的了解情况是:(每行选一项)

| 法律名称 | 不知道 | 听说过 | 浏览过 | 认真学过 | 比较了解 |
|---|---|---|---|---|---|
| A.《未成年人保护法》 | 1 | 2 | 3 | 4 | 5 |
| B.《预防未成年人犯罪法》 | 1 | 2 | 3 | 4 | 5 |
| C.《宪法》 | 1 | 2 | 3 | 4 | 5 |
| D.《刑法》 | 1 | 2 | 3 | 4 | 5 |
| E.《义务教育法》 | 1 | 2 | 3 | 4 | 5 |
| F.《民法典》 | 1 | 2 | 3 | 4 | 5 |
| G.《劳动法》 | 1 | 2 | 3 | 4 | 5 |
| H.《网络安全法》 | 1 | 2 | 3 | 4 | 5 |
| I.《反家庭暴力法》 | 1 | 2 | 3 | 4 | 5 |

10. 您认为下列哪项法律具有最高效力?[单选题]

(1)《宪法》　(2)《民法典》　(3)《刑法》　(4)《未成年人保护法》

(5)不知道

11. 在我国,几岁犯罪就需要负法律责任?[单选题]

(1)10岁　(2)11岁　(3)12岁　(4)13岁

(5)14岁　(6)15岁　(7)16岁　(8)不知道

12. 如果犯罪要负法律责任的话,您认为应该设定在几岁比较合理?[单选题]

(1)10岁　(2)11岁　(3)12岁　(4)13岁

(5)14岁　(6)15岁　(7)16岁　(8)不知道

13. 在以下权利中,您认为自己享有的是:(可选多项)

(1)生命权　(2)身体权　(3)健康权　(4)姓名权

(5)肖像权　(6)名誉权　(7)荣誉权　(8)受教育权

(9)劳动就业权　(10)婚姻自主权　(11)隐私权　(12)财产权

(13)其他(请写明)____________________

14. 对于班级中有打架斗殴、偷窃等不良行为的同学,您认为应如何处理?(可选多项)

(1)学校专门办一个差生班,将这些问题学生集中起来进行教育

(2)将这些问题学生集中到专门学校进行教育

(3)由专门的社会工作者进行教育

(4)没什么,不用特殊处理

(5)其他(请写明)____________________

15. 您怎么看待考试作弊?[单选题]

(1)正常行为　(2)违纪行为　(3)违法行为　(4)犯罪行为

16. 您对下列说法的态度是:(每行选一项)

| 具体说法 | 非常赞同 | 比较赞同 | 不太赞同 | 很不赞同 | 说不清 |
|---|---|---|---|---|---|
| A. 法律面前人人平等 | 1 | 2 | 3 | 4 | 5 |
| B. 男女平等 | 1 | 2 | 3 | 4 | 5 |
| C. 全社会都有责任保护未成年人 | 1 | 2 | 3 | 4 | 5 |
| D. 任何情况下权益受到侵害,都应当去维护权益 | 1 | 2 | 3 | 4 | 5 |
| E. 父母可以不照顾孩子 | 1 | 2 | 3 | 4 | 5 |
| F. 家暴是家丑,不要让外人知道 | 1 | 2 | 3 | 4 | 5 |
| G. 不论什么理由,使用暴力都是不对的 | 1 | 2 | 3 | 4 | 5 |
| H. 为了解决问题或达到目的,可以采取暴力手段 | 1 | 2 | 3 | 4 | 5 |
| I. 威胁、恐吓、谩骂、羞辱都不算暴力 | 1 | 2 | 3 | 4 | 5 |
| J. 学生犯错,老师可以体罚 | 1 | 2 | 3 | 4 | 5 |

17. 您对下列隐私的态度是:(每行选一项)

| 具体说法 | 非常赞同 | 比较赞同 | 不太赞同 | 很不赞同 | 说不清 |
|---|---|---|---|---|---|
| A. 任何人(包括父母)进我的房间都必须敲门 | 1 | 2 | 3 | 4 | 5 |
| B. 任何人(包括父母、老师)不能随便看我的日记 | 1 | 2 | 3 | 4 | 5 |
| C. 父母动用我的个人物品都需要我的同意 | 1 | 2 | 3 | 4 | 5 |
| D. 父母可以随便在朋友圈发我的照片 | 1 | 2 | 3 | 4 | 5 |
| E. 老师可以在班群晒我的成绩 | 1 | 2 | 3 | 4 | 5 |
| F. 父母可以翻看我的手机 | 1 | 2 | 3 | 4 | 5 |
| G. 老师可以跟其他人说我的家庭情况 | 1 | 2 | 3 | 4 | 5 |

18. 哪些信息可以提供给陌生网友?(可选多项)

(1)姓名　(2)学校　(3)班级

(4)家庭住址　(5)父母姓名　(6)身份证

(7)照片　(8)父母单位　(9)手机号码

(10)年龄　(11)其他(请写明)__________

(12)以上均不能提供

19. 您认为家庭暴力属于:(可选多项)

(1)性格问题　(2)家务事　(3)正常现象

(4)违法行为　(5)犯罪行为　(6)其他(请说明)____

20. 以下现象中,您在学校中曾经遭遇的有:(可选多项)

(1)不许上课　(2)被辱骂　(3)被殴打

(4)不允许用教学设备　(5)遭教师体罚　(6)被勒索钱财

(7)受到暴力威胁或恐吓　(8)被人耍流氓　(9)东西被偷

(10)被取笑或捉弄　(11)被人歧视(瞧不起)　(12)被人孤立排斥

(13)被骗钱　(14)东西被人故意损坏　(15)被抢东西

(16)其他(请写明)____________________

(17)没有遭遇以上情形【如果您“没有遭遇以上情形”,请直接跳答至24题】

21. 面对以上在学校中遇到的权益侵害现象，您采取的措施主要有：（可选多项）

(1)找老师解决　(2)找校领导解决　(3)找家长解决
(4)告诉同学或朋友　(5)找亲戚　(6)找居委会(村委会)
(7)报警　(8)诉诸法律　(9)找共青团
(10)找民政部门　(11)找权益维护社会组织　(12)向侵害人报复
(13)在网络上发帖　(14)找社会上的人　(15)自己解决
(16)想办法发泄　(17)默默忍着
(18)其他(请写明)__________

【如果您21题没有选择(1)、(2)、(3)中的任一选项，请直接跳答至23题】

22. 面对以上在学校中遇到的这类权益侵害问题，您向老师、校领导或家长进行报告的时间是：[单选题]

(1)一旦发生就报告　(2)隔1~3天再报告
(3)隔一段时间再报告　(4)如果再发生同样的事情再报告
(5)在别的同学身上发生再报告　(6)从不报告

23. 您没有及时报告老师、家长或警察的主要原因是：（可选多项）

(1)认为是小事，不值得报告　(2)自己能够解决
(3)对方威胁不让报告　(4)害怕对方进一步报复
(5)觉得报告了也不能解决问题　(6)怕丢脸，在同辈人面前抬不起头
(7)怕报告之后被惩罚　(8)认为会有他人向老师或家长汇报
(9)不知道如何报告　(10)其他(请写明)__________

24. 如果遭遇诈骗，您的处理方式是：（可选多项）

(1)找老师解决　(2)找校领导解决　(3)找家长解决
(4)告诉朋友或同学　(5)找亲戚　(6)找居委会(村委会)
(7)报警　(8)诉诸法律　(9)找共青团
(10)找权益维护社会组织　(11)向侵害人报复　(12)在网络上发帖
(13)找社会上的人　(14)自己解决　(15)想办法发泄
(16)自认倒霉　(17)其他(请写明)________

25. 如果有人给您推荐毒品，您的处理方式是：[单选题]

(1)好奇，进一步了解　(2)直接吸食

(3)果断拒绝并远离　　　　　　(4)其他(请写明)＿＿＿＿＿

26. 您是否直接遭受过下列行为?(可选多项)

(1)被人强吻　　　　　　　　(2)被迫观看或触摸他人的性器官

(3)被迫一起观看黄色书刊或视频　(4)被人抚摸胸部或性器官

(5)被迫发生性关系　　　　　(6)性骚扰

(7)看到露阴癖　　　　　　　(8)被迫脱光衣服

(9)其他(请写明)＿＿＿＿＿＿＿＿＿＿

(10)从未遭受过以上情形【如果您选择"从未遭受过以上情形",请直接跳答至28题】

27. 遭受以上行为时,您当时的应对方式是:(可选多项)

(1)默默忍受,自我调节　(2)向同学或朋友求助　(3)告诉家长

(4)向老师求助　　　　(5)报警　　　　　　(6)向学校举报揭发

(7)报复　　　　　　　　　　(8)看心理医生

(9)通过微博、微信等方式公之于众　(10)其他(请写明)＿＿＿＿

28. 在下列内容中,您在网络上看过的有:(可选多项)

(1)裸体　　　　　(2)性行为　　　　　(3)淫乱画面

(4)自杀场景　　　(5)邪教　　　　　　(6)中奖等诈骗信息

(7)殴打　　　　　(8)砍杀　　　　　　(9)血腥屠杀

(10)其他(请写明)＿＿＿＿＿＿＿＿＿＿

(11)从未接触过以上信息【如果您选择"从未接触过以上信息",请直接跳答至30题】

29. 您处理以上信息的方式是:(可选多项)

(1)自己看看而已　　(2)继续关注,持续了解　　(3)模仿

(4)转发给同学或朋友　(5)关闭或删掉　　　　　(6)举报

(7)其他(请写明)＿＿＿＿＿＿＿＿＿＿

30. 有网站介绍割腕自杀的方法,"一点都不痛苦,想死的可以试试"。您的处理方式是:(可选多项)

(1)会关注但不评价　　　　　(2)会关注并且提出反对意见

(3)不关注　　　　　　　　　(4)好奇,看看究竟说了什么

(5)告诉老师　　　　　　　　(6)告诉家长

(7)举报　　　　　　　　　　(8)其他(请写明)________

31. 在以下网络欺凌现象中,您遭受过的有:(可选多项)

(1)在网上不断遭到他人辱骂　　(2)自己的信息在网上被公开

(3)有人散布关于自己的谣言　　(4)被其他粉丝围攻

(5)被人恶意P图　　(6)有人故意给自己传播色情或性图片视频

(7)有人对自己进行人身攻击并拍摄视频,然后通过网络传播

(8)被人恐吓　　(9)有人冒用自己的名义或账户发送信息

(10)在网上被抵制、排斥　(11)其他(请写明)________

(12)没有遭受过【如果您选择"没有遭受过",请直接跳答至33题】

32. 如果被他人网上欺凌,您会采取哪些应对措施?(可选多项)

(1)在网上进行回击　　(2)在现实中找攻击者理论

(3)向老师求助　　(4)向同学或朋友求助

(5)向家人求助　　(6)报警

(7)网络举报　　(8)什么也不做,置之不理

33. 您对下列说法的看法是:(每行选一项)

| 具体说法 | 完全不同意 | 基本不同意 | 不确定 | 基本同意 | 完全同意 |
|---|---|---|---|---|---|
| A. 看色情视频可以更好地了解性知识 | 1 | 2 | 3 | 4 | 5 |
| B. 一对一的网络视频脱衣聊天不是色情行为 | 1 | 2 | 3 | 4 | 5 |
| C. 网络暴力信息会诱发青少年违法犯罪 | 1 | 2 | 3 | 4 | 5 |
| D. 网络色情信息会诱发青少年违法犯罪 | 1 | 2 | 3 | 4 | 5 |
| E. 偶尔在网络上说脏话没有什么大不了的 | 1 | 2 | 3 | 4 | 5 |
| F. 在网络上可以散布谣言 | 1 | 2 | 3 | 4 | 5 |
| G. 在网络上发表意见不用负责 | 1 | 2 | 3 | 4 | 5 |
| H. 实行网络实名制 | 1 | 2 | 3 | 4 | 5 |
| I. 在电脑上安装不良信息过滤软件 | 1 | 2 | 3 | 4 | 5 |
| J. 儿童可以做广告代言人 | 1 | 2 | 3 | 4 | 5 |

续表

| 具体说法 | 完全不同意 | 基本不同意 | 不确定 | 基本同意 | 完全同意 |
|---|---|---|---|---|---|
| K. 父母可以控制我的上网时间 | 1 | 2 | 3 | 4 | 5 |
| L. 上学期间,老师可以帮我保管手机 | 1 | 2 | 3 | 4 | 5 |

34. 为有效预防和减少对未成年人的伤害,需要我们未成年人提高自我保护意识,增强自我保护能力,掌握自我保护的方法。下列做法中,您认为可取的是:(可选多项)

(1)地震来临时,应选择电梯尽快逃生

(2)发生煤气泄漏,应立即开灯并打电话报警

(3)遇到不法分子抢劫,要勇敢地与他拼到底

(4)陌生网友邀约见面,不要轻易答应

(5)家中仅自己在时有陌生人来访,不要轻易开门让陌生人进屋

(6)有人未经我本人同意将我的肖像印刷在广告宣传册中,侵犯了我的肖像权,我要正当维护权益

(7)有人散播我的谣言,我应当向学校或公安部门进行举报

(8)看到网络中的谩骂、色情、毒品等不良信息,我们可以向公安部门进行举报

(9)我们几个同学可以相约去网吧打游戏

**三、法治教育状况**

35. 你们学校组织过下列哪些法治教育活动?(可选多项)

(1)主题班会、队会、团会　　(2)排演、观看法治文艺节目

(3)参观法院、监狱、管教所、戒毒所　(4)收听、收看广播、电视法治节目

(5)走进法治教育基地　(6)宪法日普法活动　(7)普法征文

(8)模拟法庭　(9)法治副校长讲座　(10)警察入校讲座

(11)其他(请写明)____________________

36. 您喜欢下列哪种法治教育的形式?(限选三项)

(1)学校的法治课、宣传栏　(2)阅读法律小说、故事等读物

(3)模拟真实情景的表演　(4)电视、广播的法治节目

(5)老师带领讨论案例　(6)普法的法治戏曲、小品相声等文艺节目

(7)自己编写法治小故事,创办法治小报、板报

(8)到法院、检察院等地方参观实践　　(9)父母、亲戚、朋友给我讲

(10)其他(请写明)____________

37. 您认为应如何预防未成年人犯罪?(可选多项)

(1)不论年龄大小,只要犯罪了都关起来　(2)多关心弱势学生

(3)多开展禁毒教育　　(4)多开展预防犯罪的警示教育

(5)开展思想政治教育　　(6)开展网络素养课程

(7)关注学校周边小混混　　(8)关注未成年人心理健康

(9)关注未成年人家庭关系　　(10)关注未成年人师生关系

(11)其他(请写明)__________

问卷回答完毕,再次感谢您对我们工作的支持!

# 青少年法治教育之初高中生调查问卷

亲爱的同学：

您好！非常感谢您参与此次问卷调查，这份问卷旨在了解我国青少年法治教育实施的现状。您的真实回答对我们非常重要，请按照要求认真填写。问卷主要采用匿名形式，我们将严格保密问卷内容。对于您的合作与支持，我们表示衷心的感谢。

问卷填答说明：

(1)请在所选的选项上打“√”，或将序号填在对应的括号内，或在________处填写相应内容。

(2)题后写明“可选多项”的，可以选择多个答案；其他题目只能选择一个答案。

青少年法治教育研究课题组

2020 年 10 月

**一、个人基本情况**

1. 您的性别：(1)男　　(2)女

2. 您的年龄：________周岁

3. 您的民族：(1)汉族　　(2)少数民族

4. 您的现住地：(1)城市　　(2)农村

5. 您的现住地是不是您的户籍所在地？(1)是　　(2)否

6. 您所在的年级：[单选题]

(1)初一(七年级)　　(2)初二(八年级)　　(3)高一　　(4)高二

7. 您父母的受教育程度是：

A. 父亲受教育程度(　　)[单选题]；B. 母亲受教育程度(　　)[单选题]

| | | | |
|---|---|---|---|
| (1)博士 | (2)硕士 | (3)本科 | (4)大专 |
| (5)高中(中专或职高)毕业 | | (6)初中毕业 | (7)小学及以下 |
| (8)不清楚 | | | |

8. 您父母的职业是：

A. 父亲的职业(　　)[单选题]；B. 母亲的职业(　　)[单选题]

| | | |
|---|---|---|
| (1)在家务农 | (2)在外打工 | (3)在机关事业单位工作 |
| (4)个体经营 | (5)在企业工作 | (6)无职业 |
| (7)其他(请写明)________ | | |

9. 您是否是独生子女？(1)是　　　(2)否

10. 在家庭内，平时与您生活在一起的是：(可选多项)

(1)生父　　(2)生母　　(3)继父　　(4)继母

(5)兄弟姐妹　　(6)祖父母/外祖父母　(7)亲戚　　(8)邻居

(9)一般朋友　　(10)其他(请写明)________

**二、法治意识状况**

11. 请您对自己下列方面按 1 ~ 10 分进行打分：(1 分表示很弱，10 分表示很强)

A. 平等意识________　B. 权利意识________　C. 守法意识________

D. 自我保护意识____　E. 权益维护意识________

12. 您对下列法律的了解情况是：(每行选一项)

| 法律名称 | 不知道 | 听说过 | 浏览过 | 认真学过 | 比较了解 |
|---|---|---|---|---|---|
| A.《未成年人保护法》 | 1 | 2 | 3 | 4 | 5 |
| B.《预防未成年人犯罪法》 | 1 | 2 | 3 | 4 | 5 |
| C.《宪法》 | 1 | 2 | 3 | 4 | 5 |
| D.《刑法》 | 1 | 2 | 3 | 4 | 5 |
| E.《义务教育法》 | 1 | 2 | 3 | 4 | 5 |

续表

| 法律名称 | 不知道 | 听说过 | 浏览过 | 认真学过 | 比较了解 |
|---|---|---|---|---|---|
| F.《民法典》 | 1 | 2 | 3 | 4 | 5 |
| G.《劳动法》 | 1 | 2 | 3 | 4 | 5 |
| H.《网络安全法》 | 1 | 2 | 3 | 4 | 5 |
| I.《反家庭暴力法》 | 1 | 2 | 3 | 4 | 5 |

13. 您认为下列哪项法律具有最高效力？[单选题]

(1)《宪法》　(2)《民法典》　(3)《刑法》　(4)《未成年人保护法》

14. 在我国，几岁犯罪就需要负法律责任？[单选题]

(1)10 岁　(2)11 岁　(3)12 岁　(4)13 岁

(5)14 岁　(6)15 岁　(7)16 岁　(8)不知道

15. 如果犯罪要负法律责任的话，您认为应该设定在几岁比较合理？[单选题]

(1)10 岁　(2)11 岁　(3)12 岁　(4)13 岁

(5)14 岁　(6)15 岁　(7)16 岁　(8)不知道

16. 在以下权利中，您认为自己享有的是：(可选多项)

(1)生命权　(2)身体权　(3)健康权　(4)姓名权

(5)肖像权　(6)名誉权　(7)荣誉权　(8)受教育权

(9)劳动就业权　(10)婚姻自主权　(11)隐私权

(12)财产权　(13)其他(请写明)________

17.《未成年人保护法》规定了哪些权利？(可选多项)

(1)生存权　(2)发展权　(3)参与权　(4)受保护权

(5)福利权

18. 您对共青团权益维护岗“12355”的了解程度是：[单选题]

(1)非常了解　(2)比较了解　(3)不太了解　(4)很不了解

(5)说不清

19. 您听说过专门学校吗？

(1)听说过　(2)没听说过【如果您“没听说过”，请直接跳答至 21 题】

20. 您怎么看待专门学校？［单选题］

(1)矫治教育机构　　(2)实际上是少管所

(3)体罚虐待问题少年的机构　　(4)专业技术学校

(5)其他(请写明)__________

21. 对于班级中有打架斗殴、偷窃等不良行为的同学，您认为应如何处理？(可选多项)

(1)学校专门办一个差生班，将这些问题学生集中起来进行教育

(2)将这些问题学生集中到专门学校进行教育

(3)由专门的社会工作者进行教育

(4)没什么，不用特殊处理

(5)其他(请写明)______________________________

22. 您怎么看待考试作弊？［单选题］

(1)正常行为　(2)违纪行为　(3)违法行为　(4)犯罪行为

23. 您对下列说法的态度是：(每行选一项)

| 具体说法 | 非常赞同 | 比较赞同 | 不太赞同 | 很不赞同 | 说不清 |
|---|---|---|---|---|---|
| A. 法律面前人人平等 | 1 | 2 | 3 | 4 | 5 |
| B. 男女平等 | 1 | 2 | 3 | 4 | 5 |
| C. 全社会都有责任保护未成年人 | 1 | 2 | 3 | 4 | 5 |
| D. 任何情况下权益受到侵害，都应当去维护权益 | 1 | 2 | 3 | 4 | 5 |
| E. 父母可以不照顾孩子 | 1 | 2 | 3 | 4 | 5 |
| F. 家暴是家丑，不要让外人知道 | 1 | 2 | 3 | 4 | 5 |
| G. 不论什么理由，使用暴力都是不对的 | 1 | 2 | 3 | 4 | 5 |
| H. 为了解决问题或达到目的，可以采取暴力手段 | 1 | 2 | 3 | 4 | 5 |
| I. 威胁、恐吓、谩骂、羞辱都不算暴力 | 1 | 2 | 3 | 4 | 5 |
| J. 共青团是维护青少年合法权益的代言人 | 1 | 2 | 3 | 4 | 5 |
| K. 学生犯错，老师可以体罚 | 1 | 2 | 3 | 4 | 5 |

24. 您对下列隐私的态度是：(每行选一项)

| 具体说法 | 非常赞同 | 比较赞同 | 不太赞同 | 很不赞同 | 说不清 |
|---|---|---|---|---|---|
| A. 任何人(包括父母)进我的房间都必须敲门 | 1 | 2 | 3 | 4 | 5 |
| B. 任何人(包括父母、老师)不能随便看我的日记 | 1 | 2 | 3 | 4 | 5 |
| C. 父母动用我的个人物品都需要经过我的同意 | 1 | 2 | 3 | 4 | 5 |
| D. 父母可以随便在朋友圈发我的照片 | 1 | 2 | 3 | 4 | 5 |
| E. 老师可以在班群晒我的成绩 | 1 | 2 | 3 | 4 | 5 |
| F. 父母可以翻看我的手机 | 1 | 2 | 3 | 4 | 5 |
| G. 老师可以跟其他人说我的家庭情况 | 1 | 2 | 3 | 4 | 5 |

25. 哪些信息可以提供给陌生网友？(可选多项)

(1)姓名　(2)学校　(3)班级　(4)家庭住址

(5)父母姓名　(6)身份证　(7)照片　(8)父母单位

(9)手机号码　(10)年龄　(11)其他(请写明)________

(12)以上均不能提供

26. 您最近一年在自己家庭中遭遇过的有：(可选多项)

(1)被挖苦嘲笑　(2)被故意冷落　(3)被骂

(4)被扇耳光　(5)被虐待　(6)被暴打

(7)被限制自由　(8)被性侵　(9)被区别对待

(10)其他(请写明)______　(11)没有以上行为

27. 您认为家庭暴力属于：(可选多项)

(1)性格问题　(2)家务事　(3)正常现象

(4)违法行为　(5)犯罪行为　(6)其他(请说明)____

28. 如果您的合法权益在家庭中受到侵害，您的处理方式是：(可选多项)

(1)默默忍受　(2)反抗　(3)离家出走

(4)报警　(5)找亲友　(6)找民政部门

(7)找共青团　(8)找妇联

(9)找权益维护社会组织　(10)找老师　(11)找同学或朋友

(12)找新闻媒体　　(13)其他(请写明)____________

29. 以下现象中,您在学校中曾经遭遇的有:(可选多项)

(1)不许上课　　(2)被辱骂　　(3)被殴打

(4)不允许用教学设备　　(5)遭教师体罚　　(6)被勒索钱财

(7)受到暴力威胁或恐吓　　(8)被人耍流氓　　(9)东西被偷

(10)被取笑或捉弄　　(11)被人歧视(瞧不起)　　(12)被人孤立排斥

(13)被骗钱　　(14)东西被人故意损坏　　(15)被抢东西

(16)其他(请写明)____________

(17)没有遭遇以上情形【如果您"没有遭遇以上情形",请直接跳答至33题】

30. 面对以上在学校中遇到的权益侵害现象,您采取的措施主要有:(可选多项)

(1)找老师解决　　(2)找校领导解决　　(3)找家长解决

(4)告诉同学或朋友　　(5)找亲戚　　(6)找居委会(村委会)

(7)报警　　(8)诉诸法律　　(9)找共青团

(10)找民政部门　　(11)找权益维护社会组织　　(12)向侵害人报复

(13)在网络上发帖　　(14)找社会上的人　　(15)自己解决

(16)想办法发泄　　(17)默默忍着

(18)其他(请写明)____________

【如果您30题没有选择(1)(2)(3)中的任一选项,请直接跳答至32题】

31. 面对以上在学校中遇到的这类权益侵害问题,您向老师、校领导或家长进行报告的时间是:[单选题]

(1)一旦发生就报告　　(2)隔1~3天再报告

(3)隔一段时间再报告　　(4)如果再发生同样的事情再报告

(5)在别的同学身上发生再报告　　(6)从不报告

32. 您没有及时报告老师、家长或警察的主要原因是:(可选多项)

(1)认为是小事,不值得报告　　(2)自己能够解决

(3)对方威胁不让报告　　(4)害怕对方进一步报复

(5)觉得报告了也不能解决问题　　(6)怕丢脸,在同辈人面前抬不起头

(7)怕报告之后被惩罚　　(8)认为会有他人向老师或家长汇报

(9)不知道如何报告 (10)其他(请写明)__________

33. 如果遭遇诈骗,您的处理方式是:(可选多项)

(1)找老师解决 (2)找校领导解决 (3)找家长解决

(4)告诉朋友或同学 (5)找亲戚 (6)找居委会(村委会)

(7)报警 (8)诉诸法律 (9)找共青团

(10)找权益维护社会组织 (11)向侵害人报复

(12)在网络上发帖 (13)找社会上的人 (14)自己解决

(15)想办法发泄 (16)自认倒霉 (17)其他(请写明)______

34. 如果有人给您推荐毒品,您的处理方式是:[单选题]

(1)好奇,进一步了解 (2)直接吸食

(3)果断拒绝并远离 (4)其他(请写明)________

35. 您认为预防青少年吸毒的有效措施是:(可选多项)

(1)开展毒品知识和危害教育 (2)知道吸毒要受到法律制裁

(3)不以好奇心为由尝试吸毒 (4)不结交有吸毒行为的朋友

(5)养成良好的行为习惯,杜绝吸烟、喝酒等不良嗜好

(6)未成年人不进入网吧、KTV、酒吧等场所

(7)其他(请写明)________________________

36. 您是否直接遭受过下列行为?(可选多项)

(1)被人强吻 (2)被迫观看或触摸他人的性器官

(3)被迫一起观看黄色书刊或视频 (4)被人抚摸胸部或性器官

(5)被迫发生性关系 (6)性骚扰

(7)看到露阴癖 (8)被迫脱光衣服

(9)其他(请写明)________ (10)从未遭受过以上情形

【如果您选择“从未遭受过以上情形”,请直接跳答至38题】

37. 遭受以上行为时,您当时的应对方式是:(可选多项)

(1)默默忍受,自我调节 (2)向同学或朋友求助

(3)告诉家长 (4)向老师求助

(5)报警 (6)向学校举报揭发

(7)报复 (8)看心理医生

(9)通过微博、微信等方式公之于众

(10)其他(请写明)________

38. 当您在街上遇到疑似被拐卖儿童时,您会采取的措施是:(可选多项)

(1)报警　(2)告诉父母或老师　(3)通过互联网发布消息

(4)向路人呼救　(5)视而不见　(6)因惧怕而放弃施救

(7)主动观察并提供有效线索　(8)其他(请写明)______

39. 在下列内容中,您在网络上看过的有:(可选多项)

(1)裸体　(2)性行为　(3)淫乱画面

(4)自杀场景　(5)邪教　(6)中奖等诈骗信息

(7)殴打　(8)砍杀　(9)血腥屠杀

(10)其他(请写明)____________

(11)从未接触过以上信息【如果您选择"从未接触过以上信息",请直接跳答至41题】

40. 您处理以上信息的方式是:(可选多项)

(1)自己看看而已　(2)继续关注,持续了解　(3)模仿

(4)转发给同学或朋友　(5)关闭或删掉　(6)举报

(7)其他(请写明)____________

41. 有网站介绍割腕自杀的方法,"一点都不痛苦,想死的可以试试"。您的处理方式是:(可选多项)

(1)会关注但不评价　(2)会关注并且提出反对意见

(3)不关注　(4)好奇,看看究竟说了什么

(5)告诉老师　(6)告诉家长

(7)举报　(8)其他(请写明)________

42. 在以下网络欺凌现象中,您遭受过的有:(可选多项)

(1)在网上不断遭到他人辱骂　(2)自己的信息在网上被公开

(3)有人散布关于自己的谣言　(4)被其他粉丝围攻

(5)被人恶意P图　(6)有人故意给自己传播色情或性图片视频

(7)有人对自己进行人身攻击并拍摄视频,然后通过网络传播

(8)被人恐吓　(9)有人冒用自己的名义或账户发送信息

(10)在网上被抵制、排斥　(11)其他(请写明)________

(12)没有遭受过【如果您选择"没有遭受过",请直接跳答至44题】

43. 如果被他人网上欺凌，您会采取哪些应对措施？（可选多项）

(1)在网上进行回击　　(2)在现实中找攻击者理论

(3)向老师求助　　(4)向同学或朋友求助

(5)向家人求助　　(6)报警

(7)网络举报　　(8)什么也不做，置之不理

44. 您对下列说法的看法是：（每行选一项）

| 具体说法 | 完全不同意 | 基本不同意 | 不确定 | 基本同意 | 完全同意 |
|---|---|---|---|---|---|
| A. 看色情视频可以更好地了解性知识 | 1 | 2 | 3 | 4 | 5 |
| B. 一对一的网络视频脱衣聊天不是色情行为 | 1 | 2 | 3 | 4 | 5 |
| C. 网络暴力信息会诱发青少年违法犯罪 | 1 | 2 | 3 | 4 | 5 |
| D. 网络色情信息会诱发青少年违法犯罪 | 1 | 2 | 3 | 4 | 5 |
| E. 偶尔在网络上说脏话没有什么大不了的 | 1 | 2 | 3 | 4 | 5 |
| F. 在网络上可以散布谣言 | 1 | 2 | 3 | 4 | 5 |
| G. 在网络上发表意见不用负责 | 1 | 2 | 3 | 4 | 5 |
| H. 实行网络实名制 | 1 | 2 | 3 | 4 | 5 |
| I. 在电脑上安装不良信息过滤软件 | 1 | 2 | 3 | 4 | 5 |
| J. 儿童可以做广告代言人 | 1 | 2 | 3 | 4 | 5 |
| K. 父母可以控制我的上网时间 | 1 | 2 | 3 | 4 | 5 |
| L. 上学期间，老师可以帮我保管手机 | 1 | 2 | 3 | 4 | 5 |

45. 为有效预防和减少对未成年人的伤害，需要我们未成年人提高自我保护意识，增强自我保护能力，掌握自我保护的方法。下列做法中，您认为可取的是：（可选多项）

(1)地震来临时，应选择电梯尽快逃生

(2)发生煤气泄漏，应立即开灯并打电话报警

(3)遇到不法分子抢劫，要勇敢地与他拼到底

(4)陌生网友邀约见面,不要轻易答应

(5)家中仅自己在时有陌生人来访,不要轻易开门让陌生人进屋

(6)有人未经我本人同意将我的肖像印刷在广告宣传册中,侵犯了我的肖像权,我要正当维护权益

(7)有人散播我的谣言,我应当向学校或公安部门进行举报

(8)看到网络中的谩骂、色情、毒品等不良信息,我们可以向公安部门进行举报

(9)我们几个同学可以相约去网吧打游戏

**三、法治教育状况**

46. 您获得有关青少年法治方面的知识或信息的主要渠道或途径是:(最多选五项)

(1)学校教育　(2)广播、电影、电视　(3)报刊、图书
(4)微信　(5)微博　(6)博客、论坛
(7)知乎等网上问答　(8)APP 等网络新媒体　(9)网页、网络新闻
(10)宣传海报　(11)公益活动　(12)家人
(13)亲戚、朋友　(14)老师、同学　(15)法律讲座
(16)参观法院、检察院、监狱等　(17)其他(请写明)________

47. 您认为青少年法治教育的责任主体是:(限选三项)

(1)政府　(2)民政部门　(3)学校
(4)家庭　(5)公安机关　(6)法院
(7)共青团　(8)妇联　(9)权益维护社会组织
(10)青少年自身　(11)其他(请写明)________

48. 你们学校组织过下列哪些法治教育活动?(可选多项)

(1)主题班会、队会、团会　(2)排演、观看法治文艺节目
(3)参观法院、监狱、管教所、戒毒所　(4)收听、收看广播、电视法治节目
(5)走进法治教育基地　(6)宪法日普法活动　(7)普法征文
(8)模拟法庭　(9)法治副校长讲座　(10)警察入校讲座
(11)其他(请写明)________

49. 在您看来,这些青少年法治教育活动的效果是:[单选题]

(1)非常好　(2)比较好　(3)比较差
(4)非常差　(5)说不清

50. 您喜欢下列哪种法治教育的形式？（限选三项）

(1)学校的法治课、宣传栏　　(2)阅读法律小说、故事等读物

(3)模拟真实情景的表演　　(4)电视、广播的法治节目

(5)老师带领讨论案例　　(6)普法的法治戏曲、小品相声等文艺节目

(7)自己编写法治小故事，创办法治小报、板报

(8)到法院、检察院等地方参观实践　　(9)父母、亲戚、朋友给我讲

(10)其他(请写明)____________

51. 您对法治教育相关活动的关注程度是：[单选题]

(1)非常关注　　(2)比较关注　　(3)不太关注

(4)很不关注　　(5)说不清

52. 您对法治教育活动的参与意愿是：[单选题]

(1)非常愿意　　(2)比较愿意　　(3)不太愿意

(4)非常不愿意　　(5)说不清

53. 您认为部分青少年不主动维护权益的原因主要有：(限选三项)

(1)权益维护意识淡薄　(2)权益维护成本高　(3)法律不完善

(4)成功率低　　(5)怕麻烦　　(6)怕丢人

(7)怕别人觉得自己多事　　(8)对权益维护效果缺乏信心

(9)怕被报复　　(10)不知道怎么维护权益

(11)觉得不值当　　(12)觉得没什么大不了

(13)浪费时间　　(14)缺乏权益维护手段

(15)权益维护取证难　　(16)权益维护过程复杂

(17)其他(请写明)____________

54. 您对以下权益维护途径的总体评价分别是：(每行选一项)

| 具体途径 | 效果很好 | 效果较好 | 较差 | 效果很差 | 说不清 |
|---|---|---|---|---|---|
| A. 法律援助 | 1 | 2 | 3 | 4 | 5 |
| B. “12355”热线 | 1 | 2 | 3 | 4 | 5 |
| C. 110 | 1 | 2 | 3 | 4 | 5 |
| D. 维护青少年权益岗 | 1 | 2 | 3 | 4 | 5 |
| E. 青少年事务社工 | 1 | 2 | 3 | 4 | 5 |

55. 您认为应如何预防未成年人犯罪？（可选多项）

（1）不论年龄大小，只要犯罪了都关起来　（2）多关心弱势学生

（3）多开展禁毒教育　（4）多开展预防犯罪的警示教育

（5）开展思想政治教育　（6）开展网络素养课程

（7）关注学校周边小混混　（8）关注未成年人心理健康

（9）关注未成年人家庭关系　（10）关注未成年人师生关系

（11）其他（请写明）________________

56. 您认为推进当前青少年法治教育最主要的方法是：（限选三项）

（1）出版生动有趣的教材　（2）安排专门的法治教育课程

（3）配备专门的法治老师　（4）学校设立专门的法律咨询办公室

（5）让更多的法官、检察官、警察入校宣讲

（6）定期组织到戒毒所、监狱参观

（7）利用抖音等 APP 制作法治教育短视频

（8）开展法治教育专题的文艺晚会、比赛

（9）开发法治教育类游戏　（10）给家长开设法治讲座

（11）其他（请写明）________________

问卷回答完毕，再次感谢您对我们工作的支持！

# 青少年法治教育之大学生调查问卷

亲爱的同学：

您好！非常感谢您参与此次问卷调查，这份问卷旨在了解我国青少年法治教育实施的现状。您的真实回答对我们非常重要，请按照要求认真填写。问卷主要采用匿名形式，我们将严格保密问卷内容。对于您的合作与支持，我们表示衷心的感谢。

问卷填答说明：

(1)请在所选的选项上打“√”，或将序号填在对应的括号内，或在________处填写相应内容。

(2)题后写明“可选多项”的，可以选择多个答案；其他题目只能选择一个答案。

青少年法治教育研究课题组

2020 年 10 月

**一、个人基本情况**

1. 您的性别：(1)男　　(2)女

2. 您的年龄：________周岁

3. 您的民族：(1)汉族　　(2)少数民族

4. 您的现住地：(1)城市　　(2)农村

5. 您的现住地是不是您的户籍所在地？(1)是　　(2)否

6. 您就读学校的类型是：[单选题]

(1)“双一流”高校　　(2)非“双一流”本科高校　　(3)公立高职高专

(4)民办本科　　(5)民办高职高专

7. 您父母的受教育程度是：

A. 父亲受教育程度(　　)[单选题]；B. 母亲受教育程度(　　)[单选题]

| | | | |
|---|---|---|---|
| (1)博士 | (2)硕士 | (3)本科 | (4)大专 |
| (5)高中(中专或职高)毕业 | | (6)初中毕业 | (7)小学及以下 |
| (8)不清楚 | | | |

8. 您父母的职业是：

A. 父亲的职业(　　)[单选题]；B. 母亲的职业(　　)[单选题]

| | | |
|---|---|---|
| (1)在家务农 | (2)在外打工 | (3)在机关事业单位工作 |
| (4)个体经营 | (5)在企业工作 | (6)无职业 |
| (7)其他(请写明)________ | | |

9. 您是否是独生子女？(1)是　　(2)否

10. 在家庭内，平时与您生活在一起的是：(可选多项)

(1)生父　　(2)生母　　(3)继父

(4)继母　　(5)兄弟姐妹　　(6)祖父母/外祖父母

(7)亲戚　　(8)邻居　　(9)一般朋友

(10)其他(请写明)________

**二、法治意识状况**

11. 请您对自己下列方面按 1 ~ 10 分进行打分：(1 分表示很弱，10 分表示很强)

A. 平等意识______　　B. 权利意识______　　C. 守法意识______

D. 自我保护意识____　　E. 权益维护意识______

12. 您对下列法律的了解情况是：(每行选一项)

| 法律名称 | 不知道 | 听说过 | 浏览过 | 认真学过 | 比较了解 |
|---|---|---|---|---|---|
| A.《未成年人保护法》 | 1 | 2 | 3 | 4 | 5 |
| B.《预防未成年人犯罪法》 | 1 | 2 | 3 | 4 | 5 |
| C.《宪法》 | 1 | 2 | 3 | 4 | 5 |
| D.《刑法》 | 1 | 2 | 3 | 4 | 5 |

续表

| 法律名称 | 不知道 | 听说过 | 浏览过 | 认真学过 | 比较了解 |
|---|---|---|---|---|---|
| E.《义务教育法》 | 1 | 2 | 3 | 4 | 5 |
| F.《民法典》 | 1 | 2 | 3 | 4 | 5 |
| G.《劳动法》 | 1 | 2 | 3 | 4 | 5 |
| H.《网络安全法》 | 1 | 2 | 3 | 4 | 5 |
| I.《反家庭暴力法》 | 1 | 2 | 3 | 4 | 5 |

13. 您认为下列哪项法律具有最高效力？[单选题]

(1)《宪法》 (2)《民法典》 (3)《刑法》 (4)《未成年人保护法》

14. 在我国，几岁犯罪就需要负法律责任？[单选题]

(1)10岁 (2)11岁 (3)12岁 (4)13岁

(5)14岁 (6)15岁 (7)16岁

15. 如果犯罪要负法律责任的话，您认为应该设定在几岁比较合理？[单选题]

(1)10岁 (2)11岁 (3)12岁 (4)13岁

(5)14岁 (6)15岁 (7)16岁

16. 在以下权利中，您认为自己享有的是：(可选多项)

(1)生命权 (2)身体权 (3)健康权 (4)姓名权

(5)肖像权 (6)名誉权 (7)荣誉权 (8)受教育权

(9)劳动就业权 (10)婚姻自主权 (11)隐私权 (12)财产权

(13)其他(请写明)________________

17.《未成年人保护法》规定了哪些权利？(可选多项)

(1)生存权 (2)发展权 (3)参与权 (4)受保护权

(5)福利权

18. 您对共青团权益维护岗“12355”的了解程度是：[单选题]

(1)非常了解 (2)比较了解 (3)不太了解 (4)很不了解

(5)说不清

19. 您听说过专门学校吗？

(1)听说过 (2)没听说过【如果您“没听说过”，请直接跳答至21题】

20. 您怎么看待专门学校？[单选题]

(1)矫治教育机构　　(2)实际上是少管所

(3)体罚虐待问题少年的机构　　(4)专业技术学校

(5)其他(请写明)________________

21. 对于班级中有打架斗殴、偷窃等不良行为的同学，您认为应如何处理？(可选多项)

(1)学校专门办一个差生班，将这些问题学生集中起来进行教育

(2)将这些问题学生集中到专门学校进行教育

(3)由专门的社会工作者进行教育

(4)没什么，不用特殊处理

(5)其他(请写明)________________

22. 您怎么看待考试作弊？[单选题]

(1)正常行为　　(2)违纪行为　　(3)违法行为　　(4)犯罪行为

23. 您对下列说法的态度是：(每行选一项)

| 具体说法 | 非常赞同 | 比较赞同 | 不太赞同 | 很不赞同 | 说不清 |
|---|---|---|---|---|---|
| A. 法律面前人人平等 | 1 | 2 | 3 | 4 | 5 |
| B. 男女平等 | 1 | 2 | 3 | 4 | 5 |
| C. 全社会都有责任保护未成年人 | 1 | 2 | 3 | 4 | 5 |
| D. 任何情况下权益受到侵害，都应当去维护权益 | 1 | 2 | 3 | 4 | 5 |
| E. 父母可以不照顾孩子 | 1 | 2 | 3 | 4 | 5 |
| F. 家暴是家丑，不要让外人知道 | 1 | 2 | 3 | 4 | 5 |
| G. 不论什么理由，使用暴力都是不对的 | 1 | 2 | 3 | 4 | 5 |
| H. 为了解决问题或达到目的，可以采取暴力手段 | 1 | 2 | 3 | 4 | 5 |
| I. 威胁、恐吓、谩骂、羞辱都不算暴力 | 1 | 2 | 3 | 4 | 5 |
| J. 共青团是维护青少年合法权益的代言人 | 1 | 2 | 3 | 4 | 5 |
| K. 学生犯错，老师可以体罚 | 1 | 2 | 3 | 4 | 5 |

24. 您对下列隐私的态度是:(每行选一项)

| 具体说法 | 非常赞同 | 比较赞同 | 不太赞同 | 很不赞同 | 说不清 |
|---|---|---|---|---|---|
| A. 任何人(包括父母)进我的房间都必须敲门 | 1 | 2 | 3 | 4 | 5 |
| B. 任何人(包括父母、老师)不能随便看我的日记 | 1 | 2 | 3 | 4 | 5 |
| C. 父母动用我的个人物品都需要经过我的同意 | 1 | 2 | 3 | 4 | 5 |
| D. 父母可以随便在朋友圈发我的照片 | 1 | 2 | 3 | 4 | 5 |
| E. 老师可以在班群晒我的成绩 | 1 | 2 | 3 | 4 | 5 |
| F. 父母可以翻看我的手机 | 1 | 2 | 3 | 4 | 5 |
| G. 老师可以跟其他人说我的家庭情况 | 1 | 2 | 3 | 4 | 5 |

25. 哪些信息可以提供给陌生网友?(可选多项)

(1)姓名　(2)学校　(3)班级　(4)家庭住址

(5)父母姓名　(6)身份证　(7)照片　(8)父母单位

(9)手机号码　(10)年龄　(11)其他(请写明)________

(12)以上都不可以

26. 您最近一年在自己家庭中遭遇过的有:(可选多项)

(1)被挖苦嘲笑　(2)被故意冷落　(3)被骂　(4)被扇耳光

(5)被虐待　(6)被暴打　(7)被限制自由　(8)被性侵

(9)被区别对待　(10)其他(请写明)__________　(11)没有以上行为

27. 您认为家庭暴力属于:(可选多项)

(1)性格问题　(2)家务事　(3)正常现象　(4)违法行为

(5)犯罪行为　(6)其他(请说明)__________

28. 如果您的合法权益在家庭中受到侵害,您的处理方式是:(可选多项)

(1)默默忍受　(2)反抗　(3)离家出走　(4)报警

(5)找亲友　(6)找民政部门　(7)找共青团　(8)找妇联

(9)找权益维护社会组织　(10)找老师　(11)找同学或朋友

(12)找新闻媒体　(13)其他(请写明)__________

29. 以下现象中,您在学校中曾经遭遇的有:(可选多项)

(1)不许上课　(2)被辱骂　(3)被殴打
(4)不允许用教学设备　(5)遭教师体罚　(6)被勒索钱财
(7)受到暴力威胁或恐吓　(8)被人耍流氓　(9)东西被偷
(10)被取笑或捉弄　(11)被人歧视(瞧不起)　(12)被人孤立排斥
(13)被骗钱　(14)东西被人故意损坏　(15)被抢东西
(16)其他(请写明)__________________

(17)没有遭遇以上情形【如果您"没有遭遇以上情形",请直接跳答至33题】

30. 面对以上在学校中遇到的权益侵害现象,您采取的措施主要有:(可选多项)

(1)找老师解决　(2)找校领导解决　(3)找家长解决
(4)告诉同学或朋友　(5)找亲戚　(6)找居委会(村委会)
(7)报警　(8)诉诸法律　(9)找共青团
(10)找民政部门　(11)找权益维护社会组织　(12)向侵害人报复
(13)在网络上发帖　(14)找社会上的人　(15)自己解决
(16)想办法发泄　(17)默默忍着
(18)其他(请写明)_____

【如果您30题没有选择(1)、(2)、(3)中的任一选项,请直接跳答至32题】

31. 面对以上在学校中遇到的这类权益侵害问题,您向老师、校领导或家长进行报告的时间是:[单选题]

(1)一旦发生就报告　(2)隔1~3天再报告
(3)隔一段时间再报告　(4)如果再发生同样的事情再报告
(5)在别的同学身上发生再报告　(6)从不报告

32. 您没有及时报告老师、家长或警察的主要原因是:(可选多项)

(1)认为是小事,不值得报告　(2)自己能够解决
(3)对方威胁不让报告　(4)害怕对方进一步报复
(5)觉得报告了也不能解决问题　(6)怕丢脸,在同辈人面前抬不起头
(7)怕报告之后被惩罚　(8)认为会有他人向老师或家长汇报
(9)不知道如何报告　(10)其他(请写明)________

33. 如果遭遇诈骗,您的处理方式是:(可选多项)

(1)找老师解决 (2)找校领导解决 (3)找家长解决

(4)告诉朋友或同学 (5)找亲戚 (6)找居委会(村委会)

(7)报警 (8)诉诸法律 (9)找共青团

(10)找权益维护社会组织 (11)向侵害人报复 (12)在网络上发帖

(13)找社会上的人 (14)自己解决 (15)想办法发泄

(16)自认倒霉 (17)其他(请写明)__________

34. 如果有人给您推荐毒品,您的处理方式是:[单选题]

(1)好奇,进一步了解 (2)直接吸食

(3)果断拒绝并远离 (4)其他(请写明)__________

35. 您认为预防青少年吸毒的有效措施是:(可选多项)

(1)开展毒品知识和危害教育 (2)知道吸毒要受到法律制裁

(3)不以好奇心为由尝试吸毒 (4)不结交有吸毒行为的朋友

(5)养成良好的行为习惯,杜绝吸烟、喝酒等不良嗜好

(6)未成年人不进入网吧、KTV、酒吧等场所

(7)其他(请写明)__________

36. 您是否直接遭受过下列行为?(可选多项)

(1)被人强吻 (2)被迫观看或触摸他人的性器官

(3)被迫一起观看黄色书刊或视频 (4)被人抚摸胸部或性器官

(5)被迫发生性关系 (6)性骚扰 (7)看到露阴癖

(8)被迫脱光衣服 (9)其他(请写明)__________

(10)从未遭受过以上情形【如果您选择"从未遭受过以上情形",请直接跳答至38题】

37. 遭受以上行为时,您当时的应对方式是:(可选多项)

(1)默默忍受,自我调节 (2)向同学或朋友求助

(3)告诉家长 (4)向老师求助 (5)报警

(6)向学校举报揭发 (7)报复 (8)看心理医生

(9)通过微博、微信等方式公之于众 (10)其他(请写明)__________

38. 当您在街上遇到疑似被拐卖儿童时,您会采取的措施是:(可选多项)

(1)报警 (2)告诉父母或老师 (3)通过互联网发布消息

(4)向路人呼救 (5)视而不见 (6)因惧怕而放弃施救
(7)主动观察并提供有效线索 (8)其他(请写明)______

39. 在下列内容中,您在网络上看过的有:(可选多项)

(1)裸体 (2)性行为 (3)淫乱画面
(4)自杀场景 (5)邪教 (6)中奖等诈骗信息
(7)殴打 (8)砍杀 (9)血腥屠杀
(10)其他(请写明)____________________
(11)从未接触过以上信息【如果您选择"从未接触过以上信息",请直接跳答至41题】

40. 您处理以上信息的方式是:(可选多项)

(1)自己看看而已 (2)继续关注,持续了解 (3)模仿
(4)转发给同学或朋友 (5)关闭或删掉 (6)举报
(7)其他(请写明)____________

41. 有网站介绍割腕自杀的方法,"一点都不痛苦,想死的可以试试"。您的处理方式是:(可选多项)

(1)会关注但不评价 (2)会关注并且提出反对意见 (3)不关注
(4)好奇,看看究竟说了什么 (5)告诉老师 (6)告诉家长
(7)举报 (8)其他(请写明)__________

42. 在以下网络欺凌现象中,您遭受过的有:(可选多项)

(1)在网上不断遭到他人辱骂 (2)自己的信息在网上被公开
(3)有人散布关于自己的谣言 (4)被其他粉丝围攻
(5)被人恶意P图 (6)有人故意给自己传播色情或性图片视频
(7)有人对自己进行人身攻击并拍摄视频,然后通过网络传播
(8)被人恐吓 (9)有人冒用自己的名义或账户发送信息
(10)在网上被抵制、排斥 (11)其他(请写明)__________
(12)没有遭受过【如果您选择"没有遭受过",请直接跳答至44题】

43. 如果被他人网上欺凌,您会采取哪些应对措施?(可选多项)

(1)在网上进行回击 (2)在现实中找攻击者理论
(3)向老师求助 (4)向同学或朋友求助
(5)向家人求助 (6)报警

(7)网络举报　　　　　　　(8)什么也不做,置之不理

44. 您对下列说法的看法是:(每行选一项)

| 具体说法 | 完全不同意 | 基本不同意 | 不确定 | 基本同意 | 完全同意 |
|---|---|---|---|---|---|
| A. 看色情视频可以更好地了解性知识 | 1 | 2 | 3 | 4 | 5 |
| B. 一对一的网络视频脱衣聊天不是色情行为 | 1 | 2 | 3 | 4 | 5 |
| C. 网络暴力信息会诱发青少年违法犯罪 | 1 | 2 | 3 | 4 | 5 |
| D. 网络色情信息会诱发青少年违法犯罪 | 1 | 2 | 3 | 4 | 5 |
| E. 偶尔在网络上说脏话没有什么大不了的 | 1 | 2 | 3 | 4 | 5 |
| F. 在网络上可以散布谣言 | 1 | 2 | 3 | 4 | 5 |
| G. 在网络上发表意见不用负责 | 1 | 2 | 3 | 4 | 5 |
| H. 实行网络实名制 | 1 | 2 | 3 | 4 | 5 |
| I. 在电脑上安装不良信息过滤软件 | 1 | 2 | 3 | 4 | 5 |
| J. 儿童可以做广告代言人 | 1 | 2 | 3 | 4 | 5 |
| K. 父母可以控制我的上网时间 | 1 | 2 | 3 | 4 | 5 |
| L. 上学期间,老师可以帮我保管手机 | 1 | 2 | 3 | 4 | 5 |

45. 为有效预防和减少对未成年人的伤害,需要未成年人提高自我保护意识,增强自我保护能力,掌握自我保护的方法。下列做法中,您认为可取的是:(可选多项)

(1)地震来临时,应选择电梯尽快逃生

(2)发生煤气泄漏,应立即开灯并打电话报警

(3)遇到不法分子抢劫,要勇敢地与他拼到底

(4)陌生网友邀约见面,不要轻易答应

(5)家中仅自己在时有陌生人来访,不要轻易开门让陌生人进屋

(6)有人未经我本人同意将我的肖像印刷在广告宣传册中,侵犯了我的肖像权,我要正当维护权益

(7)有人散播我的谣言,我应当向学校或公安部门进行举报

(8)看到网络中的谩骂、色情、毒品等不良信息,我们可以向公安部门进行举报

(9)我们几个同学可以相约去网吧打游戏

**三、法治教育状况**

46. 您获得有关青少年法治方面的知识或信息的主要渠道或途径是:(最多选五项)

(1)学校教育　(2)广播、电影、电视　(3)报刊、图书
(4)微信　(5)微博　(6)博客、论坛
(7)知乎等网上问答　(8)APP 等网络新媒体　(9)网页、网络新闻
(10)宣传海报　(11)公益活动　(12)家人
(13)亲戚、朋友　(14)老师、同学　(15)法律讲座
(16)参观法院、检察院、监狱等　(17)其他(请写明)____________

47. 您认为青少年法治教育的责任主体是:(限选三项)

(1)政府　(2)民政部门　(3)学校
(4)家庭　(5)公安机关　(6)法院
(7)共青团　(8)妇联　(9)权益维护社会组织
(10)青少年自身　(11)其他(请写明)____________

48. 你们学校组织过下列哪些法治教育活动?(可选多项)

(1)主题班会、队会、团会　(2)排演、观看法治文艺节目
(3)参观法院、监狱、管教所、戒毒所　(4)收听、收看广播、电视法治节目
(5)走进法治教育基地　(6)宪法日普法活动　(7)普法征文
(8)模拟法庭　(9)法治副校长讲座　(10)警察入校讲座
(11)其他(请写明)____________

49. 在您看来,这些青少年法治教育活动的效果是:[单选题]

(1)非常好　(2)比较好　(3)比较差
(4)非常差　(5)说不清

50. 您喜欢下列哪种法治教育的形式?(限选三项)

(1)学校的法治课、宣传栏　(2)阅读法律小说、故事等读物
(3)模拟真实情景的表演　(4)电视、广播的法治节目

(5)老师带领讨论案例　　(6)普法的法治戏曲、小品相声等文艺节目

(7)自己编写法治小故事,创办法治小报、板报

(8)到法院、检察院等地方参观实践

(9)父母、亲戚、朋友给我讲　　(10)其他(请写明)____________

51. 您对法治教育相关活动的关注程度是:[单选题]

(1)非常关注　　(2)比较关注　　(3)不太关注

(4)很不关注　　(5)说不清

52. 您对法治教育活动的参与意愿是:[单选题]

(1)非常愿意　　(2)比较愿意　　(3)不太愿意

(4)非常不愿意　　(5)说不清

53. 您认为部分青少年不主动维护权益的原因主要有:(限选三项)

(1)权益维护意识淡薄　　(2)权益维护成本高　　(3)法律不完善

(4)成功率低　　(5)怕麻烦　　(6)怕丢人

(7)怕别人觉得自己多事　　(8)对权益维护效果缺乏信心

(9)怕被报复　　(10)不知道怎么维护权益

(11)觉得不值当　　(12)觉得没什么大不了

(13)浪费时间　　(14)缺乏权益维护手段

(15)权益维护取证难　　(16)权益维护过程复杂

(17)其他(请写明)____________

54. 您对以下权益维护途径的总体评价分别是:(每行选一项)

| 具体途径 | 效果很好 | 效果较好 | 较差 | 效果很差 | 说不清 |
|---|---|---|---|---|---|
| A. 法律援助 | 1 | 2 | 3 | 4 | 5 |
| B. “12355”热线 | 1 | 2 | 3 | 4 | 5 |
| C. 110 | 1 | 2 | 3 | 4 | 5 |
| D. 维护青少年权益岗 | 1 | 2 | 3 | 4 | 5 |
| E. 青少年事务社工 | 1 | 2 | 3 | 4 | 5 |

55. 您认为国家和社会应如何预防未成年人犯罪?(可选多项)

(1)修改《预防未成年人犯罪法》

(2)制定“未成年人福利法”

(3)成立专门的少年审判组织

(4)加强网络信息管理

(5)办好专门学校教育

(6)加强法治教育,使未成年人知道犯罪后果

(7)开展未成年人犯罪预防宣传教育活动

(8)动员和组织更广泛的社会力量参与未成年人犯罪预防

(9)其他(请写明)______________

56. 您认为团委在青少年法治教育中最重要的是做:(限选三项)

(1)加大学校团委教师的法学专业化水平

(2)举办法治教育讲座

(3)以学校团委为纽带,连同公检法司等机关,建立青少年权益维护联动机制

(4)普及权益维护渠道

(5)联动社会机构、公益组织,推进青少年权益维护

(6)推动社区、家庭与学校的共教

(7)动员、组织法治志愿者参与青少年权益维护活动

(8)深入了解学生的权益诉求

(9)其他(请写明)______________

57. 您认为推进当前青少年法治教育最主要的方法是:(限选三项)

(1)出版生动有趣的教材

(2)专门的法治教育课程安排

(3)配备专门的法治老师

(4)学校设立专门的法律咨询办公室

(5)让更多的法官、检察官、警察入校宣讲

(6)定期组织到戒毒所、监狱参观

(7)利用抖音等 APP 制作法治教育短视频

(8)开展法治教育专题的文艺晚会、比赛

(9)开发法治教育类游戏

(10)给家长开设法治讲座

(11)其他(请写明)______________

58. 您认为青少年法治教育中当前亟需加强的是:(可选多项)

(1)法治教育理念上,从知识灌输型向应用实践型转变

(2)教育方式上,要加大现场教学、实践教学的比重

(3)制定青少年法治教育政策

(4)进一步完善“12355”青少年服务平台建设

(5)加大法治教育财政拨款

(6)配备专门场所作为法治教育实践基地

(7)聘请专门的法治辅导员

(8)聘请专门的法治副校长,强化责任意识

(9)扩大法治教师队伍范围,邀请法律从业人员讲授法治课

(10)鼓励和支持法律服务机构提供公益性法律服务

(11)鼓励和支持社会组织、事业单位等依法为未成年人提供公益性法律服务和援助

(12)教育部统一编写教材

(13)将法治教育纳入学校教学评估体系

(14)以家长、老师和青少年为主体的青少年权益意识和能力提升培训

(15)其他(请写明)____________________

问卷回答完毕,再次感谢您对我们工作的支持!

# 青少年法治教育之专门学校学生调查问卷

亲爱的同学：

您好！非常感谢您参与此次问卷调查，这份问卷旨在了解我国青少年法治教育实施的现状。您的真实回答对我们非常重要，请按照要求认真填写。问卷主要采用匿名形式，我们将严格保密问卷内容。对于您的合作与支持，我们表示衷心的感谢。

问卷填答说明：

(1)请在所选的选项上打"√"，或将序号填在对应的括号内，或在________处填写相应内容。

(2)题后写明"可选多项"的，可以选择多个答案；其他题目只能选择一个答案。

青少年法治教育研究课题组

2020年10月

**一、个人基本情况**

1. 您的性别：(1)男　　(2)女

2. 您的年龄：________周岁

3. 您的民族：(1)汉族　　(2)少数民族

4. 您的现住地：(1)城市　　(2)农村

5. 您的现住地是不是您的户籍所在地？(1)是　　(2)否

6. 您现在的年级是：[单选题]

(1)初中一年级　　(2)初中二年级　　(3)初中三年级　　(4)职业高中

7. 您在原来的学校读到几年级？［单选题］

(1)小学四年级　(2)小学五年级　(3)小学六年级

(4)初中一年级　(5)初中二年级　(6)初中三年级

8. 您父母的受教育程度是:【请按照下表,将父母受教育程度的序号填在对应的括号内】

A. 父亲受教育程度(　　)［单选题］;B. 母亲受教育程度(　　)［单选题］

| | | | |
|---|---|---|---|
| (1)博士 | (2)硕士 | (3)本科 | (4)大专 |
| (5)高中(中专或职高)毕业 | | (6)初中毕业 | (7)小学及以下 |
| (8)不清楚 | | | |

9. 您父母的职业是:【请将选项序号填在对应的括号内】

A. 父亲的职业(　　)［单选题］;B. 母亲的职业(　　)［单选题］

| | | |
|---|---|---|
| (1)在家务农 | (2)在外打工 | (3)在机关事业单位工作 |
| (4)个体经营 | (5)在企业工作 | (6)无职业 |
| (7)其他(请写明)________ | | |

10. 您是否是独生子女？(1)是　(2)否

11. 在家庭内,平时与您生活在一起的是:(可选多项)

(1)生父　(2)生母　(3)继父　(4)继母

(5)兄弟姐妹　(6)祖父母/外祖父母　(7)亲戚　(8)邻居

(9)一般朋友　(10)其他(请写明)________

**二、法治意识状况**

12. 请您对自己下列方面按 1 ~ 10 分进行打分:(1 分表示很弱,10 分表示很强)

A. 平等意识______　B. 权利意识______　C. 守法意识______

D. 自我保护意识____　E. 权益维护意识______

13. 您对下列法律的了解情况是:(每行选一项)

| 法律名称 | 不知道 | 听说过 | 浏览过 | 认真学过 | 比较了解 |
|---|---|---|---|---|---|
| A.《未成年人保护法》 | 1 | 2 | 3 | 4 | 5 |
| B.《预防未成年人犯罪法》 | 1 | 2 | 3 | 4 | 5 |

续表

| 法律名称 | 不知道 | 听说过 | 浏览过 | 认真学过 | 比较了解 |
|---|---|---|---|---|---|
| C.《宪法》 | 1 | 2 | 3 | 4 | 5 |
| D.《刑法》 | 1 | 2 | 3 | 4 | 5 |
| E.《义务教育法》 | 1 | 2 | 3 | 4 | 5 |
| F.《民法典》 | 1 | 2 | 3 | 4 | 5 |
| G.《劳动法》 | 1 | 2 | 3 | 4 | 5 |
| H.《网络安全法》 | 1 | 2 | 3 | 4 | 5 |
| I.《反家庭暴力法》 | 1 | 2 | 3 | 4 | 5 |

14. 您认为下列哪项法律具有最高效力？[单选题]

(1)《宪法》　(2)《民法典》　(3)《刑法》　(4)《未成年人保护法》

15. 在我国,几岁犯罪就需要负法律责任？[单选题]

(1)10 岁　(2)11 岁　(3)12 岁　(4)13 岁

(5)14 岁　(6)15 岁　(7)16 岁　(8)不知道

16. 如果犯罪要负法律责任的话,您认为应该设定在几岁比较合理？[单选题]

(1)10 岁　(2)11 岁　(3)12 岁　(4)13 岁

(5)14 岁　(6)15 岁　(7)16 岁　(8)不知道

17. 在以下权利中,您认为自己享有的是:(可选多项)

(1)生命权　(2)身体权　(3)健康权　(4)姓名权

(5)肖像权　(6)名誉权　(7)荣誉权　(8)受教育权

(9)劳动就业权　(10)婚姻自主权　(11)隐私权　(12)财产权

(13)其他(请写明)________________

18.《未成年人保护法》规定了哪些权利？(可选多项)

(1)生存权　(2)发展权　(3)参与权

(4)受保护权　(5)福利权

19. 您对共青团权益维护岗“12355”的了解程度是:[单选题]

(1)非常了解　(2)比较了解　(3)不太了解

(4)很不了解　(5)说不清

20. 您怎么看待专门学校？[单选题]

(1)矫治教育机构　　(2)职业技术学校　(3)其他(请写明)________

21. 对于班级中有打架斗殴、偷窃等不良行为的同学,您认为应如何处理?(可选多项)

(1)学校专门办一个差生班,将这些问题学生集中起来进行教育

(2)将这些问题学生集中到专门学校进行教育

(3)由专门的社会工作者进行教育

(4)没什么,不用特殊处理

(5)其他(请写明)__________

22. 您怎么看待考试作弊？[单选题]

(1)正常行为　　(2)违纪行为　(3)违法行为　　(4)犯罪行为

23. 您对下列说法的态度是:(每行选一项)

| 具体说法 | 非常赞同 | 比较赞同 | 不太赞同 | 很不赞同 | 说不清 |
|---|---|---|---|---|---|
| A. 法律面前人人平等 | 1 | 2 | 3 | 4 | 5 |
| B. 男女平等 | 1 | 2 | 3 | 4 | 5 |
| C. 全社会都有责任保护未成年人 | 1 | 2 | 3 | 4 | 5 |
| D. 任何情况下权益受到侵害,都应当去维护权益 | 1 | 2 | 3 | 4 | 5 |
| E. 父母可以不照顾孩子 | 1 | 2 | 3 | 4 | 5 |
| F. 家暴是家丑,不要让外人知道 | 1 | 2 | 3 | 4 | 5 |
| G. 不论什么理由,使用暴力都是不对的 | 1 | 2 | 3 | 4 | 5 |
| H. 为了解决问题或达到目的,可以采取暴力手段 | 1 | 2 | 3 | 4 | 5 |
| I. 威胁、恐吓、谩骂、羞辱都不算暴力 | 1 | 2 | 3 | 4 | 5 |
| J. 共青团是维护青少年合法权益的代言人 | 1 | 2 | 3 | 4 | 5 |
| K. 学生犯错,老师可以体罚 | 1 | 2 | 3 | 4 | 5 |

24. 您对下列隐私的态度是:(每行选一项)

| 具体说法 | 非常赞同 | 比较赞同 | 不太赞同 | 很不赞同 | 说不清 |
|---|---|---|---|---|---|
| A. 任何人(包括父母)进我的房间都必须敲门 | 1 | 2 | 3 | 4 | 5 |
| B. 任何人(包括父母、老师)不能随便看我的日记 | 1 | 2 | 3 | 4 | 5 |
| C. 父母动用我的个人物品都需要经过我的同意 | 1 | 2 | 3 | 4 | 5 |
| D. 父母可以随便在朋友圈发我的照片 | 1 | 2 | 3 | 4 | 5 |
| E. 老师可以在班群晒我的成绩 | 1 | 2 | 3 | 4 | 5 |
| F. 父母可以翻看我的手机 | 1 | 2 | 3 | 4 | 5 |
| G. 老师可以跟其他人说我的家庭情况 | 1 | 2 | 3 | 4 | 5 |

25. 哪些信息可以提供给陌生网友?(可选多项)

(1)姓名　(2)学校　(3)班级　(4)家庭住址

(5)父母姓名　(6)身份证　(7)照片　(8)父母单位

(9)手机号码　(10)年龄　(11)其他(请写明)________

(12)以上均不能提供

26. 您最近一年在自己家庭中遭遇过的有:(可选多项)

(1)被挖苦嘲笑　(2)被故意冷落　(3)被骂　(4)被扇耳光

(5)被虐待　(6)被暴打　(7)被限制自由　(8)被性侵

(9)被区别对待　(10)其他(请写明)________　(11)没有以上行为

27. 您认为家庭暴力属于:(可选多项)

(1)性格问题　(2)家务事　(3)正常现象　(4)违法行为

(5)犯罪行为　(6)其他(请说明)________

28. 如果您的合法权益在家庭中受到侵害,您的处理方式是:(可选多项)

(1)默默忍受　(2)反抗　(3)离家出走　(4)报警

(5)找亲友　(6)找民政部门　(7)找共青团　(8)找妇联

(9)找权益维护社会组织　(10)找老师　(11)找同学或朋友

(12)找新闻媒体　(13)其他(请写明)________

29. 以下现象中,您在学校中曾经遭遇的有:(可选多项)

(1)不许上课 (2)被辱骂 (3)被殴打
(4)不允许用教学设备 (5)遭教师体罚 (6)被勒索钱财
(7)受到暴力威胁或恐吓 (8)被人耍流氓 (9)东西被偷
(10)被取笑或捉弄 (11)被人歧视(瞧不起) (12)被人孤立排斥
(13)被骗钱 (14)东西被人故意损坏 (15)被抢东西
(16)其他(请写明)____________
(17)没有遭遇以上情形【如果您"没有遭遇以上情形",请直接跳答至33题】

30. 面对以上在学校中遇到的权益侵害现象,您采取的措施主要有:(可选多项)

(1)找老师解决 (2)找校领导解决 (3)找家长解决
(4)告诉同学或朋友 (5)找亲戚 (6)找居委会(村委会)
(7)报警 (8)诉诸法律 (9)找共青团
(10)找民政部门 (11)找权益维护社会组织 (12)向侵害人报复
(13)在网络上发帖 (14)找社会上的人 (15)自己解决
(16)想办法发泄 (17)默默忍着
(18)其他(请写明)____________

【如果您30题没有选择(1)、(2)、(3)中的任一选项,请直接跳答至32题】

31. 面对以上在学校中遇到的这类权益侵害问题,您向老师、校领导或家长进行报告的时间是:[单选题]

(1)一旦发生就报告 (2)隔1~3天再报告
(3)隔一段时间再报告 (4)如果再发生同样的事情再报告
(5)在别的同学身上发生再报告 (6)从不报告

32. 您没有及时报告老师、家长或警察的主要原因是:(可选多项)

(1)认为是小事,不值得报告 (2)自己能够解决
(3)对方威胁不让报告 (4)害怕对方进一步报复
(5)觉得报告了也不能解决问题 (6)怕丢脸,在同辈人面前抬不起头
(7)怕报告之后被惩罚 (8)认为会有他人向老师或家长汇报
(9)不知道如何报告 (10)其他(请写明)____________

33. 如果遭遇诈骗,您的处理方式是:(可选多项)

(1)找老师解决　(2)找校领导解决　(3)找家长解决

(4)告诉朋友或同学　(5)找亲戚　(6)找居委会(村委会)

(7)报警　(8)诉诸法律　(9)找共青团

(10)找权益维护社会组织　(11)向侵害人报复　(12)在网络上发帖

(13)找社会上的人　(14)自己解决　(15)想办法发泄

(16)自认倒霉　(17)其他(请写明)____________

34. 如果有人给您推荐毒品,您的处理方式是:[单选题]

(1)好奇,进一步了解　(2)直接吸食　(3)果断拒绝并远离

(4)其他(请写明)____________

35. 您认为预防青少年吸毒的有效措施是:(可选多项)

(1)开展毒品知识和危害教育　(2)知道吸毒要受到法律制裁

(3)不以好奇心为由尝试吸毒　(4)不结交有吸毒行为的朋友

(5)养成良好的行为习惯,杜绝吸烟、喝酒等不良嗜好

(6)未成年人不进入网吧、KTV、酒吧等场所

(7)其他(请写明)____________

36. 您是否直接遭受过下列行为?(可选多项)

(1)被人强吻　(2)被迫观看或触摸他人的性器官

(3)被迫一起观看黄色书刊或视频　(4)被人抚摸胸部或性器官

(5)被迫发生性关系　(6)性骚扰

(7)看到露阴癖　(8)被迫脱光衣服

(9)其他(请写明)____________

(10)从未遭受过以上情形【如果您选择"从未遭受过以上情形",请直接跳答至38题】

37. 遭受以上行为时,您当时的应对方式是:(可选多项)

(1)默默忍受,自我调节　(2)向同学或朋友求助

(3)告诉家长　(4)向老师求助

(5)报警　(6)向学校举报揭发

(7)报复　(8)看心理医生

(9)通过微博、微信等方式公之于众　(10)其他(请写明)____________

38. 当您在街上遇到疑似被拐卖儿童时,您会采取的措施是:(可选多项)
(1)报警　　(2)告诉父母或老师
(3)通过互联网发布消息　　(4)向路人呼救
(5)视而不见　　(6)因惧怕而放弃施救
(7)主动观察并提供有效线索　　(8)其他(请写明)____________

39. 在下列内容中,您在网络上看过的有:(可选多项)
(1)裸体　　(2)性行为　　(3)淫乱画面
(4)自杀场景　　(5)邪教　　(6)中奖等诈骗信息
(7)殴打　　(8)砍杀　　(9)血腥屠杀
(10)其他(请写明)____________
(11)从未接触过以上信息【如果您选择"从未接触过以上信息",请直接跳答至41题】

40. 您处理以上信息的方式是:(可选多项)
(1)自己看看而已　　(2)继续关注,持续了解　　(3)模仿
(4)转发给同学或朋友　　(5)关闭或删掉　　(6)举报
(7)其他(请写明)____________

41. 有网站介绍割腕自杀的方法,"一点都不痛苦,想死的可以试试"。您的处理方式是:(可选多项)
(1)会关注但不评价　　(2)会关注并且提出反对意见　　(3)不关注
(4)好奇,看看究竟说了什么　　(5)告诉老师　　(6)告诉家长
(7)举报　　(8)其他(请写明)____________

42. 在以下网络欺凌现象中,您遭受过的有:(可选多项)
(1)在网上不断遭到他人辱骂　　(2)自己的信息在网上被公开
(3)有人散布关于自己的谣言　　(4)被其他粉丝围攻
(5)被人恶意P图　　(6)有人故意给自己传播色情或性图片视频
(7)有人对自己进行人身攻击并拍摄视频,然后通过网络传播
(8)被人恐吓　　(9)有人冒用自己的名义或账户发送信息
(10)在网上被抵制、排斥　　(11)其他(请写明)____________
(12)没有遭受过【如果您选择"没有遭受过",请直接跳答至44题】

43. 如果被他人网上欺凌,您会采取哪些应对措施?(可选多项)

(1)在网上进行回击　　(2)在现实中找攻击者理论

(3)向老师求助　　(4)向同学或朋友求助

(5)向家人求助　　(6)报警

(7)网络举报　　(8)什么也不做,置之不理

44. 您对下列说法的看法是:(每行选一项)

| 具体说法 | 完全不同意 | 基本不同意 | 不确定 | 基本同意 | 完全同意 |
|---|---|---|---|---|---|
| A. 看色情视频可以更好地了解性知识 | 1 | 2 | 3 | 4 | 5 |
| B. 一对一的网络视频脱衣聊天不是色情行为 | 1 | 2 | 3 | 4 | 5 |
| C. 网络暴力信息会诱发青少年违法犯罪 | 1 | 2 | 3 | 4 | 5 |
| D. 网络色情信息会诱发青少年违法犯罪 | 1 | 2 | 3 | 4 | 5 |
| E. 偶尔在网络上说脏话没有什么大不了的 | 1 | 2 | 3 | 4 | 5 |
| F. 在网络上可以散布谣言 | 1 | 2 | 3 | 4 | 5 |
| G. 在网络上发表意见不用负责 | 1 | 2 | 3 | 4 | 5 |
| H. 实行网络实名制 | 1 | 2 | 3 | 4 | 5 |
| I. 在电脑上安装不良信息过滤软件 | 1 | 2 | 3 | 4 | 5 |
| J. 儿童可以做广告代言人 | 1 | 2 | 3 | 4 | 5 |
| K. 父母可以控制我的上网时间 | 1 | 2 | 3 | 4 | 5 |
| L. 上学期间,老师可以帮我保管手机 | 1 | 2 | 3 | 4 | 5 |

45. 为有效预防和减少对未成年人的伤害,需要未成年人提高自我保护意识,增强自我保护能力,掌握自我保护的方法。下列做法中,您认为可取的是:(可选多项)

(1)地震来临时,应选择电梯尽快逃生

(2)发生煤气泄漏,应立即开灯并打电话报警

(3)遇到不法分子抢劫,要勇敢地与他拼到底

(4)陌生网友邀约见面,不要轻易答应

(5)家中仅自己在时有陌生人来访,不要轻易开门让陌生人进屋

(6)有人未经我本人同意将我的肖像印刷在广告宣传册中,侵犯了我的肖像权,我要正当维护权益

(7)有人散播我的谣言,我应当向学校或公安部门进行举报

(8)看到网络中的谩骂、色情、毒品等不良信息,我们可以向公安部门进行举报

(9)我们几个同学可以相约去网吧打游戏

**三、法治教育状况**

46. 您获得有关青少年法治方面的知识或信息的主要渠道或途径是:(最多选五项)

(1)学校教育　(2)广播、电影、电视　(3)报刊、图书

(4)微信　(5)微博　(6)博客、论坛

(7)知乎等网上问答　(8)APP 等网络新媒体　(9)网页、网络新闻

(10)宣传海报　(11)公益活动　(12)家人

(13)亲戚、朋友　(14)老师、同学　(15)法律讲座

(16)参观法院、检察院、监狱等　(17)其他(请写明)____________

47. 您认为青少年法治教育的责任主体是:(限选三项)

(1)政府　(2)民政部门　(3)学校

(4)家庭　(5)公安机关　(6)法院

(7)共青团　(8)妇联　(9)权益维护社会组织

(10)青少年自身　(11)其他(请写明)____________

48. 你们学校组织过下列哪些法治教育活动?(可选多项)

(1)主题班会、队会、团会　(2)排演、观看法治文艺节目

(3)参观法院、监狱、管教所、戒毒所　(4)收听、收看广播、电视法治节目

(5)走进法治教育基地　(6)宪法日普法活动　(7)普法征文

(8)模拟法庭　(9)法治副校长讲座　(10)警察入校讲座

(11)其他(请写明)____________

49. 在您看来,这些青少年法治教育活动的效果是:[单选题]

(1)非常好　(2)比较好　(3)比较差

(4)非常差　　　　　　(5)说不清

50. 您喜欢下列哪种法治教育的形式?(限选三项)

(1)学校的法治课、宣传栏　　(2)阅读法律小说、故事等读物

(3)模拟真实情景的表演　　(4)电视、广播的法治节目

(5)老师带领讨论案例　　(6)普法的法治戏曲、小品相声等文艺节目

(7)自己编写法治小故事,创办法治小报、板报

(8)到法院、检察院等地方参观实践

(9)父母、亲戚、朋友给我讲　　(10)其他(请写明)____________

51. 您对法治教育相关活动的关注程度是:[单选题]

(1)非常关注　　(2)比较关注　　(3)不太关注

(4)很不关注　　(5)说不清

52. 您对法治教育活动的参与意愿是:[单选题]

(1)非常愿意　　(2)比较愿意　　(3)不太愿意

(4)非常不愿意　　(5)说不清

53. 您认为部分青少年不主动维护权益的原因主要有:(限选三项)

(1)权益维护意识淡薄　(2)权益维护成本高　　(3)法律不完善

(4)成功率低　　(5)怕麻烦　　(6)怕丢人

(7)怕别人觉得自己多事　　(8)对权益维护效果缺乏信心

(9)怕被报复　　(10)不知道怎么维护权益

(11)觉得不值当　　(12)觉得没什么大不了　(13)浪费时间

(14)缺乏权益维护手段　(15)权益维护取证难　　(16)权益维护过程复杂

(17)其他(请写明)____________

54. 您对以下权益维护途径的总体评价分别是:(每行选一项)

| 具体途径 | 效果很好 | 效果较好 | 较差 | 效果很差 | 说不清 |
|---|---|---|---|---|---|
| A. 法律援助 | 1 | 2 | 3 | 4 | 5 |
| B. "12355"热线 | 1 | 2 | 3 | 4 | 5 |
| C. 110 | 1 | 2 | 3 | 4 | 5 |
| D. 维护青少年权益岗 | 1 | 2 | 3 | 4 | 5 |
| E. 青少年事务社工 | 1 | 2 | 3 | 4 | 5 |

55. 您认为应如何预防未成年人犯罪?(可选多项)
(1)不论年龄大小,只要犯罪了都关起来 (2)多关心弱势学生
(3)多开展禁毒教育 (4)多开展预防犯罪的警示教育
(5)开展思想政治教育 (6)开展网络素养课程
(7)关注学校周边小混混 (8)关注未成年人心理健康
(9)关注未成年人家庭关系 (10)关注未成年人师生关系
(11)其他(请写明)____________
56. 您认为推进当前青少年法治教育最主要的方法是:(限选三项)
(1)出版生动有趣的教材 (2)专门的法治教育课程安排
(3)配备专门的法治老师 (4)学校设立专门的法律咨询办公室
(5)让更多的法官、检察官、警察入校宣讲
(6)定期组织到戒毒所、监狱参观
(7)利用抖音等 APP 制作法治教育短视频
(8)开展法治教育专题的文艺晚会、比赛
(9)开发法治教育类游戏 (10)给家长开设法治讲座
(11)其他(请写明)____________

问卷回答完毕,再次感谢您对我们工作的支持!

# 青少年法治教育之未成年犯调查问卷

朋友:

你好!非常感谢你参与此次问卷调查,这份问卷旨在了解我国青少年法治教育实施的现状。你的真实回答对我们非常重要,请按照要求认真填写。问卷主要采用匿名形式,我们将严格保密问卷内容。对于你的合作与支持,我们表示衷心的感谢。

问卷填答说明:

(1)请在所选的选项上打"√",或将序号填在对应的括号内,或在________处填写相应内容。

(2)题后写明"可选多项"的,可以选择多个答案;其他题目只能选择一个答案。

青少年法治教育研究课题组

2020 年 10 月

1. 你的性别:(1)男　(2)女

2. 你的年龄是________(周)岁,你犯罪时的年龄是________(周)岁。

3. 你的受教育程度是:[单选题]

(1)小学　(2)初中　(3)高中(职高或技校)　(4)大专及以上

4. 在此次犯罪时,你的生活状态属于下列哪种情形?[单选题]

(1)在上学　(2)与父母一起在外打工　(3)自己单独在外打工

(4)既没有上学也没有工作　(5)其他(请写明)____________

5. 你犯罪前住在:(1)城市　(2)农村

6. 你被判处的罪名是:(可选多项)

(1)故意杀人　(2)故意伤害　(3)强奸
(4)抢劫　(5)贩毒　(6)寻衅滋事
(7)抢夺　(8)猥亵妇女　(9)盗窃
(10)诈骗　(11)赌博　(12)敲诈勒索
(13)聚众斗殴　(14)其他(请写明)____________

7. 你的犯罪地点主要是:(可选多项)

(1)街头　(2)网吧、酒吧、KTV 等公共场所
(3)出租屋　(4)学校　(5)学校附近
(6)宾馆　(7)其他(请写明)____________

8. 你在犯罪时是否有以下想法?(对于每个小问题,请在您认可的选项上打"√")

| 具体想法 | 观点 |
|---|---|
| A. 一时冲动,什么都没想 | (1)是　(2)否 |
| B. 知道是坏事,但控制不住自己 | (1)是　(2)否 |
| C. 不知道是犯罪,也不知道会受到处罚 | (1)是　(2)否 |
| D. 不知道自己的行为触犯了法律 | (1)是　(2)否 |
| E. 为朋友两肋插刀 | (1)是　(2)否 |
| F. 犯罪后即使被抓住,找关系也可以放出来 | (1)是　(2)否 |
| G. 凭经验认为不会被抓住 | (1)是　(2)否 |
| H. 几个人一起做,责任可以分担 | (1)是　(2)否 |
| I. 其实自己不想做,但碍于情面不得不做 | (1)是　(2)否 |

9. 犯罪原因主要是:(可选多项)

(1)自我控制力低　(2)受坏人教唆　(3)好奇心
(4)不懂法律　(5)报复社会　(6)受影视作品影响
(7)受互联网影响　(8)朋友义气
(9)学历低,找不到好工作　(10)其他(请写明)____________

10. 假如在违法犯罪前存在下列哪些事项,你就不会实施违法犯罪行为?(可选多项)

(1)父母对你好一些　(2)老师对你好一些　(3)结交一些好的朋友
(4)不怕吃苦　(5)好好学习　(6)知道犯罪的代价

(7)没有玩网络游戏成瘾　(8)其他(请写明)________

11. 请你对自己下列方面按 1 ~ 10 分进行打分:(1 分表示很弱,10 分表示很强)

A. 平等意识______　B. 权利意识______　C. 守法意识______

D. 自我保护意识____　E. 权益维护意识______

12. 你对下列法律的了解情况是:(每行选一项)

| 法律名称 | 不知道 | 听说过 | 浏览过 | 认真学过 | 比较了解 |
|---|---|---|---|---|---|
| A.《未成年人保护法》 | 1 | 2 | 3 | 4 | 5 |
| B.《预防未成年人犯罪法》 | 1 | 2 | 3 | 4 | 5 |
| C.《宪法》 | 1 | 2 | 3 | 4 | 5 |
| D.《刑法》 | 1 | 2 | 3 | 4 | 5 |
| E.《义务教育法》 | 1 | 2 | 3 | 4 | 5 |
| F.《民法典》 | 1 | 2 | 3 | 4 | 5 |
| G.《劳动法》 | 1 | 2 | 3 | 4 | 5 |
| H.《网络安全法》 | 1 | 2 | 3 | 4 | 5 |
| I.《反家庭暴力法》 | 1 | 2 | 3 | 4 | 5 |

13. 你认为下列哪项法律具有最高效力? [单选题]

(1)《宪法》　(2)《民法典》　(3)《刑法》　(4)《未成年人保护法》

14. 在我国,几岁犯罪就需要负法律责任? [单选题]

(1)10 岁　(2)11 岁　(3)12 岁　(4)13 岁

(5)14 岁　(6)15 岁　(7)16 岁　(8)不知道

15. 如果犯罪要负法律责任的话,你认为应该设定在几岁比较合理? [单选题]

(1)10 岁　(2)11 岁　(3)12 岁　(4)13 岁

(5)14 岁　(6)15 岁　(7)16 岁　(8)不知道

16. 在以下权利中,你认为自己享有的是:(可选多项)

(1)生命权　(2)身体权　(3)健康权　(4)姓名权

(5)肖像权　(6)名誉权　(7)荣誉权　(8)受教育权

(9)劳动就业权　(10)婚姻自主权　(11)隐私权　(12)财产权

(13)其他(请写明)________________

17.《未成年人保护法》规定了哪些权利?(可选多项)

(1)生存权　(2)发展权　(3)参与权　(4)受保护权

(5)福利权

18. 你对共青团权益维护岗"12355"的了解程度是:[单选题]

(1)非常了解　(2)比较了解　(3)不太了解　(4)很不了解

(5)说不清

19. 你听说过专门学校吗?

(1)听说过　(2)没听说过【如果你"没听说过",请直接跳答至21题】

20. 你怎么看待专门学校?[单选题]

(1)矫治教育机构　(2)实际上是少管所

(3)体罚虐待问题少年的机构　(4)职业技术学校

(5)其他(请写明)________________

21. 对于班级中有打架斗殴、偷窃等不良行为的同学,你认为应如何处理?(可选多项)

(1)学校专门办一个差生班,将这些问题学生集中起来进行教育

(2)将这些问题学生集中到专门学校进行教育

(3)由专门的社会工作者进行教育

(4)没什么,不用特殊处理

(5)其他(请写明)________________

22. 你怎么看待考试作弊?[单选题]

(1)正常行为　(2)违纪行为　(3)违法行为　(4)犯罪行为

23. 你对下列说法的态度是:(每行选一项)

| 具体说法 | 非常赞同 | 比较赞同 | 不太赞同 | 很不赞同 | 说不清 |
|---|---|---|---|---|---|
| A. 法律面前人人平等 | 1 | 2 | 3 | 4 | 5 |
| B. 男女平等 | 1 | 2 | 3 | 4 | 5 |
| C. 全社会都有责任保护未成年人 | 1 | 2 | 3 | 4 | 5 |
| D. 任何情况下权益受到侵害,都应当去维护权益 | 1 | 2 | 3 | 4 | 5 |

续表

| 具体说法 | 非常赞同 | 比较赞同 | 不太赞同 | 很不赞同 | 说不清 |
|---|---|---|---|---|---|
| E. 父母可以不照顾孩子 | 1 | 2 | 3 | 4 | 5 |
| F. 家暴是家丑,不要让外人知道 | 1 | 2 | 3 | 4 | 5 |
| G. 不论什么理由,使用暴力都是不对的 | 1 | 2 | 3 | 4 | 5 |
| H. 为了解决问题或达到目的,可以采取暴力手段 | 1 | 2 | 3 | 4 | 5 |
| I. 威胁、恐吓、谩骂、羞辱都不算暴力 | 1 | 2 | 3 | 4 | 5 |
| J. 共青团是维护青少年合法权益的代言人 | 1 | 2 | 3 | 4 | 5 |
| K. 学生犯错,老师可以体罚 | 1 | 2 | 3 | 4 | 5 |

24. 你对下列隐私的态度是:(每行选一项)

| 具体说法 | 非常赞同 | 比较赞同 | 不太赞同 | 很不赞同 | 说不清 |
|---|---|---|---|---|---|
| A. 任何人(包括父母)进我的房间都必须敲门 | 1 | 2 | 3 | 4 | 5 |
| B. 任何人(包括父母、老师)不能随便看我的日记 | 1 | 2 | 3 | 4 | 5 |
| C. 父母动用我的个人物品都需要经过我的同意 | 1 | 2 | 3 | 4 | 5 |
| D. 父母可以随便在朋友圈发我的照片 | 1 | 2 | 3 | 4 | 5 |
| E. 老师可以在班群晒我的成绩 | 1 | 2 | 3 | 4 | 5 |
| F. 父母可以翻看我的手机 | 1 | 2 | 3 | 4 | 5 |
| G. 老师可以跟其他人说我的家庭情况 | 1 | 2 | 3 | 4 | 5 |

25. 哪些信息可以提供给陌生网友?(可选多项)

(1)姓名　(2)学校　(3)班级　(4)家庭住址

(5)父母姓名　(6)身份证　(7)照片　(8)父母单位

(9)手机号码　(10)年龄　(11)其他(请写明)________

(12)以上均不能提供

26. 你认为家庭暴力属于：(可选多项)

(1)性格问题 (2)家务事 (3)正常现象 (4)违法行为

(5)犯罪行为 (6)其他(请说明)________

27. 如果你的合法权益在家庭中受到侵害,你的处理方式是：(可选多项)

(1)默默忍受 (2)反抗 (3)离家出走 (4)报警

(5)找亲友 (6)找民政部门 (7)找共青团 (8)找妇联

(9)找权益维护社会组织 (10)找老师 (11)找同学或朋友

(12)找新闻媒体 (13)其他(请写明)____________

28. 以下现象中,你在学校中曾经遭遇的有：(可选多项)

(1)不许上课 (2)被辱骂 (3)被殴打

(4)不允许用教学设备 (5)遭教师体罚 (6)被勒索钱财

(7)受到暴力威胁或恐吓 (8)被人耍流氓 (9)东西被偷

(10)被取笑或捉弄 (11)被人歧视(瞧不起) (12)被人孤立排斥

(13)被骗钱 (14)东西被人故意损坏 (15)被抢东西

(16)其他(请写明)__________________________

(17)没有遭遇以上情形【如果你"没有遭遇以上情形",请直接跳答至32题】

29. 面对以上在学校中遇到的权益侵害现象,你当时采取的措施主要有：(可选多项)

(1)找老师解决 (2)找校领导解决 (3)找家长解决

(4)告诉同学或朋友 (5)找亲戚 (6)找居委会(村委会)

(7)报警 (8)诉诸法律 (9)找共青团

(10)找民政部门 (11)找权益维护社会组织 (12)向侵害人报复

(13)在网络上发帖 (14)找社会上的人 (15)自己解决

(16)想办法发泄 (17)默默忍着

(18)其他(请写明)________

【如果你29题没有选择(1)、(2)、(3)中的任一选项,请直接跳答至31题】

30. 面对以上在学校中遇到的这类权益侵害问题,你当时向老师、校领导或家长进行报告的时间是：[单选题]

(1)一旦发生就报告 (2)隔1~3天再报告

(3)隔一段时间再报告　(4)如果再发生同样的事情再报告
(5)在别的同学身上发生再报告　(6)从不报告

31. 你当时没有及时报告老师、家长或警察的主要原因是:(可选多项)
(1)认为是小事,不值得报告　(2)自己能够解决
(3)对方威胁不让报告　(4)害怕对方进一步报复
(5)觉得报告了也不能解决问题　(6)怕丢脸,在同辈人面前抬不起头
(7)怕报告之后被惩罚　(8)认为会有他人向老师或家长汇报
(9)不知道如何报告　(10)其他(请写明)______

32. 如果遭遇诈骗,你的处理方式是:(可选多项)
(1)找家长解决　(2)告诉朋友或同学　(3)找亲戚
(4)找居委会(村委会)　(5)报警　(6)诉诸法律
(7)找共青团　(8)找权益维护社会组织　(9)向侵害人报复
(10)在网络上发帖　(11)找社会上的人　(12)自己解决
(13)想办法发泄　(14)自认倒霉
(15)其他(请写明)______

33. 如果有人给你推荐毒品,你的处理方式是:[单选题]
(1)好奇,进一步了解　(2)直接吸食　(3)果断拒绝并远离
(4)其他(请写明)______

34. 你认为预防青少年吸毒的有效措施是:(可选多项)
(1)开展毒品知识和危害教育　(2)知道吸毒要受到法律制裁
(3)不以好奇心为由尝试吸毒　(4)不结交有吸毒行为的朋友
(5)养成良好的行为习惯,杜绝吸烟、喝酒等不良嗜好
(6)未成年人不进入网吧、KTV、酒吧等场所
(7)其他(请写明)______

35. 你是否直接遭受过下列行为?(可选多项)
(1)被人强吻　(2)被迫观看或触摸他人的性器官
(3)被迫一起观看黄色书刊或视频　(4)被人抚摸胸部或性器官
(5)被迫发生性关系　(6)性骚扰
(7)看到露阴癖　(8)被迫脱光衣服
(9)其他(请写明)______

(10)从未遭受过以上情形【如果你选择“从未遭受过以上情形”,请直接跳答至37题】

36.遭受以上行为时,你当时的应对方式是:(可选多项)

(1)默默忍受,自我调节　(2)向同学或朋友求助

(3)告诉家长　(4)报警

(5)向有关部门举报揭发　(6)报复

(7)看心理医生　(8)通过微博、微信等方式公之于众

(9)其他(请写明)________________

37.当你在街上遇到疑似被拐卖儿童时,你会采取的措施是:(可选多项)

(1)报警　(2)告诉父母

(3)通过互联网发布消息　(4)向路人呼救

(5)视而不见　(6)因惧怕而放弃施救

(7)主动观察并提供有效线索　(8)其他(请写明)________________

38.在下列内容中,你在网络上看过的有:(可选多项)

(1)裸体　(2)性行为　(3)淫乱画面

(4)自杀场景　(5)邪教　(6)中奖等诈骗信息

(7)殴打　(8)砍杀　(9)血腥屠杀

(10)其他(请写明)______________

(11)从未接触过以上信息【如果你选择“从未接触过以上信息”,请直接跳答至40题】

39.你处理以上信息的方式是:(可选多项)

(1)自己看看而已　(2)继续关注,持续了解　(3)模仿

(4)转发给同学或朋友　(5)关闭或删掉　(6)举报

(7)其他(请写明)________________

40.有网站介绍割腕自杀的方法,“一点都不痛苦,想死的可以试试”。你的处理方式是:(可选多项)

(1)会关注但不评价　(2)会关注并且提出反对意见

(3)不关注　(4)好奇,看看究竟说了什么

(5)告诉家长　(6)举报

(7)其他(请写明)__________________

41. 在以下网络欺凌现象中,你遭受过的有:(可选多项)
(1)在网上不断遭到他人辱骂　(2)自己的信息在网上被公开
(3)有人散布关于自己的谣言　(4)被其他粉丝围攻
(5)被人恶意 P 图　(6)有人故意给自己传播色情或性图片视频
(7)有人对自己进行人身攻击并拍摄视频,然后通过网络传播
(8)被人恐吓　(9)有人冒用自己的名义或账户发送信息
(10)在网上被抵制、排斥　(11)其他(请写明)________
(12)没有遭受过【如果你选择"没有遭受过",请直接跳答至 43 题】
42. 如果被他人网上欺凌,你会采取哪些应对措施?(可选多项)
(1)在网上进行回击　(2)在现实中找攻击者理论
(3)向同学或朋友求助　(4)向家人求助　(5)报警
(6)网络举报　(7)什么也不做,置之不理
43. 你对下列说法的看法是:(每行选一项)

| 具体说法 | 完全不同意 | 基本不同意 | 不确定 | 基本同意 | 完全同意 |
|---|---|---|---|---|---|
| A. 看色情视频可以更好地了解性知识 | 1 | 2 | 3 | 4 | 5 |
| B. 一对一的网络视频脱衣聊天不是色情行为 | 1 | 2 | 3 | 4 | 5 |
| C. 网络暴力信息会诱发青少年违法犯罪 | 1 | 2 | 3 | 4 | 5 |
| D. 网络色情信息会诱发青少年违法犯罪 | 1 | 2 | 3 | 4 | 5 |
| E. 偶尔在网络上说脏话没有什么大不了的 | 1 | 2 | 3 | 4 | 5 |
| F. 在网络上可以散布谣言 | 1 | 2 | 3 | 4 | 5 |
| G. 在网络上发表意见不用负责 | 1 | 2 | 3 | 4 | 5 |
| H. 实行网络实名制 | 1 | 2 | 3 | 4 | 5 |
| I. 在电脑上安装不良信息过滤软件 | 1 | 2 | 3 | 4 | 5 |
| J. 儿童可以做广告代言人 | 1 | 2 | 3 | 4 | 5 |
| K. 父母可以控制我的上网时间 | 1 | 2 | 3 | 4 | 5 |

44. 为有效预防和减少对未成年人的伤害,需要未成年人提高自我保护意识,增强自我保护能力,掌握自我保护的方法。下列做法中,你认为可取的是:(可选多项)

(1)地震来临时,应选择电梯尽快逃生

(2)发生煤气泄漏,应立即开灯并打电话报警

(3)遇到不法分子抢劫,要勇敢地与他拼到底

(4)陌生网友邀约见面,不要轻易答应

(5)家中仅自己在时有陌生人来访,不要轻易开门让陌生人进屋

(6)有人未经我本人同意将我的肖像印刷在广告宣传册中,侵犯了我的肖像权,我要正当维护权益

(7)有人散播我的谣言,我应当向学校或公安部门进行举报

(8)看到网络中的谩骂、色情、毒品等不良信息,我们可以向公安部门进行举报

(9)我们几个同学可以相约去网吧打游戏

45. 你获得有关青少年法治方面的知识或信息的主要渠道或途径是:(最多选五项)

(1)监狱教育　　(2)广播、电影、电视　　(3)报刊、图书

(4)微信　　(5)微博　　(6)博客、论坛

(7)知乎等网上问答　　(8)APP 等网络新媒体　　(9)网页、网络新闻

(10)宣传海报　　(11)公益活动　　(12)家人

(13)亲戚、朋友　　(14)法律讲座

(15)参观法院、检察院、监狱等　　(16)其他(请写明)__________

46. 你认为青少年法治教育的责任主体是:(限选三项)

(1)政府　　(2)民政部门　　(3)学校

(4)家庭　　(5)公安机关　　(6)法院

(7)共青团　　(8)妇联　　(9)权益维护社会组织

(10)青少年自身　　(11)其他(请写明)________

47. 你喜欢下列哪种法治教育的形式?(限选三项)

(1)监狱的法治课、宣传栏　　(2)阅读法律小说、故事等读物

(3)模拟真实情景的表演　　(4)电视、广播的法治节目

(5)干警讨论案例　　　　　　(6)普法的法治戏曲、小品相声等文艺节目

(7)自己编写法治小故事,创办法治小报、板报

(8)到法院、检察院等地方参观实践

(9)父母、亲戚、朋友给我讲　　(10)其他(请写明)________

48.你对法治教育相关活动的关注程度是:[单选题]

(1)非常关注　　(2)比较关注　　(3)不太关注

(4)很不关注　　(5)说不清

49.你对法治教育活动的参与意愿是:[单选题]

(1)非常愿意　　(2)比较愿意　　(3)不太愿意

(4)非常不愿意　　(5)说不清

50.你认为部分青少年不主动维护权益的原因主要有:(限选三项)

(1)权益维护意识淡薄　(2)权益维护成本高　(3)法律不完善

(4)成功率低　　(5)怕麻烦　　(6)怕丢人

(7)怕别人觉得自己多事　　(8)对权益维护效果缺乏信心

(9)怕被报复　　(10)不知道怎么维护权益

(11)觉得不值当　　(12)觉得没什么大不了

(13)浪费时间　　(14)缺乏权益维护手段

(15)权益维护取证难　　(16)权益维护过程复杂

(17)其他(请写明)________

51.你认为应如何预防未成年人犯罪?(可选多项)

(1)不论年龄大小,只要犯罪了都关起来　(2)多关心弱势学生

(3)多开展禁毒教育　　(4)多开展预防犯罪的警示教育

(5)开展思想政治教育　　(6)开展网络素养课程

(7)关注学校周边小混混　　(8)关注未成年人心理健康

(9)关注未成年人家庭关系　　(10)关注未成年人师生关系

(11)其他(请写明)______________

52.你认为推进当前青少年法治教育最主要的方法是:(限选三项)

(1)出版生动有趣的教材　　(2)专门的法治教育课程安排

(3)配备专门的法治老师　　(4)学校设立专门的法律咨询办公室

(5)让更多的法官、检察官、警察入校宣讲

(6)定期组织到戒毒所、监狱参观

(7)利用抖音等 APP 制作法治教育短视频

(8)开展法治教育专题的文艺晚会、比赛

(9)开发法治教育类游戏　　　　(10)给家长开设法治讲座

(11)其他(请写明)____________________

问卷回答完毕,再次感谢您对我们工作的支持!